JN431846

공공 정책의 사회적 임팩트
: 증거기반, 결과지불, 임팩트 투자

SOCIAL IMPACTS OF PUBLIC POLICIES:
EVIDENCE-BASED, PAY BY RESULT, IMPACT INVESTING

공공 정책의 사회적 임팩트
: 증거기반, 결과지불, 임팩트 투자

SOCIAL IMPACTS OF PUBLIC POLICIES:
EVIDENCE-BASED, PAY BY RESULT, IMPACT INVESTING

주성수 지음

한양대학교 출판부

서문

팬데믹에 맞선 공공 정책

공공 정책은 코로나 팬데믹에 맞서 공공과 민간의 자원과 역량을 총동원하는 국가전략이 되고 있다. 이에 따라 정책 논의도 한정된 국가 자원과 역량으로 어떻게 '팬데믹으로부터 해방'을 이뤄낼 수 있을지에 초점이 맞춰진다.

코로나를 예방하고 치료해서 희생자가 더 이상 없는 '결과'나 '임팩트'가 핵심이다. 그런데 공공 정책은 코로나 예방 백신이나 치료약의 효과만큼 임팩트를 생산하는가? 정책 효과가 별로 또는 거의 없음에도 매년 돈만 쓰고 있지는 않은지? 코로나 백신이나 약은 예방이나 치료에 좋다는 과학적 증거를 갖고도 좋은 결과를 내기 어려운데, 공공 정책은 문제 예방이나 해결에 좋다는 증거 또는 데이터조차 제시하지 못하지 않은가? 정책이나 서비스 대부분은 매년 같은 수준의 지출을 되풀이하며, '결과'를 제대로 내지 못하고 '산출'에 머물러 있다.

사회문제의 예방이나 해결의 결과를 국민들에게 증거로 보여줄 수 있을 때 좋은 정책이 될 수 있다. 이것이 새로운 시대적 흐름, 디지털 대전환의

'뉴노말'이 되고 있다. 결과나 임팩트를 내지 못하고 돈만 드는 '산출' 정책이나 서비스는 점차 퇴출되는 전환기에 들어서고 있다. 코로나 팬데믹이 강제하는 새로운 '정책 패러다임 이동'이라 볼 수 있다.

국민들은 이제 공공 정책과 서비스의 '좋은 결과'를 목말라 하고 있다. 생계지원금, 출산지원금, 고용지원금 등 현금지원 정책들이 생계, 출산, 고용 개선의 결과를 내고 있는가? 돈이 들어간 만큼 바람직한 결과를 내고 있는지, 돈을 줄이고도 더 좋은 결과를 낼 수는 없는지, 결과 없이 돈만 드는 정책이나 서비스를 없애거나 줄여서 다른 더 좋은 결과와 임팩트를 내는 정책으로 돈줄을 돌릴 수 있는지, 코로나로 소외된 약자들의 삶을 개선하는 좋은 결과를 내는 정책을 왜 추진하지 못하는지, 여기에 정책결정의 초점을 맞춰 난해한 팬데믹을 이겨내야 할 것 같다. 공공 정책 하나하나가 지속가능한 정책 목표와 목표달성의 방법, 목표달성의 증거와 데이터를 제시하면서 또한 이를 과학적으로 검증해 평가하는 디지털 시스템을 갖추는 일이 기본이다.

저자는 2017년 『사회적 경제와 사회적 임팩트』를 시작으로, 2018년 『글로벌 개발 임팩트』, 2020년 『사회적 가치 임팩트 투자』, 이제 『공공 정책의 사회적 임팩트』 저서로 '사회적 임팩트' 패러다임 연구에 집중해오며 작으나마 결실을 맺게 되어 만족스럽게 생각한다. 저자가 몸 담았던 한양대학교의 출판부에서 다시 책을 내게 되어 기쁘다. 연말연초에 수고를 아끼지 않으신 출판부 선생님들께 감사드리고 싶다.

2022년 새해 아침에

주성수

차례

제1장

공공 정책의 사회적 임팩트

1. 증거기반 정책의 임팩트

세계의 어느 정부도 사회문제를 잘 해결하는 '효과적인 정부'가 되지 못하고 있다. 코로나19 팬데믹 이전에도 그랬지만 팬데믹 앞에서는 더 비효과적이다. 팬데믹 수습에 정부정책 역량이 집중되다보니 실업, 빈곤, 소득불평등 등 오래된 사회문제들은 더욱 심화되고 있다. 공공 정책이 '사회적 임팩트'(social impact)를 효과적으로 생산하지 못하고 있는 것이다.

팬데믹은 실업과 빈곤 등 오랜 심각한 문제들을 심화시켰을 뿐 아니라, 안전과 방역 등 그간 소홀했던 문제들을 증폭시켜 일상의 '뉴 노말'로 만들어놓았다. 또 다른 사회문제들도 줄지 않고 늘기만 하고, 오래된 사회문제들은 해결되지 않은 채 축적되고만 있다.

1) 공공 정책의 사회적 임팩트

'공공 정책'이란 "국가 기관에 의해 취해지거나 관련이 된 공식적인 결정 또는 행동 계획"이라 정의된다(Richards & Smith 2002: 1). 공공 정책은 정부가 지금까지 하고 있는 일을 지칭할 뿐 아니라 목표를 설정해서 장차 하려고 하는 일에 대한 현재의 결정과 행동의 계획을 포함하는 미래지향적인 개념이다. 정책학자 다이(Dye 1992)는 "정부가 추진하고 있거나 하려고 하지 않은 일" 또한 공공 정책이라고 정의한다. 또 정책학자 앤더슨(Anderson 2000: 4)은 공공 정책을 "문제나 관심사를 다룸에 있어 행위자나 행위자 집단에 의해 추진되는 목적지향적인 행동경로"라고 정의한다.

공공 정책이 정부의 목적지향적인 행동의 결과를 생산하고 있는지, 이 책은 공공 정책이 생산하는 '사회적 임팩트'에 관심의 초점을 맞춘다. 사회적 임팩트란, 임팩트 투자 문헌에서는 "조직의 활동으로 결과되는 변화, 혜택, 학습 또는 다른 (긍정적 또는 부정적, 장기 또는 단기적) 효과들로 정의되는 광범한, 장기적 결과에 대한 조직의 활동 속성"이라 정의된다(EVPA 2018: 22). 공공 정책의 경우, 사회적 임팩트는 공공 정책으로 결과되는 또는 다른 활동들의 효과들로 정의되는 광범한, 장기적 결과로 정의할 수 있다.

유럽투자기금(European Investment Fund: EIF)이 제시하는 '사회적 임팩트' 개념정의도 참고할 만하다. "임팩트는 (i) 긍정적인 사회적 임팩트를 달성하는 목적성, (ii) 사회적 혁신의 스케일 가능성(scalability), (iii) 임팩트와 재정 성과 사이의 긍정적 상관성에 관한 것이다."(EVPA 2019: 3). 사회적 임팩트를 보다 정확하게 측정하기 위해서는 산출(outputs)을 넘어 결과(outcomes)로써 실질적인 '지속가능한 임팩트'가 생산되었는지를 판단해야 한다.

공공 정책은 사회적 임팩트를 생산하는지, 또 사회적 임팩트 증대를 위해 공공 정책은 어떤 변화와 혁신이 필요한지, 먼저 문제제기를 해볼 만하다. 빈곤, 실업, 불평등 등 오랜 사회문제는 해결되지 않고 있는데, 여기에 코로나 방역 이슈 등이 새로 등장해 공공 정책은 위기에 직면해 있다. 코로나19의 경우 여러 차례에 걸쳐 수십조 원의 재난지원금으로 대응했지만 위기에 처한 무수한 자영업자나 취약층의 생계지원에는 턱없이 부족해 재정과 정책의 한계를 보였다. 취약층뿐 아니라 시민 다수의 불안과 서비스 불만도 증대한 것이 이제는 공공 정책 전반에서 뉴 노말이 되고 있다.

따라서 새로운 변화와 혁신이 강하게 요청되고 있다. 그간 주요 정부들은 사회문제 해결과 시민들의 서비스 불만 해소를 위한 '정부혁신' 또는 '사회혁신'을 추진해 왔다. 정부나 공공기관 단독의 정책결정과 집행이 강했던 '공공'(public) 정책과 서비스에서 기업이나 시민사회(비영리섹터)와 정책결정과 집행의 책임을 공유하는 '사회적'(social) 정책과 서비스로의 패러다임 이동을 하는 것이 특징적이다. 빈곤, 실업, 코로나, 불평등, 고령, 폭력, 이주, 주거, 교통, 탄소배출, 기후변화 등 심각한 사회문제를 해결하는 데 초점을 맞추고 있는 새로운 변화이다.

그럼에도 사회문제들이 해결되지 않고 심각해지면서 정부도 기업도 시민사회도 사회문제 해결에 공조해야 하는 새로운 '소셜 시대'의 특징을 보여준다. 정부는 사회적 목적 실행의 효과성과 효율성 증진을 위해 시민사회의 역량을 활용하고, 또 기업과 시장의 기술과 자본의 투자를 진흥시키는 혁신적 정책을 추진해 소셜 생태계 조성에서 핵심적인 역할을 맡는다(주성수 2017: 23).

이렇듯이 정부혁신 또는 사회혁신이 추진된 배경은 먼저 사회문제의 지속/확대에 있다. 〈그림 1-1〉과 같이 사회문제는 지속되고 확대되는데, 정부의 정책역량이나 재정/예산의 한계는 뚜렷해지며 시민들의 공공서비스 불만이 늘면서 정부는 더 이상 정부 주도의 '공공' 정책이나 서비스만을 고집할 수 없다. 정부 스스로가 혁신하고 사회를 혁신하지 않으면 안 된다.

그렇다면 어떤 방향으로 정부혁신 또는 사회혁신을 추구할 것인가? OECD 주요국의 정책 동향에서는 몇 가지 혁신 또는 전략이 주류의 동향으로 정착되어가고 있다. 첫째는 시민사회와의 사회서비스 파트너십, 그리고 고용 등 일부 정책에서는 기업과의 파트너십이다. 둘째는 정책의 사회문제 해결의 효과성과 효율성을 높이기 위한 '증거기반'의 정책결정이다. 단순한 재정투입, 시설확장, 서비스 제공 등의 '산출'(outputs)을 넘어 의미있는 정책적 '결과'(outcomes)를 지향하는 정책결정이다. 셋째는 결과와 사회적 임팩트 생산의 혁신적 처방으로 '결과지불'의 정책을 추진하는 변화이다. 산출 수준을 넘어 계획된 결과를 생산하는 프로그램이나 용역에 대해 지불하는 방식이다. 결과를 생산하지 못한 경우 지불이 이뤄지지 않는다.

그림 1-1 사회혁신과 임팩트 정책

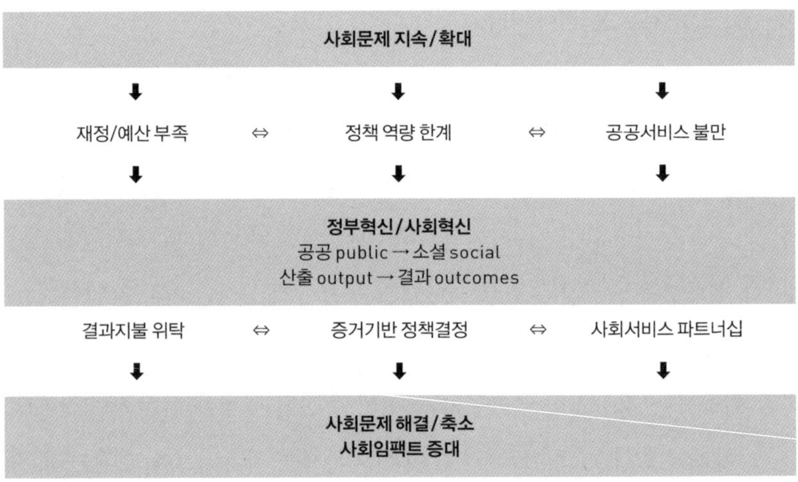

한국의 주요 정책 또한 '결과'보다는 투입이나 '산출'에 치중되어 있다는 평가가 지배적이다. 정책평가를 총괄하는 기획재정부는 자체평가 보고서에서 2019년 94개 관리과제의 251개 성과지표 중 산출이 52.2%, 결과는 44.6%로 분석하였다(기재부 2020). 또 교육부의 대표 정책 〈한 아이도 놓치지 않는 교육기회 제공〉은 '다소 우수' 로 자체평가 되었는데, 두드러진 성과가 있지만 '결과' 지향적 성과지표 측정 문제가 부각되었다. 자체평가보고서는 "성과지표 전반에 대한 재검토가 요구"된다고 평가한다(교육부 2021).

'결과' 지향적인, 사회문제 해결을 잘 하는 효과적인 정책은 어떤 정책인가? 효과적인 정부가 되려면 우선 지금의 프로그램과 정책들이 어떻게 운영되고 있는지, 또 어떻게 좋은 결과를 낼 수 있을지를 판단하는 정책결정에 가이드가 되는 좋은 정보가 필요하다. 좋은 정책결정이란 우선 '좋다'는 증거가 있어야 하며, 증거는 프로그램 단위별로 데이터가 체계적으로 수집되어 활용되어야 한다. 특정 기관이나 프로그램 수준을 넘어 공공부문 전반에 걸쳐 데이터 수집과 관리 및 분석의 시스템의 구축이 필요하다.

2) 정책과제: 과학과 사회적 합의의 균형

코로나 팬데믹은 전염병 감염에 대처하는 과학의 힘을 세계적으로 검증한 대표적인 사례이다. 마스크를 착용해야 한다는 것, 사회적 거리두기를 해야 한다는 것, 백신으로 집단면역을 이뤄야 한다는 것 등에 과학적 증거들이 팩트 체크로 확인되었다. 반면 비과학적인 정책이나 리더십이 외면받거나 비판받는 '뉴노말'도 생겨나고 있다. 팬데믹에 마스크를 쓸 필요가 없다는 일부 정치인들은 과학에 맞서는 비상식적 논리로 국가적 위기를 부추기며 방역을 오히려 방해하기도 했다. 이들뿐 아니라 코로나 때문에 먹고살기 어렵다며 하소연 하는 자영업자들은 방역의 과학보다는 경제적 이해를 내세웠다. 한국의 방역당국도 자영업자 등의 하소연이나 집단행동에 다소 완화된 집합금지 조치를 취하는 등, 과학과 경제의 균형을 조절하는 정치로 정책 딜레마에 빠지기도 했다.

이렇듯 공공 정책은 과학적 증거가 핵심이지만 과학적 증거만이 능사는 아니다. 과학에 철저하게 의존해야 하는 과학기술, 보건의료에도 경제와 정치의 논리는 수시로 결정적인 역할을 한다. 백신접종으로 팬데믹을 극복하는 사회적 결과와 임팩트를 생산하는 정책은 심사숙고의 전환을 필요로 한다. 과학이 생산할 수 있는 사실적 확실성뿐 아니라 사회적 합의가 난해할 수 있는 사회정치적 요인들도 동시에 고려할 필요가 있다.

공공 정책은 〈그림 1-2〉와 같이 단순한 과제와 복잡한 과제가 있고, 나아가 험악한 도전과 대혼란(chaos)에 해당될 만한 과제들도 있다(UN 2019: 111-112).

① 단순한 도전과제

과학적 증거가 거의 경합적이지 않으므로 의사결정과 기획의 기초가 된다. 대부분의 정책과 서비스가 여기에 해당되지만 단순한 예산지원으로 서비스 제공이라는 '산출'에 머물 것인지, 아니면 서비스 제공의 '결과'에 대한 증거에 기반해서 정책결정을 할 것인지, 전략적 선택이 중요하다.

한국의 결식아동급식 정책을 사례로 참고할 만하다. 급식카드로 결식아동을 지원하는 단순한 사업조차 카드 사용처가 제한되어 결식아동들은 그저 편의점의 인스턴트로 전전긍긍하는 혼란에 처했었다(표 1-1). 결식아동의 식사조차 보장하지 못하고 아동의 영양결핍을 장기간 방치해온 아동

그림 1-2 사회적 합의와 증거기반의 정책과제

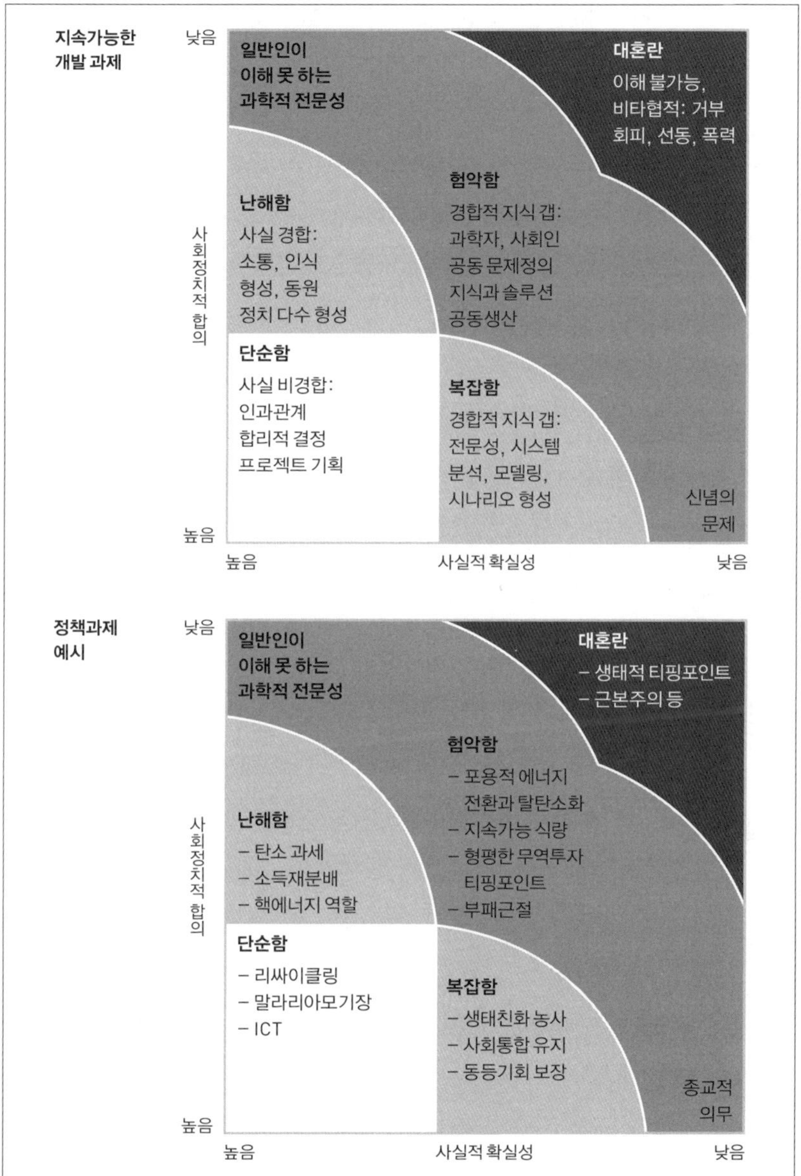

자료 UN (2019) *The Future is Now: Science for Achieving Sustainable Development*

복지정책을 어떻게 혁신할 수 있는가? 급식카드 사용이 아동 생계에 미치는 임팩트 평가를 하는 증거기반 시스템이 우선 갖춰져야 할 것이다.

표 1-1 정책실패: 결식아동 급식카드 사용[1]

저소득층 가정의 결식아동들은 식당이나 편의점 등에서 돈 대신 사용할 수 있는 급식카드를 발급받는다. 그런데 액수가 적어서 자장면 한 그릇도 사 먹기 힘든 상황이다. 결식아동 급식비 지원사업이 2005년 지자체로 넘어간 이래 지역별 지원금이 제각각이다. 2015년 한 끼당 식사 지원금이 서울 서초구 5,500원, 전주시 3,000원으로 차이가 심하다. 게다가 급식카드를 받는 음식점들이 거의 없어, 결식아동들은 편의점의 인스턴트 음식을 주로 사 먹는다. 급식카드를 받는 가맹점이 서울의 경우, 7천여 곳 가운데 5천 곳 이상이 편의점이고, 나머지는 분식점이나 빵집이다. 농어촌 지역엔 급식카드를 사용할 만한 편의점조차 멀어 결식아동들의 급식카드는 그림의 떡이 아닌지? 언론사가 취재한 이런 2015년의 상황은 2021년에도 바뀌지 않았다. 2021년 2월에 이런 문제가 다시 TV 특집으로 보도되자 지자체들이 서둘러 가맹점들을 대폭 확대했다. 지자체가 제역할을 못하자 '애들 거저 먹이겠다'는 식당들이 하나둘 나서며 이제 전국 7백 곳을 넘어섰다. 업종도 음식점에서 학원, 펜션, 안경점 등으로 다양하다. 폐업이 늘어나는 코로나 위기 중에도 '선한 영향력 가게'의 임팩트 바이러스가 정책 임팩트를 대신하고 있다.

장병들도 "못 먹어서 서럽다"며 스마트폰에 부실급식 폭로를 이어갔다. 국방부장관이 대책 발표를 수 차례 했지만 임팩트 없는 대책만 내놓았다. 장관은 전군 주요 지휘관 회의에서 배식이 부족할 경우 바로 채워 넣을

---

1 자료: JTBC 2015,1.5, https://news.jtbc.joins.com/article/article.aspx?news_id=NB10703173,
2021.2.27. https://www.youtube.com/watch?v=fNRCJUthJZw
2021.3.6. https://news.jtbc.joins.com/html/247/NB11995247.html?log=jtbc|news|hot_click

수 있도록 하고, 당장 예산이 더 필요하면 어떻게 할지 예산 당국과 협의하는 방안을 논의하도록 지시했다. 그런데 국방부와 육해공군 모두 군 급식의 품질과 관련한 자체 감사는 지난 10년간 단 한 차례도 없었다.[2] 장병들이 양껏 맛있게 먹을 수 있는 식자재 조달부터 조리, 배식까지 급식 구조를 모두 고치는 임팩트가 없자 병사들의 밥그릇 폭로는 끊이지 않았다.

② 복잡한 도전과제

증거는 경합적이지 않지만 지식에서 많은 갭이 있다. 사회적, 생태적 시스템에 대한 이해 증대가 필요한 과제다. 지역 업체와 다국적기업 모두가 경제적인 사업으로 수용할 만한 환경친화적 농사 사례가 있다(UN 2019: 111).

③ 난해한 도전과제

증거는 충분하지만 시행에는 사회적 합의가 필요한 과제다. 적정수준의 탄소세 부과와 소득재분배가 사례가 된다(UN 2019: 112). 둘 다 인식 제고, 호응의 동원, 타협 진전, 그리고 행동에 나서기 위한 사회적 요구를 창출하는 여러 이해관계들의 조율 등이 필요하다.

코로나 백신접종 사례도 '난해한' 도전과제에 해당된다. 한국 등 많은 국가에서 정부가 백신접종에 관한 여러 의견을 모아 정책을 결정해서 시행하는데 상당한 어려움을 겪었다. 각계각층의 자발적인 참여를 이끌어내서 집단면역을 달성해야 하는 난해한 접종의 방정식을 풀어야 한다. 한국의 백신접종 완료율은 2021년 말 현재 인구 85% 이상을 달성했지만, OECD

2 KBS 보도. 2021.5.18. https://news.v.daum.net/v/20210521123301383?f=o

국가들 대부분은 70%도 안되는 수준에 머물러 있다.

OECD는 문제의 핵심을 접종의 사령탑 역할을 하는 정부에 대한 '신뢰'가 핵심인 것으로 파악한다. 한국에서는 팬데믹 위기상황에서도 백신접종에 대해서도 일시적으로 정치적 분열이 심화되며 백신접종에 대한 공공불신이 깊었다. 또 여러 국가들에서 제기된 백신 안전성 문제, 거부운동 때문에도 정부의 접종계획이 차질을 빚으며 백신접종은 총체적인 위기의 핵심이 되었다.

표 1-2 코로나 백신접종 정책을 책임지는 정부의 역할에 대한 신뢰

백신접종에 대한 신뢰 그리고 정부의 소통의 능력, 접종 프로그램의 성공적인 시행의 능력에 대한 신뢰는 다음 몇가지에 결정적으로 의존한다. 1) 백신의 효과성과 안전성에 대한 공공 신뢰를 심어주고 유지하는 일, 2) 접종 프로그램을 시행하는 공공기관의 전문성과 신뢰성, 3) 백신의 구매, 배분, 우선순위 및 행정에 대한 정부의 의사결정과 행동 등이다. 성공적인 백신접종 캠페인은 정부가 지역 기관들과 파트너가 되어 잘 관리된 지역사회 관여를 광범하게 추진하도록 지원하는 일이다, 다양한 인구층 마다의 특수한 관심사, 백신접종의 경험과 건강 체계, 종교와 정치적 배경, 사회경제적 위상 등에 대한 면밀한 이해가 필요하다. 또 중요한 것은 정부의 행동이 공공 감시에 개방적이어야 하고, 공공기관들은 국민들과 긴밀한 관계를 유지하면서, 1) 백신 전략, 모달리티 및 이용자 편의적인 열린 소스 포맷에 대한 시의적절한 정보를 적극 알리고, 2) 투명하고 일관된 공공 커뮤니케이션을 개선해서 그릇된 정보와 '인포데믹'(infodemic)을 바로 잡으며, 3) 백신접종 전략 개발시에는 국민이 관여하도록 해야 한다. 또 정부는 국민의 기대를 잘 관리해서 특정 대상층이 우선 접종하는 것이 공정한지를 설명해야 한다.

자료 OECD (2021a), "Enhancing public trust in COVID-19 vaccination: The role of governments."

④ 험악한 도전과제

사실적인 확실성도 부족하며 동시에 사회적 지지 또한 약한 경우다.

증거기반의 의사결정이 거의 불가능한 사례들이 있다. 탈탄소화(decarbonization)가 그렇고, 지속가능한 식량 시스템 구축방안도 여기에 해당된다(UN 2019: 112).

한국의 저출산 정책도 사례가 된다. 저출산의 증거는 뚜렷하지만 저출산 예산이 투입되는 정책이나 사업에 대한 사회적, 정치적 지지가 분산되어 정책혼란을 야기한다. 2021년 저출산 예산은 46조 원으로, 저출산·고령화 사회 기본계획이 수립된 2006년 이래 모두 200조 원 이상의 예산이 투입되었다. 지난 10년간 연평균 21% 이상 꾸준히 증가했다. 또 전국 시도, 시군구 지자체들도 앞다투어 출산수당 등 여러 현금성 저출산 정책들을 쏟아냈다.

중앙과 지방정부의 재정 지원이 늘었지만 저출산의 위기는 사라지지 않으며 '사회적 임팩트'는 거의 드러나지 않고 있다. 저출산정책 대상층인 가계에 실질적인 임팩트로 정책 효과가 미치지 못하는 상태에 있다. 저출산을 차단하는 임팩트를 생산하는 정책 방안이 무엇인지, 아직 뚜렷한 솔루션이 없다는데 '험악한' 정책과제가 된다.

⑤ 대혼란의 과제

이슈들 관련 지식 취득이 거의 불가능하며 또 타협의 가능성도 거의 없다. 종교근본주의가 테러리스트 폭력으로 바뀌는 위험이나 생태적 티핑 포인트를 넘어섬으로써 발생하는 대재앙도 여기에 해당된다(UN 2019: 112). 트럼프 대통령의 'America First'는 대외적으로 동맹국의 경제 상황을 악화시키며 동맹 관계를 뒤흔들어놓았고, 대내적으로는 백인우월주의를 잉태하며 'Black Lives Matter,' 'Stop Asian Hate' 사회운동을 야기시켰다.

일본의 방사성 오염수 해양방출 결정도 대혼란의 과제에 해당된다. 일본 정부는 후쿠시마 오염수 관련 기본 데이터조차 공개하지 않아 증거기반의 정책결정을 불가능하게 만들며, 한국과 중국 등 핵심 이해관계국과의 협의를 무시하고 있다. 미국과 정치적 패권주의 결속으로 글로벌 해양위기를 일으키고 있다. IAEA는 과학 기반의 정책결정으로 글로벌 해양위기 의식을 불식시킬 수 있는, 신뢰할 만한 중재자 역할을 할 수 있는가?

2. 증거기반 정책 패러다임

1) 증거기반 정책결정이란 무엇인가?

(1) 증거기반의 정책이란?

"증거란 무엇이 사실인지 거짓인지를 결정하게 해주는 사실 또는 다른 정보"로, "인간의 웰빙을 늘리는 프로그램에 적용되면 증거는 그 프로그램이 계획된 임팩트를 생산하는지를 판단하게 해준다."(Haskins 2018: 8).

'증거'(evidence)란 결론을 생산하는데 도움이 되는 정보라 정의할 수 있다. 2015년 법에 의해 신설된 미국의 증거기반정책결정위원회(CEP 2017: 8)에 따르면, 증거란 "정부 프로그램과 정책 평가에 잠정적으로 활용되는 '통계적 목적'으로 '통계 활동'에 의해 생산된 정보"로 정의된다. 통계적 목적이란 "집단을 구성하는 개인이나 단체를 특정하지 않고 집단의 특성에 관한 서술, 추정 또는 분석"을 의미하고, 통계적 목적을 지원하는 통계 활동에는

"방법, 기술적 또는 행정적 절차, 또는 정보 자원의 개발, 시행 또는 유지"를 의미한다. 데이터(data)란 증거 구축 이외의 다른 다양한 목적에 활용될 수 있다. 수혜 금액 결정, 법 집행 또는 개인의 권리나 특권에 영향을 미치는 개인 차원의 정보의 이용 등 비통계적 목적들이 있다.

'증거기반의 정책결정'이란 무엇인가? 정부의 "정책결정에 정보를 제공하는 증거의 적용"이라 정의할 수 있다(CEP 2017: 9). 증거기반의 정책결정이 되기 위해서는 먼저 증거의 공급이 개시되어야 하는데, 증거기반의 정책결정은 데이터 접근에 의존하는 증거의 생산을 필요로 한다. 엄청난 양의 행정데이터가 수집되면서 증거기반이 강력해지면 정부 프로그램 운영과 정부 서비스 재정지원에 관한 정책결정에 새로운, 더 좋은 증거들이 통합되는 것이 중요하다.

다양한 증거유형들이 정책결정을 지원하는데, 여기에는 여러 방법들이 활용된다. 기술적 통계(descriptive statistics)는 동향과 배경에 관한 시각을 제공해주고, 성과 메트릭스(performance metrics)는 정책 산출과 효율성의 모니터링을 지원하며, 시행과 과정 연구는 프로그램과 정책의 적용이 계획된 디자인과 목표에 연계되고 있는지를 파악한다. 이들 각각의 증거유형은 증거기반의 정책결정에 관련성을 갖고 있다.

(2) 증거의 기준

증거기반의 정책결정의 증거로서 데이터(data)를 활용하는 기획단계에서 가장 중요한 요인은 증거의 기준을 정착하는 것이다. 이 기준을 OECD는 여섯 개로 제시해 증거기반의 정책결정을 지원하는 시행방안으로 간주한다.

표 1-3 증거의 기준: OECD의 제안

1. 적정성(appropriateness): 증거는 정책 목표를 달성하고 지역의 배경을 고려하는데 유용한 다양한 정치적 고려사항을 충족하는 목적으로 채택되어야 한다.
2. 통합성(integrity) (진정성 있는 중개): 정책결정을 위한 증거를 제시하는 개인과 조직들은 이해관계의 갈등관리, 윤리적 행동, 로비 활동을 포함한 충고의 통합성을 보장하는 과정도 제시할 필요가 있다.
3. 책무성(accountability): 정책결정에 정보를 제공하는데 활용되는 공식적인 증거자문 시스템의 규율과 형태를 제안하는 담당자는 공식적인 공적 규정을 갖춰야 하고, 증거의 정보에 기반한 정책을 결정하는 고위층은 공적 책무성을 가진 공직자가 되어야 한다.
4. 경합성(contestability): 증거는 비판적 질의와 호소에 공개되어야 하고, 어떤 증거를 활용할지를 결정하는 의사결정에 경쟁적 기회를 제공할 수도 있다.
5. 투명성(transparency): 정보는 공적 감시가 되도록 분명하게 가시적인 공개적인 것이어야 한다. 증거가 어떻게 정책결정에 필요한 정보의 기반이 되는지를 시민들이 확인할 수 있어야 한다. 투명성은 OECD의 〈규제적 질과 거버넌스 원칙들〉, 〈열린 정부 원칙들〉에 포함되어 있다.
6. 심사숙고(deliberation): 여러 경쟁적인 가치와 관심사를 증거활용 과정에 고려되도록 제안하는 시민참여의 여지가 있어야 한다. 이는 정부와 시민과의 공동디자인(co-design)과 공동창출(co-creation)에 의한 정책에 해당되며, 또 증거에 기여하는 열린 정부의 시각에서의 시민참여에 해당되는 부분이다.

자료 OECD(2019b: 77).

(3) 증거기반 정책과정의 배경

증거기반의 정책결정은 모든 단계의 정책과정에서의 의사결정을 가이드 하기 위해 최상의 유용한 연구와 정보를 활용한다. 정책이나 프로그램의 진행 현황을 파악하고 프로그램 효과성이 부족한 갭 부분에 초점을 맞춰 예산과 정책결정에 증거로 활용하도록 지원한다. 또 지속적으로 프로그램 성과를 개선하기 위해 정보를 활용해 집행을 모니터링하고 핵심 결과들을 측정하는 시스템에 의존한다.

이같은 증거기반의 정책결정 접근법으로 정부는 특정 목표를 우선 설정한다. 미국의 주정부들이 혁신적인 비용효과 접근법을 시행하도록 지원하는 프로젝트가 되는 '결과 우선 이니셔티브'(Results First Initiative)[3]는 다음과 같이 설명한다(Pew-MacArthur 2014: 2).

첫째, 낭비성 지출을 감축한다. 프로그램 결과에 관한 증거를 예산 선택의 정보로 활용해 정책결정층은 비효과적인 프로그램을 파악해 제거함으로써 다른 용도로 예산을 활용하는 기회를 제공한다.

둘째, 혁신적 프로그램을 확장한다. 새로운, 검증이 안 된 프로그램이 확고한 평가를 받도록 구제함으로써 더 좋은 결과를 공급하거나 비용을 절감하는 혁신적 이니셔티브에 타깃 펀딩을 하는 기회를 갖게 된다.

셋째, 책무성을 강화시킨다. 프로그램 운영과 결과에 관한 데이터 수집과 보고를 통해 위탁기관, 시행기관, 관리자들이 결과에 대한 책무성을 높이도록 한다.

증거기반의 정책결정과 프로그램 집행에 대한 지지는 국가마다 늘어나는 추세이다. 정부 성과 개선의 필요성은 오래전부터 제기되어 왔지만 새로운 시대적 상황과 정책 동향이 증거기반의 정책결정의 시행을 앞당기고 있다(Pew-MacArthur 2014: 2-3).

---

3 Pew Charitable Trusts과 MacArthur 재단이 공동으로 정책과 프로그램에 투자한다. https://www.pewtrusts.org/en/projects/pew-macarthur-results-first-initiative

첫째는 지속적인 재정적 긴축 압박이다. 최근 많은 정부가 금융위기와 경제위기로 인한 심각한 세입 감소로 예산 절감의 압력에 처해 왔다. 미국의 대부분의 주정부들도 세입이 늘지 않은 상황에서 메디케이드 등의 지출 증가에 직면하는 어려운 예산 절감을 선택을 해야 했다. 이에 정책결정층은 기존의 정책과 프로그램의 결과와 성과에 관한 증거에 높은 관심을 갖고 증거기반의 예산결정이나 프로그램 재지원 결정을 해야 하는 상황에 처해 있다.

둘째는 프로그램 진행 상황에 관한 증거의 유용성이 증대한 것이다. 그간 프로그램 성과와 효과성에 관한 연구가 대폭 늘어났다. 또 프로그램 성과 평가들을 수집해 정부기관이나 일반인에게 공시하는 정보센터의 설치 또한 증대하면서 증거기반의 정책결정과 프로그램 실행을 위한 인프라가 갖춰지게 되었다. 주정부와 지방정부들도 평가데이터와 증거들을 기초로 중복 투자나 지원으로 인한 예산 절감을 하면서 기존의 프로그램의 효과성 증진과 새로운 프로그램의 효과성 검증에 보다 과학적인 접근법에 의존하게 되었다.

셋째는 연방정부의 재정 인센티브이다. 연방정부는 증여 지원을 받는 시행기관들이 증거기반의 접근법을 이용하도록 점차 규제를 강화한다. 2009년 이래 교육부(DOE), 보건사회성(HHS), 노동부(DOL)은 증거기반 프로그램 7개의 이니셔티브에 지원금 550억 달러를 투입하였다. 지원금 규모는 작지만 프로그램 시행기관에게는 증거기반 프로그램 시행 인센티브를 제공하는 혁신적 방안이다. 교육부의 〈혁신 투자 기금〉(i3)은 혁신적 프로그램의 효과성 증거를 가진 교육 프로그램을 우선 지원한다. 보건사회성의 산모와 유아 가정방문 프로그램은 연방지원금의 75%를 증거기반 프로그램에 투입하도록 규제해 핵심 결과에 대한 임팩트를 평가하도록 한다. 노동부의 〈작업장 혁신기금〉은 고용과 훈련 결과를 개선하는 새로운 접근법의 디자인에 데이터를 활용하는 프로젝트를 지원한다.

넷째는 주정부 리더들의 관심 증대이다. 주정부 정책결정층은 증거기반의 프로그램에 대한 투자를 촉진시키기 위한 정책수단으로 먼저 입법을 추진하였다. 2004~14년 기간 42개 주에서 100개 이상의 법률이 시행되어, 증거기반의 프로그램 시행이 진행되었다. 주정부들은 비용효과분석을 활용해 정책과 예산 결정에 증거로 활용하는데, 이를 활용한 주정부의 수는 2008~11년 기간에 48% 증가했고, 29개 주정부는 정책이나 예산 결정에 비용효과분석을 활용한다고 답하였다. 또 2011~14년 기간에는 16개 주와 4개의 캘리포니아 지방정부가 〈결과 우선 이니셔티브〉(Results First Initiative)와 공조해 정책과 예산 의사결정에 적용되는 맞춤형 혁신적인 비용효과접근을 활용하였다.

2) 증거기반 정책결정은 왜 필요한가?

증거기반의 정책결정의 정당성은 무엇인가? 증거기반의 정책결정의 이론 및 정책적 근거를 제시하는 리브만(Liebman 2013)은 정당성 근거 몇가지를 제시한다.

(1) 긴축재정 시대의 임팩트 창출

긴축 시대의 상황에서 사회문제 해결의 혁신을 지속하고 진전을 이룰 수 있는가? 정부가 당면하는 재정적 압박은 경제위기 이후에도 지속되고 있다. 베이비부머들의 은퇴가 본격화되고 의료비 지출이 계속 늘면서 메디케어, 메디케이드 지출이 10년 기간에 GDP의 3% 가량 상승하는 상황에서 정부에게 주어진 다른 프로그램들의 자원은 계속 줄어들 수밖에 없다(Liebman 2013: 1). 코로나 팬데믹으로 검사와 치료에 막대한 재정을 투입한 각국의 정부들도 이제 심각한 긴축예산에 직면해 있다.

재정적 압박이 심화되는 상황에서 사회문제 해결의 진전을 이룰 수 있는 유일한 방안은 정부 지출비에 대한 가치를 높이는 일이다. 그러기 위해서는 정책결정에서 증거를 잘 활용해, 효과성이 적은 프로그램에서 효과성에 높은 프로그램으로 자원을 재배분할 필요가 있다. 또 새로운 보다 효과적인 해결방안의 개발과 평가를 진흥시키는데 정부 자원을 증대시키는 것이다. 그래서 결과기반의 목표를 설정하고 목표 달성을 위해 시스템 변화를 위한 데이터기반의 성과 평가와 지역사회 공보방안 등 리더십 전략들을 활용해, 지출비의 '금전의 가치'를 높일 수 있다.

사실 재정압박이 심하지 않은 여유로운 상황에서도 정부가 지출하는 비용에 대한 가치를 높이는데 정책결정의 역할이 중요하다. 그런데 지금까지의 정부의 정책은 사회문제 해결에 실패를 거듭하였다. 재범 감소, 교육개선, 비만 감소, 일자리 정책 등 무수한 정책 사례들에서 실패를 거듭했고, 또 성공적 사례들을 널리 보급하는데도 실패를 거듭했다. 이같은 실패는 대상 개인들과 그들의 지역사회에 심각한 악영향을 미칠 뿐 아니라 경제에도 심각한 피해를 입히게 된다. 삶의 질이 낮아지며, 경제성장은 줄어든다.

그런데 미국의 연방, 주, 지방정부들은 새로운 전략을 시행해오면서 다소 낙관적인 정책결정의 전망을 제시해주고 있다. 그것들은 다음과 같다(Liebman 2013: 2)

- 사회문제 해결에 새로운 해결방안들을 모색할 수 있도록 학습과 실험에 보조금을 지원한다.
- 기존의 프로그램과 새로운 잠정적인 프로그램의 효과성에 대한 증거의 양을 증가시킨다.
- 예산과 관리 결정에서 증거를 더 많이 활용한다.
- 특정 대상층에 타깃을 맞춰 성과 개선에 의도적 노력을 한다.
- 공공-민간 부문간, 지역사회 기반의 공조를 통한 혁신을 조장하고 인센티브를 연계한다.

그럼에도 대부분의 정부 지출은 증거기반으로 또는 혁신과 성과 중심으로 배분되지 않고 있다. 미국 교육부나 보건사회성 등 증여기금의 배분에 새로운 방안들을 가장 창의적으로 시행하는 연방 정부조차도 전통적인 증여 배분방식으로 대부분의 지출을 시행하는 실정이다.

미국의 연방 정부가 증거기반의 정책을 활용하는 전략으로는 다음 몇 단계가 제시되어 있다(Liebman 2013: 2).

- 사회 프로그램을 운영하는 모든 연방기관들은 미국 노동부에 부여된 것과 같은 권한, 즉 프로그램 평가를 지원하는 일정 비율의 프로그램 지출을 하는 권한을 갖도록 하는 것이다. 연방예산관리국(Office of Management and Budget: OMB)에 소규모의 평가기금을 제공해 범 부처 평가 이니셔티브를 시행하도록 하는 것이다.
- 충분한 평가 증거들이 있는 높은 정책 우선순위의 분야들에서는 증여 경합에서 등급증거기준(tiered evidence standards)을 활용하도록 해야 한다.

- 증거기반이 정책결정에 확고한 정도에 달하면, 주정부와 지방정부에 제공되는 연방 배정기금(formula funding)은 기금의 일정비율(예: 5%)을 효과성이 입증된 프로그램에 지출하도록 규제할 필요가 있다.
- 의회는 의회예산국(Congressional Budget Office: CBO) 또는 정부책무성사무국(Government Accountability Office: GAO)이 정책우선 분야의 비용효과성 보고서를 제출하도록 규제할 수 있다.

(2) 심각한 사회문제 해결의 솔루션 개발

사회문제는 줄지 않고 해묵은 사회문제들이 누적되는 동향이다. 출소자의 재범문제, 빈곤지역 초등학생의 수학능력 문제, 청소년의 학교이탈, 만성적 실업자들, 만성적 홈리스, 지적 장애인 등 무수한 사회복지 문제들이 상존해 있다. 여기에 수십 개의 프로그램들이 수십억 달러의 정부 재정으로 운영되고 있지만 서비스는 고도의 분절된 방식으로 제공되고 있다. 한 프로그램이 정신건강 서비스를, 다른 프로그램이 주택 서비스를, 또 다른 프로그램들은 취업준비 훈련 서비스를 각기 제공한다. 그런데 이런 서비스를 제공받은 개인들이 성공적인 성과를 내고 있는지를 확인하는 책임을 맡은 기관이나 공직자는 없다. 게다가 성공이 이뤄졌는지를 결정하는 것이 정부 프로그램만이 아니다. 다차원의 정부기관, 다양한 영리와 비영리 기관들, 자산단체, 지역사회단체들의 공조적 활동으로 성공의 성과가 이뤄진다.

연방 프로그램 '헤드 스타트'(Head Start) 프로그램이 대표적인 사례가 된다. 이 프로그램은 저소득층의 3~5세 아동의 조기교육 서비스를 제공하는 연방 프로그램이다. 1965년에 개시되어, 연간 70억 달러 비용으로 80만 아동을 대상으로 했다. 그럼에도 지금까지 프로그램의 효과성에 대해서는 알려지지 않고 있다. 2002년에 시작된 임팩트 평가 보고서는 실망스러운 결과를 보여준다. 프로그램에 참여한 아동이 "1학년이 끝나는 시점에 다소 긍정적인 임팩트"가 사라져 버린다는 것이다. 1학년까지는 어느정도 성과가 있다고 보지만 그 후에는 별 성과가 없는 프로그램이라는 평가다. 또 다양한 프로그램 센터들의 교육 서비스 질의 격차가 심해서 서비스 센터의 질에 관한 평가가 추진될 필요가 있다는 제언이 나왔다. 프로그램의 효과성이 의문시될 수도 있지만, 프로그램의 혜택이 비용을 크게 능가한다는 평가도 첨부되었다. 2011년부터는 서비스 제공기관들이 성과 목표치를 달성하지 못하면 재경쟁을 거쳐 지원을 받도록 혁신방안이 추진되었다.

조기교육 서비스는 '사회투자'정책으로 추진되어 왔다. 전국 교육향상평가 데이터분석에 따르면, 저소득층과 중소득층 자녀 사이의 교육성취의 격차가 심해서 장래에 성인이 되면 고용율과 임금의 격차로 이어지며 범죄율과 장애 위험도 차이도 심한 것으로 나타난다(Liebman 2013: 5). 연방 정부와 주정부와 지방정부 모두가 상당한 재원을 제공해 문제 해결에 나서며, 태아기 서비스부터 조기 아동교육, 특수교육, 대학 등록금 지원과 고교 중퇴자의 직업훈련 교육 등 다양한 서비스가 제공되고 있다.

이제는 이런 프로그램들의 효과성 개선에 초점을 맞춰, 최대의 임팩트를 창출하는 접근방식에 재원을 재배분하고 임팩트가 높은 접근법을 개발해야 한다. 이제 완전한 교육 잠재력 달성에 실패한 인구층이 이제 노동력의 다수를 차지하게 됨으로써 증거기반의 임팩트 높은 프로그램을 우선 지원하는 정책 전환이 시급하다. 저소득층 아동의 교육성취가 미국 경제가 다음 수십년의 성장 속도를 결정하는 가장 중요한 결정요인이 될 것이다. 소득 기초의 교육 성취의 격차를 줄이면 격차가 줄어든 시점부터 10년간 GDP가 3~5% 증가할 것이라는 분석도 있다.

(3) 증거기반의 재정 정책

또한 증거기반의 정책결정을 추구하기 위한 재정적 정책의 중요성도 제시되어 있다. 베이비부머의 은퇴로 보건의료 지출과 관련 지출의 상승으로 긴축재정의 압박이 심해졌다. 2011년의 예산통제법으로 공공기관의 '재량적 지출'(discretionary spending) 상한선 규제가 적용되며, 비국방 분야의 재량지출 규모가 GDP의 2.7% 가량 감소될 것이다. 이런 재정 정책의 환경에서는 어떤 프로그램을 지속하고, 어떤 프로그램을 확대하고, 어떤 프로그램을 폐지할 지를 잘 판단해 정책결정을 해야 한다. 지속되는 프로그램들도 지금의 재정투입에 대한 가치보다 더 높은 가치의 결과물을 생산해야 하는 분위기이다.

증거기반의 정책결정에 대한 경제적, 재정적 필요성은 강력하다. 1990년 이래로 연방 정부의 주요 사회 프로그램 10개에 대한 평가가 무작위통제실험(RCT: random controlled trial)으로 진행되었다. 그런데 그 중 9개 평가는 "약한 긍정적이거나 전혀 긍정적이지 않은 결과"를 제시하였다(Baron and Sawhill 2010). 직업훈련과 재범방지 정책 분야에서는 일관되게 실망스러운 부정적 결과들이 나왔다. 대부분의 사회정책 목표들에 대해서는 검증된 해결방안은 전혀 존재하지 않는다는 것이다. 이를 바로잡기 위해서는 정부가 지출하는 방식을 개혁해서 보다 실험적인 시도를 하고, 보다 확고한 혁신적 아이디어의 평가를 수행하고, 재정지출 결정에서 성과에 더 주의를 기울일 필요가 있다는 제안이 있었다.

지난 10년간, 특히 지난 수년간 연방, 주, 지방정부들이 일제히 대규모의 새로운 증거기반의 지출 시행에 동참하였다. 평가전문가인 바론(Jon Baron)과 하스킨스(Ron Haskins)에 따르면, "지금까지 연방정부가 시행한 프로그램 평가 중 오바마 정부가 가장 획기적이고 잠정적으로 혁명적인 강력한 프로그램 평가를 했다."(Liebman 2013: 6).

3) 증거기반 정책결정은 어떻게 하는가?

(1) 증거기반 정책결정 제도의 발전

증거기반의 정책결정은 미국에서 1970년대부터 중앙부처들이 선도하기 시작했다. 증거기반정책결정위원회(CEP)에 따르면, 1973년 보건부, 교육부, 복지부가 공동으로 〈공정한 정보실행 원칙들〉(Fair Information Practice Principles)을 개발해 의회로 하여금 1974년 사생활법을 제정하도록 제안했다. 이 원칙들은 투명성, 개인의 참여, 목적 구체화, 데이터 간소화, 이용 제한, 데이터 질과 통합, 보안, 투명성과 감사 원칙들이다(CEP 2017: 13). 국민들을 위한 정보 제공과 사생활 보호 사이의 균형을 이루는 원칙들이다.

2010년대에 와서 증거에 대한 요구가 급증했다. 2010년의 〈GPRA 현대화 법〉은 정부의 정책의 지속적인 개선을 위한 증거 활용 개선을 요구했고, 2014년 〈노동력 혁신과 기회법〉은 여러 평가와 복합사업분야 프로젝트를 지원했다(앞글: 15). 또 2014년의 〈농업법〉은 농민 개개인의 소득과 고용을 지원하는 다양한 혁신적 접근법의 시도를 요청했다. 2015년의 〈예산법〉은 사회보장 장애보험 프로그램의 정책 개선 실험을 위한 시범사업을 승인했고, 같은 해 〈모든 학생의 성취법〉(Every Student Succeeds Act)은 증거기반의 증요 프로그램을 확대를 승인했다. 다른 수많은 법과 입법안들은 공모 증여 프로그램의 증거 활용이나 혁신 요건을 갖추도록 요청하는 등 증거에 대한 수요를 요청했다.

행정부에서도 더 많은 증거, 더 좋은 증거를 장려하는 요청들이 늘었다. 2013년 연방기관들이 이용가능한 증거의 활용, 지식 증대를 위한 새로운 증거 창출, 그리고 정부 성과를 개선하기 위한 지속적인 혁신을 추진할 것을 구체적으로 주문하였다. 그리고 2017년 대통령은 정부 효과성 개선을 위한 증거 창출과 활용을 요청하고 나섰다(Executive Office of the President 2017).

모든 연방기관들에 걸친 강력한 중앙집중적인 접근법에 따라 연방기관들이 정책연구와 평가를 수행하는 역량은 구축될 수 있다. 그럼에도 기존의 연방정부 내부의 실적에 대해 미국평가협회(American Evaluation Association 2013)는 다음과 같이 평가했다. "대부분의 평가가 즉흥적이며 비일관적으로 적용되고 지원도 부적절했다. 평가 훈련과 역량구축이 기관에 따라 비일관적이며 대부분이 필요한 평가 역량을 달성해 장기간 유지하기에 불충분하다."

증거기반정책결정위원회 또한 이 시각에 동의한다. 비정부 연구자, 자선기관, 대학, 연구센터 등의 파트너 기관들이 정부 내부에 '증거기반 공동체'(Evidence-Based Communities) 지원과 확장에 중요한 역할을 한다. 이런 외부 파트너들이 생산하는 증거는 정책결정에 영향력을 행사하고 정책혁신을 촉진하며 새로운, 기존의 프로그램에 대한 자원 배분을 주도하는 역할을 한다. 또 외부 파트너들은 정부 스탭의 역할을 초월하는 역량을 창출한다. 연방정부와 대학들이 증거 구축의 활동을 개선하는 협력사업을 개시하였다. 연방 통계연구데이터센터는 통계기관과 연구기관들 사이의 파트너십으로 운영된다. 센터는 연구자에게 기밀 데이터에 대한 접근을 보장하고 통계기관들과 국민들은 통계 결과와 지식 증진에 기여하는 연구결과의 혜택을 누린다.

(2) 정부의 증거기반 정책 시스템 구축

증거기반 정책의 시스템을 정립하는데 미국 연방기관들은 다음과 같은 핵심 역할을 맡아 오늘에 이르고 있다(Maynard 2018: 135-7).

① 증거기반 정책 어젠다를 지원하는 인프라

연방 기관의 증거기반 정책 어젠다를 진전시키는 지원 체계는 네 가지가 있다. 첫째는 증거를 생산해 효과적으로 이용하는 핵심 인프라다. 둘째는 연방 펀딩기관의 수요에 기반하는 프로그램, 정책, 실행방안의 효과성에 대한 증거의 규모 확장이다. 셋째는 평가 증거를 아카이브 해서 공공의 접근성을 확대하는 시스템이다. 마지막은 평가의 윤리적 규정, 연구결과 리포팅과 종합화에 관한 전문 기준을 비롯한 시스템 정립이다.

② 양질의 증거에 대한 수요

1996년 메타 평가 분석으로 1976~95년 기간 150개 프로그램을 검증한 결과, 17개만이 신뢰할 만한 증거의 기준을 충족한 것으로 파악되었다. 오늘날에 여러 유형의 데이터를 펀딩 정책결정에 적용시키는 어려운 역할은 주로 프로그램 감독의 책임을 가진 연방기관 스탭들이 갖고 있다. 또 일부 사례의 경우, 책임은 증거 가이드라인을 이 법에 적용하는 의회 스탭들에게도 분담되어 있다.

③ 정책결정과 관리의 가이드라인이 되는 증거의 접근가능성

연방기관들은 다양한 증거 정보센터를 지원한다. 교육부의 교육과학연구소, 보건복지부의 국립가족위원회. 노동부의 고용훈련원 등이 대표적이다. 교육부의 WWC의 경우, 2002년에 개설되어 그간 1만여 개의 교육프로그램, 정책들을 검증해 검증 결과를 모두 인터넷에 공시하고 있다. 프로그램 효과성 증거를 제시하는 연구에 대해서는 증거의 질적 수준을 등급으로 매기고, 증거기준을 충족한 연구는 프로그램 개요, 샘플과 방법 등으로 소개한다. 동일한 프로그램에 대한 복수의 연구 보고서들은 증거의 강도와 질, 그리고 평균 효과성을 검증해 공시한다.

④ 전문적 스탠다드와 모범 사례

프로그램 평가와 정책분석 분야는 확고한 산업이 형성되어 있다. 사회프로그램 평가에는 비용 산정과 비용효과 분석 등이 널리 활용되고 있다. 증거기반의 정책 이니셔티브들이 개시되면서 정부기관의 프로그램 평가, 증거 검증, 증거를 정책결정, 프로그램 펀딩과 모니터링에 활용하는 기준을 마련해야 한다. 이를 지원하기 위해 다양한 유형의 프로그램의 임팩트에 관한 높은 가치의 시각을 제공하는 양질의 연구들이 급증하는 추세다.

(3) 증거기반정책결정위원회(CEP) 법 시행

미국에서는 2016년 〈증거기반정책결정위원회 법〉(Evidence-Based Policymaking Commission Act)이 시행되면서 정부 프로그램과 정책에 활용될 증

거를 개선하는 요청이 급진전되었다. 위원회는 여야 양당의 추천을 받은 국회의원, 대학교수, 전문가 중심의 15인 위원들로 구성되었다.

법에 의해 대통령과 국회는 다음과 같은 정부 정책결정에 필요한 책무를 지게 되었다. 데이터 인벤토리, 데이터 인프라, D/B 안전, 연방 정책결정과 관련된 통계 프로토콜 등을 탐구해서, 이들이 어떻게 개선될 수 있는지를 권고하도록 하였다(CEP 2017: 7). 첫째, 행정데이터, 서베이 데이터 및 관련 통계 데이터 시리즈들이 통합되어 증거 구축에 활용되는 최적의 방안을 결정하며, 사생활 보호와 기밀 유지를 지키는 방안도 함께 검토한다. 또 프로그램 디자인에 증거구축을 통합하는 최상의 방안을 탐구한다. 둘째는 프로그램과 서베이 데이터 정보센터(clearinghouse)가 설치될 필요가 있는지, 필요하다면 어떻게 설치하는게 바람직한지를 고려한다.

미국의 연방정부는 오래전부터 '증거 문화'(evidence culture) 정착에 많은 노력을 해왔지만 여전히 미흡한 상태에 있다(앞글: 8). 이런 정부의 노력에 특히 심각한 장애가 되는 것은 정부 밖의 연구자들과 정부 내부의 공직자들이 이미 수집된 데이터들이 있지만 증거 구축에 필요한 데이터를 접근할 수 있는 기회가 많지 않다는 것이다. 세금을 부과하고, 정부 지원의 자격을 결정하고, 경제개발에 참여하고, 프로그램을 운영하는 정부로서는 상당한 양의 정보를 수집할 필요가 있다.

일례로 2017년 연방정부가 1,000억 개의 정보공개 요청에 응답하는데 120억 시간 가량을 소요할 것으로 추산된다(앞글: 8). 이런 데이터 수집에 드는 직접 비용은 납세자들의 세금으로 부담되지만, 그렇다고 증거를 생산하는데는 잘 활용되는 데이터들은 아니다. 따라서 이미 수집된 데이터들의 활용에 장애를 제거하는 일이 심각한 사회문제 해결에 중요한 시각을 제시하는 지름길이 된다.

사생활 보호 또한 증거 구축의 데이터 이용과 동시에 이뤄질 필요가 있다. 사생활 보호와 기존의 행정데이터의 이용 개선을 하는 역량은 최근의 통계 방법론, 컴퓨터 공학 등으로 구축할 수 있다. 정부는 데이터의 수집과 이용에서 투명성을 높이고, 동시에 국민들이 정부의 책무성 개선을 요청하는 변화가 얼마든지 가능하다. 사생활 보호와 책무성 개선, 그리고 효과적인 공공 서비스 제공을 위한 정책결정에 필요한 증거 구축도 동시에 이뤄질 수 있다.

증거기반정책결정위원회는 정부 운영의 일상적 과정으로 강력한 증거가 효율적으로 창출될 것이며 효과적인 공공 정책의 추진에 활용되는 미래의 비전을 제시한다. 이런 비전은 이미 현실로 실현되고 있는 중이다.

표 1-4 미국 증거기반정책결정위원회 활동

> 2016년에 시행한 증거기반정책결정위원회 법은 위원회로 하여금 정부의 증거 구축과 정책결정 노력을 강화시키는 방안을 탐구하도록 한다. 특히 정부가 이미 수집한 데이터를 정부 프로그램과 정책 개선에 활용하는 방안을 탐구하도록 지시한다. 위원회는 탐구 결과를 대통령과 의회에 보고하도록 되어 있다.
>
> 위원회는 연방정부 내부의 증거 생산과 활용의 현황을 파악하기 위한 첫 8개월 기간의 사실확인 과정을 거쳐 다음과 같은 일련의 활동을 개시하였다.
>
> a) 증거기반의 정책결정에 관여하는 연방기관의 현행 또는 잠정적 역량을 이해하기 위해 위원회는 증거 생산과 활용 가능성이 높은 연방정부 209개 기관들에 대한 서베이를 시행했다.
> b) 증거기반 정책결정 관련 이슈들에 대한 49명의 전문가들의 의견을 수렴하는 일곱 차례의 연속 회의를 가졌다.
> c) 연방 관보(Federal Register)에 국민의 의견 요청을 발간해 이메일로 350건의 의견을 접수받았다.
> d) 3회에 걸쳐 공개 토론회를 와싱톤, 시카고, 샌프란시스코에서 진행하였다. 39명

의 국민 대표들이 위원회에 직접 정보를 전달하였다.

e) 추가적인 투입을 받기 위해 40개 이상 조직, 전문가와의 회의를 가졌다.

이후 위원회는 5개월 기간의 심의 과정을 통해 모든 수집된 투입과 정보를 심의해, 증거기반의 정책결정을 위한 가이딩 원칙들을 제시하였다.

자료 Commission On the Evidence-Based Policymaking(2017: 16-17).

증거는 '데이터'(data)에 기반한다. "데이터는 정책결정의 생명혈액이자 책무성의 원자료다. 바른 시기에 바른 대상에 바른 정보를 제공하는 양질의 데이터가 없다면 효과적인 디자인, 모니터링, 평가는 거의 불가능하다."(지속가능 개발을 위한 데이터 혁명에 대한 UN 사무총장의 독립전문가자문그룹).

이용 가능한 데이터가 기하급수적으로 증가함에 따라 새로운 문제도 발생한다. 핵심 과제가 되는 것은 정부기관들의 각기 고립된 부처주의(departmentalism; silos)를 횡단하는 정보를 안정적으로 분석하는 정부의 역량 개선 문제다. 이를 위해 증거기반정책결정위원회는 정부 내부에 존재하는 자원들을 구축하고 재조직화를 하기 위한 국립안전데이터서비스(National Secure Data Service: NSDS) 활용을 제안한다. NSDS는 통계적 목적만으로 데이터분석 서비스를 제공한다. NSDS는 모범적인 기록 연계 사례들의 모델을 만들고, 사생활 보호 기술의 시행을 촉진하며, 정부 데이터가 증거 구축에 이용되는 방법의 새로운 차원의 투명성을 사정한다.

표 1-5 증거기반 정책결정의 가이딩 원칙들: 미국 증거기반정책결정위원회

1. 사생활(Privacy): 데이터와 증거 생산과 이용에서 개인의 사생활과 기밀유지가 지켜져야 한다. 2. 엄밀성(Rigor): 증거는 제기된 문제에 맞춤형으로 잘 디자인된, 잘 시행된 방법들을 활용해 개발되어야 한다. 3. 투명성(Transparency): 데이터와 증거의 생산과 이용에 관여하는 사람들은 공공 투입과 의견을 수렴하는 의미있는 채널을 제공하며, 생산된 증거는 공적으로 활용될 것을 보장하는 방식으로 투명하게 운영해야 한다. 4. 겸손함(Humility): 특정 연구나 배경에 관한 결과물을 지나치게 일반화하는 실수를 범하지 않도록 유의한다. 5. 역량(Capacity): 데이터와 증거 생산과 이용의 역량은 정부기관 내부에 통합되어 재정지원과 인력지원이 적절하게 이뤄져야 한다.

자료 Commission On the Evidence-Based Policymaking(2017: 17).

2017년에는 '증거기반의 정책결정 기초법'(Foundations for Evidence-Based Policymaking Act of 2017)이 마련되었다.[4] 이 법안은 정부 부처와 기관들이 연간 정기적으로 의회와 예산관리국(OMB)에 프로그램, 정책 및 기관의 규제 관련 정책 현안들을 파악해 해결방안을 제시하는 계획을 제출하도록 한다. 계획에는 ① 정책결정을 지원하는 증거 개발을 위한 정책 관련 문제들과 ② 정책결정에 이용할 증거를 확보하기 위한 데이터 목록이다. OMB는 부처와 기관들의 계획을 하나의 통합된 증거 구축 계획으로 통합해 구축하는 역할을 하도록 되어 있다.

또 법안은 정부 전역에 걸친 평가활동과 정책을 지원하며 OMB 보조

4 https://www.congress.gov/bill/115th-congress/house-bill/4174

역할을 하는 관계부처 평가정책위원회(Interagency Council on Evaluation Policy)를 설치해, '평가'가 "효과성과 효율성을 사정하는 단일 또는 복수의 프로그램, 정책, 조직에 관한 체계적인 데이터수집과 분석을 활용한 사정"이 되도록 제안한다. 각 부처와 기관은 증거기반 활동을 조정하는 책임평가담당관을 선임하고 통계정책, 기술, 절차를 자문하는 통계전문가를 두도록 한다. OMB는 연방 차원의 증거구축 데이터의 접근과 활용을 자문하는 증거구축데이터 자문위원회를 설치하도록 되어 있다.

열린, 공공, 전자, 필수 정부데이터 법률안은 정부 데이터 자산을 전자기계 판독용 데이터로 출판하도록 제안한다. 정부기관의 책무는 ① 기관이 생산하거나 수집한 모든 데이터 자산의 종합적인 데이터 인벤토리를 개발, 유지하며, ② 생애주기형 데이터 관리와 기타 기능들에 책임을 맡는 책임데이터담당관을 선임한다.

2018년 예산관리국(OMB)은 새로운 연방조직인 정부효과성성과연구(Government Effectiveness and Advanced Research: GEAR) 센터 설립을 공고했다. 센터는 "행태경제학부터 컴퓨터 공학에 이르는 다양한 학문의 연구자, 학계, 비영리부문, 민간 산업체가 시민과 정부가 상호작용하는 새로운 방안들을 재설계하고 실현시키기 위한 창의적인 데이터기반의, 학제적 접근법을 활용하는 사고의 기획에 참여"하도록 한다.[5]

---

5 White House Seeks Input on New Government Effectiveness Research Center https://www.cossa.org/tag/evidence-based-policymaking/

4) 디지털 정부의 정책과정

각국의 정부는 '전자 정부'(e-government)를 거쳐 이제 '디지털 정부'(digital government)로 발전하고 있다. 코로나 팬데믹으로 정부의 신속하고 정밀한 대응과 효과성 증진에 디지털 정책결정과 시행은 이제 '뉴노말'로 급진전되고 있다. "디지털 정부 전략과 이니셔티브의 성장은 위기에 탄력적이고 신속하게 대응하고 경제와 사회에서 분출하는 욕구에 호응하며 혼란과 불확실성을 효율적으로 관리하는 정부의 역량의 핵심이다."(OECD 2020: 12).

(1) 디지털 정부의 정책 프레임워크

OECD는 디지털기반의 정책프레임워크 6개 원칙을 다음과 같이 제시한다(OECD 2020: 17-22).

① 디지털 디자인(Digital by design)

'디지털'이 기술적 토픽에 그치지 않고 정책과정 전체에 걸쳐 내재화되어야 하는 '전환적' 요소이다. 디지털 테크놀러지와 데이터를 활용한 서비스 전환을 정책 라이프사이클, 즉 정책기획부터 결정-시행-평가 전반의 모든 관련 활동에 적용하는 것이다. 궁극적으로 "결과를 개선하고 혁신하는" 목표를 두고 있다.

② 데이터기반 행정(Data-driven public sector)

'데이터기반'(data-driven)이란 "공공기관이 공공 정책의 기획, 시행, 모니터링 과정에서 데이터의 재활용으로 공적 가치(public value)를 생산"하는 것을 의미한다. 나아가 "신뢰할만한 안전한 재활용의 규칙과 윤리적 원칙들의 도입을 의미하기도 하며, 또 공적 가치 창출의 전략적 자산으로 또 공공 서비스의 신속하며 호응적 제공을 위한 전략적 자산으로 데이터를 통치하고 관리하는" 것을 의미한다. 이처럼 데이터가 정책과 서비스를 형성하는데, 그리고 디자인하고, 시행하는데 활용되는 것이 '데이터기반 행정'을 의미한다.

③ 정부 플랫폼(Government as a platform)

정부가 플랫폼 역할을 한다. 공공 서비스 전달에서 "이용자 주도, 지속 일관적, 틈새없는, 통합적 적극성, 범섹터" 역량을 강화하기 위해 확고한, 투명한 가이드라인, 도구, 데이터, 소프트웨어를 제공하는 플랫폼 역할을 한다. 공공 서비스 디자인과 전달에 이용자 욕구에 초점을 맞춰 광범한 플랫폼, 스탄다드, 서비스를 적용하는 접근법이다.

④ 드폴트 개방성(Open by default)

'드폴트 개방적' 정부란 "기존의 입법의 한계 범위에서 또한 국익과 공익의 균형에서 정부 데이터와 공공 정책결정 과정을 공공이 활용하도록 하는 것"을 의미한다. 드폴트 개방성 접근은 어느 범위에서 데이터, 정보, 시스템과 과정들이 공개될 것인지를 제시한다. 그럼으로써 지식기반의 공공 분야를 지향하는 여러 시각들을 수집하는데 정부와 비정부 행위자들 사이에 다리를 놓는 역할을 하며, 이들 사이의 공조와 혁신(열린 정부 데이터, 오픈 소스 등)을 증진하며, 시민들의 디지털 권리(데이터 보호, 보안, 비밀, 프라이버시 입법 등)를 존중한다.

⑤ 이용자 주도(User-driven)

'이용자 주도'의 정부란 정책, 서비스, 과정들의 형성에서 시민들의 욕구와 편리성을 핵심으로 하며 이를 가능하게 하는 포용적 메카니즘을 적용하는 것을 의미한다. '이용자 주도' 접근은 서비스 내용과 접근에서 시민과 기업들이 자신들의 욕구를 정의하고 소통하도록 해서 정부정책과 공공서비스의 디자인이 고도의 호응성을 지향하도록 한다. 이런 관여와 공조 메카니즘 덕분에 정책과정들과 산출은 단순히 정보제공 수준에 그치지 않고 시민들의 의사결정, 선호, 욕구에 의해 형성된다. 또 '이용자 주도' 정부는 (기업과 제3섹터와의) 새로운 파트너십의 형성 또는 정부 내부와 사회 전반에서의 크라우드소스(crowdsource) 아이디어 형성을 의미한다.

⑥ 진취성(Proactiveness)

'진취적' 접근은 시민들의 욕구를 예측해 신속하게 호응하는 정부의 능력을 말한다.'진취적' 정부는 문제가 제기되기에 앞서 시민들의 욕구에 대한 해답이나 솔루션을 제시하는 진취성을 가진다. 그럼으로써 시민들이 공공기관과의 상호작용의 부담과 마찰을 최소화하게 한다.

(2) OECD와 한국의 '디지털 정부 지수'(DGI)

이상 6개 차원의 디지털정부 정책프레임워크에서 OECD와 한국의 위상을 살펴볼 만하다. 종합적인 디지털 정부 지수'(DGI)에서 한국이 톱에 해당되는데, 이를 6개 차원에서 정리하면 아래와 같다.

그림 1-3 OECD와 한국의 '디지털 정부 지수'(DGI)

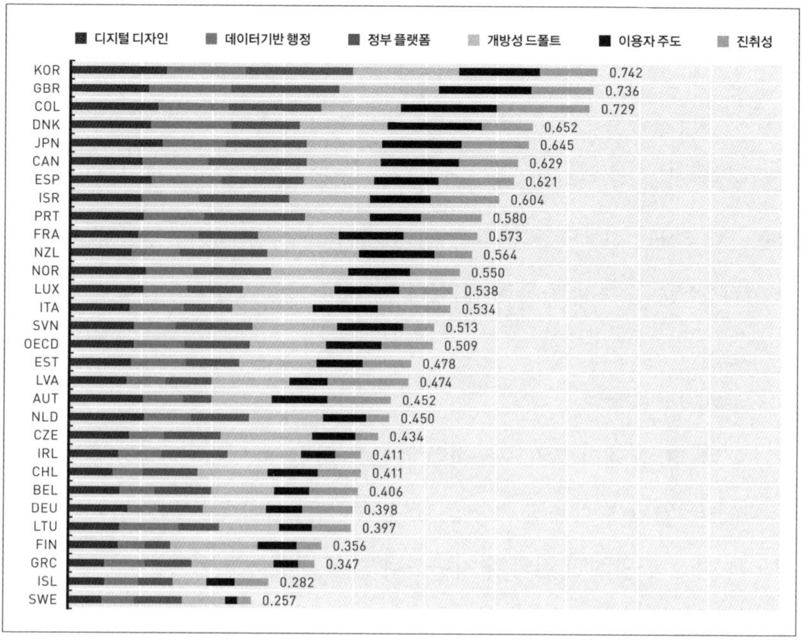

자료 OECD 2021. *Government at a Glance.*

① 디지털 디자인

한국이 최정상이며, 이어서 일본, 콜롬비아, 스페인 등이 뒤를 잇고 있다. 한국 등 4개국은 "정부 지침과 가이드라인을 개발하고, 공공기관 전반에 걸쳐 일관된, 잘 정비된 디지털 개발을 증진하는 노력을 정책 우선으로 하고 있다"(OECD 2020: 26).

② 데이터기반 행정

영국과 덴마크, 한국 순서로 상위권을 형성하고 있다. 3개국은 공통적으로 "총제적 접근법으로 데이터를 전략적 자산으로 레버리지하고" 있다

(OECD 2020: 30). "공공기관 전체가 데이터 공유와 이용"을 일상화하는 행정이 핵심적이다.

③ 정부 플랫폼

영국, 한국, 포르투갈, 캐나다, 콜롬비아가 상위권으로 형성하는데, 이들은 "공공기관 전체에 표준화된 정책 레버(policy levers)를 개발해, 비즈니스 사례, 조달, 프로젝트 관리"를 강화한다(OECD 2020: 37).

④ 개방성 드폴트

한국, 영국, 덴마크가 주도적인 역할을 하는데, 이들은 '개방성 드폴트'를 "기존의 입법에 적용하고 공공 데이터, 과정, 서비스가 지역사회에 개방되도록 하는 종합적인 전략과 이니셔티브"를 개발하고 있다(OECD 2020: 43).

⑤ 이용자 주도

덴마크, 콜롬비아, 영국, 한국이 주도하는 '이용자 주도' 전략은 중앙과 지방 정부 모두에 적용되는데, "정책과 서비스 디자인과 개발 과정에 핵심 이해관계자의 일관된 관여 측면에서 모범사례"가 되고 있다(OECD 2020: 46).

⑥ 진취성

스웨덴, 그리스, 네덜란드에 이어 한국이 상위그룹을 형성하고 있다. 이들은 공통적으로 "여러 정책 사이클 단계에서 비정부 전문가의 관여, 서비스 디자인과 시행에서 공공 관여를 지원하는 디지털 도구 활용, 디지털 도구 활용에 대한 공무원 교육" 등으로 진취성과 호응성을 강화하고 있다(OECD 2020: 50).

(3) 한국의 데이터기반 행정 활성화에 관한 법률

이처럼 '디지털 정부' 위상에서 한국은 세계 최상에 있지만, 디지털기반으로 정책을 결정하고 시행해서 바람직한 '결과'와 '임팩트'를 생산하는지는 아직 조사나 평가가 이뤄지고 있지 않다. 2017년 한국행정연구원이 조사한 설문결과를 살펴볼 만하다. 중앙정부의 정책 의사결정은 어떤 요인을 반영하여 이루어지는가에 대해, 정책부서 소속 중앙정부 공무원의 경우 통계와 같은 계량적 근거를 활용한다는 응답(약간+매우 그렇다)이 62.5%, 전문가 자문을 근거로 결정된다는 응답은 65.8%, 정치적으로 결정된다는 응답은 51.7%로 나타났다. 한편 정부출연 연구기관 소속 연구원의 경우 통계와 같은 계량적 근거 56.4%, 전문가 자문 근거 74.4%, 정치적 결정 43.6%로 나타났다. 두 집단 모두 전문가 자문을 근거로 정책이 결정된다는 응답률이 가장 높게 나타났고, 다음으로 과학적 근거, 정치적 결정 순서로 나타났다(오세영 외 2017: 88).

한국도 이제 증거기반의 정책을 추구하는 법을 갖고 있다. 〈데이터기반 행정 활성화에 관한 법률〉은 2020년 12월부터 시행되고 있다. '데이터기반 행정'이란 "공공기관이 생성하거나 다른 공공기관 및 법인·단체 등으로부터 취득하여 관리하고 있는 데이터를 수집·저장·가공·분석·표현하는 등의 방법으로 정책 수립 및 의사결정에 활용함으로써 객관적이고 과학적으로 수행하는 행정"을 말한다. 또 '데이터'란 "정보처리능력을 갖춘 장치를 통하여 생성 또는 처리되어 기계에 의한 판독이 가능한 형태로 존재하는 정형 또는 비정형의 정보"로 정의되고 있다.

'데이터기반 행정'을 추구하는 국가 및 지방자치단체는 데이터기반 행정을 활성화하기 위한 시책을 수립하고, 그 추진에 필요한 행정적·기술적·재정적 조치를 마련해야 하고, 데이터기반 행정을 효과적으로 수행하기 위한 제도의 개선 및 기술의 연구·개발을 실시하여야 한다. 또 공공기관은 데이터의 최신성·정확성 및 상호연계성이 유지되도록 노력하며, 데이터의 제공, 연계 및 공동활용을 적극적으로 수행하고, 그 성과가 유용하게 활용될 수 있도록 노력하여야 한다.

3. 증거기반 정책결정의 발전

'증거기반의 정책'은 정책 기획부터 결정 → 집행 → 평가에 이르는 모든 과정에 적용된다. 따라서 정책을 주관하는 정부기관들이 우선적인 주체가 되는데, 여기에는 정부의 노력뿐 아니라 학계와 민간 재단 등의 협력이 뒷받침되어 오늘에 이르고 있다. '증거기반 정책운동'이 지속되고 있는 것이다.

1) 증거기반 정책운동

(1) 증거기반 정책운동의 배경

왜 지금 '증거기반의 정책' 운동이 필요한가? 여러 시대적 배경 요인들 중에 최근의 학계는 세 가지에 주목하고 있다(Haskins 2018: 9). 첫째는 사회과학 연구가 상당히 진전되어 이제 정책형성에 유용되는 증거를 제시하는 단계에 이르렀다. 사회 프로그램을 계획하고 연구하는 경제학과 행태학자 중심의 사회과학 분야는 실제 상황에서 실험을 실행해서 프로그램이 사회 문제 해소에 잘 디자인된 것인지를 정밀하게 결정하는 방법을 탐구해낸 것이다.

일련의 과학적 방법을 탐구해냈다는 메시지가 있다. 그 중 가장 중요한 활용할 가치가 높은 방법은 무작위통제실험(RCT)으로, RCT는 프로그램이 효과적인지를 판단하는데 신뢰할 만한 방법을 대표한다. 다양한 RCT 실험이 실제로 여러 공공기관들에서 시행되어 성과를 내고 있는 것은 놀랄 만한 일은 아니다. 이런 과학적 실험방법이 활용되고 있지만, 이것들은 '조건부' 방법이라는 특징이 있다. 사회 프로그램이 긍정적 임팩트를 생산하지만 새로운 환경에 이를 적용시키는데 한계가 있다. 일부 전문가들은 특정 사회 프로그램이 적어도 두 곳 이상에서 성공할 경우에만 '증거기반'의 프로그램으로 인정하자는 제안도 있다. 이처럼 복수 이상의 환경 기준을 적용하면 증거기반이라는 할 만한 프로그램은 거의 찾아보기 어렵다. 이런 복제 문제에 대해 녹스(Knox 2018) 등은 창의적, 종합적 방안을 제시한다. 그럼에도 다른 환경 적용의 실패는 증거기반 운동의 아킬레스의 건이 되고 있다.

둘째는 주정부와 지방정부들이 상당한 규모의 증거기반의 프로그램들을 축적해두고 있다는 사실이다. 2008~15년 기간에 활성화되었던 '증거기반 정책연대'(Coalition for Evidence-Based Policy) 웹사이트다. 연대를 대표한 전문가 바론(Jon Baron)의 '증거기반' 프로그램의 기준은 11개의 사회 프로그램 분야에 걸쳐 무작위배정 평가를 검증하는 전문가 자문위원회의 결정에 따르는 것이다(앞글: 9). 11개 분야는 교육, 고용과 훈련, 보건 등이다. 전문가들이 연구 디자인을 질과 연구결과의 의미를 평가해 '증거기반'프로그램

인지를 결정한다. 8년간의 평가 작업을 통해 11개 분야 전체에서 겨우 22개의 프로그램만이 증거기반에 해당된 것으로 판정하였다. 2019년 노벨경제학상을 수상한 MIT의 J-Pal 프로그램은 상당한 의미있는 임팩트를 생산한 강력한 실험을 거친 여러 프로그램들을 추가해 보여준다.

또 사회 프로그램 분야별로 증거를 검증하는 사회정책 정보센터(clearinghouse)들이 여러 개 운영되고 있다. 교육부의 '현황'정보센터(What Works Clearinghouse)를 비롯해 캘리포니아 아동복지 증거기반정보센터(Evidence-Based Clearinghouse for Child Welfare) 등은 증거기반 프로그램들을 파악해 소개한다(앞글: 9-10). 상당한 임팩트를 보여주는 프로그램들이 수적으로 늘고 있고 또 이런 성공적인 프로그램들의 수와 범위가 광범하게 확대되면서 정책 당국과 연구자들의 증거기반 운동의 참여를 촉진시키고 있다. 사회 프로그램의 70~80%에 달하는 높은 실패율에도 불구하고, 사회 프로그램 성공은 점차 개선되고 있는 추세다.

셋째는 정책결정자들이 증거를 자신들의 정책에 대한 정치적 지지를 개발해 지원하는데 활용할 수 있다는 신념을 갖게 된 것이다. 상원의원 영과 카퍼(Young, Carper)는 정책결정자들은 자신들이 가장 관심을 갖는 증거를 필요로 하기 때문에 정책 지원에서 증거기반의 전략은 성공적일 수밖에 없다고 강조한다. 막강한 하원의 운영위원회(Committee of Ways and Means 2016)는 산모영유아가정방문 프로그램에 10년간 20억 달러 보조금 지원을 결정하면서 증거기반의 정책 참고 데이터를 첨부하였다. 가정방문 프로그램이 다른 사회 프로그램과 달리 가정방문 프로그램이 '실제 결과'에 연계된 '증거기반' 프로그램임을 강조하였다. 또 2016년 증거기반의 정책결정위원회 입법을 양당 합의로 제정한 것도 의회가 증거기반이 모든 사회 프로그램에서 적용될 것을 강조한 것이다. 증거기반정책결정위원회에 대해서는 뒤에 상세하게 소개된다.

(2) 증거기반 정책 평가의 정당성

증거기반 운동의 역사에서 나타나는 중요한 특징은 강력한 평가의 개발에 초점을 맞추고 있다는 점이다. 래리 오르(Larry Orr)는 모범적 평가 디자인에 참고되는 규칙들을 제시해 프로그램 평가가 프로그램 개선의 핵심이라는 학자들의 확신을 갖다준 세 권의 개론서를 소개한다.[6]

1960년대 말과 70년대 초에 4개의 대형 실험이 큰 관심을 모았다. 소득지원 실험들인데, 일할 능력이 있는 성인에게 현금 수당을 지급하면 노동을 지속할지를 실험한 연구다. 이 성공적인 실험들은 지금도 여러 교훈을 제시한다(Haskins 2018: 13-14).

- 사회 정책의 문제에 실험을 대규모로 착수(4개 실험 연구는 1,300~5,000 사례),
- 일상생활의 대상층에 일반화할 만한 연구결과의 성과를 높이기 위해 실제 상황에서 실험을 시행,
- 정책결정층과 국민들이 중요시하는 문제들을 탐구.
- 연구결과를 일상생활에 적용한다.

---

6 윌리엄 맥콜(William A. McCall)의 저서(How to Experiment in Education (1926), 피셔(A. Fisher)의 저서(Statistical Methods for Research Workers (1925), 그리고 캠벨과 스탠리(Donald T. Campbell and Julian C. Stanley)의 공저(Experimental and Quasi-Experimental Designs for Research (1963) 등이다.

이상의 소득지원 실험의 결과는 1990년대 초까지 일련의 다른 실험들로 이어졌다. 복지수급을 받는 엄마가 일자리를 갖도록 지원받을 수 있는지 등 주요 정책과제들이 실험으로 검증되었다. 엄마들이 일자리를 갖도록 주정부들이 지원하면 엄마와 자녀들에게도 혜택이 되고 동시에 주정부에게도 지출 절감의 혜택도 준다는 결론이 도출되었다. 실험 결과들은 1996년의 TANF 복지개혁의 입법에 실제로 기여하며, 증거기반 정책의 중요성이 학계나 정부기관들 사이에서 주류화로 발전하는 계기가 되었다.

공공 정책의 사회적 임팩트 개선에 필요한 평가의 장애물을 파악해 대안을 제시하는 것이 중요하다. 오르(Orr)가 파악한 주요 장애물로는 RCT 등의 실험적 방법의 사용에 대한 지방정부의 저항이다. 재정 지원이 뒷받침되지 않는 것이다. 또 정책결정층이 평가 결과에 관심을 갖고 정책결정에 반영하지 못한다는 점이다. 이에 대해 오르는 프로그램 임팩트 평가에 프로그램 전체 비용의 2.5%를 투입하는 방안을 제시한다. 그럼에도 반대는 정부 내부에서 나온다. 프로그램 직접 비용도 부족하거나 상대적 축소를 야기하는 문제가 있다는 이유에서 반대한다.

(3) 증거기반 정책운동의 핵심 요소들

증거기반 정책운동의 가장 큰 특징은 효과적인 정책 개발이나 시행 또는 프로그램 평가에 증거가 이용되는 여러 방법들을 강조하는 주관 기관들의 다양성과 수적 증가이다. 대표적으로 다섯 가지 기관들의 활동을 주목해볼 만하다(Haskins 2018: 14-15).

첫째는 J-PAL이 주도하는 국제적 연구 프로그램이다. 주로 개발도상국에서 인간의 웰빙에 직접적인 영향을 미치는 복지와 의료 정책에 대한 연구들이다.

둘째는 행정데이터의 임팩트로, 정책 이슈들에 대한 이해 증진, 솔루션 개발 및 솔루션 실험 등에 결정적으로 중요하다.

셋째는 오바마 행정부의 사회행태과학팀이 수행했던 정책 목적에 필요한 행태의 형성과 관련하는 행태경제학의 등장이다.

넷째는 주요 민간재단들이 창출해서 재정 지원도 하는 독특한 프로그램들의 개발로 주정부들의 증거기반의 정책결정을 지원했던 사례들이다.

마지막은 '결과지불'(pay for success: PFS)로 알려진 새로운 사회 프로그램 재정투자 방식의 성장이다.

표 1-6 J-Pal의 '빈곤 경제학'의 증거기반 실험

J-PAL(Abdul Latif Jameel Poverty Action Lab)은 빈곤 해소를 위한 글로벌 연구센터로, 정책이 과학적 증거에 정보의 기반을 갖출 것을 검증한다. 세계 194명의 대학 교수들의 네트워크를 형성해 J-PAL은 빈곤 퇴치의 핵심적인 문제에 대한 해법을 제시하는 무작위임팩트평가(randomized impact evaluations)를 수행한다.

J-PAL 공동창립자 바네르지와 뒤플로(Abhijit Banerjee, Esther Duflo)는 2019년 노벨경제학상을 받았다, 노벨위원회에 따르면, "올해 수상자들의 연구는 글로벌 빈곤에 맞서는 우리의 능력을 크게 개선시켰다. 지난 20여년 기간에 그들의 새로운 실험 기반의 접근이 개발경제학을 전환시켜, 지금은 성장하는 연구분야가 되고 있다."

아프리카 적정 수준의 교육(Teaching at the Right Level: TaRL)은 J-PAL과 프라탐(Pratham)의 공동 작품으로, 글로벌 시스템 변화를 위한 자선 콜라보(Co-Impact)가 창설 펀딩을 한 5개 이니셔티브 중 하나가 되었다.

아프리카 디지털 인식과 금융 이니셔티브(Digital Identification and Finance Initiative: DigiFI)은 정부와 민간 부문의 혁신적인 지불제와 디지털 인식 개혁이 시민들과 정부에 미치는 임팩트를 아프리카 전역에서 탐구한다.

데이터와 행동을 위한 실험의 혁신(Innovations in Data and Experiments for Action: IDEA) 이니셔티브가 개시되어, 정부, 비영리조직, 기업들이 행정데이터를 활용해 증거기반의 의사결정을 개선하도록 펀딩과 기술지원을 한다.

정부혁신 이니셔티브(Innovation in Government Initiative)는 정부기관들과 중저소득국의 J-PAL 각국 지부와 관련 교수들을 대상으로 일련의 스케일업 혁신 공모를 개시하고 있다. 수상 팀들은 J-PAL의 펀딩을 받아 증거기반의 혁신을 적용, 실험, 모니터링, 평가, 스케일링을 하도록 정부들에 광범한 기술 지원을 한다.

자료 J-PAL https://www.povertyactionlab.org/about-j-pal

2) 증거기반의 정책의 발전

증거기반 정책의 역사는 의료분야에서의 RCT 실험에서 시작되어 사회 프로그램으로 확대의 과정을 거쳐 왔다(Baron 2018: 40-41).

(1) 증거기반과 RCT 정책의 발전

2차 대전 이후 의료계에서는 영국의 역학자 리차드 돌(Richard Doll)의 의료연구 실태에 대한 문제제기와 함께 강력한 평가방법의 개발로 이어졌다. 돌은 1930년대 의과대학에서 배운 대부분의 의료 행위들이 확고한 실험에 기초하지 않고 일부 전문가의 의견에 기초해, 경험적 정당화 근거가 거의 없었다고 강조했다.

이후 두 개의 성공적인 실험이 의료 실천에 상대한 영향을 미쳤다. 하나는 폐결핵 치료에 사용할 스트렙토마이신의 무작위 실험이 1946년에 있었다. 그리고 1950년 미국과 전 세계를 휩쓸었던 소아마비에 대한 소크(Jonas Salk)의 백신 실험이 그것이다(앞글: 41).

1962년 미국 FDA는 신약이 개발되어 시중 판매에 앞서 약의 효과성에 대해 RCT로 검증하도록 규제하였다. RCT가 결과 개선에 핵심이며, 나아가 강력한 임팩트 실험이 증거기반에 핵심이라는 정책 기조를 밝힌 것이다. RCT 중심의 의학실험 연구의 활용으로 건강에 심각한 영향을 미치는 의학적 개입의 중심을 구축하게 되었다. 의료적 처방에 대한 강력한 실험이 의료계 혁명을 일으키며 전 세계 수백만 명의 생명을 개선하는 데 기여하였다. 그런데 대다수의 의료적 개입에 대한 RCT는 치료 효과성을 발견하지 못하는 현실을 참고하면, 효과적인 의료적 개입을 발견하는 과정은 높은 수준의 시행착오를 필요로 한다고 볼 수 있다.

바론(Baron)에 따르면, 사회 프로그램에서도 1970년대부터 실험적 평가가 늘었지만 효과성 검증을 통과한 프로그램은 거의 없었다(앞글: 41). 바론이 판단한 긍정적 임팩트를 생산한 사회 프로그램은 소수에 지나지 않았는데, 그것들은 1970년대와 80년대의 소득지원 프로그램 RCT(Munnell 1986 등), 1980년대와 1990년대 초의 노동복지 RCT 등이다(Baron 2018: 44-45). 바론은 복지실천 프로그램들이 특히 강력한 임팩트를 가진 이유는, 프로그램 실험이 사회 프로그램이 시행되는 현장에서 시행된 RCT들이 실행 가능성을 보였고 공공 정책에 영향을 미쳤다고 평가한다.

또 다른 중요한 진전은 교육 분야의 RCT이다. 2002년에 창설된 교육과학연구소(Institute of Education Sciences)가 시행한 교육 프로그램 공모 사업들이 그것이다. 많은 RCT가 수행되며 교육 프로그램은 가장 혁명적인 임팩트를 생산하는 분분야가 되고 있다(Baron 2018: 45-46). 교과과정, 교사 전문역량 개발 프로그램, 학교 선택 프로그램, 교육 소프트웨어 제품 등이 대표적인 RCT 프로그램이다.

또 다른 사회 프로그램은 MIT 대학의 J-PAL(Abdul Latif Jameel Poverty Action Lab)의 등장으로 900개 이상의 RCT 실험이 80개국에서 진행되어, 빈

곤에 초점을 맞춘 사업들이 실제 상당한 성과를 생산하는 것으로 파악되고 있다(앞글: 46). 2003년 이래 2018년까지 대표적인 RCT 프로그램은 초등학교 교육 투터링, 아동 예방접종 캠페인, 아동조혼과 십대 미혼모 감소에 대한 재정 인센티브, 극빈층의 자영업 지원 RCT 등이다(앞글: 46). RCT 프로그램의 임팩트 성과를 인정하는 의미에서 J-Pal을 대표하는 경제학자들이 2019년 노벨경제학상을 수상하였다.

바론은 증거기반정책연대가 연방 정부기관들과의 공조적 활동으로 연방정부의 증거 생산과 활용에 기여한 부분이 적지 않다고 평가한다. 정책연대를 설립한 대표의 입장에서 연방 OMB와 의회와 협력해 오바마 정부 기간 증거기반위원회 법 등 일련의 입법 사례들을 소개한다. 2004년 OMB는 최초로 프로그램 효과성 평가 방법으로 RCT를 가장 강력한 방법으로 공식 인정하였다. 이후 2007년 OMB와 의회는 아동가정방문 파이롯트 프로그램에 1천만 달러 보조금을 지원하는 실험을 개시하였다. 2009년에는 '3등급'(three-tiered) 접근법의 사회적 투자를 개시하였는데, 이것이 오바마 정부의 '등급증거'(tiered-evidence) 보조금 프로그램의 시작이었다(앞글: 46). 이를 계기로 의회는 2009~11년 기간에 6개의 '등급증거'사회 프로그램의 입법으로, 프로그램 성과 또한 획기적인 전환기를 가져다 준 것으로 평가한다. 유치원-2학년(K-2) 아동 교육, 유아 가정방문, 십대 임신 예방 프로그램들은 프로그램 공모에서 증거의 등급(강, 중, 약)을 공모의 기본원칙으로 삼으며, 증거기반 정책의 역사를 새로 여는 계기가 되었다.

최근 등급증거 프로그램들의 효과성 평가 결과가 보고되었는데, 대부분이 긍정적 성과가 미미하거나 거의 없었지만, 일부는 다음과 같이 증거기반 정책의 전망을 밝혀주고 있다.

- 〈퍼 스콜라스 직업훈련〉(Per Scholas Job Training) 프로그램은 저소득층에게 IT 기술훈련 고용 서비스를 제공한 결과, 참여집단이 비교집단에 비해 27% 더 많은 소득을 벌어, 평균 4,800만 달러를 기록하였다;
- 〈KIPP〉(Knowledge Is Power Program) 프로그램은 초등생과 중학생의 대학 진학을 지원하는데, 시행 2~3년 지난 후 참여집단이 비교집단에 비해 5~10% 더 높은 국어와 수학 성적을 올려, 통제적으로 유의미한 차이를 보여준다;
- 〈TOPP〉(Teen Options to Prevent Pregnancy)은 저소득층 엄마들을 대상으로 급속한 2차 임신을 감소해 건강을 유지하도록 지원하는 프로그램으로 20개월이 지난 후 급속한 재임신이 참여집단 21%에 비해 비교집단 38%로 두드러진 의미있는 차이를 성과로 보여주었다.

(2) 증거기반의 개발 정책 실험

개발협력에서는 증거기반의 프로그램 결과 창출에 확고한 방법론에 의존한 경험적 연구들이 축적되어 왔다. 대표적인 J-PAL은 가장 혁신적이고 성공한 증거기반의 운동이라 평가할 수 있다. 2003년 이래로 경제학자들이 세계 전역의 저개발국에서 빈곤 해소를 위한 임팩트 평가를 지속적으로 시행해오며 두드러진 결과와 임팩트 생산의 프로그램을 파악할 수 있었다. 가장 강력한 핵심 평가도구는 RCT이다. 저개발국 현지에서 프로그램 실험에 필요한 인프라를 창출하는 해법을 찾은 것이다. 현지 활동을 하는 NGO들과의 파트너십으로 프로그램 디자인, 시행 및 평가를 실시하는 일련의 실험이 가능했다.

두 번째로 강력한 증거기반의 개발경제학의 성장 요인은 젊은 연구자들의 RCT 적용 기술의 확대에 있다. 개발경제학에서 RCT 등의 강력한 임팩트 실험 전문가들인 바네르지, 두플로(Abhijit Banerjee, Esther Duflo) 등이 MIT에 J-PAL(Poverty Action Lab)을 설립해 세계적으로 150개 대학 연구진의 RCT 연구 공유의 허브 역할을 하였다. J-PAL 연구자들은 2017까지 900개에 달하는 RCT 연구를 8개국에서 광범위하게 실시했다. 농업, 범죄, 교육, 에너지, 환경, 금융, 보건, 노동, 거버넌스 등 광범한 분야에 걸쳐 약 3억 명의 대상층이 참여한 실험을 실시한 것이다.

저소득국에서 기초 보건용품이 되는 구충제나 모기장을 무상으로 보급하는 문제를 해결하기 위한 이용자 부담제가 개발 연구에서 상당한 논란이 있었다. 이용자 부담제를 실시하면 지불 능력이 없는 극빈층을 배제하는 문제가 있다는 반대측과 지불 능력이 있는 사람들이 지불하게 해서 이들이 소비자로 변하도록 함으로써 보건 프로그램의 재정적 부담도 덜 수 있다는 찬성측의 주장이 맞섰다. 양측의 주장을 검증하기 위한 강력한 RCT를 시행한 결과는 어떤 형태로든 비용 부담이 있으면 수요가 발생하지 않고, 구매자의 보건용품의 사용 가능성이 높아지는 것도 아니라는 결론을 얻었다. 이런 결과는 WHO, UN MDG 등의 기관들로 하여금 증거기반의 정책 변화를 해서 어떤 형태의 기초 보건용품에 대한 이용료 부담도 바람직하지 않다는 정책 실천에 활용되어 왔다.

(3) 행정데이터 증거기반의 정책결정

정부기관들이 운영하는 프로그램들은 상당한 행정데이터를 생산하며 프로그램의 효과적, 효율적인 시행을 뒷받침한다. 민간 부문도 상당한 프로그램 운영을 통해 행정데이터들을 생산한다. 이같은 정부와 민간의 데이터들은 프로그램과 정책 연구, 프로그램 평가에 중요한 데이터가 된다.

행정데이터는 서베이 등의 다른 형태의 데이터에 비해 몇가지 중요한 장점을 갖고 있다(Haskins 2018: 16). 첫째, 행정데이터는 거대한 샘플 규모를 갖고 프로그램 참여자 전체의 데이터를 갖는 경우가 대부분이다. 둘째, 행정데이터는 대부분이 종단 데이터의 특성이 있어 프로그램 시행 시작부터 현재까지의 연간 등의 시계열 데이터를 갖고 있다. 셋째, 행정데이터는 다른 형태의 데이터에 비해 양질의 데이터로 미씽 데이터(missing data)와 수적 감소율(attrition rates)이 거의 없다. 넷째는 행정데이터는 거의 항상 저렴한 비용으로 취득할 수 있는 장점이 있다. 마지막은 과학적 연구에 적합한 정부 유형을 담은 D/B가 존재한다는 것이다.

그럼에도 행정데이터의 활용에는 단점들도 있다(Haskins 2018: 17). 첫째, 행정데이터는 개인들의 프로그램 시행 기간에만 관련된 데이터가 대부분이다. 이들이 프로그램 개시 이전의 사건과 경험들에 관한 데이터는 거의 존재하지 않는다. 또 개인들이 프로그램을 떠나면 행정데이터 또한 종료된다. 프로그램 참여의 장기간 결과에 대한 임팩트 평가에 필요한 데이터는 거의 찾아볼 수 없다.

둘째, 행정데이터는 통계분석에 적합한 형태나 구조를 갖추지 않아 활용하기 쉽지 않다. 연구자의 필요에 따라 다시 점수화(scoring) 하는 등의 방안이 필요하다. 더불어 행정데이터를 활용하면 개인 프라이버시 유지 문제에 신경을 써야 한다. 미국 의회는 이미 공식적인 인정을 부여받은 '증거기반정책결정위원회'의 판단으로 연구에 필요한 프로그램 평가, 비용혜택분석 등이 수행될 수 있도록 프라이버시 문제 등이 융통적으로 적용될 것을 허용한다.

(4) 행태경제학의 공공 정책 적용

행태경제학(behavioral economics)은 증거기반의 정책에서 확고한 이론적 기반이 된다. 전통 경제학이 개인의 선택은 완벽하게 합리적인 계산의 산물이라는 가정에 기초하는데 반해, 행태경제학은 여기에 사람들은 자신의 의사결정과 선택에 관심이 없거나 인내하지 않을 수 있다고 가정한다.

① 초기의 행태경제학 응용

행태경제학의 심리적 관점은 1970년대의 트버스키(Amos Tversky)와 카네만(Daniel Kahneman)이 수행한 연구에서 그 출발점을 찾는다(Congdon & Shankar 2018: 82). 카네만의 연구는 2003년 노벨경제학상을 받게 한 주요업적이다. 행태경제학의 '경제적' 관점은 시장이 어떻게 작용하고 실패하는지 등과 같은 경제적 결과를 이해하는데 심리적 요인들이 상당한 정보를 제공해준다는 가정에 기초한다. 경제학자들이 이같은 가정에 기초한 연구를 본격화한 계기는 2017년 노벨경제학상을 받은 리차드 타일러(Richard Thaler)의 1980년대의 연구업적 관련된다. 사람들이 노후를 위한 저축을 하는 행태나 금융시장의 동향 등을 설명하는 행태적 요인들에 대한 연구들이 초기의 대표적인 업적들이다.

이후 2001년 마드리언과 시아(Brigitte Madrian and Dennis Shea)의 연구는 퇴직 저축계획의 자동적 등록이 참여율의 급상승을 이끌며 성공한 사례로, 행태경제학 연구는 증거기반의 정책결정에 결정적으로 중요한 영향을 미쳤다. 2006년 연금보호법은 자동등록제를 진흥시키며 결과적으로 수십억 달러의 추가 퇴직 저축의 증가를 만들어냈다. 연금저축 이후에 의료보험, 조세정책, 노동시장, 교육 등에도 행태경제학 접근의 연구가 정부기관들에서 활성화되었다. 오바마의 백악관이 행태경제학의 지적 기반으로 출발했다는 평가도 있다.

② 오바마 정부의 사회행태과학팀

오바마 정부의 제2기에는 사회행태과학팀(Social and Behavioral Sciences Team: SBST)이 조직되며 더욱 활성화되었다. 2014년에 공식화된 SBST는 경제학자, 심리학자, 그리고 대학, 연구소, 연방기관 등의 전문가로 구성되었다(Congdon & Shankar 2018: 84). SBST의 2015년 첫 보고서는 정부기관들 사이의 12개의 공조 사업의 임팩트를 분석했다. 계획된 개입을 지지하는 강력한 증거를 제시하는 분야와 정부와 사회에 잠정적 혜택을 주는 분야가 소개되었다. 전자의 경우 국방부의 퇴직저축 계획 참여가 추가 5천 명의 새로운 등록이 발생해 첫 한 달에 130만 달러의 추가 저축이 있었다는 프로그램이 소개되었다. 이런 주요 결과들이 관심을 끌면서 SBST는 국가과학테크놀러지위원회(National Science and Technology Council: NSTC)의 부속 위원회로 편입되어 정부 전반의 정책 조정의 역할을 부여받았다.

SBST에 대한 긍정적 평가는 다음 몇 가지에서 발견된다(앞글: 84-85). 첫째, SBST는 심사숙고 하는 증거의 소비자 역할을 했다. 행태적 접근으로 복지를 개선할 수 있다는 강력한 경험적 기초를 제시하는 퇴직저축 등의 정책 적용 사례를 선택한 것이다. 퇴직저축 계획은 저축을 권장하는 연구에 기반한 정부의 개입이다.

둘째, SBST 활동의 대부분이 강력한 증거를 생산하기도 했다. 퇴직저축계획 등의 정책개입은 RCT 방식으로 시행된 특징이 있다. 개입의 효과를 정밀하게 측정하는 능력으로 정책결정, 연구 및 국민들에게 확고하고 강력한 영향을 미친 것이다.

셋째, SBST는 투명성을 중시해 명확한 리포팅을 했다. 모든 정책개입의 결과를 효과성과 관계 없이 투명하게 공개하였다. 전문가들이 동의할 만한 수준의 충분한 기술적 세부 데이터들도 같이 공개하였다.

오바마 대통령은 2015년 행정명령으로 정부 부처와 기관들이 행태적 시각에서 정책을 수립해 시행할 것을 지시하였다.

- 행태과학이 공공복지의 상당한 개선을 생산할 가능성이 있는 정책을 파악,
- 행태적 시각을 활용할 전략 개발 및 그 임팩트를 강력한 방법으로 평가,
- 기관에 행태과학 전문가 충원,
- 연구 공동체와 기관의 관계 강화.

2016년 SBST의 두 번째 연간 보고서는 이상의 정부기관의 진전 상황을 보고하였다. 보고서는 완료된 프로젝트의 경험적 결과뿐 아니라 정책개발 공조활동에 대해 보고하였다. SBST 2차 보고서는 정책 현안에 초점을 맞추었다. 경제적 기회 진척, 형사 개혁 지원, 가계의 의료보험 가입 등이다. 이들은 중장기간에 걸친 기획과 시행이 필요한 대형 프로그램들이다. 이를 위한 정책 프레임워크가 제시되었는데, 행태적 정책 디자인에는 네 가지 공통된 요소들이 제시되었다. a) 프로그램 접근 결정 방식, b) 시민들에게 정보 제공하는 방식, c) 프로그램 내의 다양한 선택의 구조화, d) 인센티브 디자인 등이다(Congdon & Shankar 2018: 86).

SBST 활동은 트럼프 정부가 들어서면서 정지되었다. 그럼에도 연방기관의 경우 행정명령은 여전히 유효하다. 또한 그간의 행태적 정책 시각에서

추진된 프로그램들은 여전히 시행되고 있고, 행정기관 사이의 SBST 네트워크 또한 SBST 활동 정지 상태에서도 작동되고 있다(앞글: 89).

(5) 증거기반의 결과지불(PFS)

대부분의 사회복지 지출비가 별 의미없는 임팩트를 가진 프로그램에 투입되고 있다는 증거가 있다. 이들에 투입된 수십억 달러를 강력한 증거로 성과가 있는 것으로 확인된 혁신적인 프로그램으로 전환될 필요가 있다.

결과지불(PFS)은 지방 차원에서부터 성과기반의 용역에 기초해 사회적 결과를 생산하는 프로그램을 진흥하고 지원하는 혁신의 피드백 루프(innovation feedback loops)를 구축하는 역할을 한다(Overholser 2018: 105). 투입이 아니라 결과에 초점을 맞춰 서비스 시행기관에 상당한 재량을 부여해 프로그램의 혁신을 추진하게 하고, 그럼으로써 서비스 수혜층과 지역사회에 사회적 가치와 변화의 결과를 생산하도록 촉진한다. 결과지불은 이제 증거기반의 정책운동에서 핵심적 역할을 한다. 또 PFS 접근법은 또 다른 증거기반의 목표를 추구한다. 최상의 성과를 생산하는 개입 전략의 목록을 공시해 이것을 다시 광범위하게 복제하는 것이다.

연방정부 차원에서는 그간 약 15억 달러의 PFS 관련 지출이 이뤄졌다. 여기에는 〈노동력 혁신과 기회법〉(Workforce Innovation and Opportunity Act)과 〈모든 학생의 성공법〉(Every Student Succeeds Act) 등이 포함되어 있다(앞글: 106). 또 2018년에 제정되어 시행된 〈결과지불 사회임팩트 파트너십법〉의 연방지출비 1억 달러도 포함되어 있다.

3) 민간 재단과 비영리조직의 운동

(1) 민간재단의 증거기반 정책운동

증거기반의 정책운동의 최근 동향의 중심에는 정부뿐 아니라 민간 재단들이 있다는 것을 알 수 있다. 오랜 민간재단의 경험에서 정부와 비영리단체와 협력해온 전문가(Granger 2018)의 시각에서 살펴본 민간 재단들의 활동을 요약해볼 만하다.

민간 재단들은 증여 수령기관들을 영구적으로 지원할 계획은 거의 없다. 새로운 아이디어, 접근법, 제도, 영역들이 다른 수단으로 지속적인 지원을 받도록 종자돈을 지원하는 경우가 대부분이다(Granger 2018: 145). 다른 수단에는 다른 민간재단과 공공기관이 포함된다. 재단은 자신의 내부와 미션에 기반해서 특정 정책이나 대상층에 선택 집중을 하는게 일반적인데, 공공 부문에 대한 영향을 미치게 되는 경우도 드물지 않다.

한편 민간재단을 대표하는 8개의 재단의 상황과 인터뷰를 통해 분석한 결과, 모두가 연구와 평가에 상당한 재정지원을 하는 재단들로 '증거기반'의 정책운동에 몇가지 전략들을 활용하고 있다(앞글: 146). 중간지원기관의 지원과 창출과 공동 펀딩 방식을 비롯해, 증거기반의 정책결정을 지원하는 인프라 구축, 그리고 정책 연구의 타당성 개선 등이 그것이다.

① 공동 펀딩

증거기반의 정책결정을 진흥하는 재단들은 공공기관과 공동으로 협력해서 특정한 활동이나 시행기관을 지원하는 기금의 풀을 창출한다. 이 접근법은 전통적인 방식이 되는 펀딩 소스의 복합으로 증여 수령자인 시행기관들을 지원하는 방식과는 전혀 다른 것이다. '공동 펀딩'은 증여에 의존하는 비영리기관들이 기금 모금의 비용을 절감해 미션에 집중해 활동하도록 지원한다. 공동 펀딩은 개별 펀딩의 역량 이상의 투자가 이뤄지게 할 수 있다.

공동 펀딩은 일부가 공공부문의 요청으로 이뤄진 것이다. 오바마 정부 기간에 개시된 몇몇 증거기반, 경쟁적인 공모 프로그램인 혁신투자(Investing in Innovation: i3), 사회혁신기금(Social Innovation Fund: SIF) 등은 민간 자본의 매칭을 요건으로 했다. 실제로 SIF는 연금 기금의 3배가 넘는 민간 펀딩을 요청해서, 연방기금이 1:1 매칭으로 민간펀딩을 유치한 중간지원기관에 기금으로 지원하며, 이렇게 모아진 펀딩 풀은 다시 1:1 매칭을 하는 시행기관인 비영리기관에 사업비로 지원된다. 예를 들면 SIF 중간지원기관인 클락크 재단(Edna McConnell Clark Foundation: EMCF)은 1,000만 달러의 SIF 증여금을 받아 여기에 자신의 3,000만 달러 EMCF 펀딩과 14개의 다른 공동 투자자의 5,600만 달러 펀딩을 더해, 12개 시행기관에 지원했다. 나아가 시행기관들도 400만 달러의 민간 펀딩을 유치했다.

공공 및 민간의 펀딩을 모아 혁신적인 사회 프로그램의 평가를 진전시키는 운동은 새로운 게 아니다. 사회정책연구기관 MDRC와 포드 재단은 1980년대에 '노동복지 데모'(Work Welfare Demonstration)를 개설해 8개 주에서 노동기반의 복지 프로그램을 평가했다(앞글: 147). 포드재단이 전체 비용의 절반인 360만 달러를 지원했다. 8개 주는 이 기금을 기반으로 연방기금을 유치해, 혁신의 성과를 탐구하는 비용 등 혁신적인 복지 프로그램의 개시에 필요한 행정비용을 지원받은 것이다.

이처럼 공동 펀딩은 장점이 많지만, 재단들의 관심이 다르고 공동 활동으로 자율성과 통제력이 상실되는 등의 문제가 있어 일반적인 펀딩 방식은 아니다. 민관 파트너십에서 조달 규정은 공공부문이 펀딩 의사결정을 통제하는 권한을 갖도록 해서 민간의 자율성이 보장되지 않는 문제가 있다.

최근의 증거기반의 정책운동에 핵심이 되는 Results for America(R-FA)는 주로 민간재단들의 공동 펀딩에 의존한다. 블럼버그 재단을 비롯한 EMCF 등이 프로그램 효과성을 증거를 기반으로 공공 펀딩의 가이드를 제시하는 운동을 지원한다(앞글: 148). RFA는 접근법과 공적 포지션이 양당 기반(bipartisan)으로 상당한 정치적 영향력을 발휘한다.

② 인프라 구축

증거기반의 정책의 실행은 정책 당국에게 정확한 정보를 제공하는 인프라를 필요로 한다. 인프라 구축에서는 재단들이 상대적인 약점이 더 많다. 중요한 정책 실행과 결과에 대한 신뢰할 만한 측정의 결여 문제를 비롯해, 프로그램과 정책의 디자인과 평가 도구들 사이에서 나타나는 데이터와 단점들의 갭 발생, 그리고 프로그램 연구에 관한 접근가능한 정보의 부족 등이 그것이다(Granger 2018: 148).

유치원-초등 2년의 교육(K-2 education) 인프라 개선이 어떻게 문제에 대한 이해를 획기적으로 변화시켰는지를 잘 보여주었다. 연방 초등과 중등 교육법의 개정(2002년과 2015년)은 학교를 개혁의 대상으로 강조해, 성과가 취약한 학교들의 개선에 초점을 맞춘다. 그런데 시계열의 학생 수준의 데이터가 여러 주들에서 활용되면서 교실 효과가 교육개혁의 관심을 끌게 되었다. 유사한 수준의 학생들이 표준화된 시험에서 성적이 매우 상이하게 나타난 것이다. 또 학생의 성적이 좋다고 취업이 잘 된 것은 아니라는 데이터도 활용되며 새로운 증거가 알려지게 되었다. 학교보다는 교사의 영향, 교육 성취도 시험 이외의 기술의 중요성 등이 교육계에 새로운 관심사가 되었다.

그런데 이같은 교사의 교육방법이나 학생의 기술 습득에 대한 모범적인 측정 방법이 없어 교육개혁의 핵심에 접근하지 못하는 시행착오가 거듭되었다. 측정방법의 개발과 적용이 중요하다는 인식이 지금의 증거기반의 정책운동의 출발점이 되었다. 2007년 윌리엄 증여와 스펜서 재단들이 측정방법 개발 연구에 각기 100만 달러 연구비를 제시했고, 뒤이어 게이츠 재단도 효과적인 교수방법에 4,500만 달러를 제공하였다.

그럼에도 펀딩의 증가로 교육정책의 변화가 따르는 것은 아니다. 수업(teaching)의 측정이 현실적으로 어렵다. 행정데이터를 활용하는 것이 데이터기반의 증거를 확보하는 기초가 되지만, 행정데이터가 정확하게 수집, 관리되어야 하는 전제 조건이 따른다(앞글: 149). 행정데이터가 통일된 표준화된 데이터 형태로 수집, 보관되는 경우가 드물다. 데이터의 질 측면에서도 사생활 문제 등으로 중요한 사항들이 기록으로 남지 않는 경우가 많다. 이같은 행정데이터의 개선을 위해 게이츠 등의 민간재단들은 정부와 협력해 다양한 시도를 했다. 스탠포드 교육데이터 아카이브(Stanford Education Data Archive: SEDA)는 스펜서, 그린트 재단 등의 지원으로 구축되었다. 미국 전역의 학교의 교육 현황과 교육 성취 결과 등을 담은 아카이브이다.

또 다른 이슈는 주요 정책 사안에 대한 답을 제시하는 통계학 기술의 부족 문제이다. 윌리암 증여 재단은 시카고 대학과 MDRC와의 10년 공동 연구에 재정지원을 하게 되었다. 통계 소프트웨어 개발과 분석 기술의 개발해 연구자들의 교육훈련 활동도 했다. 연방 교육부는 '현황 정보센터'(What Works Clearinghouse)을 개설해 지원하였고 재단들의 지원을 받은 정보센터들도 하나씩 개설되었다. 퓌자선트러스트와 맥아더 재단 지원의 결과우선 정보센터(Results First Clearinghouse), 증거기반 정책연합회 주도의 '사회프로그램 혁신사례'(Social Programs That Work)도 대표적이다.

(2) 비영리기관의 증거기반 프로그램

많은 복지 서비스 시행기관인 비영리기관은 자원 접근과 임팩트 데이터 접근에 상당한 제약을 받고 있다. 지역 차원에서 이런 장애를 제거해 국가 차원의 증거기반의 정책의 기반을 구축하는데는 상당한 기간이 지속되었다.

복지서비스 비영리기관들은 직업훈련, 범죄예방 등 다양한 서비스를 직접 시행하는 기관이다. 비영리기관들이 시행하는 프로그램의 재원은 정부의 사업비와 보조금 지원뿐 아니라 민간 자기부금, 시민 기부금, 재화와 서비스 이용료, 수수료, 회비 등 복합적이다.

비영리기관들이 국가 차원의 증거기반의 정책운동의 지역사회 뿌리에 해당되므로, 실제로 지역에서 작은 규모로 어떤 변화와 임팩트가 일어나고 있는지, 증거를 수비하는 일이 중요하다. 임팩트를 측정하는 이상적인 시점은 프로그램의 초기 단계다. 과학적인 평가로 프로그램이 효과적이라는 것이 확인되면 추가 자원을 투입해서 프로그램의 복제로 타지역에 신속하게 스케일링을 할 수 있다(Sullivan 2018: 156).

예를 들면, 간호사-가족 파트너십(Nurse-Family Partnership: NFP) 프로그램은 저소득층 엄마를 위한 가정 간호방문 서비스로 뉴욕의 엘미라에서 작은 프로그램으로 시작되었다. 몇 차례의 RCT 실험을 통해 엄마와 아이 모두에게 좋은 결과를 생산한 것을 확인할 수 있었다. 그 후 NFP는 42개 주의 3만 2천 가정에 확대 보급되어 오늘에 이르고 있다. 그런데 NFP와 같은 프로그램은 예외적인 것으로, 대다수 사회 서비스 프로그램은 임팩트 실험의 문화를 갖추지 못하고 있다(앞글: 157). 프로그램 디자인과 시행에서 주요 증거들의 수집과 분석으로 통한 평가가 이뤄지지 않고 있다. 임팩트 평가 없이 매년 유사한 프로그램이 반복적으로 시행되며 의미있는 결과를 생산하지 못하는 것이다. 비영리기관 중 8%만이 평가팀을 갖고 있고, 2%만이 RCT 평가를 시행한다는 추산이 있다.

예를 들면 약물거부교육(Drug Abuse Resistance Education: DARE)은 1970년대와 80년대의 청소년 약물중독 문제 해결을 위해 시행되었는데, 성과는 없다는 엄밀한 평가를 받았다. 경찰이 청소년을 대상으로 의사결정 기술과 약물 거부 교육을 17주 교과로 진행하는데, 로스앤젤레스에서 개시한 이래 전국으로 확대되었다. 전국 50개 주의 학교 대부분(75%)이 프로그램을 이용했는데, 그럼에도 프로그램 시행 1, 5, 10년 후의 여러 차례의 평가에서 프로그램 성과가 없는 것으로 드러났다.

복지 서비스 분야에서 증거기반의 강력한 평가가 나오지 않는데는 몇 가지 이유가 있다. 평가비가 부족하며, 작은 샘플, 데이터 접근 제한 등 실행상의 장애 문제가 있고, 또 전통적인 평가방식의 한계도 있다(Sullivan 2018: 157). 정부나 민간 재단의 평가에 대한 낮은 인식 문제도 있다. 프로그램의 핵심 결과에 대한 '인과적 임팩트' 평가에 대한 비용 지원이 형편없이 낮다. 대부분의 위탁기관이 단순한 산출 근거를 증거로 요청하는 문제도 있다.

소형 프로그램이 많은 사회복지 서비스는 결과 측정이 사실상 어렵다. 특히 실험적인 RCT 방식은 비용 등 실행상의 어려움이 많아 중대형 프로그램에만 적용되는 한계가 있다(앞글: 158). 소형 프로그램들은 비실험적인 방식이 대안이 된다. 프로그램 대상층에 대한 서비스 결과를 대상층과 유사한 인구학적 특성을 가진 비교집단과 비교하는 방식도 있다. 추가 수요가 발생하지 않은 프로그램의 경우 서비스 범위를 확대하거나 대상층 자격요건을 완화해서 대상층 규모를 늘리는 것도 방안이 된다. 교육부의 '혁신투자'(i3)는 학업 성취를 개선하기 위한 10억 달러의 기금을 공모로 지원하는 '등급 증거'(tiered-evidence) 모델이다. 모델에서 강력한 증거에 기반하는 평가를 시행하는 프로그램을 우선 선정해 지원하는 새로운 경쟁 방식이다(앞글: 159-60). 하위 등급의 '개발' 단계의 신청안은 강력한 증거를 갖고 있지 않지만 전망이 있는 것으로 평가되는 경우 지원한다. 시행후 효과성을 검증받으면 스케일 확장을 한다. 반면 상위 등급의 '스케일업'(scale-up) i3는 이미 RCT 실험을 거친 또는 준실험적 연구가 뒷받침된 신청안을 지원한다.

제2장

증거기반의 정책결정/시행/평가

1. 증거기반 정책의 결정과 시행

1) 증거기반 정책결정의 시행과제

증거기반 정책에는 몇가지 도전들이 제기된다. 새로운 증거기반 정책결정 대부분은 다음의 도전들에 대한 반응이라고 볼 수 있다(Liebman 2013: 7).

(1) 혁신적 해결방안 개발

첫째는 혁신적 해결방안이 개발될 필요가 있다. 미국의 경우 지난 수십년 기간 강력한 평가방법을 적용시켜 사회정책을 평가한 결과, 무엇이 잘되며 무엇이 잘 안되는지를 잘 알게 되었지만, 여전히 검증된 비용효과적인 전략을 갖고 있는 것은 아니다. 프로그램 개발과 실험에 어떻게 재정지원을 할 것인지가 문제이다. 희망적인 조기아동교육 프로그램 10개에 투자해 한 개만이라도 성공하면, 그것을 전국적으로 확장할 수 있으면 전체 사회적 혜택은 적지 않을 것이다.

(2) 혁신적 해결방안 평가

둘째는 혁신적 해결방안은 확고하게 평가될 필요가 있다. 그렇게 되면 시행 속도가 빠르게 저비용으로 시행될 수 있다. 그런데 대부분의 프로그램들의 결과에 대해서는 거의 측정되지 않고 있으며, 확고한 반사실적 시나리오(counterfactual scenario)[1] 에 비교 평가되는 경우가 거의 없다. 일반적으로 프로그램은 대형 프로그램 평가에 의존해 프로그램이 과거에 잘 작용했는지 그렇지 않았는지를 알려줄 뿐, 지금 현재 프로그램이 어떻게 작동하고 있는지를 알려주는 것은 아니다. IT 기술의 개발로 평가를 더 잘 할 수 있는 도구들이 개발되어 있다. 정부의 행정데이터 시스템을 활용해 월간, 3개월간 중요한 결과 측정을 할 수 있고, 서비스 제공 기관들의 성과를 비교할 수 있다.

---

1 X가 일어나지 않았다면 Y는 일어나지 않았을 것이다("If X had not occurred, Y would not have occurred")는 인과적 시나리오.

(3) 정부기관의 증거 활용

셋째는 정부가 증거를 실제로 활용하는 일이다. 정부는 일반적으로 작년에 재정지원을 한 동일한 활동에 재정을 지원하는 경향이 있다. 또 일반적으로 성과 측정을 하지 않기 때문에 다른 방식으로 활동할 기초가 되어 있지 않다. 바꿔 얘기하면 잘 되지 않는 일에 계속 재정 지원만하고 성과 개선의 기회를 상실하며 새로운 효과적인 해결방안을 수용하지 못하고 있다. 장애요인들 대부분은 정보부족에 있다. 기초 사실을 갖추지 않고 있고, 또는 갖추고 있다 해도 접근방안들을 비교하는데 필요한 비용효과 분석을 하지 않는다. 또 증거기반의 정책결정을 방해하는 정치적 장애물도 있다. 의회는 가끔 특정 제공자를 위한 특정 용도의 펀딩(earmark funding)을 해서 공개경쟁을 통한 증여 제공에 방해가 되기도 한다. 좋지 않은 평가 결과를 받은 프로그램들이 평가 이전의 수준과 같은 수준의 펀딩을 계속 받는 것으로 분석된다.

(4) 성과 개선의 전략 추진

넷째는 특정 대상층의 성과 개선에 타깃을 맞춘 전략적 노력이 필요하다. 대부분의 정부 프로그램은 특정 규모의 자격요건을 갖춘 대상층에 서비스를 제공하는 특정 서비스 제공기관을 지원한다. 전형적으로 서비스 제공기관들이 고객들을 충원하고 고객들은 다양한 기관들이 관리하는 다양한 프로그램들로부터 복수의 서비스를 제공받는다. 이같은 분절화된 시스템에서는 서비스가 필요한 사람 전체를 파악해 결과를 추적해 그들이 필요로 하는 서비스를 잘 받았는지를 확인하는 사람은 아무도 없다. 이런 관행은 변해야 한다. 정부와 서비스 제공 시스템을 재조직해서 특정 지역사회의 리스크가 큰 개인들 전체를 대상으로 하는 바람직한 성과를 달성하는 데 초점을 맞춰야 한다.

(5) 민관 공조의 환경과 인센티브

다섯째는 민관 공조를 위한 환경과 인센티브를 제공할 구조를 개발할 필요가 있다. 교육 분야 이외의 사회 서비스 제공은 대부분 정부의 재정지원으로 민간기관들이 서비스 제공기관이다. 정부는 증여 경쟁과 절차에서 바람직한 환경을 조성해 서비스 제공기관과 그들의 자선기관들이 혁신으로 증거를 창출하도록 지원해야 한다.

2) 증거기반 정책결정의 추진전략

증거기반의 정책결정은 다음 유형의 추진전략에 기반한다.

(1) 새로운 해결방안 개발의 학습과 실험 지원

성공적인 사회혁신의 개발은 공공재화이다. 해결방안이 개발되면 광범위하게 적용될 수 있다. 정부가 사회혁신을 위한 기초연구 단계를 지원할 방안들은 여러 가지가 있다(Liebman 2013: 4-5).

① 혁신에 직접 투자

사회혁신을 증대시키기 위한 가장 간편한 방법은 정부, 자선기관의 증여 경쟁과 혁신기금을 통해 직접 투자하는 방식이다. 뉴욕시의 CEO 접근방식은 연간 1억 달러를 지원해 혁신적 접근방법을 탐구한다. 연방 직접투자 방식의 문제점은 정부 등의 위탁기관이 어떤 혁신적 접근법이 검증의 가치가 있는지를 파악해 좋은 정책결정을 하기 위한 정보를 갖게 되지 않을 수도 있다. 사회혁신기금(Social Innovation Fund: SIF)처럼 시행기관이 매칭펀드를 증식하도록 요구해, 추가적인 자금제공 기관들이 정부의 개입의 장점을 확신할 수 있는지를 검증하도록 하는 방식으로 정보 수집을 분권화시킬 수 있다.

② 해결방안이 개발되면 지불 보증

시장의 소비제품 생산에서 혁신가는 혁신적 제품을 생산하면 잠재적 시장이 있다는 것을 알게 된다. 이와는 대조적으로 성공적인 사회혁신이 개발되어도 정부가 이것을 구매해 확장시킬 것이라는 보장은 없다. 정부가 사회혁신의 구매자가 있을 것이라 보장을 해주면 자선사업가와 사회기업가들은 사회혁신 생산에 투자할 인센티브를 갖게 될 것이다. 빌 클린튼 대통령의 〈밀레니움 백신 이니셔티브〉(Millennium Vaccine Initiative)는 말라리아, 결핵, HIV/AIDS 치료약 개발의 신종 백신 판매를 보증한 것이 대표적인 사례이다. 사회임팩트채권(Social Impact Bonds)에서 정부는 성과를 생산한 사업에 대해서만 결과지불을 한다.

③ 포상금지급

시장에서 성공적인 기업가는 자신의 투자보다 훨씬 더 높은 수익을 올릴 수 있는 잠재력을 갖는다. 성공률이 1/3 정도의 프로젝트를 시행해 성공하면 수백만 또는 수천만 달러의 수익을 올릴 수 있게 되므로 의미있는 프로젝트가 될 수 있다. 그런데 공공 문제 해결에 초점을 맞춘 사회혁신의 경우 엄청난 성공지불이 기다리고 있는 것은 아니다. 시장 부문의 보상 구조와 유사한 보상을 기대하도록 하는 방안은 공공 문제 해결방안의 개발에 상금을 거는 방식이다.

2010년 미국 OMB의 가이드라인과 2011년의 〈미국 경선법〉(American Competes Act) 시행으로 오바마 정부는 포상금제를 시행하였다. "어떤 팀이나 접근법이 가장 성공할 가능성이 있는지를 예측할 필요도 없이 의욕적인 목표"를 제시하고, "높은 수준의 리스크 부담을 안지 않고도 신선한 접근법의 혜택"을 주거나 또는 "납세자에게 세금공제 혜택을 최대화시키는 비용효과성"을 높이거나 "성과에 대해서만 지불"을 받는 제안이면 포상금을 받을 수 있다. 40개의 기관들이 공식 사이트(www.Challenge.gov)에 150개의 포상금제를 내걸었다. NASA, 에너지부, 국방부 모두가 상금제로 난해한 문제 해결의 해법을 창출하는데 성공한 것으로 알려지고 있다.

(2) 잘 된 활동에 관한 증거 분량 확대

새로운 접근법의 개발과 평가가 중요한 목표가 되지만, 기존의 프로그램이 어떻게 진행되는지, 어떻게 개선할 수 있는지를 파악해 개선하는 것도 중요하다. 다음 추진 전략들이 제시되고 있다((Liebman 2013: 6-11).

① 평가 재정지원을 우선으로 한다

수백만 달러 정도의 재정을 평가에 지원하면 프로그램의 진행을 파악해 잘 안 되는 프로그램을 개선하는 방안을 모색해 수천억 달러의 재정을 절약할 수 있다. 2011년 오바마 정부의 예산을 준비하는 과정에서 OMB는 평가 이니셔티브를 제시하였다. 정부기관들이 프로그램 평가 프로포절을 제출하도록 하며 프로포절 작성에 필요한 기술지원을 받았다. OMB는 평가에 필요한 일정 몫의 재정을 별도로 마련해 평가 이니셔티브를 시행하는 기관들에 제공된 재정지원금이 기관의 정규 운영비 이외에 추가 비용으로 책정되도록 하였다. 기관들은 예산이 없어 평가를 못한다는 변명이 있을 수 없게 된 것이다. 또 평가 전문가를 고용해 평가 역량을 개선하도록 허용해, 전체적으로 오바마 대통령의 예산에서 1억 달러가 17개 연방기관의 35개 프로그램 평가에 투입되는 계획이 수립되었다. 그럼에도 백악관의 평가 예산은 의회를 통과하지 못했다.

② 프로그램 DNA에 평가를 구축

오바마 행정부의 새로운 증여 공모 경쟁에서 확고한 평가 방안이 사업 선정의 중요한 기준이 되었다. 뉴욕시의 경제기회센터(CEO) 모델 또한 모든 정책 이니셔티브에 평가를 직접 적용시켜, 프로그램의 DNA로 삼았다.

③ 프로그램 평가 비용을 별도 책정

FY 2012년 의회 예산 승인안은 연방 노동부(DOL)가 프로그램 평가에 필요한 프로그램 비용의 0.5%를 사용할 수 있도록 권한을 부여하였다. 이로써 평가 책임자는 기관의 최우선 정책 프로그램에 대한 확고한 평가를 시행할 수 있는 융통성을 갖게 되었다.

④ 평가 증거 창출에 대한 인센티브 제공

평가 증거의 증대를 위한 또 다른 방법은 재정지원의 조건으로 증거를 요구하는 것이다. 공개 경쟁을 통해 확고한 평가 증거로 프로그램 효과성을 제시하는 신청기관에 최대 규모의 증여를 제시하는 i3과 같은 공모가 더 늘어나게 되면, 민간 재단과 자선가들도 이같은 증거들의 증대에 공조하게 될 가능성이 높아진다.

⑤ 행정데이터를 활용해 저비용의 평가를 지원

평가 증거의 구축에 중대한 장애요소는 데이터 수집과 관련된 비용이다. 정부기관이 갖고 있는 소득이력, 대학등록, 범죄기록 등과 관련된 행정데이터를 최근 IT 기술을 활용해 빅데이터 분석으로 데이터 수집과 분석 비용을 절감할 수 있다.

(3) 예산과 관리 의사결정에 증거 활용

프로그램 효과성의 증거에 기반하는 예산정책결정에는 몇가지 과제들이 있다. 대부분의 프로그램의 경우 결론적인 증거가 존재하지 않은 문제가 있다. 프로그램 임팩트 증거가 있는 경우도 이 증거를 넓은 의미의 정책 임팩트로 또는 다른 정책 대안들과의 상대적 효과성 비교를 하는 과제가 제기된다. 재정지원이 지방정부에 배분되거나 복수의 민간 서비스 기관들에 제공된 경우, 효과성은 이 기관들의 다양한 지역 분포에 따라 상당한 격차가 발생할 수 있다. 일부에서는 과소지원(underfunding)이 프로그램의 비효과성의 원인이 되므로, 빈약한 성과에 대한 정책 대안은 재정지원 확대가 될 수 있다. 관리 측면에서는 가장 심각한 도전은 관리 실행과 결과 사이의 피드백 루프(feedback loop)가 가능하도록 충분한 빈도의 수적 증거를 생산하는 것이다.

예산과 관리 결정에서 혁신적 모델로 활용되는 사례들은 아래와 같다(Liebman 2013: 11-12).

① 경쟁 공모에서의 등급 증거기준

교육부는 i3 프로그램처럼 3등급의 증거기준 시행으로 정부기관은 검증된 사업에 가장 많은 증여를 배분하면서 동시에 유망한 새로운 접근법의 개발과 평가에도 투자하는 기회를 갖게 된다. 교육부 이외에 다른 연방기관들도 등급 접근법을 활용한다.

사회주택부(HHS)는 가정방문 프로그램에 활용해, 시행기관이 최소 75%의 증여를 검증된 접근법에 배분한다. 나머지는 확고한 평가를 거친 유망한 접근법에 배분하도록 규제한다. 또 다른 HHS 사례는 십대 청소년의 임신예방 프로그램에도 활용하고 있다. 또 노동부(DOL)의 노동혁신기금(Workforce Innovation Fund)과 지역사회 대학 및 취업훈련 프로그램 또한 등급 증거기반 접근법을 활용한다. 또 국가봉사단(Corporation for National and Community Service)의 사회혁신기금(Social Innovation Fund), USAID의 개발혁신벤처(Development Innovation Ventures)도 등급 증거기반 정책결정 모델을 활용한다. 연방기관들의 통합적인 증거기반 프레임워크 개발도 진행되면서 다른 연방기관들도 증거기반의 정책결정을 시행하도록 진흥하고 있다.

등급 증거기반 정책이 부재한 상태에서도 증여 공모경쟁에서 증거를 선정의 중요한 기준으로 삼아 최고의 성공 증거를 제시한 이니셔티브를 선정하는 사례들도 적지 않다.

② 다른 서비스 제공 기관들의 성과와 비교

역사적으로 연방 헤드스타트(Head Start) 프로그램은 기존의 서비스 제공기관들이 자동적으로 매년 사업을 시행하는 방식에 의존하였다. 그런데 지역에 따라 불균등한 성과와 교육의 질 문제가 제기되면서 새로운 규제방식에 따라 기관들은 5년 지원 이후에 평가를 통해 낮은 평가점수를 받은 하위 10% 기관들이 다른 기관들과 경쟁을 통해 다시 지원을 받는 방식으로 바뀌었다. 최하위 성과 기관들의 재경합 방식은 사회서비스 영역에서는 이제 일반화된 모델로 정착되어 있다. 다른 방식으로는 정부기관이 서비스 시행기관들의 성과를 공시해 개인들이 바우처로 서비스 시행기관들을 선택하도록 하는 방식도 유행한다.

호주의 고용 프로그램인 '일자리 서비스'(Jobs Services Australia)는 정기적으로 서비스 시행기관의 성과 공시를 한다. 지원 자격이 있는 개인들은 구직의 어려움에 따른 네 유형으로 분류되어, 구직 어려움이 높은 개인들의 구직 서비스를 제공해 구직을 지원한 기관들이 더 많은 재정지원을 받는다. 호주 정부는 고용서비스 시행기관별로 재취업율 등 기초 데이터들을 바탕으로 별 하나부터 별 네 개의 등급으로 분류해 공시한다.

또 다른 방법은 시행기관별로 계약의 종료된 시점에 성과 평가를 하는 것이다. 오바마 행정부 초기에 연방조달정책실은 통합된 조달데이터시스템을 구축해, 모든 기관들이 새로운 계약체결의 의사결정이 이뤄지는 시점에 어느 기관도 검색할 수 있다. 모든 계약의 종료시에 계약기관의 성과 평가서를 보고하도록 하였다.

③ 비용효과성 비교분석

일부 정책분야에서는 수십의 프로그램들이 각기 다른 연구기관들의 평가로 진행된다. 따라서 서로 다른 결과측정과 평가방법에 따르게 되어 정책결정층이 각각의 증거에 대해 어떤 확신을 갖기 어렵다. 정책 초점의 전문가 팀이 증거의 검증으로 다양한 접근법의 비용효과성을 비교분석할 수 있다. 미국 와싱톤주는 공공 정책연구소를 창설해, 주로 이같은 연구를 요청하였다. 일례로 재범의 발생에 관한 연구소의 비용효과성 비교분석은 전국적으로도 활용되는 비교분석이 되었다.

④ 성공사례의 보급 확대

증거기반의 자원배분 방식으로 검증된 프로그램을 보급하는 방식이 있다. 뉴욕시의 경제기회센터(CEO)의 사회혁신기금 프로젝트는 뉴욕시에서 성과가 검증된 프로그램을 다른 도시들이 시행하도록 지원하기 위해 연방기관의 사회혁신기금의 지원을 받았다. 또 연방 차터스쿨(Charter Schools) 프로그램은 학생 등록률을 높이고 다른 지역에 같은 모델의 차터스쿨을 설립하기 위한 목적으로 성공적인 양질의 차터스쿨을 지원하는 프로그램이다. 2010년 이래로 공모 경쟁으로 251개의 차터스쿨들이 신설되었고, 기존의 34개 차터스쿨들이 확장되었다.

⑤ 비효과적인 프로그램의 지원 중단

가장 직접적인 증거기반의 재정지원 방식은 성과를 내지 못하는 비효과적인 프로그램의 재정지원을 중단하는 것이다. 오바마 행정부의 Even Start 프로그램의 경우, 영어가 모국어가 아닌 가정의 부모와 아동의 영어 해독력을 지원하는데, 비교집단과 통제집단 사이의 비교분석을 하는 RCT

시행의 결과, 양집단 사이의 성과 차이가 없는 것으로 나타나 폐지된 프로그램이다.

또 부시 행정부는 성과평가등급제(Performance Assessment Rating Tool: PART)를 시도하였다. PART는 연방 프로그램 전체의 98%에 해당되는 1,015개 프로그램을 분류해, '효과적', '약간 효과적', '보통수준', '비효과적', '결과 없음' 등으로 분류되었다. PART 성적표는 부시행정부의 예산결정의 정당성 근거가 되었지만, 의회는 등급의 신뢰성에 의문을 제기하였다. 이후 오바마 행정부는 PART를 증거기반의 예산결정에 활용하지 않았다.

⑥ 성과 트렌드 개선을 위한 성과통계(PerformanceStat)

PerformanceStat는 리더십 전략이다. 기관 대표가 진행중인 프로그램의 성과 목표를 달성하기 위해 데이터기반의 진전도를 관련 팀과 체크하며 논의하는 정기적인 회합이다(Behn 2006). PerformanceStat 운동에 뉴욕시의 Compstat, NYCStat, 볼티모어의 CitiStat, 메릴랜드의 StateStat가 있었다. 증거기반의 정책결정의 결과를 보면, 뉴욕시의 범죄율 감소. 뉴올리언스 도심 폐허지역 정리, 로스앤젤레스 카운티의 메디케이드(Medicaid) 신청 개선, 와싱톤 시의 홈리스 감소 등이 주요 성과로 알려져 있다. 주정부와 지방정부 차원을 넘어 수십여 연방기관들도 뒤이어 다양한 PerformanceStat을 활용하는 것으로 알려지고 있다.

(4) 특정 대상층을 위한 성과개선에 전략적 접근

사회 서비스 프로그램은 대부분 고정된 수의 대상층에게 계획된 서비스를 제공하도록 관리되고 있을 뿐, 특정 결과를 창출하도록 관리되고 있지는 않다. 중앙과 지방정부 등 여러 정부들이 공조하는 프로그램들도 특정 개인을 대상으로 고정된 지원과 서비스를 제공하는데, 어느 정부도 개인의 욕구충족이 이뤄지도록 하는 책무성을 갖고 있지 않는다. 이제 정부는 주어진 서비스의 분량에 기초한 프로그램 관리보다는 특정 대상층의 결과를 추적해 성과목표를 달성하는 프로그램 관리를 해야 한다. 성공적인 대상층 초점의 프로그램 시행에는 기업, 비영리단체, 자선기관 등의 다수의 비정부 지역 파트너 기관들과의 공조가 필요하다((Liebman 2013: 12-13).

① 서비스 제공에서 전체 대상층 접근법 활용

스트라이브(Strive) 파트너십은 대상층이 되는 취약층 학생들을 대상으로 지역사회의 모든 청소년에게 학업성취에 필요한 복합적인 서비스를 제공하는 전략을 '집단적 임팩트'(collective impact) 접근법에 의존하였다. 집단적 임팩트 공조 모델의 성과로 밀워키에서는 십대 임신률이 감소하고, 보스톤에서는 총기사고, 필라델피아에서는 고교 중퇴율, 애틀란타에서는 폭력사고가 각각 줄어드는 성과가 있었다.

② 대상자 매칭

대상층 초점의 프로그램 시행에서 중요한 요소는 서비스가 필요한 개인에게 필요한 서비스를 잘 매칭시켜 제공하는 것이다. 일부 서비스는 특정 대상층에게는 잘 적용되어 성과가 있지만 다른 대상층에게는 그렇지 않은 경우가 있고, 또 일부 프로그램은 특정 대상층에게만 비용효과적인 경우도 있다. 뉴욕주는 재소자들의 구직을 지원하는 프로그램(Work for Success)에 출소 후 필요한 구직 서비스를 개인별로 매칭하는 '클라이언트 매칭'(client matching) 시스템을 개발하였다.

③ 결과 초점의 목표설정과 관리

사례가 되는 미국 내무부의 인디언 지역사회에서의 폭력 감소 프로그램은 강력한 결과 초점의 목표설정, 대상층 초점의 성과측정, 우수사례의 보급과 확대 모델이 된다. 그 결과 3년 기간에 4개 지역사회에서 폭력사고가 55% 감소되어, 이제 다른 두 개 지역사회로 모델을 확대 적용시키는 단계로 발전하였다.

(5) 민관 공조를 통한 혁신의 가속화와 인센티브 제도

증거기반의 정책결정이 이뤄지는 환경을 조성하기 위해서는 서비스 시행기관, 사회사업가, 자선사업가, 나아가 지방정부기관과의 공조가 필수적이다. 생산적인 공조를 진흥시키고 인센티브를 제공하는 구조를 창출해, 올바른 인센티브 제도가 개발되어 평가되며 여기에 재정지원이 이뤄져야 한다. 연방정부는 여섯 가지의 인센티브 구조를 창출해 시행하고 있다 ((Liebman 2013: 13-15).

① 사회혁신기금(Social Innovation Fund)

국가봉사단(CNCS)의 사회혁신기금(Social Innovation Fund: SIF)은 사회사업을 시행하는 중간지원조직들이 연방정부의 기금과 1:1 매칭의 민간기금을 모금하는 경쟁적 공모를 하는 혁신적 기금이다. 공모를 통해 선정된 중간지원기관들은 다시 경쟁적인 공모를 통해 강력한 성과의 증거를 제시한 시행기관들을 다시 재정매칭 방식으로 선정한다. 시행기관들은 지역사회의 비영리기관들뿐 아니라 주정부나 지방정부 또는 공공기관 또는 기업이나 기업재단 등 모든 기관 유형이 자격이 있다. 다만 확고한 성과를 갖고 있어 상당한 임팩트 창출이 기대되는 기관이 재정적으로도 자체 또는 민간 모금 등의 매칭 역량을 갖추고 있어야 한다. 실제로 무수한 중간지원기관들은 전국적으로 상당한 성과와 임팩트를 창출한 전문적인 비영리기관들이다. 또 시행기관들도 지역사회에서 중장기에 걸쳐 상당한 성과를 보여준 경력으로 사업확대나 다른 지역으로의 이식과 전파의 목표를 추진한다.

프로그램 평가도 중요하다. CNCS의 보고에 따르면, 연방기금 1억 3,800만 달러로 민간 재원 3억 5천만 달러를 SIF 운영 자금으로 조성되어 전국적으로 프로그램이 시행되었다. 각 프로그램은 성과목표의 지표 기준으로 지표 달성의 데이터수집과 평가 등 전문기관에 의한 강력한 평가가 이뤄진다. 평가결과는 공시되어 성공사례들은 전국적으로 보급되고 실패 사례들은 새로운 혁신적 프로그램 개발과 운영에 교훈으로 삼는다.

② 권한 위임과 성과 파트너십

취약지역과 취약층은 복수의 연방기관들의 프로그램 지원을 받는데, 대부분 프로그램 재정지원이 잘 조정되지 않아 중복지원으로 제대로 된 성과를 내고 있는지, 어느 기관도 책임을 지지 않는다. 2013년 예산에서 오바마 대통령은 기존의 재원 가운데 2억 달러를 '성과 파트너십'(Performance Partnerships)에 투입해 주정부와 지방정부들이 성과에 대한 책무성을 높이기 위해 연방 재원을 잘 활용할 수 있는 재량권을 부여하였다. 청년문제와 지역사회 재건 분야에 정책 초점을 맞추었다. 일부 주정부가 이 이니셔티브에 동참하는 프로그램을 시행했다. 아이오와주의 경우 위험군의 청소년, 아동복지, 청소년 문제, 정신보건, 직업훈련 체계 관련 서비스 제공에 성과 책무성 접근법을 시행하였다.

연방정부의 '위임권한'(federal waiver authority)은 혁신적 접근법을 개발하는데 유용한 정책도구이다. 주정부와 지방정부가 새로운 전략을 실험하고 평가하도록 재량권을 부여해서 문제 해결의 방안들을 탐색하고 개발해 다른 지역들에게 보급할 수 있게 된다. 1996년 사회복지법(TANF)의 도입 이전에 이미 수십 개의 복지개혁 성공 프로젝트들이 시행되었다. 9개의 주정부들이 아동복지 시스템의 관련 아동과 가족에 대한 서비스 제공의 새로운 전략방안을 실험하였다. 이 실험이 성공하려면 주정부가 권한을 위임받는데 그쳐서는 안 된다.

나아가 성공적인 새로운 전략을 타지역에 보급하는 정책결정이 이뤄지기 위한 강력한 통합된 평가가 뒷받침되어야 한다. 교육부, 사회보장국, HHS, 노동부 등 연방기관들의 공동 프로젝트 SSI PROMISE 프로그램의 경우, 보충적 사회보장임금(SSI)을 수령하는 아동들을 대상으로 개선된 성과를 창출하는 혁신적인 전략방안을 제시한 주정부에 포상을 한다. 포상대상이 되는 주정부들은 SSI 수급 아동들이 고교를 졸업해 대학에 진학하고 성인이 되어 직장을 갖도록 성공적인 전환을 이뤄내 결국 연방정부의 SSI 비용을 절감하게 된다. 비용절감을 위한 포상금 제도를 뒷받침해주는 위임권한의 효과이다.

③ 지역 기반의 전략

지역기반의 전략 또한 주정부와 지방정부들이 연방 재원지원으로 성과와 임팩트를 창출하는 융통성과 권한을 위임받는 또 다른 유형이다. 연방 주택도시개발부(HUD)의 Choice Neighborhood 프로그램은 취약지역을 전환시키기 위해 주택, 학교, 교통, 고용훈련 등의 공익사업의 개선에 투자한다. 교육부의 Promise Neighborhoods 프로그램은 신시내티의 Strive 파트너십 프로그램과 같이 '요람에서 직장까지' 교육 이니셔티브의 사업지역의 지역사회에 재정을 지원한다. 또 보건복지부, 교통부, 환경청(EPA) 공동의 '지속가능한 지역사회'(Sustainable Communities) 이니셔티브는 지역 계획과 개발 사업에 투자한다.

④ 연방 증여를 활용한 지역 파트너십 촉진

연방 정부의 증여 공모사업은 지방 차원의 정부, 자선기관, 민간기관들이 공조해 프로그램 성과를 개선하는 혁신적인 플랜을 시행하는 기회를 제공해준다. 가장 성공적인 사례는 교육부의 'Race to the Top Fund'이다. 이 기금은 주정부에 증여를 지원해서 교육개혁을 추진하도록 촉진하는데, 주정부의 사업계획에는 교육개혁 관련 모든 민관 기관들이 파트너로 동참할 것을 요구한다. 이 프로그램의 가장 획기적인 성공은 많은 주정부들이 공모에서 차점자가 되었지만 공모에 제출한 교육개혁을 실제로 시행했다는 사실이다. 이 이니셔티브가 제시하는 학습을 생산하는데 핵심이 되는 것은 혁신을 촉진시키는 정책뿐 아니라 다양한 전략들의 결과를 철저하게 평가하는 시스템이다. 이를 통해 주정부들이 제시한 이니셔티브들은 실질적으로 '민주주의의 실험실' 기능을 할 수 있게 된 것이다.

⑤ 연방-주정부 파트너십 기금

많은 연방기금의 사회 프로그램들은 주정부와 지방정부들이 시행의 책임을 맡고 있어, 프로그램 관리와 운영의 개선방안은 다차원 정부들 사이의 공조를 필요로 한다. 2010년 의회는 OMB가 관리하는 '프로그램 통합 혁신 파트너십 기금'(Partnership Fund for Program Integrity Innovation)을 결의해, 다년간 3,250만 달러의 재원을 제시하였다. OMB는 주정부, 지방정부, NPO, 연방기관 등이 참여하는 공조적 포럼(Collaborative Forum)을 개설해, 우수 사례를 제시하는 파이롯트 프로젝트를 논의하였다. 파이롯트 개념을 제시해, 주정부와 지방정부와 공조해 파이롯트 프로젝트를 시행하는 연방기관에 파이롯트 기금을 배분하였다. 법무부의 경우, 3개의 주정부, 지방 청소년 기관들과 공조해 비용효과성 성과표를 개발해서, 다양한 증거기반의 프로그램들의 비용효과성 성적표에 따라 서비스 용역 의사결정에 주요 데이터로 활용하고 서비스 시행기관들에게 청소년 문제해결의 의사결정에 참고하도록 하였다.

⑥ 사회임팩트채권(Social Impact Bonds)

사회임팩트채권(Social Impact Bond: SIB)을 활용한 결과지불제 계약은 사회 프로그램의 재정지원을 하는 새로운 혁신적인 접근법이다. SIB에서 정부는 민간 중간지원기관과 계약을 체결해 사회 서비스를 제공하는 역할을 하도록 위탁한다. 중요한 계약조건은 계획된 결과, 성과를 내면 계약금 전부 또는 일부를 지불하는 방식이라 채권과 유사하다. 성과에 대한 측정이 중요해서, 프로그램 대상층에 제공된 서비스 제공의 결과를 서비스를 제공받지 않은 비교집단 또는 통제집단의 결과와 비교하는 방식이 일반적인 성과평가 방법이다.

중간지원기관이 계약된 최소한의 성과를 내지 못하면 정부는 일체 지불하지 않는다. 성과금은 최소 타깃을 초과하는 정도에 비례해서 계약된 최고 금액까지 높아진다. 중간지원기관은 운영비 등의 초기 자본금을 독립적인 상업 또는 자선 투자자들로부터 조성하는데, 투자자들은 리스크 부담을 가지면서도 프로그램의 성공에 따른 일정한 수익을 기대하며 투자한다. 중간지원기관은 이렇게 조성된 초기 자본금을 가지고 프로그램을 시행하는 기관들을 공모 또는 수의 계약으로 위탁해, 성과지표 달성을 위한 상세한 관리와 운영의 지침을 협의하며, 수시로 상담과 비즈니스 서비스 등의 프로그램 성공에 필요한 서비스를 제공하는 중추적인 역할을 맡는다.

3) 증거기반 정책 시행 단계

(1) 증거기반 정책결정 5단계

증거기반의 정책결정의 시스템의 기반이 되는 핵심 요소들은 다섯 가지로 구분될 수 있다. 미국의 주정부들은 대부분 다섯 중 하나 이상을 정책과 예산 결정에 활용하고 있다. 그렇지만 다섯 가지 모두를 통합한 종합적 접근법을 시행하고 있지는 않아, 보다 종합적인 증거기반의 정책결정 시스템에 다음 다섯 가지 핵심 요소들의 구축이 필요하다(Pew-MacArthur 2014, 2019). 여기에서 '증거기반 프로그램'이란 "유효하고 신뢰할만한 비교집단 디자인을 가진 강력한 평가에 의해 측정된 바람직한 결과에 측정가능한 임팩트를 제시하는 프로그램"이라 정의한다(Pew-MacArthur 2019: 3).

표 2-1 증거기반 정책결정의 핵심적 원리와 단계

1) 프로그램 사정: 효과적인 프로그램 파악
   공공 프로그램의 증거기반을 검증해 결과 개선, 비용 절감, 책무성 증대를 추진한다.
   – 증거의 공식적인 개념 정의를 하고 정부 각 기관과 부처에 개념정의를 공유한다.

2) 예산 개발: 재정지원 결정에 증거를 정보로 활용

예산 과정에서 프로그램 효과성의 증거를 활용해 정부 기반의 투자 선택을 한다.

- 효과성이 검증된 프로그램의 활용을 우선하는 용역과 증여에 요건으로 적용한다.
- 새로운 또는 추가적 프로그램 재정지원을 요청하는 근거로 기관들이 증거를 이용하도록 한다.
- 강력한 효과성 증거가 뒷받침되는 프로그램에 우선 예산 배정을 한다.

3) 감독 시행: 효과적인 프로그램 전달 확인

증거기반의 프로그램의 혜택이 달성되도록 효과적인 정책 시행을 지원한다.

- 정기적으로 지역사회 욕구를 파악해 관련 정보를 활용해 적절한 증거기반의 개입을 선택한다.
- 프로그램 충실도에 대한 기대를 명확하게 하고, 여기에 서비스 시행기관이 책무성을 갖도록 하는 시행 정책이나 가이드라인을 개발한다.
- 증거기반의 프로그램을 충실하게 수행하는 방법에 대해 스탭과 시행기관을 대상으로 훈련과 기술지원을 제공한다.
- 프로그램 시행을 지속적으로 모니터링하고 성과를 개선하는 시스템을 창출한다.

4) 결과 모니터링: 결과 측정

프로그램이 계획된 결과를 달성하고 있는지를 결정하는 결과 데이터를 추적해 보고한다.

- 핵심 프로그램, 핵심 지역 또는 목표들의 결과를 정기적으로 추적해 모든 측정과 벤치마크가 정확하고 시행기관과 정책결정층에게 의미있는 것이 되도록 확인한다.
- 문제를 효율적으로 파악해 문제해결을 위한 전략을 개발하기 위해 타깃이 되는 결과 정보(관할 지역, 시행기관, 인구학적 특성)을 분석하고 보고한다.
- 리더십과 기관 스탭들이 결과 개선을 위한 성과 데이터와 전략을 논의하도록 지속적으로 기회를 제공한다.
- 연구와 데이터를 활용해 프로그램을 평가해 정책결정에 정보를 제공하는 다른 보충적 활동들에 결과 모니터링 활동을 조정, 통합한다.

5) 타깃 평가: 실험되지 않은 프로그램 사정

공공 프로그램의 임팩트 평가를 자원해 실제 상황을 학습한다.

- 임팩트 평가를 담당하는 스탭을 고용해 교육시킨다.
- 임팩트 평가를 수행 또는 지원할 지역의 대학 등의 외부 연구기관과 파트너십을 구축한다.
- 제로 상태에서 데이터수집을 하기보다 행정데이터를 활용해 평가 비용을 줄인다.
- 데이터 공유 협약 등의 데이터 정책과 평가 지원을 추진한다.

자료 Pew-MacArthur(2019: 2-3).

(2) 프로그램 사정: 프로그램 효과성 검증

첫 단계가 되는 프로그램 사정은 공공 프로그램의 효과성에 관한 유용한 증거를 체계적으로 검토하는 단계로 여러 특성을 갖고 있다(Pew-MacArthur 2014: 4-6). 정부 리더십은 현재 시행중인 프로그램의 인벤토리를 개발해 프로그램의 효과성과 투자수익(ROI: return on investment)에 관한 유용한 증거를 사정해야 한다. 효과성 증거는 정부 리더십이 프로그램 시행 현황과 지원금에 대한 높은 수익을 달성하고 있는지, 어떤 프로그램이 기대된 결과를 공급하지 않은지를 평가할 수 있는 기본 정보를 제공해준다.

① 지원한 프로그램의 인벤토리 개발

많은 주정부와 지방정부는 지원하는 프로그램 전체의 목록을 갖고 있지 않은데, 이를 마련하는 일이 출발점이 된다. 어떤 프로그램이 잘되고 어떤 프로그램이 잘 안되는지를 알 수 있다. 정부는 모든 위탁기관들이 공적으로 시행중이고 계약이 체결된 모든 프로그램을 파악해 각각의 재정지원, 서비스 공급, 대상층 등을 비롯한 기초 정보를 수집하도록 요청할 수 있다. 이 과정을 용이하게 하기 위해 정부기관들 사이의 일관성을 제공하기 위한 '프로그램' 개념을 개발하는 것이 중요하다.

2014년 아일랜드 정부는 사법부와 공조해 성인과 청소년 상습범죄를 줄이기 위한 시도로 58개의 주정부 지원의 프로그램 인벤토리를 개발했다. 2014년의 분석 결과, 전체 프로그램의 33%가 증거기반의 프로그램이 아니고 2개 프로그램만이 최근에 증거기반의 평가를 수행한 것으로 나타났다. 주정부는 연구 결과를 반영해 추가적인 평가를 제안하였다.

② 효과성 증거에 따른 프로그램 분류

정책결정층은 재정을 지원한 프로그램의 효과성에 관한 명확한 정보를 필요로 한다. 정부기관들로 하여금 프로그램 효과성의 증거 강도에 따라 프로그램을 분류하도록 하면 관련 정보를 쉽게 취득할 수 있다.

먼저 증거의 강도에 따라 각 유형의 개념정의를 할 필요가 있다. 증거기반 프로그램의 개념은 일부 주정부에서는 무작위통제실험(RCT) 등의 확고한 방법론을 활용한 복수의 평가라고 정의한다. 두 번째는 '유망한 프로그램'으로, 프로그램 효과성이 있는 것으로 평가된 프로그램이지만 확고한 연구 디자인이 미흡한 사례이다. 주정부와 지방정부들은 국가 차원의 정보센터나 다른 주정부의 데이터들을 활용해 '유망한 프로그램'을 개발할 수 있다.

2012년 와싱톤주 의회는 아동과 정신건강, 아동복지, 청소년 범죄 서비스 분야의 증거기반의 프로그램 확대를 규제하는 입법을 마련하였다. 법률은 다음 세 가지 요건들을 제시한다.

첫째, 와싱톤주 공공 정책연구소와 와싱톤대학의 증거기반실천연구소는 사회보건서비스국과 공조해 '증거기반', '연구기반', '유망한 실행안' 개념정의를 공표한다. 증거기반 프로그램의 대상으로는 생산된 혜택이 투자된 비용보다 많은 경우라고 밝힌다. 또 두 연구소는 공조해 국가 및 국제 연구를 검토해 세심한 증거기반의 프로그램 정의를 한다.

둘째, 와싱톤주의 사회보건서비스국과 건강케어사무국은 아동복지, 청소년자활, 아동정신건강 서비스의 증거기반, 연구기반의 실천방안에 관한 기초적 사정을 수행하도록 한다. 현행 지원 프로그램들이 증거 기준을 충족하고 있는지 등을 검토하도록 한다.

셋째, 사회보건서비스국과 건강케어사무국은 주지사와 주의회에 증거기반, 연구기반의 실천안 활용을 확대하는 전략, 추진 일정, 비용 등을 보고하도록 한다. 2014년 미시시피주 또한 4개의 주정부 기관의 프로그램을 증거기반, 연구기반, 유망한 실천안, 기타 효과성 증거 없음 등으로 분류하는 '성과평가와 지출검토'법을 도입해 시행하였다.

최근 몇 년간 국가연구정보센터들이 여러 곳에 설치되어 다양한 분야에서의 효과적인 공공 프로그램을 파악하는 체계적인 문헌연구들이 수행되었다. 성인범죄, 청소년범죄, 아동복지, 정신건강, 학교교육, 약물남용 등 서비스 분야는 점차 늘어나는 추세이다. 정보센터는 각기 증거의 강도를 평가하는 각기 다른 기준들을 제시하지만, 대부분이 프로그램 효과성의 상대적 비교를 용이하게 하는 단계형 구조에 기초한다.

③ 프로그램의 잠정적 투자수익(return on investment)

프로그램 투자가 투자비용을 정당화할 수 있을 만한 충분한 혜택을 창출할 것인지를 추산해볼 수 있다. 비용혜택 분석이나 비용효과성 분석을 활용할 수 있는데, 이 방법들은 각기 다른 프로그램들이 달성한 결과의 '금전 가치'를 계산해 투자된 비용에 대비하는 공통점이 있다. 정확한 분석을 위해 기술 전문가를 비롯해 광범위한 재정 및 결과 데이터가 필요한데, 모든 프로그램에 적용될 수 있는 것은 아니다.

그럼에도 적용가능한 프로그램의 경우, 분석으로 추산된 투자수익율에 따라 프로그램의 등급을 매겨 정책과 예산결정에 주요 데이터로 활용할 수 있다. 〈결과 우선 이니셔티브〉(Results First Initiative)는 16개 주정부와 4개 지방정부와 공조해 비용혜택분석을 다음 세 단계 과정에 따라 시행하고 있다.

a) 프로그램 결과에 관한 국가 차원의 최고 수준의 연구를 참고해 프로그램 현황을 파악하고 정책 목표를 달성하는데 다양한 접근법들이 효과적인지를 파악한다.

b) 행정구역별 데이터를 활용해 각 프로그램이 추구하는 임팩트를 예측한다.

c) 각 프로그램의 예측된 혜택에 비용을 비교해 투자수익율을 보고한다. 이를 통해 각 대안의 '금전 가치'를 공시할 수 있다. 지난 2년간 아이오와, 매사추제츠, 뉴멕시코, 뉴욕, 버먼트 주정부가 〈Results First〉 모델에 따라 높은 투자수익율을 보여준 프로그램에 8,100만 달러를 투자했다.

2. 증거기반의 정책결정 사례

증거기반의 정책결정은 앞 장에서 살펴보았듯이 미국과 영국 등지에서 이미 주류 정책으로 정착되어 있다. 증거기반의 정책이 결정되어 실제 시행되고 평가되는 일련의 정책과정에 대해 미국 연방기관 사례부터 살펴볼 만하다.

1) 미국 연방정부혁신 사례

연방정부의 증거기반 프로그램은 교육부의 i3 교육기금(Education Fund), 노동부의 노동력혁신기금(WIF: Workforce Innovation Fund)을 비롯해, 국가봉사단의 사회혁신기금(Social Innovation Fund) 등이 있다. 이들은 정부 위탁기관들이 혁신적 문제해결의 접근법을 비롯한 프로그램 전략 디자인과 재정지원 결정에 증거를 활용하도록 마련된 기금들이다.

(1) 교육부의 증거기반 정책

증거기반 전문가들이 검증한 모범적인 혁신적 프로그램으로는 교육부의 혁신 투자(i3) 프로그램과 이를 뒷받침해주는 증거기반 정보센터(WWC)가 있다.

① i3 프로그램

i3(Investing in Innovation)은 혁신적인 증거기반의 정책결정 대표 사례를 널리 참고되고 있다. 프로그램의 핵심에는 '등급 증거기준'(Tiered Evidence Standards)에 의한 경쟁공모 제도가 있다. i3 프로그램은 학생의 학업성적 개선, 고교 졸업률 증가, 또는 대학 진학과 졸업률 증가를 제시한 혁신적인 방안들을 확대시키는 지방 교육기관들을 대상으로 경쟁적 증여를 제공한다.

프로그램은 3등급 구조를 갖고 있는데, a) 이미 강력한 증거를 가진 사업의 확장을 지원하는 '확장' 증여(scale-up grants), b) 현재 중간 수준의 증거를 가진 유망한 전략 사업을 지원하는 '검증' 증여(validation grants), c) 잠재력이 높지만 비교적 검증이 안 된 사업을 지원하는 '개발' 증여(development grants)이다. 연방 교육부는 증거의 기준을 마련해두고 있는데, '강력한 증거'는 사전의 무작위실험 또는 확고한 준실험적 디자인(quasi-experimental design)을 의미하며, 중간수준의 증거는 샘플 규모가 불충분하거나 확증을 제한시키는 선택 바이어스의 잠재력이 있는 유망한 연구를 의미한다. 교육부는 3단계 공모를 거쳐 5개의 '확장' 증여, 28개의 '검증' 증여, 59개의 '개발' 증여를 선정해 전체 9억 4천만 달러 증여를 보조했다. 또 교육부는 증여를 제공받은 시행기관들의 강력한 평가계획을 받아 검증되지 않은 프로그램들도 시간이 지나며 시행이 잘 되어 검증된 프로그램들로 발전될 수 있는 기회를 제공한다.

② 교육부의 현황 정보센터(What Works Clearinghouse)

교육부의 WWC(What Works Clearinghouse)는 프로그램 효과성의 상징적 표시로, 긍정적 효과, 효과 없음 등으로 등급을 분류한다. WWC는 130개의 프로그램의 임팩트를 26개 결과치에 따라 등급을 매기고 있다. 프로그램의 효과성은 다섯 등급으로 분류된다. 현황정보센터는 〈표 2-2〉와 같이 프로그램(intervention), 프로그램 토픽(topic), 개선 지표(improvement index), 효과성 등급(effectiveness rating), 증거의 강도(extent of evidence)를 온라인으로 공시한다.

사례가 되는 세 개 기관 모두가 학교중퇴 방지를 위한 개입 활동을 하고 있는데, 기관별 개선도는 각기 22%, 17%, 14%로 나타났고, 프로그램 효과성은 같은 +(잠정적으로 효과적)이다. 또 증거의 기반에서는 두번째 기관인 Talent Search가 중간/대규모 증거를 제시해주고, 다른 둘은 소규모 증거를 제시해주는 것으로 평가되어 있다. 개선 지표는 대상집단(프로그램 참여학생)이 비교집단(일반 학생)에 비교한 개선도를 보여주는 것으로 학교중퇴 개선도이다.

표 **2-2** 미국 교육부 What Works Clearinghouse의 프로그램 효과성 등급

> 증거의 효과성은 다음 다섯 등급으로 분류된다.
> ++ (긍정적 효과: 프로그램 개입이 결과에 긍정적인 효과가 있다는 강력한 증거 있음);
> + (잠정적 효과: 프로그램 개입이 긍정적인 효과가 있고 반대로 효과가 없다는 증거는 없음);
> 0 (증거 없음: 프로그램 개입이 결과에 효과가 있다는 증거가 없음);
> − (잠정적 비효과: 프로그램 개입이 부정적 효과가 있고 반대로 효과가 긍정적이라는 증거는 없음);
> −− (부정적 효과: 프로그램 개입이 결과에 부정적 효과가 있다는 강력한 증거 없음).

학교 졸업

프로그램	토픽	개선 지표 (-50 ~ 0 ~ +50)	효과성 등급 (−− − 0 + ++)	증거의 정도
National Guard Youth ChalleNGe Program	중퇴 예방	22	+	약함
Talent Search	중퇴 예방	17	+	중간-강함
JOBSTART	중퇴 예방	14	+	약함

자료 Pew-MacArthur(2014: 6).

(2) 노동부의 작업장 혁신기금

미국 연방정부는 노동시장의 효율적인 기능을 지원하기 위한 고용과 훈련 프로그램에 연간 90억 달러를 투자하고 있다. 그런데 이 고용훈련 시스템은 이제 더 적은 비용으로 더 많은 성과를 내야 한다는 요청이 끊이지 않는다. 이 시스템은 지난 2010~11년 12개월 기간에 장기 실업, 기술과 자

격 결함, 기타 구직 활동에 직면한 3,700만 명에게 고용훈련 서비스를 제공했다.

그런데 이제는 비용효과적인, 수요기반의 높은 임팩트가 있는 서비스를 제공해야 하는 정책환경에 처해 있다. 노동부의 작업장 혁신기금(WIF)의 경우 주정부와 지방정부 기관 등에 기금을 제공해, 서비스전달 전략과 정책과 행정 시스템과 과정들을 개조해 구직 등의 결과를 개선하고, 이같은 활동의 효과성을 면밀히 평가한다. 고용과 훈련은 서비스 전달 전략의 효과성에 의존하지만 전략이 개발되어 시행되는 정책과 행정 프레임워크 또한 상당한 영향을 미친다. 정책, 조직구조, 기획과정, 성과 측정, 조달, 투자 우선순위, 정보관리 등을 포괄하는 시스템 차원에서의 혁신이 적은 비용으로 바람직한 성과를 내도록 하는 서비스 전달 전략에 결정적인 역할을 한다. 노동부는 이같은 목표 달성에 초점을 맞춰, 관련 기관들과 프로그램들 사이의 조정을 증진하기 위해 행정적, 법률적, 규제적 장애를 제거하는 방안들을 시행하고 있다.

노동부의 WIF는 고용과 훈련 결과를 개선하는 새로운 접근법의 디자인에 데이터를 활용하는 프로젝트를 지원한다. 결과지불제의 평가방법을 통해 프로그램 개입전략에 관한 지식체계를 확장시켜, 결과지불제 모델의 실행가능성을 제시하며 민간 자본 투자를 활용한다. 그럼으로써 국민의 세금을 효율적으로 사용하는 '금전 가치' 증대 정책을 추진할 수 있다.

또 2015년에 다시 노동부는 WIF의 2차 사업 확대와 혁신적 전략 개발에 1억 4,700만 달러를 투자하였다. 노동력 개발 전략의 효과성을 검증해 전국적으로 확대시키기 위한 투자이다. 주정부와 지방정부 기관들을 대상으로 전체 26개의 증여 지원이 이뤄졌다.

표 2-3 미국 노동부의 증거기반 정책결정과 결과지불

노동부는 WIF을 통해, 노동력 개발, 교육, 휴먼서비스, 사회보험, 경제개발 프로그램들의 연계와 통합을 가능하게 하는 구조와 정책의 변화를 지원한다. 노동부는 서비스 전달 차원과 시스템 차원 모두의 변화에 초점을 맞춰 그리고 각 차원의 투자에 대한 면밀한 평가를 통해 투자가 광범위한 변화의 기반을 구축해 공공 노동력 시스템의 운영에 지속적인 개선이 될 것으로 기대한다. 노동부는 2013년 WIF의 결과지불제 시행에 2,400억 달러를 투자하였다. 긍정적인, 측정가능한 결과를 달성한 프로그램에만 연방지원금이 지불되도록 사회서비스 프로그램의 재정지원방식의 혁신적인 실험을 한 것이다. 이 모델에서 독립적인 투자기관들이 프로그램 운영비를 제공하는 금융자본을 제공하면 노동부는 시행기관의 프로그램 운영으로 계획된 타깃 목표들을 달성한 경우에 투자자본을 후불로 지급해준다. 2013년 뉴욕주의 노동국에 1,200만 달러, 마사추제츠 노동국에 1,167만 달러 가치의 결과지불제가 시행되었다. 주정부들은 고용을 늘리고 프로그램 대상층인 전과자의 재범율을 감소시키는 프로그램 디자인과 실행을 지원하는 중간지원기관 역할을 한다. 주정부들은 프로그램의 결과와 성과를 측정하는 강력한 평가 방법을 이용해 목표가 달성되었다는 증거를 제시할 때만이 약속된 계약금을 지급받는다.

자료 Pew-MacArthur(2014); 미국 노동부 https://www.doleta.gov/workforce_innovation/success.cfm

(3) 영구주거지원, 약물남용교육, 노동력투자 사례

정부는 국민과의 다양한 상호작용을 통해 엄청난 양의 데이터를 수집한다. 이런 행정데이터는 일상의 프로그램 운영의 목적에서 수집되는데, 이 데이터도 프로그램이 계획된 목표를 달성하고 있는지를 사정하는데 활용될 수 있다. 아래 세 가지 프로그램 사례들은 정부 정책에 필요한 증거를 생산하는데 행정데이터가 잘 이용된 사례들로 증거기반정책결정위원회(2017: 9-10)가 혁신적인 모범사례로 제시한 것들이다.

① 영구주거 지원

만성적 홈리스에게 영구적 주거공간을 제공하는 프로그램의 임팩트를 평가한 많은 연구들이 있다. 만성적 홈리스 문제 해결에 장기적 주거 지원과 보조적 지원 서비스를 복합한 개입 서비스가 결정적으로 중요하다는 연구 결과들이 있다. 그래서 홈리스 개인들이 안정적 주거를 제공받아 건강 개선뿐 아니라 고비용의 응급실 방문이나 홈리스 쉼터 거주 등의 위기 서비스 이용의 감소가 성과로 나타난다. 비용효과분석의 연구들도 만성적 홈리스 개인에게 영구주거 지원(Permanent Supportive Housing)이 세금 부담을 줄이는 가장 효과적인 안전망이라는 분석결과를 제시한다.

표 2-4 증거기반 정책결정 혁신사례: 영구주거 지원

영구주거 지원 연구들은 서베이 데이터와 행정데이터를 이용했는데, 행정데이터는 지방자치단체가 운영하는 홈리스 관리정보시스템에서 제공된 것이다. 이런 행정데이터의 활용으로 증거기반이 급증되는 직접적인 결과로, 연방 주택도시개발부(Department of Housing and Urban Development: HUD)는 지난 수년간 만성적 홈리스 개인들을 위한 영구주거 지원 서비스를 지자체들이 확대하도록 진흥하고 인센티브를 제공하는 정책 혁신을 일으켰다. 그 결과 2010~16년 기간에 전국의 만성적 홈리스가 26% 감소된 성과가 있었다.

자료 HUD(2016).

② 약물남용 교육

약물남용방지교육 프로그램(Drug Abuse Resistance Education program: DARE)는 일찍이 1983년에 시행되어, 로스앤젤레스 지역의 유치원에서 초등학생의 약물이용과 갱조직 활동을 방지하는데 목적이 있었다. 그 후 다른

지역의 요청이 늘면서 전국 프로그램으로 확대해 50개 이상의 카운티의 학교 75%가 DARE 프로그램을 시행할 정도로 피크에 달한 적도 있었다.

표 2-5 증거기반 정책결정 혁신사례: 약물남용 교육

1990년대와 2000년대에 30개 이상의 강력한 평가가 장기간에 걸쳐 이뤄졌다. 한 연구는 도시 주변에서 진행되었는데 프로그램이 오히려 약물남용을 높인 것으로 분석하기도 했다. 2001년 공중보건국장이 기존의 연구를 소개하면서 DARE를 '비효과적인 기초예방 프로그램'이자 "많은 잘 디자인된 평가들과 메타 분석들이 약물남용에 거의 또는 전혀 효과가 없는 것으로 보고했음에도 인기가 시들지 않고 있다"고 언급하였다.

지금은 새로운 프로그램은 혁신되었는데, 학생들이 타인을 존중하고 폭력, 약물, 기타 위험한 행태에서 해방되도록 임파워링(impowering)에 초점을 맞춘 프로그램으로 바뀌었다. 새로 도입된 프로그램에 대한 예비적 증거로는 정책결정에 관련된 계획된 목표 달성에 보다 효과적인 성과를 내고 있다.

③ 노동력 투자

노동력 투자와 취업 훈련 프로그램 관련 대규모의 증거 포트폴리오에 따르면, 추진전략에 차이가 있지만 프로그램 참여자들이 소득개선과 취업 결과를 개선할 수 있다고 제안한다(OMB 2016).

---

2 DARE America, "Keepin it Real Elementary School Curriculum;" https://www.dare.org/keepin-it-real-elementary\-school-curriculum

표 2-6 증거기반 정책결정 혁신사례: 노동력 투자(Workforce Investment)

노동부의 성인 프로그램(Adult Program)은 경제 취약층의 고용을 지원하고, 일자리 상실 노동자 프로그램(Dislocated Workers Program)은 해직되었거나 해직 통고를 받은 노동자의 취업을 돕는다. 연구자들은 노동부의 행정데이터를 활용한 준실험적 분석에서 성인 프로그램 참여자들은 비교집단에 비해 소득 증가가 두드러지게 나타났고, 반면에 일자리 상실 노동자 프로그램 참여자들의 소득은 감소한 것으로 나타났다. 2014년에 노동력 투자 프로그램이 새롭게 〈노동력 혁신과 기회법〉(Workforce Innovation and Opportunity Act: WIOA)으로 혁신되며, 기존의 성인 프로그램과 일자리 상실 프로그램 지원금의 일부를 지역별 수요 맞춤형 타깃으로 이동하는 재정적 융통성을 제공하였다. WIOA는 기존의 증거 포트폴리오에 기반해 다른 다양한 증거기반의 전략들을 포함시켰다.

자료 Office of Management and Budget(OMB, 2016).

(4) 결과지불의 사회임팩트 파트너십(SIPP) 법 시행

2018년에 제정되어 시행에 들어간 〈결과지불의 사회임팩트 파트너십 법〉(SIPPRA)은 그간의 증거기반의 정책결정과 사회혁심기금의 시행을 종합적으로 국가 차원에서 통합한 새로운 법적 근거가 된다. 연방기관들뿐 아니라 전국의 주정부와 기초 정부들이 결과와 임팩트 창출의 경쟁적 사업추진을 추진한다. 정부기관뿐 아니라 대학과 연구기관과 비영리기관들도 공모에 참여해 심각한 사회문제해결에 증거기반의 프로그램을 시행한다.

SIPPRA의 목적은 일곱 가지로 명시되어 있다. 마지막 (7) RCT 시행을 강조한 규정은 주목할 만하다.

표 2-7 결과지불의 사회임팩트 파트너십법의 목적

1. 실제로 결과를 달성할 수 있는 사회 프로그램에 자금을 지원하여 도움이 필요한 가족 및 개인의 삶을 개선하기 위해 2. 객관적인 데이터에 근거하여 비효율적인 프로그램으로부터 증명할 수 있고 측정 가능한 프로그램으로 자금을 전용하기 위해 3. 서비스 수령자와 납세자 모두에게 긍정적인 결과를 만드는 사회 서비스에 연방기금이 효과적으로 사용되는 것을 보장하기 위해 4. 국가의 가장 위급한 문제에 대응하기 위해 사회임팩트 파트너십을 활용하기 위해 5. 민간조직, 비영리조직, 자선조직, 전국의 주정부와 지방정부가 기존에 시행하고 있는 효과적인 사회적 개입을 확산시키기 위해, 기존의 공공지출에 자선 및 기타 민간자원을 함께 활용하는 민관협력을 활성화하기 위해 6. 미국에 결과기반 보상을 사회적 부문에 도입함으로써, 비효율적이고 중복적인 지출을 줄여, 중요한 사회적 프로그램의 영향력과 효과성을 향상시키기 위해 7. 프로그램의 임팩트를 평가하기 위해, 결과측정과 무작위 대조실험(RCT), 기타 엄격한 방법론을 구축하기 위해

SIPPRA는 합의된 결과지불을 지급받기 위해서는 평가를 강력한 실험적 또는 준실험적 연구에 관한 증거 기준을 충족시킬 것을 요구한다. RCT가 연방, 주, 지방정부 법률에 근거해서 활용되기를 기대한다. RCT를 이용하는 않는 계획에 대해서는 그 이유를 분명히 밝혀야 한다. 강력한 또는 중간 수준의 증거기반으로 프로그램 효과성을 검증하는 모델이 결과지불 프로젝트에 적합한 프로그램 모델이다.

2) 미국 지방정부혁신 사례

(1) 증거기반 정책의 진전 현황

증거기반의 정책의 법과 제도적 진전은 미국 50개 주 차원에서 상당한 진전을 보여준다. 정책 1개 이상의 사례에서 '우수한' 진전과 '최저수준'의 약한 진전을 보여주는 50개 주의 현황(2017년)은 〈그림 2-1〉과 같다. 이 데이터는 Pew Charitable Trusts과 MacArthur 재단이 공동으로 정책과 프로그램에 투자하는 주정부들이 혁신적인 비용효과 접근법을 시행하도록 지원하는 '결과 우선'(Results First) 프로젝트가 조사한 것이다.

그림 2-1 미국 50개 주의 증거기반의 정책 진전 현황

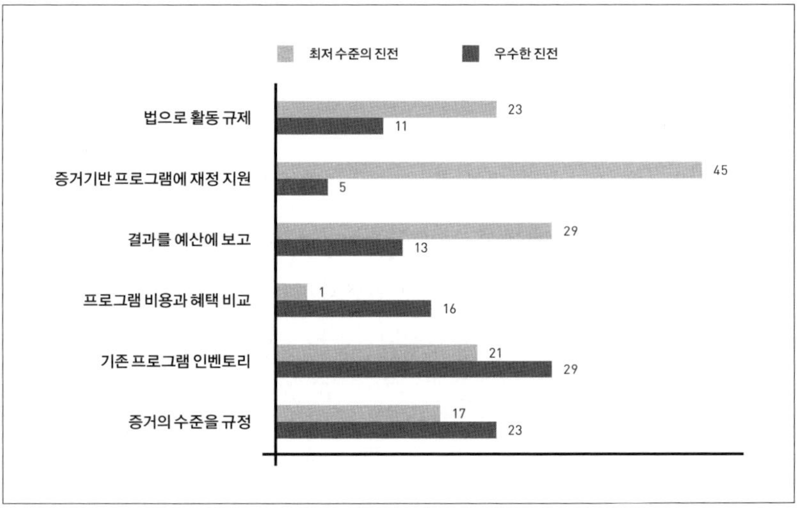

자료 Lester(2018: 96).

전국적으로 증거기반의 법과 제도의 진전은 지속되고 있다. 법과 제도를 갖춘 주정부는 20개 미만 소수에 불과하지만, 최저수준의 제도적 갖춰가는 주정부들이 계속 늘고 있다. 결과를 예산에 리포팅, 기존 프로그램 인벤토리 운영, 증거의 수준의 규정하는 경우는 40개 주정부 이상이 참여하고 있다.

(2) 뉴욕시의 경제기회센터(CEO)

뉴욕시의 경제기회센터(Center for Economic Opportunity: CEO) 또한 모범적인 증거기반의 정책 사례로 널리 알려져 있다(Liebman 2013: 7). CEO는 2006년 블룸버그 시장이 빈곤 감소를 위한 혁신적인 접근법을 개발, 평가하도록 개설되었다. 연간 1억 달러의 재정지원으로 새로운 방안들을 시행하고 평가하는 활동을 하였다. 이니셔티브 중 성공적인 성과를 보인 프로그램들은 시예산 지원을 받는 영구적 펀딩의 자격을 부여받는다. 센터는 50개 이상의 이니셔티브를 창출해, 대부분을 무작위 통제 시행 방식으로 평가하였다. 센터의 연간보고서는 어떤 프로그램이 좋은 성과를 냈고, 어떤 프로그램이 성과가 미흡했는지를 성공적 이니셔티브, 파이롯트 프로그램, 중단된 프로그램으로 구분해 서술한다.

성공적인 성과로 지속적인 재정지원을 획득한 프로그램들은 다음과 같다(Liebman 2013: 7).

- 뉴욕시립대학의 가속화 학습 프로그램으로 3년에 학위를 이수할 수 있도록 학습, 상담 서비스를 제공한다.
- WorkAdvance 프로그램은 저임금 노동자들에게 개인적 코칭, 교

육과 훈련 프로그램 접근, 구직 지원 등의 서비스를 제공해 노동시장 진출을 지원한다.

- $aveNYC는 세금 공제액을 저축해 1년 이상 저축액을 유지하는 저소득층에게 50%를 매칭으로 지급한다.

CEO는 연방정부의 사회혁신기금의 지원을 받아 뉴욕시의 이니셔티브를 5년간 뉴욕시 전역과 인근 도시들에 확장시키는 사업을 추진한다.

(3) 신시네티의 스트라이브 집단임팩트(Strive Collective Impact)

신시네티의 스트라이브 집단임팩트(Strive Collective Impact)는 집단 임팩트의 모범적인 사례로 널리 소개된다(Liebman 2013: 7). 스트라이브 파트너십은 오하이오 신시네티와 인근 도시인 켄터키의 코빙톤과 뉴포트 지역의 학생 학업성취 개선을 목표로 '요람에서 취업까지'(from cradle to career)로 상징되는 파트너십이다.

파트너십은 지역사회 핵심 이해관계자들이 직접 참여하는 '집단 임팩트' 조직을 구성해 데이터기반의 교육 성취 8대 결과를 추진하였다. 유치원 준비, 초등 4학년의 독해능력, 8학년의 수학능력, 고교졸업율, 대학준비 ACT 성적, 고교 졸업후 진학 등록율, 유지율, 이수율 등이다.

파트너십은 '모든 아동' 접근법이다. 타깃 결과를 달성하지 않은 학생들을 추적해 성공적 성과를 낼 수 있는 다양한 교육과 상담 서비스를 제공한다. 이니셔티브의 다양한 단계와 과정에서 다양한 지역사회 기관들이 역할을 분담한다. 신시내티 United Way의 'Success By 6' 이니셔티브는 조기아동 교육에 초점을 맞춰 여러 기관들이 투터링과 멘터링 프로그램을 시행한다. 파트너십 이니셔티브에는 재능경로(Talent Pipeline) 이니셔티브가 있어, 학생들의 고교 졸업 후의 일자리 마련을 위해 고교와 직장의 직접적인 연계 프로그램을 운영한다. 유치원 준비 과정에는 모든 3개 도시 지역사회에서 등록이 증가했고, 신시내티 공립학교들은 오하이오의 최초의 '효과적인' 도시 학교자치구로 인정받았다.

3) 영국 BIT(행태통찰팀) 사례

BIT(Behavioural Insights Team)는 영국뿐 아니라 세계적으로 증거기반의 정책운동에 선도적인 역할을 해왔다. BIT는 영국 총리실의 기관으로 7명의 팀원이 이제는 글로벌 사회목적비즈니스로 성장해 7개국에 지부를 두고 있다. 31개국에 정책 자문과 서비스를 제공하며 사회기업가 역할을 한다. 공식적으로 영국 총리실과 임팩트기관 Nesta 그리고 임직원이 공동 소유하는 조직이다. 조직의 미션은 "정책 정보, 공공 서비스 개선, 시민들과 사회를 위한 결과를 제공하는데 행태적 통찰력을 창출해 활용"하는 것으로 소개한다.[3]

BIT는 수십여 국가에서 400여 개의 RCT를 포함한 750개 이상의 프로젝트를 수행하며, 최근에는 행태과학 기반을 활용한 벤처들을 개설해 운영하고 있다. 그 중 'Applied' 벤처는 온라인 채용 플랫폼으로 7만여 명의 구직자들의 공정한 채용을 지원하고 있다. 세계적으로 여러 정부들과 협력

3 BIT(Behavioural Insights Team). https://www.bi.team/about-us/

해 천여 회의 워크숍과 교육과정을 실시했고, 2만여 명의 공무원 교육도 담당했다.

또 사회적 임팩트를 선도적인 연구와 서비스 활동으로 '임팩트기회펀드'(Impact Opportunity Fund)를 통해 펀딩 기회를 갖지 못하는 혁신적인 공익의 잠재력이 높은 프로그램 펀딩을 알선한다. 행태과학을 정책과 시행에 응용하는데, 전문가 그룹에는 전직 공무원, 정책전문가 연구자 등이 참여한다. 학계와의 공동 네트워크는 하버드 대학의 Behavioral Insights Group(BIG)을 비롯해, Oxford, Cambridge, UCLA, University of Pennsylvania 연구팀 등이 있다.

주요 활동으로는 정책 분야에서는 소비자와 금융, 범죄와 안전, 교육과 기술, 에너지와 환경 지속가능성, 평등과 다양성, 정부와 사회, 보건과 웰빙, 개발협력, 지방정부와 서비스, 사회자본과 자선, 세금, 노동과 경제 등이다. 주요 서비스 활동으로는 프로그램 디자인과 실험, 전략과 정책 자문, 혼합 방법의 임팩트와 과정 평가, 훈련과 역량구축, BITx(벤처), 데이터 과학과 분석 등이다.

아래에서는 BIT의 자문으로 두드러진 프로그램 효과성 개선의 성과를 올린 모범적인 사례 네 가지를 주목해볼 만하다(BIT 2018: 22-38).

(1) 아동돌봄 이용률 개선

영국 정부는 아동돌봄 대상의 일하는 가계 모두가 적정가의 아동돌봄을 수급하도록 지원한다. 면세 아동돌봄(Tax-Free Childcare: TFC)은 부모들이 TFC 계좌에 £8 입금하면 정부가 추가 £2 지원을 한다. 그럼에도 낮은 이용율을 높이기 위해 부모 면담을 실시한 결과, 부모에게 몇가지 홍보문을 발송하는 여러 방안에 대한 비교 실험을 하였다.

- (제1안) 편견에 대한 대응으로, 당장의 비용과 혜택에만 관심을 갖는 편향성보다는 장기적인 직장복귀의 혜택을 고려하도록 설득하는 안내문.
- (제2안) 아동이 누리게 되는 혜택에 대한 안내문.
- (제3안) 가족과 친구들에게 아동돌봄 서비스를 알리도록 하는 안내문,
- (제4안) 온라인 TFC 신청서 작성 체크리스트 안내문 등이다.

실험 결과는 마지막 안내문이 가장 효과적이었다. 기존의 정부 안내문에 의존한 비교집단보다 새로운 체크리스트 안내를 받은 집단이 13.2% 더 높은 신청률을 보였다. 다른 모든 집단도 이같은 효과적인 안내문을 받았다면 1,784명이 추가 등록을 했을 것으로 추산된다.

(2) 직업면담 참여율 개선

직업상담은 구직이 필요한 사람에게 지식과 확신감을 줄 수 있다. 교육개발 서비스는 영국 정부의 직업상담 서비스의 하나로 성인 직업상담 서비스를 제공한다. 그런데 면담 약속을 한 사람 중 30% 가량이 약속을 지키지 않아 자원낭비 문제를 낳고 있다. 직업상담 약속 결석을 줄이기 위한 방안으로, 약속 예정인 사람들에게 문자 메시지를 전달하는 여러 방안들을 실험했다.

세 가지 방안으로 메시지 전달이 없는 현상태에 비교되는 1) 면담 정

보 안내, 2) 면담 참석 예정, 3) 자기효능감(self-efficacy) 메시지로, 자기 스스로가 목표 달성을 할 수 있다는 안내 메시지 등이다.

실험 결과, "시간과 노력으로 기술을 개선할 수 있습니다. 당신이 내일 10시에 출발하도록 우리가 돕겠습니다."와 같은 문제 메시지가 가장 효과적인 것으로 나타났다. 세 가지 다른 문제 메시지를 세 그룹에게 나누어 전송한 결과 면담 결석율이 '자기효능감 그룹'에서 가장 많이 줄었다. 현상태(27.6%)보다 6.5% 낮은 결석율(20.8%)로 그 차이가 24% 감소한 것이다. 2개월간 결석한 사람이 254명이 감소한 것으로 연간 1,500명이 넘는다.

그림 2-2 구직면담 참석률 개선: 자기효능감 메시지의 성과

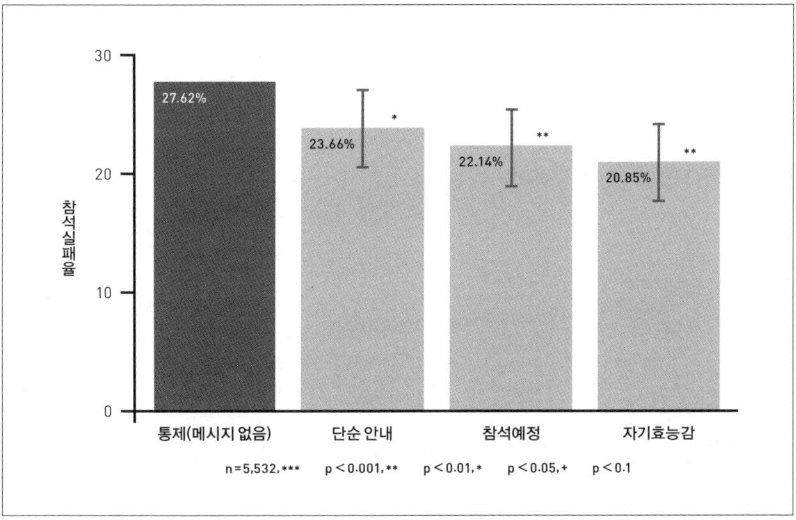

(3) 긴급 암치료 의뢰 개선

영국 국민 절반 가량이 생애 기간에 암을 가진다. 공중의(GP)가 2주 안에 전문의에게 의뢰해 진단을 받는 '긴급 암 의뢰' 과정은 초기 진단의 첫 단계에 해당된다. 그런데 긴급 의뢰율이 지역에 따라 두드러진 차이를 나타나, 일부 지역에서는 이 과정의 이용률이 두드러지게 낮게 나타난다.

이에 '사회적 규범 피드백'(social norm feedback)이 긴급 의뢰율에 미치는 영향에 대한 테스트를 시행한 결과는 두드러진 차이를 보였다. 전국 평균보다 낮은 의뢰율을 기록한 맨체스터의 공중의 244명을 대상으로 2017~18년 기간에 의뢰율 개선 실험을 시행했다. 안내문을 전달받은 공중의 집단에서 비교집단에 비교해 환자를 전문의에게 의뢰한 긴급 의뢰율이 9.6% 늘어난 결과를 보였다.

(4) 의료처방 개선

2018년 바킹 대거넘(Barking and Dagenham)에서는 어느 병원이 환자들에게 가장 신속한 공중의 진단을 받을 수 있는지, 시간 지정을 파악했다. BIT가 개발한 예약 시스템이 또 어느 병원이 예약이 어려운지도 보여준다.

새로운 e-의뢰 디자인으로 런던 남부 지역의 병원이 감당할 서비스 의뢰가 20% 감소하는 결과를 보였다. 이를 영국 전체에 적용하게 되면 과잉처방이 매월 4만여 개 감소하는 임팩트가 창출된다.

4) 호주와 캐나다 정부의 RCT

증거기반의 정책과 행태경제학 접근의 정책 시행은 영국과 미국뿐 아니라 호주와 캐나다에서도 점차 활성화되는 동향이다.

(1) 호주 정부의 행동경제팀 RCT

호주 정부는 정부정책에 행태경제학 시각과 접근을 적극 활용하기 위한 기관으로 BETA(Behavioural Economics Team of the Australian Government)를 개설하였다. BETA의 주된 활동은 증거기반의 정책으로 혁신과 결과기반의 임팩트를 창출하는데 있다.[4]

- 공공 정책과 행정에 행태적 시각을 적용하는 역량 구축.
- 행태적 시각 적용에 관한 정부기관에 자문 제공.
- 파트너 기관들과 협력해 행태적 시각의 개입 디자인과 공급.
- 강력한 실험을 시행해 증거기반의 정책제안 문화에 기여.

호주는 2019년까지 30여 개의 파트너 조직과 함께 16개의 RCT를 수행해서 연간 2,500만 달러의 정부 비용절감과 혜택을 제공한 성과를 보여주며, 여러 정책과 프로그램 적용을 확대하는 단계에 와 있다.

2019년 연간 보고서(Impact Report)에 소개된 혁신 사례 중 항생제 사용

---

4 BETA https://behaviouraleconomics.pmc.gov.au/

억제 RCT를 참고해볼 만하다(BETA 2019a: 4). RCT 사례가 되는 항생제 내성(antimicrobial resistance: AMR)의 증가는 세계적인 건강 문제로, 연간 70만 명이 사망한다. AMR이 현상태로 방치되면 2050년까지 1천만 명까지 희생될 것이라는 추산도 있다. 항생제 남용으로 인한 문제로, 해결방안은 의사의 항생제 처방을 줄이는 것이 가장 효과적인 것으로 알려져 있다. 호주의 BETA는 연방 보건부와 협력해, 항생제 처방이 많은 의사 6,649명에게 행태적 시각의 안내문을 발송해, RCT를 시행했다. 그 중 가장 효과적인 안내문의 성과를 파악한 실험을 거쳐 안내문을 발송한 결과, 항생제 처방을 12.3% 줄일 수 있게 되었다. 6개월 단기간에 12만 6천 건의 항생제 처방을 줄인 것이다.

(2) 캐나다 정부의 자선기부 촉진 RCT

캐나다 정부 또한 증거기반의 정책시행의 하나로 임팩트혁신팀(Impact and Innivation Unit)을 2017년에 개설해 다양한 RCT를 시행하고 있다. IIU의 개설 목적은 증거기반의 정책결정을 지원하기 위해 성과와 임팩트 측정을 활용하는 것 이외에도 RCT 등의 엄밀한 실험을 통한 효과적인 프로그램에 대한 실증적 증거를 제시하는 데 있다.[5] IIU의 대표적인 프로그램인 〈임팩트 캐나다 펠로우십〉 프로그램은 연방정부기관의 채용의 효율성을 크게 개선해, 기존의 채용에 걸리는 평균 기간(197일)을 90일로 획기적으로 단축시키는 혁신을 이뤄냈다.

---

5 https://www.canada.ca/en/innovation-hub.html

사례가 되는 자선기부 촉진 RCT는 임팩트혁신팀이 민간재단(Redeau Hall Foundation)의 자선기부 행사를 지원하는 안내문을 발송해 개인들의 기부참여 활성화를 실험한 것이다. 아직 기부에 참여하지 않은 개인들에게 이메일을 보냈는데, 전체 25만 명을 8개 실험군으로 분류했다.

(1. 대조군) 기존의 메일에 기부 요청 상자를 포함 (다른 7개 실험군에 비교되는 기준선을 제공하는 대조군)

(2. 실험군) "당신이 연구를 가능하게 해줍니다" 추가

(3. 실험군) "1:1 매칭. 당신의 기부에 매칭하겠습니다." 추가

(4. 실험군) 수신인 이름 적기 "당신의 기부금 100%가 연구에 쓰여집니다."

(5. 실험군) 수신인 이름 없음 "당신의 기부금 100%가 연구에 쓰여집니다."

(6. 실험군) 소셜 매칭. "당신과 같은 캐나다인이 연구를 가능하게 해줍니다."

(7. 실험군) 동기 매칭. "당신과 같은 캐나다인이 연구를 가능하게 해줍니다."

(8. 실험군) 목표 달성률에 대비한 기존의 기부금의 기여도를 %로 정보 제공.

각각의 메일 확인율, 클릭율, 기부금의 차이를 검증하였다. 확인율은 메일을 열어본 사람의 비율, 클릭율은 메일 확인을 마친 후 링크 중 하나를 클릭한 사람의 비율을 말한다.

RCT 실험 결과, 1:1 매칭이 가장 많은 기부자의 참여를 이끌었다. 8개

집단 전체의 기부금 전체의 1/3을 차지할 정도로 통계적으로 유의미한 결과를 보였지만 일인당 기부금액에서는 다른 집단에 비해 두 배 가량 많은 기부를 했음에도 유의미한 차이로 검증되지는 않았다. 특히 기부자 전체가 61명에 지나지 않은 소규모의 참여율이라는 한계를 보였다.

5) 한국의 '준실험적' 정책평가 사례

한국에서는 사회 프로그램에 RCT를 적용한 프로그램 시행이나 성과 평가 사례는 찾기 어렵다. 두루누리 RCT 사업 사례와 또 RCT에 근접하는 '준실험적' 방식 두 가지를 통해 정책 기획과 평가에서의 RCT의 중요성을 참고해볼 만하다. 또 최근 기본소득에 대한 관심이 높아지면서 서울시 청년기본소득의 임팩트를 측정하기 위한 RCT 실험방안이 제시되기도 했는데, 두 가지 RCT 설계를 참고할 만하다.

(1) 고용노동부의 두루누리 사업

두루누리 사업은 고용노동부가 2012년 저소득층의 사회보험 사각지대를 해소하기 위해 실시하였다. 1단계 시험사업 단계에서 RCT 검증을 거쳐 2단계로 진입한 사업이다. 10명 미만의 사업장에 월 125만 원 미만의 근로자와 고용주에게 고용보험과 국민연금 일부를 지원하는 제도이다. 전국 16개 광역 시도에서 2개의 기초 지자체를 실험군과 대조군으로 구분 설정해 RCT를 실시하였다.

RCT 결과는 긍정적으로 나타났다. 실험군에서 대조군에 비교해 고용보험 가입자 수가 7,907명 증가해, 고용보험이 2.4% 증가한 유의미한 결과를 보였다(오영민 외 2015: 57-58). 국민연금 가입자도 9,484명으로 3.1% 증가한 유의미한 결과를 보였다. RCT로 검증된 시범사업을 2단계 전국 사업으로 확대한 정책 실험이었다.

(2) 희망 리본의 탈수급 자활

희망리본 사업은 2000년대 초에 도입된 자활사업의 개선하기 위한 시범사업이다. 기초생활보장법에 의해 기초생활수급자에게 소득 보조를 하는 대신, 자활사업에 참여해 근로 의무를 수행하도록 한 것이다. 희망리본 사업은 탈수급을 목표로 다음과 같은 성과를 생산하였다. 취업률 45.4%, 탈수급율 11.7%로, 기존의 자활사업의 성과였던 13.7%, 7.7%에 비교하면 상당한 개선도를 보여준다(오영민 외 2015: 81). 시범사업 2차 연도에도 46.2%, 22.8%로 기존의 자활사업의 성과 15.8%, 7.2%에 비교해 놀라운 성과로 유의미한 차이 검증을 보여준다.

그런데 이에 대한 반론이 제기되었다. 1) 희망리본 참여자가 취업능력에서 더 우월했고 2) 희망리본의 목적이 취업률과 탈수급율이 명확히 제시되어 성과를 내도록 인센티브가 주어졌지만, 비교집단이 되는 자활사업의 경우 분명하지 않은 근본적인 차이가 있으며, 3) 희망리본의 사용 비용이 더 비싸다는 분명한 차이가 있다(앞글: 84). 이처럼 비교가 되기 어려운 근본적인 차이가 있는 사업의 성과지표의 차이를 사업의 성과로 설명하기는 어렵다. 사업비용 중 1인당 연비용이 자활사업은 267만 원인데 비해 희망리본은 358만 원으로 큰 차이가 있다. 그런데 탈수급에 따른 기초생활 급여가 절감되는 부분을 고려한다면 희망리본 사업이 경제적으로 비효율적인 사업은 아니다.

4년간의 시범사업 과정에 대한 평가보고서는 기존 자활사업 중 희망리본 사업과 성격이 가장 유사한 시장진입형 자활사업을 비교집단으로 하는 '준실험적' 방식으로 차이검증을 한 것이다. 따라서 두 집단 사이의 이질적 여부를 확인하기 위해 인구학적 특성, 소득, 학력뿐 아니라 취업률과 탈수급률 관련 요인들을 통제해 분석하였다. RCT를 하지 않은 한계가 분명하다. RCT 필요성은 인정되었지만 관련 담당자의 자리이동, RCT 예산확보 노력 부재 등으로 추진되지 못했다(앞글: 86).

3. 기본소득 임팩트: RCT 평가

앞서 살펴보았듯이 미국의 연방 및 지방정부들은 공공 정책의 효과성에 대해 RCT로 검증하도록 규제하고 있다. RCT가 결과 개선에 핵심이며, 강력한 임팩트 실험이 증거기반에 핵심이라는 정책 기조를 유지하는 것이다. 미국의 결과지불 사회임팩트 파트너십법(SIPPRA)에 규제된 RCT는 정책 임팩트 검증의 가장 강력한 도구로 제도화되어 있다. 그간 미국은 1970년대와 80년대의 소득지원 프로그램 RCT, 1980년대와 1990년대 초의 노동복지 RCT를 거쳐 연방 차원의 법을 시행하고 있다. 특히 복지 프로그램들이 강력한 임팩트를 가진 이유는, 복지 프로그램이 시행되는 현장에서 시행된 RCT들이 실행가능성을 보였고, 공공 정책에 지속적인 영향을 미쳤기 때문이다.

아래에서는 최근 지방정부가 추진한 여러 형태의 기본소득 프로그램 사례로 미국과 한국의 지방정부의 기본소득 실험 등을 살펴볼 만하다.

1) 캘리포니아 스톡턴의 기본소득 실험 RCT

2021년 10월 말 미국 시카고 시의회는 저소득층 5,000가구에게 매월 500달러(약 60만 원)를 지급하는 기본소득보장(Guaranteed basic income) 시범 프로그램을 의결했다. 연방정부의 코로나19 구호기금으로 충당하는 3,150만 달러로 예산을 수립한 것이다. 대상자는 연 3만 5,000달러(4,100만 원) 소득에 미달하는 5,000가구를 무작위로 뽑아 조건 없이 2년 간 지급하는 방식이다.

이런 기본소득 실험은 현재 27개 시정부가 주도하고 있는데, 모두가 캘리포니아 스톡턴시의 기본소득 실험 결과를 따르고 있다. 2019년 마이클 텁스 시장이 주도해 무작위로 선발된 연소득 4만 6,000달러 이하 시민 125명에게 2년간 월급여 500달러를 지급하는 실험이었다. 실험 결과는 전국적인 주목을 끌기에 충분했다. 스톡턴 실험을 주도한 텁스 시장의 주도로 '보장소득을 위한 시장 모임(Mayors For A Guaranteed Income: MGI)'이 결성되어, 60명의 시장이 가입해 있으며 27개 시정부가 보장소득 실험을 진행하고 있다.[6] 또 프로그램 성과평가와 연구를 위해 펜실베니아대학과 연구소를 개설해 전국적인 기본소득 시행과 평가를 진행중이다.

MGI 2021 보고서에 따르면 스탁턴의 소득보장 시행 1년의 성과는 놀

6 https://www.mayorsforagi.org/

랄만한 결과를 보여준다(MGI 2021).

- 예상치 못한 일에 현금지출을 한 경우가 시행 이전에는 25%로 저조했지만 시행 이후에는 52%로 지불 능력이 늘었고,
- 풀타임 고용에서는 시행 이전 28% 수준이 시행 이후 40%로 개선되었으며,
- 정서적 건강, 자기결정 역량, 선택, 목표설정, 리스크 수용 등에서도 시행 이전에 비해 이후에 의미있는 개선이 있는 것으로 나타났다.

스톡턴의 실험이 정책 초점을 맞춘 기본소득 이슈 세가지에 대한 결과를 정리하면 다음과 같다.

- 기본소득 GI가 소득불안정(income volatility)에 어떤 임팩트가 있는가?
- 어느정도의 소득불안정 해소가 금전적 웰빙, 심리적 불안, 육체적 기능에 변화를 주는가?
- 기본소득 GI는 자신의 미래에 어떤 변화를 일으키는가?

기본 가설은 기본소득 지원으로 소득 불안을 해소해 소득 여유가 생겨 심리적 불안을 줄이고 신체적 건강도 개선한다는 것이다. 증거기반의 검증방법으로는 RCT 를 기본으로 하고 참여적행동연구(Participatory Action Research: PAR)로 프로그램 참여자 각자가 월간 소득 500달러를 어떻게 사용했는지를 심층분석한다.

임팩트 측정방법으로는 질적, 양적 방법을 병용한다. 양적 방법으로

참여자의 월간 정기적인 자가보고, 6개월 간격의 심리적 불안 테스트(SF-36와 Kessler 10), 그리고 6개월 간격으로 일자리와 400달러의 긴급한 일에 대한 지불 능력도 자가보고로 측정한다.

또 질적 측정방법으로 질적 데이터 수집과 분석으로, 기초선 서베이로는 개방형 설문, 반구조화된 인터뷰가 시행 직후와 1년 전반에 관한 인터뷰가 진행된다. 모든 질적 방법론은 궁핍과 긴장에 초점을 맞춘 사회적 스트레스 모델에 이론적 바탕을 둔다.

① 소득불안과 금전적 웰빙

치료집단은 통제집단에 비해 월간 소득 불안이 적은 것으로 나타났다. 통제집단이 1,5배 높은 소득불안을 보여, 통계적 유의미 수준을 보였다. 또 치료집단은 통제집단에 비해 400달러 상당의 비상지출을 할 수 있는 금전적 여유도 높았다. 이런 비상지출 능력이 시행 이전 25%에서 이후 52%로 두 배 이상 늘었다. 통제집단에 의 비상금지출 여유(25%)에 비해서도 두 배 높은, 유의미한 결과를 보였다.

② 심리적 불안과 신체적 기능성

가장 일반적으로 활용되는 Kessler 10 심리적 불안 테스트는 10~50점으로 분포되는데, 20점 미만은 양호, 20~24점은 보통 수준이다. T-test 결과, 프로그램 시행 1년 이후에 치료집단이 통제집단에 비해 유의미하게 낮은 근심과 불안 증세로 나타났다. 평균값이 치료집단 18.43, 통제집단 21.15로 의미있는 차이를 보였다.

한편 Short Form Health Survey 36의 8개 지표로 측정한 전반적인 건강과 웰빙에서, 시행 1년 이후 치료집단은 통제집단에 비해 두드러진 정서적 건강 개선을 이루었다.

③ 일자리, 리스크 수용, 자유

일자리 성과로는 치료집단이 시행 이전 28%에서 시행 이후 40%로 풀타임 일자리를 구했다. 이 기간에 통제집단은 이전 32% → 이후 37%로 5% 개선된 결과에 그쳤다.

2) 한국 기본소득 RCT 설계 사례

(1) 서울연구원의 청년기본소득 정책실험

서울연구원은 청년기본소득 정책실험의 효과성을 높이는 방안으로 다음과 같은 RCT 설계를 제시한다(김승연 외 2019).

- 모집: 서울시 청년을 대표할 수 있는 표본추출은 주민등록부 등 행정데이터를 이용한다. 표본추출 후, 대상 가구를 직접 방문해 실험의 취지를 설명하고 동의 및 서명을 받는다.
- 적격 심사: 참가 동의자 중 연령, 거주지, 소득 등 적격심사를 한다.
- 무작위 배정: 적격자를 무작위 배정해 통제집단과 2개의 실험집단으로 배정해 실험을 진행한다. 참가자들은 정책실험의 목적과 설계, 진행절차에 관한 정보를 제공받은 후 통제집단 또는 실험집단으로 무작위 배정된다. 자신의 선택과 관계없이 무작위 배정되므로 통제집단이나 실험집단은 동질적 집단으로 구성된다.

- 주기조사와 수시조사: 무작위 배정 후, 증거기반을 구축하기 위한 주기조사와 수시조사가 진행된다.
- 결과 분석: 주기조사와 수시조사의 결과를 분석해 기본소득 정책 실험의 결과와 임팩트를 분석한다.

(2) LAB2050의 청년기본소득 정책실험

또 다른 청년기본소득 정책실험을 LAB2050의 최영준 등(2020)의 연구를 통해 살펴볼 만하다.

① RCT 설계: 통제집단과 실험집단

정책실험의 통제집단은 현행 제도하의 집단이며, 이와 비교되는 실험집단은 2개로 실험된다. '실험집단1'은 청년기본소득 정책실험의 핵심에 해당하는 집단으로, 취업 여부나 소득 수준과 무관하게 50만 원을 매월 지급받는다. '실험집단2'는 현재 복지제도에 유사한 보충급여 형태로 50만 원 수당을 지급하되, 근로소득만큼 수당액을 차감하는 집단이다. 근로소득이 없는 청년은 50만 원을 받고, 근로소득이 50만 원을 초과하는 청년은 수당을 받지 않는다.

이상과 같이 '실험집단1'과 통제집단, '실험집단2'와 통제집단, '실험집단1'과 '실험집단2' 등, 세 가지 집단 간 비교를 가능하게 한다. 기존 복지체계가 잘 작동하지 않는 통제집단과 두 개 실험적 제도의 수혜를 받는 집단을 비교하기 위한 설계이다. 또 기본소득형(실험집단1)과 보충급여형(실험집단2)의 비교를 통해 기존 복지체계를 확대하는 것과 기본소득과 같은 새로운 분배제도로 전환하는 정책 사이의 효과 차이도 비교할 수 있다.

② 집단 별 규모 및 구성: 취업자를 포함한 무조건성

각 실험집단은 취업자 400명과 미취업자 400명, 합계 800명이다. 서울시에 거주 중인 청년 취업자와 미취업자를 모집단으로 해서, 800명 규모는 정책실험에 따른 집단 간 효과 차이가 통계적으로 유의미한 결과를 보여줄 수 있다.

청년기본소득 정책실험안은 미취업자뿐만 아니라 취업자 집단까지 실험집단에 포함할 것을 제안한다. 불안정한 노동에 종사 중인 청년층의 노동 형태에 기본소득은 어떤 영향을 주는지를 검증하기 위함이다. 또한 무작위 선별 과정에 활동계획서 등의 의무 사항을 두지 않음으로써 선택적 편의가 발생할 가능성을 없앤다.

③ 수당 지급액 50만 원: 충분성

청년기본소득 정책실험의 수당은 매달 50만 원이다. 이는 1인 가구 기준 최저생계급여 수준으로, 기본소득의 '충분성' 논의에서 통용되는 최저생계비 또는 중위소득의 50% 수준에 따른 것이다.

④ 정책실험 목표와 가설

이상의 청년기본소득 정책실험을 통해 정책을 검증하는 주요 가설을 설정할 수 있다. 청년들에게 기본소득을 통한 안정성이 주어지면 삶에 있어 더 자유로운 선택이 가능해지는지, 고용과 노동 측면에서 어떤 변화가 생기는지, 나아가 기본소득이 경제적, 사회적 재생산 문제 해결에 기여할 수 있는지 등이 정책실험의 취지이자 목적이다. 주요 가설로는 '기본소득은 청년들에게 삶의 안정성과 함께 삶에 있어서 더 자유로운 선택을 가능하게 하며, 이를 통해 청년들이 자신이 원하고 잘할 수 있는 일을 찾게 되고, 건강하고 안정되며 행복한 삶을 살 수 있도록 한다.'고 제시한다.

4. 사회적 임팩트 평가 사례

앞서 소개한 연방정부 교육부의 i3 프로그램과 뉴욕시의 CEO 프로그램 평가 사례를 차례로 살펴볼 만하다. 보스톤 컨설팅그룹(BCG) 재단 지원의 '공공 임팩트 센터'(Center for Public Impact)의 D/B에 소개된 사례들과 한국의 백신접종 정책 임팩트 사례, 그리고 미국 지방정부의 '소득보장'(guaranteed income program) 평가사례를 차례로 정리하고, 이 평가틀에서 한국의 백신접종 임팩트 사례를 평가해본다.

1) i3의 사회 임팩트 평가

미국 교육부의 대표적인 프로그램인 혁신투자기금(Investing in Innovation: i3) 사례의 프로그램 개요부터 정당성, 정책, 시행을 살펴보면 아래와 같다.[7]

7 https://www.centreforpublicimpact.org/case-study/investing-in-innovation-i3-fund/
CPI North America Education Economics and Finance (2016).

(1) 프로그램 개요

① 이니셔티브

i3(investing in innovation) 프로그램은 사회적 임팩트를 생산하는 혁신적 사업들을 확장시키기 위한 경쟁적 공모 지원을 하는데 목적이 있다. 교육혁신을 추구하는 임팩트는 다음 중 하나에 해당된다.

- 학생의 학업 성취 개선이나 개인적 성장,
- 학업 성취의 갭 줄이기,
- 고교 졸업율의 증가,
- 대학 입학율과 졸업율 증가.

i3 기금은 2009년 '미국복원과 재투자법'에 근거해 개설되었다. 지역교육현장에서 학생 학업 달성에서 좋은 기록을 가진 교육기관과 비영리기관들이 지역교육구와 협력하도록 지원금을 제공한다. 증여 유형은 스케일업, 유효성, 개발 세 가지로 구분된다.

② 공공 임팩트

i3는 민간 부문이 교육에 기금 혁신을 주도하도록 하는 목적이 있다. 공적 지원금 8억 달러에 대한 매칭으로 민간 250개 기금제공자의 1억 5천만 달러가 유치되었다. 6억 5천만 달러의 공적 기금은 오바마 정부의 증거기반 이니셔티브의 상위 두 번째를 차지한 대형 기금이다. i3 기금은 전국적으로 2,300개의 지원을 받아 26개주의 79개 지역 교육구에 지원금을 제공했다.

(2) 정당성

① 공공 신뢰: 양호

2015년부터 교육기관들은 i3 이니셔티브를 적극 홍보하는 활동을 전개했다. 그만큼 i3의 목적과 목표를 지지하는 것으로 볼 수 있다. 그럼에도 일반 시민들의 지지도는 데이터가 없어 파악하기 어렵다. 대신 공교육 시스템에 대한 시민의 '상당한' 수준의 신뢰도가 31%라는 사실을 감안하면 i3에 대한 지지 또한 높지 않지만, 혁신 프로그램에 대한 지지는 다소 높을 것으로 짐작해볼 수 있다.

② 이해관계자 관여: 양호

이해관계자들의 지지와 투자가 상당하다. 민간재단들이 교육부의 6억 5천만 달러 기금에 매칭된 5억 달러를 투자했다. 참여 재단들은 케이시(Annie E. Casey) 재단, 게이츠(Bill & Melinda Gates) 재단 등 여러 개가 있다.

③ 정치적 실행: 양호

프로그램 초기에 연방정부가 충분한 재정 공급으로 안정적인 출발을 했지만, 의회에서의 여야의 논쟁의 정치적 지지가 불안했다.

(3) 정책

① 확고한 목표: 우수

제안서에 대한 증여 지원은 프로그램 목표와 엄밀하게 일치한다. 프로그램의 지원금은 지역 교육기관 또는 지역 교육기관과 파트너십이 되거나 학교들의 컨소시움을 이루는 비영리기관에 지원된다. 프로그램의 목적은 "학생의 학업 성취와 취득 개선의 역량을 가진 신청기관에 공모로 지원"하는 데 있다. 또 이같은 목적을 일부 수정해 새로운 우선순위를 시행하였다. 2010년에 '농촌지역' 우선 지원 정책이 추진되었다.

② 실행가능성: 양호

기금을 디자인해 개시하는 단계에서 가장 큰 관심은 시행기관들의 참여 문제였다. 정책결정층 등 관계자들은 시행기관들이 증거기준을 충족하는 공모사업에 참여할 것인지가 불투명했다. i3 프로그램 공모에 참여한 기관 가운데 선정된 시행기관들이 2010년 2.9%, 2011년 3.8%에 지나지 않았다.

(4) 시행

① 관리: 우수

i3 프로그램 디자인과 관리는 우수한 것으로 평가된다. i3 기금은 세 차원의 증거기반을 보였다. 가장 높은 차원의 '스케일업' 기금에서는 RCT 평가에 의한 증거기반의 프로그램들이 지원을 받는다. 다음의 '검증' 차원의 선정된 프로그램들은 중간 수준의 결과 달성의 증거를 가진 것이며, '개발' 차원의 프로그램들은 증거가 취약하지만 합리적인 가정을 가진 것이다.

② 측정: 강력

i3의 효과성은 결과 달성으로 측정된다. 정부는 모든 시행기관들이 지

원금을 이용해 적정 수준의 증거를 창출하도록 관리한다. 또한 프로그램의 효과성을 검증하기 위한 독립적 기관의 평가가 수행된다.

모든 i3 시행기관은 프로그램 예산의 일부를 할당해 독립적인 평가를 수행해야 한다. 평가를 통해 프로그램이 시행이 잘 되는 부분, 어느 학생을 대상으로, 어떤 배경에서 잘 되는 지를 파악하는데 필요한 정보를 개선한다.

③ 연계: 양호

오바마 정부의 관심은 민간 재단들이 협력해 학업 성취 개선과 교육 수준의 향상에 관심의 초점을 맞추었다. 공공기관과 민간재단들이 협력해 교사와 학교 리더들의 충원과 훈련에서 전망있는 프로그램들을 선정해, 명확한, 일관된, 대학 및 직업 준비 기준과 양질의 사정방안 그리고 새로운 학교 디자인의 스케일업 또한 우선적 관심사였다.

2) 뉴욕시 경제기회실(NYCO)

미국 지방정부의 대표적인 혁신 프로그램인 뉴욕시 경제기회실(NYC Opportunity: NYCO) 사례의 프로그램 개요부터 정당성, 정책, 시행을 살펴보면 아래와 같다.[8]

뉴욕시장 블럼버그는 2001~13년 기간 재직하며 거버넌스에서 데이터

---

8 https://www.centreforpublicimpact.org/case-study/nyc-mayors-office-economic-opportunity/

의 중요성을 정책으로 실행해 혁신을 이뤄냈다. 뉴욕시의 높은 빈곤 문제 해결을 위해 증거기반이 되는 데이터의 파워를 이용해 경제기회센터(Center for Economic Opportunity: CEO)를 개설하였다. 블럼버그의 후임 드블라지오 시장 또한 CEO를 지속 유지하며 이를 시장 직속의 '경제기회실'(NYCO)로 확장 운영하였다.

(1) 프로그램 개요

① 도전과제

2006년 뉴욕시의 두드러진 경제성장에도 불구하고 뉴욕시민 5명 중 한 명 그리고 아동 1/3이 빈곤에 처해 있었다. 150만 명의 빈곤인구는 보스턴시 전체 인구의 세 배에 달한다. 블롱스의 모리나와 동부 트레몽 지역의 경우 아동 60%가 연방 기준의 빈곤상태에서 생활해, 여성 가장의 가계 빈곤율은 양성 커플 가계 빈곤율(11%)에 네 배 가량 높았다.

② 이니셔티브

블럼버그 시장은 빈곤타개를 위한 특별위원회(경제기회위원회)를 설립해 가장 효과적인 빈곤해소 접근법을 추진하도록 하였다. 혁신팀과 기금을 마련해, i) 빈곤타개 이니셔티브를 창출해 시행하고, ii) 지역간 격차를 해소하는 새로운 빈곤해소 방안을 개발해, iii) 시행상의 장단점을 지속적으로 모니터링해 평가하고, iv) 시행 문제가 있는 방안은 과감히 폐기하였다. NYCO 팀은 관련 부서와 공공기관들과 긴밀히 협의해 시행상의 문제를 지속적으로 수정하고 보완하며 빈곤해소의 결과 생산에 초점을 맞췄다.

③ 공공 임팩트

NYCO는 12년간의 빈곤타개의 결과와 임팩트를 생산한 것으로 평가받고 있다. 뉴욕시의 40여 개의 관련 기관들과 공조해 70개의 빈곤타개 프로그램을 시행하였다.

- 커뮤니티 기반의 경력훈련으로 연방 기금을 유치해 지역의 기업들의 인력수요에 맞춤형 인력공급을 성공적으로 수행하였다.
- 뉴욕시대학(CUNY)의 직업훈련 프로그램(ASAP programme)은 졸업이슈율을 두 배로 늘려 미국 최고의 커뮤니티 대학 프로그램이 되었다.
- 연방정부의 사회혁신기금(Social Innovation Fund: SIF)을 수주해서, 뉴욕시의 성공적인 모델을 다른 미국 도시에 적용하는 사업을 추진했고, 또 정신건강과 사회서비스의 통합 정책의 임팩트를 실험해 보였다.

NYCO의 프로그램으로 빈곤해소뿐 아니라 차상위계층의 빈곤해소, 그리고 뉴욕시의 취약계층의 빈곤해소에서도 두드러진 결과를 생산할 수 있었다. NYCO 사례는 미국 전역의 정책사례에서 자주 인용되며, 증거기반과 결과지향의 정책결정의 중요성을 보여준다.

(2) 정당성

① 공공 신뢰: 양호

마이클 블럼버그는 2001년에 시장으로 선출되어 두 번의 연임 시장이 되었다. 이런 확고한 신뢰가 그가 추진한 최초의 경제기회센터(CEO)의 사업에 상당한 초기 신뢰성 확보에 도움이 되었다. 블럼버그의 후임 드블라지오의 정책목표의 추진 또한 정책 신뢰로 이어졌다. 드블라지오의 증거기반의 정책목표는 10년 내에 80만 명을 빈곤에서 구제하겠다는 것으로, 이는 10년 이후 실제 실현되었다.

② 이해관계자 관여: 양호

뉴욕시 행정, 학계, 연구전문가, 정치인, 서비스시행기관, 지역사회 구성원들 모두가 이니셔티브 단계의 주요 이해관계자로 동참해 프로그램 결정과 시행에 적극적인 참여자가 되었다. CEO의 32명의 민간 지도자들은 교육, 고용, 보건과 주거 등으로 전문가 분류로 참여해 지속적인 회의를 통해 서비스 개선 방안 개발과 시행에 많은 노력을 했다.

③ 정치적 실행: 강력

프로그램은 블럼버그 시장이 주도해 그의 연임으로 확고한 정치적 실행력으로 뒷받침되었다. 또한 후임자인 드블라지오 시장의 프로그램 확대 유지로 정치적 실행은 확고했다.

(3) 정책

① 확고한 목표: 우수

NYCO의 목표는 뉴욕시의 빈곤 타개라는 단일 이슈를 해결하는데 장기 지속적인 초점을 맞추었다. NYCO는 혁신의 실험실로, 형평(Equity) 원칙에서 뉴욕시의 형평성 제고를 추진하고, 증거(Evidence) 원칙에서 증거기반의 정책결정을 개선하며, 혁신(Innovation) 원칙으로 정부가 빈곤문제 해결을 추진하는 혁신적 접근법을 제시해 결과를 생산하였다.

② 증거: 강력

NYCO는 경제기회위원회가 제시한 프로그램과 전략들을 시행하기 위한 조직으로 설립되었다. 위원회는 빈곤타개 전략 60여 개를 검토해 제시하였다. '증거기반'의 접근법은 빈곤타개 개별 프로그램에 모두 적용된 기초이다. 일부 프로그램(Justice Scholars program)은 범죄 관련 청년들의 지원을 위한 것이지만, 평가 결과 청년들의 혜택을 결과로 생산하는데 실패해서 폐지되었다.

③ 실행가능성: 양호

프로그램 기획 단계에서 재정적, 인력 등의 주요 요소들이 주된 고려사항이 아니었다. 빈곤타개라는 목표 추구에 인적, 물적 자원 문제가 결과 달성에 장애가 될 수 있기 때문에 일차적인 고려사항은 아니었다.

초기의 CEO는 뉴욕시 기금을 종자돈으로 민간 자선기관과 연방정부의 투자를 레버리지해서 연간 9천만 달러의 프로그램 운영자금을 마련하였다. 증거기반, 결과기반의 프로그램 기획과 결정으로 외부 지원과 공조를 이끌어 낼 수 있었다.

(4) 시행

① 관리: 강력

NYCO의 관리 역량은 정치적 실행과 프로그램 시행 관리 역량이 복합되어 강력했다. 또한 정부기관들과 민간기관들의 복합적인 공조관계가 절대 필요한 사업이었다. 공직 20년 경력의 뉴욕시 부시장은 프로그램 관리의 책임을 맡아 시장의 정치적 리더십에 기초한 관리 역량을 발휘하였다,

② 측정: 강력

NYCO 내부의 평가팀은 서비스와 빈곤해소 결과 개선을 위한 증거 데이터의 수집과 분석, 정보 모니터링에 확고한 추진력을 보였다. 또 NYCO는 외부 전문기관의 객관적 평가에 의존해 모든 프로그램 성과평가를 의뢰하였다. 핵심적인 성과지표는 "빈곤에 진입, 이탈 또는 상태유지"에 있는 시민들에 관한 데이터들이다.

③ 연계: 양호

NYCO의 목표 중 하나는 공공기관들이 공동으로 추진하는 '빈곤해소' 달성에 장애가 되는 기관들 사이의 장벽을 제거하는 일이다. 기관들이 설정해둔 포트폴리오를 넘어서 기관들이 공조해 혁신을 추진하는데 NYCO의 역할과 뉴욕시장과 부시장의 역할이 집중되어, 정책기획과 결정뿐 아니라 시행과 평가에서도 관련 기관들의 공조는 필수적이었다. 또한 공공기관 내부 차원을 넘어서 외부의 민간기관인 기업, 재단, 시민사회가

공조적 파트너십을 형성해 각자의 역할을 적극 수행함으로써 공통의 빈곤 해소 목표를 달성할 수 있었다.

3) 한국의 코로나 백신접종 정책 임팩트

이상과 같은 공공 정책의 사회적 임팩트 분석틀을 활용해, 한국의 대표적인 정책 임팩트 사례로 코로나 백신접종 정책을 살펴볼 만하다.

(1) 백신접종정책 개요

① 도전과제

한국에서 백신, 특히 AZ의 안정성 문제가 심각하게 제기되면서 백신 접종은 시작부터 험난한 장애물을 넘어서야 했다. 그런데 불과 한 달 새에 백신여론의 반전이 일어나며 정부의 계획대로 백신접종 목표치를 안정적으로 달성할 수 있었다.

국민 중 백신을 안 맞겠다는 비율이 2021년 5월초 20%가 넘었는데, 한 달새에 7% 아래로 뚝 떨어졌다.[9] 백신을 맞겠다는 응답은 5월초 59.2%에서 6월초 75.5%로 크게 올랐다. 같은 기간에 60세 이상 고령층의 접종 예약도 60%대에서 80%대로 올라섰다. 이같은 백신에 대한 인식 개선은 실제 주변에서 접하는 긍정적인 접종 후기 등이 영향을 준 것으로 조사되

9 2021. 5월과 6월 KBS와 서울대보건대학원의 네번째 공동 여론조사 결과, https://news.v.daum.net/v/20210612061521194?f=o

었다. 백신이 안전하다는 인식은 정부가 체계적으로 제시한 접종으로 인한 사망률 저하, 긍정적인 접종 후기 보도 등이 주효한 것으로 알려졌다. 네이버와 카카오와 파트너십으로 잔여백신 신청 쇄도 분위기는 백신 불안을 백신 안전 분위기로 바꿔놓았다.

② 이니셔티브

2021년 초 각국에서 백신접종이 본격화되면서 백신의 안정성 문제가 심각한 이슈가 되었다. 2021년 4월까지만 해도 AZ 백신접종 중단을 선언하는 유럽 국가들이 속출했고 한국도 그러했다. AZ 백신접종이 혈전을 부른다고 볼 만한 인과적 징후가 없고 백신 이익이 부작용 위험성보다 크다는 기존 입장이 WHO와 의학 전문가들이 연이어 확인해주며 다시 백신접종이 속개되었다.

한국 정부 또한 주요국에서 안전성이 검증된 AZ를 비롯해 화이자, 모더나 등의 백신을 본격적으로 추진하는 연초에 로드맵을 발표하며, 2021년 11월까지 집단면역 목표를 달성한다는 강력한 정책의지를 발표하였다.

③ 공공 임팩트

정부는 코로나 대응에서 2020년 초 공적 마스크 공급부터 강력한 정책 임팩트를 생산하였다. 국제기관들과 주요국이 한국을 방역 모범국가로 꼽는데 인색하지 않았다. 그런데 백신접종에서는 백신 확보에 뒤처지면서 정책실패라는 국민적 질타를 받아, 백신접종 정책은 시작부터 국민 신뢰 확보에 어려움을 겼었다. 특히 화이자나 모더나에 비해 안전성 문제가 제기된 AZ 백신 논란에서 정책이 잠시 지체되기도 했다. 그럼에도 2021년 5월

말부터 노인층 등 취약층을 대상으로 백신접종을 강력히 추진한 결과, 전 국민의 백신 안전의식의 정착이라는 공공 임팩트를 생산할 수 있었다. 공공 임팩트가 생산되기까지 백신 안전성 증거 제시, 접종으로 얻어지는 다양한 혜택 홍보 등이 백신 인식개선에 결정적으로 중요한 역할을 했다.

(2) 정당성

① 공공 신뢰: 양호

백신접종 정책은 접종으로 인한 부작용의 최소화와 면역 혜택의 최대화가 보장되어야 하는 난제에 직면했다. 초기에는 여러 국가들에서 혈전 위험성이 심각하게 제기되며 불신의 분위기가 강했지만, 이를 극복하는 데이터와 증거, 증언 등이 체계적으로 누적되며 이를 정책 홍보에 적극 활용한 전략이 주효했다.

증거와 데이터가 제시하는 신뢰 회복이 집단 면역의 달성이라는 최종 목표치 지향에 결정적으로 중요했다는 것이 이번 사례가 잘 보여주었다.

② 이해관계자 관여: 양호

백신접종의 주요 이해관계자는 정부기관과 접종을 시행하는 의료기관, 민간 병원뿐 아니라 접종자인 국민 전체가 해당된다. 특히 국민의 자발적인 접종 참여가 결정적으로 중요한데, 2021년 5월 중순까지만 해도 백신 안전성 불신이 상당했지만 불과 몇 주 새에 신뢰로 바뀌면서 이해관계자의 관여는 양호 수준으로 전환되었다.

또한 공적 마스크 사례에서처럼 잔여 백신의 예약 러시와 같은 '넛지'(nudge)가 일으키는 불신 제거와 신뢰 확보가 이해관계자 관여에 상당한 역할을 한 것으로 평가된다. 네이버와 카카오 민간기업과의 파트너십으로 백신접종을 주저하는 관망자들을 접종자로 바뀌게 하는데 주요 전략이 되었다.

③ 정치적 실행: 강력

백신접종은 초기부터 국무총리를 위원장으로 정부기관장 거의 전부가 참여하는 범정부대책본부(중앙방역대책본부)의 정치적 실행이 매우 강력한 사례이다. 대통령 또한 수시로 백신접종, 코로나 위기대응의 정책을 독려, 지시하며 강력한 리더십을 발휘했다. 또 전국의 시도, 시군구의 지자체장 또한 자치지역의 코로나 대응의 책임을 강력하게 수행하는 시행자 역할을 맡았다.

(3) 정책

① 확고한 목표: 우수

백신접종은 분기별 목표를 설정해 계획대로 추진되었다. 2021년 1월부터 1분기에 감염에 가장 취약한 요양병원, 요양시설입원, 입소자, 종사자 등과 코로나19 환자를 치료하는 기관에 근무하는 종사자 등 130만 명을 우선적으로 접종하였다. 2분기에는 노인재가복지시설 이용 종사자, 고령자, 의료기관 및 약국종사자, 장애인 노숙인 및 관련시설 종사자 및 입소자 등 900만 명이 접종 완료되었다. 그리고 3분기에는 성인 만성질환자, 성인 50~64세, 군인, 경찰, 소방 및 사회 기반시설 종사자, 소아, 청소년 교육 관련 보육시설 종사자 및 18~49세 성인이 대상이며, 4분기에는 2차 접종자와 미접종자 또는 재접종자 등 3~4분기 3,325만 명이 예정되었다.

② 증거: 강력

백신접종 정책 추진은 접종자의 면역으로 발생하는 다양한 개인, 사회적 혜택들이 증거로 제시되었다. 개인 차원에서 확진이나 사망 위험의 확률이 크게 줄며, 사회 차원에서는 확진 감소, 사망 감소로 집단 면역으로 가는 국가 목표를 달성하는 다양한 강력한 증거들이 수시로 제시되었다.

③ 실행가능성: 양호

백신접종은 분기별 목표를 설정해 계획대로 추진되었다. 2021년 1월에 발표된 추진계획은 여러 요인들로 계획 달성을 위한 실행가능성에 상당한 의문이 제기되었던 것도 사실이다. 백신 물량 확보도 백신 예약분은 충분했지만 공급측 사정으로 적기에 공급되기 어려운 불확실성이 있었다. 또 백신 안전성 문제가 심각하게 제기되며 백신 예약율 저조, 접종계획 중단 등 차질이 발생하기도 했다. 초기 5월까지는 실행가능성이 '보통' 수준에서 6월 접종의 본격화로 '양호' 수준으로 급진전되었다. 그 결과, 6월말까지 정부의 접종계획을 초과 달성해서 인구의 30% 이상을 넘어섰고 11월말에는 접종완료자 80%를 넘었다.

(4) 시행

① 관리: 강력

백신접종은 예방접종대응추진단이 시행의 책임을 지며, 중앙에는 중앙방역대책본부가 정책결정의 책임을 공유한다. 백신추진계획 수립부터 시행과 평가에 이르는 전 과정이 강력한 관리체계로 진행되고 있다.

② 측정: 강력

백신접종의 효과는 여러 증거로 측정되었다. 접종자는 비접종자에 비해 확진뿐 아니라 사망이 크게 줄어든 증거들이 제시되었다. 2021년 5월 중순 기준으로 60세 이상에서 1회 접종을 마치고 2주가 지난 뒤 감염 예방효과는 89.5%로 나타났으며, 예방 접종 이후 코로나19 확진 판정을 받더라도, 사망으로 이어진 사례는 한 건도 없었다.

③ 연계: 양호

정부의 예방접종대응추진단과 전국의 지자체와 민간 의료기관 사이의 백신접종 파트너십은 계획부터 확고하게 수립되어 거의 차질 없이 시행되었다. 또 민간기업인 네이버와 카카오 사이의 파트너십으로 백신 불신을 해소한 정책 효과를 주목해볼 만하다. 추진단은 네이버, 카카오의 지도 플랫폼을 활용하여 잔여백신을 조회하고, 당일 예방접종 예약할 수 있는 기능을 개발해 시행하였다. 백신의 폐기량을 최소화하기 위한 하나의 대책으로, 잔여백신 발생 정보를 일반 국민에게 공개하고, 인근 위탁의료기관에서 당일 신속하게 예약하는 기능을 개발한 것이다, 2020년 공적마스크 데이터 개방 형태와 유사하게, 네이버 및 카카오에서 제공하는 지도 플랫폼을 통해 접종기관별 잔여백신 정보를 확인하는 잔여백신 예약이 쇄도하며 백신 안전성을 자연스럽게 홍보하는 '넛지' 역할을 한 것이다. 보이지 않는 부드러운 개입으로 사람들이 더 좋은 선택을 하도록 유도하는 '행태경제학'(behavioral economics) 전략이다.

제3장

결과지불의 사회적 임팩트

1. 결과지불의 공공 정책

증거기반 정책결정의 재정 측면에서 '결과지불' 정책에 관심의 초점을 맞춰본다. '결과지불' 정책은 미국과 영국, 캐나다와 호주에서 활성화되어 있다. 이제는 유럽 여러 국가에서도 그리고 개발협력에서도 결과지불제가 점차 늘고 있다. 공공 정책과 프로그램이 결과를 생산하는 정책과 프로그램으로 변모하는 강력한 동향이다.

1) 결과지불의 정당성

'결과지불'은 전통적인 보조금 지원방식과는 어떻게 다른가? 또 그 의미는 무엇이며, 왜 필요한지, 그 정당성을 우선 정리해볼 수 있다.

(1) '결과지불'이란?

'결과지불'은 영국에서는 PbR(payment by results), 미국에서는 PFS(Payment-for-Success)로 알려져 있다(OECD 2015; Brookings 2015). 사용하는 용어는 달라도, 아래와 같이 동일한 의미로 통용되고 있다.

영국의 PbR의 공식적인 개념 정의로는 "정부기관(위탁기관)이 지정한 결과를 달성한 시행기관에 계약금 전부 또는 일부를 지급하는 제도"이다(National Audit Office 2015: 5). 서비스 시행기관은 계획된 결과를 달성하는데 필요한 프로그램 등 개입방안을 자유롭게 선택할 수 있는 권한을 갖는 특징이 있다.

미국의 PFS는 재무부(DOF 2013)에 따르면, "혁신적인 재정지원 모델로 정부가 자선 기관 등의 민간기관과 파트너가 되어 전망이 밝은 사업을 테스트하고 잘 운영되는 프로그램을 확장하는데 투자하도록 하는 새로운 방식"이다. 납세자의 투자에 대한 수익을 크게 개선하는 혁신적 방식이라 소개한다. PFS는 검증된 결과에 대해 지불하므로 납세자 수익을 최대화하며, 효과적인 증거기반의 솔루션이 파악되어 시행된다는 설명이다.

한편 개발협력의 경우, 영국과 미국 등의 원조기관들이 결과지불제를 활성화해오고 있다(USAID 2018: 3). 개발협력에서 '결과지불'은 "결과의 달성에 지불하는 이니셔티브를 지칭하는 엄브렐라 개념"이다. 결과지불은 지난 10여년 이상 '원조 효과성'(aid effectiveness) 어젠다의 결실로 추진된 배경이 있다. 2005년의 〈원조 효과성 선언〉을 비롯해, 2008년의 〈아크라 어젠다 행동(Accra Agenda for Action), 2011년 부산 〈원조 효과성〉 회담 등이 있었다. 이후 영국의 원조기관(DFID)을 비롯한 스웨덴 원조기관, 미국 원조기관(USAID) 등이 결과지불의 용역 추진으로 활성화에 선도적 역할을 한다. 세계은행은 이미 수십년 전에 보건과 운송 개선 프로그램에 결과지불을 꾸준히 활용해, 2015년 말까지 결과지불 프로그램에 130억 달러를 투자해왔다(USAID 2018: 5).

(2) 공공선을 위한 민간자본의 활용

결과지불은 정부의 공적 자금 이외에 민간자본을 활용해 결과와 임팩트를 생산하는 장점이 있다. 정부가 민간자본을 활용해 사회문제 해결의 결과를 크게 넓게 생산하는 스케일업을 하기 위해 공적 자금을 레버리지로 이용하는 것이다.

정부는 기업과 재단, 비영리기관 등의 민간부문과 공조해 심각한 사회문제들을 해결하는 지속가능한 방안들에 많은 관심을 갖고 있다. 인구의 평균소득과 삶의 질을 증진시키는데 필요한 요건들이 되는 사회적 혜택과 금전적 혜택을 민간부문이 함께 갖다줄 수 있는 자본, 혁신 및 기술의 제공 측면에서 독특한 우위적 위치에 있다는 점에 의견이 수렴되고 있다. 그럼에도 공공 정책이 어떻게 공공선에 기여하는 민간 투자를 하도록 진흥하는 적절한 인센티브를 제공해줄 수 있는지, 또 그 방법은 무엇인지에 대해 확고한 의견 일치가 있는 것은 아니다.

민간 자본을 대규모로 유치하기 위한 공공 부문의 개입은 두 가지 정당성에 기반하고 있다(Barder and Talbot 2015: 1). 하나는 민간 투자에 수반하는 사회적 혜택이 있기 때문에 공공부문의 개입이 정당화될 수 있다. 다른 하나는 민간기업들은 사회적으로 가치있는 프로젝트 투자의 리스크를 과대 평가하기 때문에 공공부문의 개입이 정당화될 수 있다는 것인데, 이에 대해서는 상당한 이견이 존재한다. 이같은 정당성 근거에 관한 논의를 거쳐 정부, 원조기관, 재단들이 사기업의 투자를 대거 유치하기 위한 정책 대안들을 고려해볼 수 있다. 세 가지 유형의 정책 도구들이 통용되고 있다(앞글: 1).

첫째는 지불보증(guarantees)으로, 융자기관이나 시행사에게 프로젝트의 실패에 대한 프로젝트의 가치 일부 또는 전부를 지불 보장해주며 리스크를 감소시켜준다.

둘째는 양허적 금융(consessional finance)을 포함한 보조금(subsidies)으로, 프로젝트의 비용을 절감시켜 투자자의 기대 수익을 높여주는 지원금이다.

셋째는 결과지불제(paying for success)를 통한 수익의 증대방안으로, 개발임팩트채권(DIB), 상금, 바우처, 구매보증 등 성과에 따른 보상제이다.

이상의 세 가지 방안들은 공공부문이 똑같은 기대 비용을 지불하도록 디자인될 수 있다. 그래서 어느 것이 가장 값싼 대안이 될 수 없는 디자인이 가능하다. 그럼에도 결과지불제가 보다 나은 금전적 가치를 결과물로 제시할 수 있다는 데는 확고한 근거들이 있다. 프로젝트의 일부 또는 전체의 리스크에서 투자자들이 자유로운 결과지불제는 투자자들이 어떤 프로젝트가 좋은지를 선택하는데 소요되는 시간과 수고를 덜게 해주며, 프로젝트가 잘 관리될 것이라는 확신을 갖게 해준다.

결과지불제의 또 다른 장점은 계약의 경쟁성이 있어 공공기관이 계약상대를 선택할 필요도 없다. 또 프로젝트가 실패하면 대가를 지불하지 않기 때문에 프로젝트에 지나치게 낙관했던 정책기관의 그릇된 정책결정으로 인한 세금낭비 문제가 일어나지 않는다. 프로젝트가 성공해서 긍정적인 결과를 내면 그에 대한 대가를 지불하는 방식에 대해서는 일반 시민의 대중적 지지가 뒤따른다.

특정 상황에서는 보증이나 보조적 융자가 더 효과적인 개입 방안이 될 수 있지만, 이들은 거의 활용되지 않는다. 대부분의 프로젝트에서 민간투자를 지원하는 원조기관, 민간재단, 정부 등은 투자자들에게 프로젝트 실패로 인한 비용을 지불해주는 보조금이나 보증제보다는 결과지불을 선택할 수 있다. 개발에 긍정적인 결과를 창출한 기업들에게 보상하는 결과지불제와 같은 계약에 더 많이 투자할 가능성이 있다.

(3) 리스크와 수익의 선택 방안

정부나 공공기관이 민간부문의 투자를 유치하는 사업에 민간부문은 여러 방안을 제시할 수 있다. 정책당국이 기대되는 수익을 높이는 방안을 검토하거나 리스크를 감소시키는 방안을 제시하거나 또는 수익 증가와 리스크 감소를 복합한 대안을 제시할 수 있다(Barder and Talbot 2015: 3).

첫째, 정책당국이 민간자본을 프로젝트에 유치할 필요가 없는 경우이다. a) 민간부문이 리스크와 수익을 정확하게 판단한 경우, b) 또 민간의 재무수익 이외에 사회적 혜택을 기대하기 어려운 경우, c) 프로젝트가 리스크-수익 전선 아래에 있는 경우(다른 프로젝트보다 수익은 적고 리스크는 큰 경우) 등이다. 피구(Pigou 1920)의 경제학 이론에 따르면, 프로젝트에서 민간부문의 참여로 사회적 혜택이 발생하지 않은 경우 그리고 민간부문이 공공부문에 비해 리스크를 더 거부하는 경우, 민간부문의 투자수준과 사회적으로 최적의 투자수준 사이의 갭이 커지면서 민간투자를 더 위축시키게 된다.

다음 세 가지 중 하나 이상이 사실인 경우, 공공부문은 참여를 망설이는 민간부문의 프로젝트 투자를 지원함으로써 프로젝트의 결과를 개선할 수 있다(앞글: 4).

a) 민간부문의 재정 수익뿐 아니라 사회적 수익이 기대되는 경우 (민간부문은 사회적 수익의 혜택을 받지 않지만 사회 전반에는 혜택이 되는 경우),
b) 민간부문이 프로젝트 관련 리스크를 체계적으로 과대평가하는 경우,
c) 민간부문이 기대되는 자신의 재정수익을 과소평가하는 경우 등이다.

둘째는 민간투자를 촉진하는 정책 방안들이 있다. 사회적 수익이 사적 수익보다 더 많을 것으로 기대되는 경우 공공기관은 민간 투자를 지원할 명분을 갖는다. 민간 투자를 지원하는 정책은 다음 세 가지로 구분될 수 있다.

a) 융자 보증이나 보험 등과 같이 민간 투자자의 리스크를 줄어주는 정책이 있고,
b) 저리 융자 등의 보조금을 제공해 비용을 줄여주는 정책,
c) 투자자에 대한 기대되는 사적 수익을 늘려주는 정책 등이 있다.

보증은 투자 또는 융자를 유도하는 인센티브를 증가시키는 계약으로, 실패의 비용의 일부 또는 전체를 공공부문에 지불부담을 준다. 보증은 프로젝트의 융자 자본을 더 유치하기 위해 금융기관에 제공될 수도 있고, 또

는 투자자에게 특정 유형의 손실 리스크(downside risk)로부터 보호하기 위해 보험 형태를 갖출 수도 있다.

보증은 세 가지 특이한 상호강화적인 수익을 제공한다.

첫째는 비용(cost)이다. 보증은 적은 비용을 사회적 수익을 창출한다고 것이다.

둘째는 레버리지(leverage)이다. 보증은 민간 융자를 가능하게 해서 전체 융자의 규모를 확대하는 레버리지 효과가 있다.

셋째는 추가효과(additionality)이다. 보증은 레버리지를 통해 융자 규모를 확대하기 때문에 명목적 가치의 수배가 되도록 민간 투자를 동원한다.

(4) 결과지불제의 정당성

기대비용이 같은 세 가지 방안 중 결과지불제가 장기적으로 바람직한 선택이 될 수 있는 근거들은 다음과 같다(Barder and Talbot 2015: 11).

① 도덕적 해이 감소

투자자들이 프로젝트 리스트에서 자유로워지면 투자에 앞서 상당한 주의(due diligence)로 시간과 노력을 투자할 필요가 적기 때문에 리스크가 높은 프로젝트 투자 참여도 늘어난다. 도덕적 해이는 보증(guarantees)에서 나타나는 심각한 문제이다. 투자자의 통제에 있어야 하는 대부분의 리스크를 공공기관이 떠맡기 때문에 도덕적 해이가 상당하다. 일례로 미국 OPIC는 정치적 폭동으로 피해가 예상되는 자산에 대해 보험 보증을 제공해 서비스 공급자의 이런 정치적 리스크에서 발생하는 비용을 절감시켜주었다. 반면에 결과지불제는 투자자와 융자기관에 어떤 프로젝트가 성공 가능성이 높인지를 세심히 검토할 수 있는 인센티브를 제시한다.

② 성과관리 개선

관리의 혁신은 "빨리 실패하기"(failing fast: 성공하지 못한 접근법을 찾아 탈출하기)와 "미리 실패하기"(failing forward: 실수로부터 배우기)를 기초로 한다. 프로젝트의 성공이 투자자의 노력에 많이 의존하는 경우, 투자자의 프로젝트 실패비용 부담을 줄여주는 보증은 프로젝트의 성공과 지속가능성 확률을 줄이고 결국 기대된 사회적 혜택을 감소시킨다.

③ 타깃팅 개선

결과지불제는 타깃이 명확한 반면 보증이나 보조금제는 모호하고 불명확하다. 정책 당국은 가장 사회적으로 가치있는 결과물이나 가장 취약한 대상층이나 지역사회에 대한 투자를 바랄 것인데, 이는 결과지불에서는 가능하지만 보증이나 보조금제에서는 가능성이 희박하다. 일반적으로 보증이나 보조금제는 이같은 프로젝트 타깃과는 상관없는 사업이나 활동을 하는 사기업을 지원해 관리의 운영의 심각한 문제를 안고 있다. 반면에 결과지불제는 가장 사회적으로 가치있는 성과를 분명한 타깃과 성과지표로 제시해, 성과 달성 시에만 계약된 비용을 지불한다.

④ 경쟁력 증진과 부패 감소

공공 보조금제의 취약점 중 하나는 정부나 지원기관이 사업 시행기관을 미리 정해 두고 경쟁을 생략하거나 청탁 등의 부패의 소지를 안고 있다는 점이다. 반면에 정부기관이 리스크 완화를 위한 보증이나 보조금제 대신에 결과지불제를 선택하면 가장 경쟁적인 시장을 형성하게 된다. 긍정적인 성과를 결과물로 제시한 시행사에게 결과지불이 이뤄지기 때문이다. 혁신성과 사회적 목적을 가진 시행사가 성과에 대한 재가를 지불받게 된다. 선도시장협약(Advance Market Commitment)의 경우, 방치된 열대 질병 치료약을 생산할 수 있는 기업들이 협약의 혜택으로 상당한 수익을 올릴 수 있다. 반면에 보증과 양허적 융자는 공공기관이 어떤 회사 또는 분야가 수혜자가 될 것인지를 미리 결정하도록 하는 단점을 안고 있다.

⑤ 낙관적 편견 비용 회피

정책당국이나 기업이 프로젝트에 대해 공유된 진지한 입장이지만, 그릇된 낙관적 자세에서 결국 실패하는 프로젝트를 지원하는 결정을 하는 경우가 적지 않다. 전통적인 보증이나 보조금제 의사결정 방식의 문제인데, 결과지불제에서는 정책당국의 지나친 낙관적 의사결정으로 프로젝트가 실패해도 납세제에게 세금부담을 주지 않는다(앞글: 15-16). 정부의 지나친 낙관주의로 프로젝트의 실패가 엄청난 세금 낭비를 초래한 사례들은 이명박 정부의 자원외교 실패에서 쉽게 찾아볼 수 있다.

⑥ 공공 지지의 구축

융자보증으로 예산 지출이 발생하면 프로젝트가 실패했기 때문이며, 결과지불로 지출을 발생하면 프로젝트가 성공했기 때문이다. 세계적으로 프로젝트 실패로 부채보증 지출을 하는 사례들이 무수한 것이 일반적이며, 아직 결과지불로 성공지불이 이뤄지는 사례들은 적지만 점차 늘고 있는 추세이다.

⑦ 모니터링과 평가 비용 절감

기업에게 융자를 제공하거나 투입 보조금을 제공하면 그 자금이 잘 사용되는지를 관리감독하는 비용이 상당하다. 재정적 투명성은 기본인지만, 일부 회사들만이 계약 이행을 하는 역량을 갖고 있는 것이 기존의 보증이나 보조금제의 문제이다. 반면에 결과지불에서는 성과지표에 따른 데이터수집과 검증이 전문기관의 역량으로 보증되며, 위탁기관이나 시행기관 그리고 모든 이해관계자들이 동의할 수 있는 합리적인 성과결과를 제시한다.

결과지불제는 정부기관뿐 아니라 기업과 지역사회에 대해서도 의미있는 많은 잠재적 혜택들이 있다(US DOE 2017: 2). 첫째는 결과지불(PFS)은 전망있는 혁신방안뿐 아니라 연구를 통해 특정 집단이나 지역에 혜택이 되는 기존의 서비스 모델에 적용하는 방안의 효과성을 테스트 하는 방법이다. 둘째는 PFS는 증거기반의 개입을 시행하는데 필요한 자원에 대한 접근 기회를 늘려준다. 또 다른 PFS의 혜택들은 다음 몇 가지가 더 있다.

- 서비스 시행기관과 기타 관련 기관들이 PFS 프로젝트 기간의 재정지원을 받으면서 자신들의 개입의 결과를 학습하는 기회를 갖게 한다.
- 투자자들은 사회문제 해결에 기여하며, 또 긍정적 결과가 달성되면 수익도 갖게 되며 사회공헌에 기여한다.
- 정부, 시행기관, 투자자, 기타 공공 및 민간 이해관계자들은 지속적인 협력을 이끄는 관계를 구축하게 된다.
- PFS 프로젝트의 평가를 통해 무엇이 어떤 조건에서 효과적이고, 비효과적인지, 관련 분야의 개입에 대한 지식을 강화하게 된다.

2) 결과지불제의 장단점 비교

(1) 결과지불과 전통적 방식(보증, 보조금과 비교)

결과지불은 전통적인 지불방식인 보증이나 보조금 방식에 비해 몇가지 측면에서 장점을 갖고 있는 것으로 평가한다. 그럼에도 결과지불제를 선택한다고 잠정적인 혜택들이 자동적으로 창출된다고 볼 수는 없다. 공공기관들은 어떤 결과를 계약할 것인지, 결과들이 어떻게 측정될 것인지를 신중히 고려해야 한다(Urban Institute 2015: 15).

표 3-1 결과지불, 보증, 보조금 비교

	보증 (Guatantees)	보조금 (Subsidies)	결과지불 (Pay for Success)
도덕적 해이 회피	×	○	○
우수한 성과 관리	×	○	○
타깃(대상층) 개선	×	×	○
경쟁성 증진	×	×	○
최적바이어스 비용 회피	×	×	○
공공지지 구축	×	×	○
모니터링/평가비용 절감	×	×	○

자료 Barder and Talbot(2015: 16).

또 전통적인 증여(grant) 방식과 비교하면 다음의 장점 및 단점을 같이 참고해볼 만하다.

표 3-2 PFS 장점과 단점: 전통적 증여방식과 비교

장점	단점
• 증거를 이용해 결과 기록을 가진 프로그램에 대한 의존 증가 • 일시적 또는 주관적 판단보다는 결과를 결정하는 합리적인 성과 목표를 설정 • 재정지원을 받지 못할 수 있는 사회 프로그램에 재정지원 • 정부의 리스크 위임 • 정치적 리스크가 있는 프로그램에 재정지원을 하는 정부의 의지 증가 • 지역사회 기반의 서비스 인프라 증가 • 결과지불은 민간 비영리섹터가 전달하는 서비스에 집중할 가능성이 높음	• PFS는 복잡한 법적, 경험적, 제도적, 금융적 장치가 필요함 • 혁신을 방해할 수 있는 과시적인 증거기반을 가진 프로그램에만 국한되는 한계 • 공공서비스를 민간서비스로 대체하는 문제
• 프로그램 시행 비용을 부담하는 위탁기관이 일차적 혜택을 누리지 못하는 '그릇된 포켓'(wrong pockets) 문제 해결 • 관련 기관들이 자원과 지식을 동원해 활용 • 행정영역을 넘어선 권역 이니셔티브에 재정지원 하는 메카니즘 가능성 • 거의 모든 유형에서 프로그램 시행의 융통성: 사법, 공공보건, 홈리스, 고용, 도시폐허	• 민간 부문은 친사회적 목표보다 수익을 선호하는 개연성 • 민간 시장은 고리스크, 고욕구, 고보상 인구보다는 저리스크, 저욕구, 저보상 인구를 대상으로 하는 경향 • 다른 지역사회재투자법 활동을 대체할 개연성

자료 Urban Institute(2015: 14-18)에서 재구성.

(2) 결과지불의 잠정적 혜택

미국 노동부(US DOL 2016)는 PFS 모델의 '노동력 투자 시스템'에 대한 잠정적인 혜택을 다음과 같이 제시한다.

a) 프로그램과 특정 인구에 정부 재정지원을 혼합하는 문제를 취약층 인구를 위한 통합적 개입에 이용될 수 있는 융통적인 민간 투자자 자본을 제공하는 방식으로 해결한다.

b) 사회적 혁신, 노동력 결과 개선, 공공부문 비용절감, 효율성 개선에 대한 인센티브를 창출한다.

c) 정부에게 비용절감을 창출하는 효과적인 예방적 서비스를 파악한다. 예를 들면 실업이나 고용 부진을 예방 또는 단축하거나 기술 부족을 보완하는 방안으로 기존의 노동력 시스템이 효율적인 지출로 더 많은 노동자가 고용 서비스와 훈련 지원을 받게 한다.

d) 어떤 모델과 서비스가 성과를 잘 내고 어떤 것이 그렇지 않은지에 대한 학습이 크게 진전되는 변화가 일어난다. PFS 모델은 서비스 공급 전략의 융통적 관리를 유도하므로 시행기관은 지속적으로 지불과 직접 관련된 결과 개선에 접근하게 된다. 이런 메카니즘을 통해 결과는 인센티브에 기반하는 시장 스타일의 효율성을 진흥하는 방식으로 발전한다.

e) 리스크가 민간에 위임되는 예방적, 혁신적 서비스 공급 모델에 정부투자 모델을 제공한다.

또 결과지불제는 사회 프로그램에 잘 적용될 수 있다는 시각도 참고해 볼 만하다. 사회서비스, 디지털 인프라, 인적 자본 등의 인프라 부족 문제를 해결하는데 활용될 수 있다. 일부 사회 프로그램에 재정지원이 미치지 못하는 이유는 다음과 같다(Urban Institute 2015: 4).

- 대규모 선불 비용(up-front costs)이 드는 프로그램,
- 대규모 사람을 대상으로 하는 프로그램,
- 운영상 또는 정치적인 리스크를 가진 프로그램.

(3) 결과지불제에 대한 긍정 대 부정적 시각

영국에서 2010년에 와서 결과지불(PbR) 시행이 본격화되자 시민사회에서는 긍정과 부정의 의견들이 속출했다. 전국시민사회협의회(NCVO: National Council for Voluntary Organisations)는 PbR이 결과 생산에 대한 지불방식의 혁신을 장점으로 꼽으면서도 시행상의 문제들이 적지 않다는 점을 지적한다. 특히 시행기관의 동기와 인센티브에 초점을 맞춰, 시행이 어렵지 않은 리스크 회피적인 프로그램 중심으로 사업을 추진하려는 의도 때문에 중요한, 소외된 문제들에 대한 도전적인 실험을 회피하는 경향이 발생한다는 것이다(NCVO 2014).

또 공공서비스 전달에 오랜 경험과 전문성을 갖춘 비영리기관들이 결과지불제가 요구하는 결과와 결과 지표에 동의하기 어려워 사업을 포기하는 경우가 발생한다는 것이다. 정부 위탁기관이 시행기관과 함께 '결과' 생산 등 핵심 사안에 대한 신중한 협의가 필수적이라는 의견이 제시되었다(NCVO 2013).

나아가 결과지불의 핵심 이해관계자가 되는 공공부문(위탁기관), 시행기관, 투자자의 시각을 결과지불제의 장단점으로 비교해볼 만하다. 정책결정층이 수익 증대보다는 리스크 감소를 선호하는 이유는 무엇인가? 정책결정층은 세 가지 방안 모두가 같은 기대비용을 초래할 것이라는 점을 이해하지 못하고, 보증제가 결과지불제보다 민간자본 확장을 더 잘하는 것으로 잘 못 이해하고 있다. 수익증대를 위한 비용은 일반적으로 리스크 감소비용과 같다. 정책결정층은 리스크가 실제보다는 낮다는 낙관주의 편견에 사로잡혀 보증제가 비용이 적게 든다고 잘못 이해하고 있다.

표 3-3 결과지불제에 대한 긍정 대 부정 시각: 공공부문, 시행기관, 투자자

긍정적 시각	부정적 시각
〈공공부문〉 • 예방적 프로그램 기금의 접근 • 증거기반 프로그램 펀딩으로 세금 효율적 이용(금전 가치) • 혁신적 사회서비스 접근 • 취약층을 위한 결과 개선 • 시행기관 성과에 대한 평가 • 혁신 리스크를 민간 투자자에 위임	〈공공부문〉 • 정부 회계, 조달, 데이터관리의 혁신 역량 제한적 • 정부용역의 최저비용 제안자 선호 • PFS 비용혜택분석으로 최대 수혜층이 최고 욕구층에 연관되지 않을 우려. • 프로젝트 임팩트 수혜층 규모가 작음 • 사회서비스의 민영화에 부정적이고 민간투자자에게 세금으로 결과지불이 되는데 대한 시민들의 저항.
〈시행기관〉 • 증거기반 서비스 제공의 기회 • 서비스 혁신의 기회 • 새로운 투자 소스로 지속가능한 세입 안정화 • 효과성 평가로 프로그램 디자인과 시행 개선 데이터(증거) 제공.	〈시행기관〉 • 결과 생산을 위한 프로그램 충실성과 시행상의 융통성 사이의 긴장 • 결과에 대한 책무성(accountability)으로 수가제(fee for service) 보다 높은 리스크 부담
〈투자자〉 • 투자에 대한 재무수익과 사회적 수익 • 정부와 사회서비스 영역에 시장기반 접근법의 도입으로 효율성 개선	〈투자자〉 • 투자에 대한 재무수익과 사회적 수익 • 정부와 사회서비스 영역에 시장기반 접근법의 도입으로 효율성 개선

자료 Copenhagen Business School(2018: 8).

(4) 결과지불의 리스크

PFS 시행에서 나타나는 리스크는 다양하다. 재정적 리스크를 비롯해 그릇된 인센티브, 종료 리스크, 성과 리스크 등이 대표적이다(US GAO 2015: 33-35).

① 재정 리스크(Financial risk)

PFS 프로젝트에 참여하는 당사자 중 한 명 이상이 투자 손실을 볼 수

있는 리스크를 말한다. 지불을 받지 못하는 PFS 프로젝트는 비용보다 더 많은 비용절감을 생산하지 못할 수 있다. 중간지원기관 관리 운영비, 평가 비용, 투자자와 계약한 결과지불금 등이 비용을 산정된다. PFS 비판측은 중간기관과 투자자 관련 비용 측면에서 PFS 프로그램 시행비용이 정부의 직접 서비스 프로그램 비용보다 더 비싼 게 내재적인 문제라고 주장한다.

이에 대해 일부 투자자와 중간기관들은 PFS 프로젝트 시행의 복잡성과 관련 비용은 프로젝트가 여러 지역에 보급되는 단계로 넘어가면 줄어들기 마련이라고 본다. PFS 옹호측은 일반적으로 새로운 예방적 프로그램을 정부가 직접 재정지원을 하는 것은 지금의 예산 환경에서는 시행하기 어려운 방식이라고 응답한다. 또 투자자의 입장에서는 시행기관이 계획된 목표 달성에 실패하면 자신의 투자금 손실이 일어나는 리스크를 가진다. 복수의 프로젝트에 투자한 은행의 이해관계자는 은행의 입장에서는 투자 리스크와 관련된 재정 리스크를 안게 될 것인지, 그리고 리스크를 얼마나 가격으로 산정할 것인지를 결정하기 위해 시행기관의 프로그램 개입으로 나타나는 증거를 신중하게 검토한다고 답한다.

PFS 프로젝트 참여기관들은 정부, 시행기관, 투자자들이 많은 시간 활동하며 보상도 없이 상당한 시간과 자원으로 헌신하고 있다고 응답한다. 또 다른 리스크는 프로젝트의 복잡한 세부사항들에 대해 참여기관들이 합의할 수 없어 프로젝트 개시를 하지 못한 것이다. 이 경우 참여기관들은 프로젝트 개발에 투입한 시간과 자원을 잃게 되는 리스크가 발생한다.

② 그릇된 인센티브(Perverse incentives)

결과지불 구조가 이해관계자들로 하여금 프로젝트 수혜를 받은 개인들의 희생으로 그릇된 인센티브를 만들어내는 리스크가 있다. 예를 들면 크리밍(creaming)은 서비스 시행기관이 계획된 결과를 달성하기 가장 쉬운 대상자들을 선별해 시행하는 리스크이다. 이같은 그릇된 인센티브의 결과로 지원이 가장 필요한, 서비스 제공이 가장 어려운 대상층이 서비스를 못 받거나 적게 받는 문제가 발생한다. 이런 크리밍이 발생하면 정부는 타깃 인구가 제대로 서비스를 받지 않은 결과에 대해 지불을 하는 문제, 낭비와 정책 표류 문제가 발생한다.

③ 종료 리스크(Termination risk)

계약 참여기관 하나 이상이 PFS 프로젝트 참여를 중단하는 결정을 하는 리스크가 있다. 프로젝트의 조기 종료로 타깃 인구가 서비스 중단의 불이익을 받는 등 리스크가 발생하면 정부가 곤란에 처하게 된다. 따라서 계약 협상에서 비성공적인 프로젝트의 점진적 종료를 허용하는 규정을 만들도록 참여기관들이 협력해야 한다.

④ 성과 리스크(Performance risk)

프로그램 개입이 계획된 결과를 달성하지 못함으로써 발생하는 '성과 리스크'가 있다. 정부는 결과 달성을 못한 프로그램에 대해서는 지불하지 않는 '결과지불' 원칙을 고수하지만, 정부에 리스크가 없는 게 아니다. 계획된 결과 달성이 실패함으로써 정부는 프로그램 개발 시간 낭비뿐 아니라 프로그램 목표 달성에 실패한 책임을 갖게 된다. 성과 리스크에는 개입 프로그램이 어떻게 현장에 적용되어 관리되고, 시행되었는지에 관한 리스크이다. 개입이 잘 구조화되지 않은 문제부터 서비스 공급이 잘 이뤄지지 않은 문제로 서비스 수혜층에 피해를 주는 문제도 발생한다.

표 3-4 성과측정과 결과지불: 4가지 프로그램 유형 비교

	성과 측정	타깃	결과지불
1. All or Nothing 뉴욕시 라이커스 아일랜드 프로젝트	역사적 기록이 있는 비교 집단에 비해 재수감 감소	재수감 일수 8.5% 감소	8.5% 미만 지불 없음 8.5~20% 경우, 480만-1,171만 달러 지불
2. 결과에 대한 비용 유타의 고품질 유치원 프로젝트	대상 아동이 유치원부터 6학년 기간에 매년 특수학교 서비스 수혜 여부	특수학교 서비스 수혜에서 탈피	학생 1인당 연간 2,589.70달러
3. 결과에 대한 비용 영국의 It's All About Me(IAAM) 입양 프로그램	1. IAMM 아동 등록 2. 입양가정에 지정 3. 입양가정 1년 생활 4. 입양가정 2년 생활	아동 등록 아동 등록 아동 1년 생활 아동 2년 생활	아동 1인 8,000 아동 1인 23,000 아동 1인 6,800 아동 1인 15,800
4. 혼합형(1+2) 뉴욕의 고용증가와 공공안전 개선 사업	1. 비교집단과 비교한 교도소 수감일 감소 2. 고용 개시 3. 비교집단과 비교한 출소 후 1년 고용 유지	1. 수감일 8% 감소 2. 수감일 8% 감소 달성되면 지불 3. 고용 5% 증가	1. 8% 미만, 지불 없음 8% 이상, 1일 85달러 2. 고용 111시간이상 1인당 3,120달러; 111시간 미만, 시간당 20달러 지급 3. 1인당 6,000달러

자료 US GAO(2015: 45).

3) 결과지불의 발전 배경

(1) 영국의 결과지불(PbR)의 발전

영국에서 공공 서비스 결과에 대한 지불 제도는 19세기부터 개시되었다(National Audit Office 2015: 14). 영국 정부가 복지와 보건과 고용 프로그램에 결과지불제를 본격적으로 시행한 것은 최근의 일이다. 2011년 〈열린 공공 서비스 백서〉(Open Public Services White Paper)는 공공 서비스 전달의 개혁

의 하나로 PbR을 이용한다고 밝혔다. 이후 다양한 공공 서비스 전달에서 PbR이 주류 정책으로 정착되며, 이제는 법과 국제개발 영역으로 확대 적용되고 있다. 백서에 따르면, 결과지불제는 "시행기관들이 시민과 지역사회와 긴밀히 공조하도록 촉진시켜 보다 효율적이고 질적으로 차이가 있는 서비스를 구축하게 한다."(HM Government, 2011: 1).

최근 연구에 따르면 PbR 제도를 이용하는 중앙정부는 6개로, 52개의 다양한 제도들이 약 150억 파운드의 투자를 받아 시행되고 있다. 주요 중앙정부기관으로는 노동연금부(Department for Work & Pensions), 법무부(Ministry of Justice), 지역사회지방정부부(Department for Communities and Local Government), 국제개발협력부(Department for International Development: DFID), 교육부(Department for Education), 보건부(Department of Health) 등이다.

영국 중앙정부 6개 기관들의 PbR은 대부분 2011~14년 기간에 시행되었다. 법무부의 재범자 자활프로그램의 경우 100% 결과지불제에 의존하지만, 국제개발부(DIFD)의 르완다 교육 프로그램의 경우 예산의 9%만이 결과지불제에 의존하는 등, 프로그램에 따라 결과지불제 의존도 차이가 심하다.

국제개발에서는 2009년 프로그램이 3,700만 파운드 투자로 개시된 이후, 2010년 피터보러 사회임팩트채권(SIB) 프로그램이 6년간 100만 파운드 투자로 시행되었다. 그밖에 주요 프로젝트는 2010년 주택(New Homes Bonus) 6년간 34억 파운드, 노동(Work Programme) 9년간 33억 파운드, 2011년 청소년(Youth Contract) 3년간 10억 파운드 등이다. 또 2012년 국제개발원조 5년간 11억 2천만 파운드, 2014년 자활 7년간 31억 5천만 파운드, 2015년 위기가정 5년간 2억 파운드 등이 이어졌다.

2010~14년 기간에 중앙정부 기관들은 PbR에 대한 이해와 인식과 정

보 공유를 위한 비공식 회의를 가져왔다. 비공식 회의는 2014년에 PbR이 정부기관의 공식적인 증거기반의 제도로 정착되면서 사라지고, 중앙정부 기관들은 각기 사업시행과 관련된 상호 정책조정과 정보공유를 지속하고 있다.

PbR이 공공 서비스 전달 전반에 걸쳐 확대됨에 따라 부처들이 경쟁적으로 시행하는 PbR의 중복 등을 감독하는 중앙 사령탑의 역할이 중요한 과제로 부각되었다.

- 정부의 PbR 제도들의 포트폴리오의 일관성을 점검해 리스크 완화 방안 탐색,
- PbR이 서비스 전달의 금전적 가치를 창출하는지, 어떤 배경에서 그런 상황인지 파악,
- 중앙과 지방정부 차원을 초월해 PbR이 효과적으로 작동하는지를 모니터링과 평가 시행,
- PbR 제도의 디자인, 실행과 평가에 관한 위탁기관들의 모범사례들의 공유 촉진.

(2) 미국 결과지불제(PFS)의 발전

미국의 결과지불(PFS) 또한 영국의 결과지불(PbR)과 유사한 역사적 배경을 갖고 비슷한 2010년경에 출발하였다. 백악관 관리예산실(OMB)은 2010년 이래로 연방기관들에게 프로그램 효과성을 고려해 연구에 기반하는 혁신과 강력한 평가를 진흥하는 증거의 이용을 제도화하도록 연례예산 가이드에 제시해 왔다(US GAO 2015: 5). 2013년 OMB는 증거 이용을 개선할

만한 영역 몇가지를 제시하였다.

- 평가 역량을 강화해 새로운 평가를 제안,
- 고차원, 저비용의 평가 개발 및 신속한 반복적 실험,
- 혁신적인 결과 초점의 디자인 활용,
- 증거 이용을 위한 기관 역량 증대 등이다.

또 2015년 OMB는 2017년 예산안 제출에 증거 템플릿을 포함할 것을 요청하였다. 전통적으로 사회서비스 프로그램을 지원하는 6개 연방정부 기관들이 광범하게 프로그램 프로포절과 의사결정 정보에 증거를 이용하고 있다.

미국 결과지불 정책의 발전에 대해서는 주무부서인 재무부(Department of Finance, 2013)의 보고서[1]를 참고해 살펴볼 만하다.

2012년과 2013년의 대통령의 예산제안서는 교육부, 노동부, 법무부, 사회보장국, 국가봉사단(Corporation for National and Community Service) 등이 1년 회기 이상 PFS 기금을 확장해 계획된 결과를 달성하도록 하였다. 행정부는 2012년에 몇 개 PFS 이니셔티브를 개시하였다, 법무부은 3개의 보상 PFS, 노동부는 노동력혁신기금에서 2천만 달러의 PFS 프로젝트 시행이 포함되었다. 행정부는 2014년 대통령 예산안에서 법정 프로그램에 4억 9,500만 달러의 PFS 활용 비용을 책정하였다. 여기에는 교육부, 법무부, 노동부 3개 연방기관의 PFS에 1억 9,500만 달러 지출예산이 포함되었다. 나

1 https://www.federalregister.gov/documents/2013/10/02/2013-24078/strategies-to-accelerate-the-testing-and-adoption-of-pay-for-success-pfs-financing-models

아가 대통령은 프로그램 결과를 개선하기 위해 PFS 도입을 가속화시키는 3억 달러의 인센티브기금(Incentive Fund)을 제시하였다.

표 3-5 미국 노동부의 결과지불(Pay for Success)의 배경

결과지불(PFS) 모델은 정부가 한정된 재원을 긍정적, 측정가능한 결과를 달성하는 데 타깃을 맞추도록 돕는 새로운 사회서비스 재정지원 방식이다. PFS 모델은 예방적 사회서비스에 대한 재정적 솔루션을 제공한다. 사회서비스는 여러 사례에서 프로그램 비용 감소, 공공지출 개선, 사회적 결과 개선 등 노동력 시스템에 장기적 혜택을 유도하지만 예산절감의 시기에는 일차적인 절감 대상이 되곤 한다. 모든 차원의 정부들이 재정삭감에 직면하는 시기에는 PFS는 공공부문의 재정 절감을 갖다주면서, 더 적은 지원이 아니라 더 많은 지원이 필요한 취약층 서비스에 투자하도록 하는 새로운 접근법이다.

예방적 서비스는 실업, 미취업, 기술부족 또는 재범 등 부정적 결과가 발생하지 않도록 멈추게 하는 서비스이다. 고등학교 교육을 중단할 리스크가 있는 학생들을 돕는 서비스 사례들은 고교 이후 대학 교육이나 훈련 지속에 대한 지원, 전과자 대상의 재범 방지 방안과 서비스 등이 있다.

PFS 재정지원 모델에서 정부기관은 재정지원기관으로 특정 타깃 목표가 계획된 시기 내에 달성되면 비용을 지불한다. PFS의 핵심적 특징은 타깃 결과를 달성하는 운영비용이 프로젝트 전 기간에 대해 독립적인 민간, 자선 또는 사회적 투자자가 제공하는 것이다. 프로젝트 투자의 리스크를 수용하는 투자자의 동기는 자신의 투자에 대한 수익에 대한 기대에 있다. 정부기관은 결과지불자로 결과 달성이 되면 지불한다. 지불 기준과 결과에 따라 투자자는 투자금의 회수뿐 아니라 긍정적인 수익을 얻게 될 수 있다. 재정 수익의 전부 또는 일부가 다른 사회적 자본 사업에 재투자되는 것이 이상적인 방향이다. 이렇듯이 PFS 모델은 정부기관들이 서비스 재정지원을 하는 전통적인 방식과는 전혀 다른 방식이다. 정부 재정지원이 특정 과정과 서비스에 대한 지불에서 특정 결과에 대한 지불로 이동하는 것이다.

자료 U.S. Department of Labor(2012).

새로운 PFS 인센티브 기금은 무엇인가? 일부 주정부와 지방정부들이 PFS를 도입하였다. PFS는 잘 운영되는 프로그램을 확장하는데 새로운 자본의 유치 잠재력을 갖고 있기 때문이다. PFS는 미래에 더 많은 비용을 요구하는 치료적 개입의 필요성을 완화시키는 서비스를 제공하며 비용절감을 창출한다. 성공적인 결과로 연방, 주, 지방 정부가 비용절감을 공유할 수 있다. 그럼에도 여러 사례들에서 발견된 것은 주와 연방 차원의 비용절감 측정이 어렵다는 점이다.

이에 따라 인센티브 기금의 일차적인 목표는 주와 지방정부가 연방정부와 파트너가 되어 PFS가 합의된 결과를 달성하면 비용절감을 목표로 달성하도록 지원하는 것이다. 초기의 프로젝트들은 비용절감에 관한 실질적인 증거를 제공할 것이며, 장래의 정책결정이 지속가능한 투자가 되도록 증거와 정보를 제공할 것이다. 대출자와 투자자도 PFS 프로그램 파이낸싱에 관심을 갖게 되지만 시장은 여전히 초기 진입 단계이다. 시장이 개발되면 민간 파이낸싱이 PFS 잠재력과 PFS가 창출하는 긍정적 결과를 확장시키는 역할을 할 것이다.

인센티브 기금의 두 번째 목표는 연방정부의 재정적 이해가 걸려 있는 PFS 모델의 실험을 촉진시키는 것이다. 이에 프로그램 성과와 기타 리스크 배분을 개선하는데 기금이 활용된다. 인센티브 기금은 재무부가 PFS 연방 관계부처위원회와 협의해 관리한다.

PFS의 범분야적 특성을 지원하는 방안으로, 인센티브 기금은 주, 지방정부들이 프로그램 차원과 정부 차원을 초월해 비용절감을 달성하는 프로젝트를 시행하도록 지원한다. 또 PFS 모델에 대한 투자자 신뢰를 구축하는데 제한적인 크레딧 개설을 제공한다. 여러 정부들에 공통적으로 적용되는 비용절감을 창출하는 프로젝트들도 있다, 예를 들면 연방과 주정부 지원의 프로그램에 인센티브 기금이 지원되어 연방뿐 아니라 주와 지방 차원의 비용절감을 창출하는 프로젝트가 지원될 수 있다.

인센티브 기금 사용에 대해 PFS 연방관계기관위원회(Federal Interagency Council)는 재무부에 프로그램과 정책 사안들을 자문하는 역할을 한다.

첫째는 연방 PFS 노력을 조정한다.

- PFS 결과를 결정해 측정하는 증거 표준화를 연방기관과 프로그램에 적용
- PFS 프로그램의 연방, 주, 지방정부에 효과적으로 조정하기 위한 모범 사례 공유.

둘째는 현장의 욕구를 이해하고 호응하는 역할을 한다.

- PFS 도입과 학습의 가속화를 위한 전략에 광범한 이해관계자의 의견을 요청해 수렴. 종합적인, 다차원의 접근법의 촉진과 기존의 자원을 레버리지 하는 것.
- PFS 프로젝트의 결과 정의, 측정 및 평가의 도구들을 배포해 다기관 펀딩 사업에서 비용절감을 유도.

셋째는 이해관계자 사이의 파트너십을 촉진한다.

- 전망있는 파이롯트 프로젝트를 지원하는 민관 파트너십의 개발 잠재력 사정,

• 주정부와 지방정부와 협력해 PFS 프로젝트 시행을 지원하고 결과 개선을 달성하도록 조정.

2019년 1월 현재 미국에서는 10개의 결과지불(PFS) 프로젝트가 시행되었다. 2011년부터 시행된 PFS 프로그램은 2014년에 SIF의 대규모 증여 지원으로 활성화되면서 2018년 이후에는 여러 프로그램 평가가 이뤄지면 결과지불이 이뤄질 것으로 내다보인다.

4) 결과지불 제도 유형

(1) 결과지불 방식

'결과지불' 방식은 다양하게 시행되고 있다. 다양한 방식의 차이는 '결과'에 대한 측정방식의 차이라고 볼 수 있다. 사회임팩트채권(SIB)처럼 여러 이해관계자들이 참여해 합의해야 하는 경우, 결과를 설정해 개념정의를 하는 일부터 시간소모적인 과정이 된다(ECORYS 2019: 21). 결과를 수치화 하는 작업은 합의하기 쉽지만, 이해관계자들이 서로 다른 욕구와 기대를 갖고 있으면 합의는 상당한 시간을 끌게 된다. 피터보러 SIB의 경우 초범 출소자들의 재범 방지를 위해 이들의 재범률 10% 이상 감소를 결과치로 명확하게 제시해 시행이 어렵지 않았다. 이 경우는 프로그램 시행 전반에 걸쳐 결과달성을 위한 다양한 데이터 등의 증거기반을 잘 갖춰 프로그램을 운영하는 특징이 있다.

결과치를 금전으로 계량화하는 경우는 더 난해한 일이다. 프로그램

위탁기관이 되는 정부는 결과치의 금전적 추산을 보다 정확하게 하는 방대한 분량의 데이터에 기반하는 높은 수준의 증거를 요구한다. 이런 데이터 등 증거를 행정데이터로 갖고 있는 정부기관의 경우 어렵지 않게 프로그램 단위비용과 재범률 10% 감소 등 금전적 가치를 계산할 수 있다. 영국의 국립의료원(NHS)은 오래전부터 질병 유형별로 치료에 드는 단위비용 계산방법을 개발해 적용하고 있다. 이런 결과등급 방식이 이제는 '결과등급카드'(Outcomes Rate Card: ORC)로 표준화되는 추세다.

결과지불 방식은 〈표 3-6〉과 같이 다양하다. PbR / SIB와 다른 유형의 결과지불제로 ORC 또는 PBC의 장점은 다음과 같다.

- 정부가 특정 문제(예: 청년일자리)를 단기간에 전국 규모로 확장시키기 위해 미리 설정한 결과치에 대해 단위비용을 제시한다.
- 시행기관들과 중간기관들이 공모방식으로 사업에 참여한다.
- 이를 통해 불필요한 절차(사업 설명과 홍보, 신청과 심사 등)를 줄여, 사업기간 50% 감축 효과를 낸다.

또 다른 ORC 또는 PBC의 장점은 정부가 목표로 하는 결과치와 가격을 미리 결정해, 다수 시행기관으로 사업을 확장하는 장점이 있다. 그럼에도 PFS와 SIB의 장점이 되는 민간자본 투자가 없는 단점이 있고, 전문기관에 의한 강력한 결과평가에 기반하지 않는 프로그램에만 작용되는 한계도 있다.

미국에서 통용되는 ORC는 다음의 특성을 가지고 있다.

- 증거기반의 시행기관 우선,

- 타깃 인구의 분류에 따라 가장 취약한 대상에 대한 가격 차등화,
- 결과 검증과 지불을 지원하는 강력한 데이터 시스템 중시,
- 우선 활용 가능한 정책 영역으로는 아동복지, 약물 중독, 중등교육과 훈련, 만성적 홈리스 등.

표 3-6 다양한 결과지불제 비교: ORC, PFS, SIB, PBC

	ORC / PFS	SIB / PFS	성과기반계약 (PBC, Performance Based Contracts)
결과기반 계약	●	●	●
정부가 결과치와 가격 미리 결정	●	○	●
다수 시행기관과 동시 계약 가능	●	○	□
외부 투자자의 자본 투자 가능	□	●	○
전체 대상으로 확장 가능성	●	○	●
대학 등 전문기관이 결과평가	○	●	○

● 일반적 ○ 거의 없음 □ 상황에 따라

자료 Social Finance "Outcomes Rate Card."[2]

(2) PbR과 SIB

결과지불(PbR)은 정부기관과 서비스 시행기관 사이의 성과계약이다. 〈그림 3-1〉의 좌측과 같이 성과계약이 이뤄지면 결과에 대한 지불이 이뤄

2 Social Finance https://socialfinance.org/content/uploads/OutcomesRateCard_Overview.pdf

지는 계약이다. 여기에 우측과 같이 민간부문이 결합되어 SIB(사회임팩트채권)가 형성된다. 중간지원기관이 정부기관과 투자자를 중개해 민간자본이 프로그램이 목표달성에 활용되어 계획된 결과를 달성하면 투자자에게 투자 원금과 수익금을 지급한다.

그림 3-1 PFS와 SIB(사회임팩트채권)

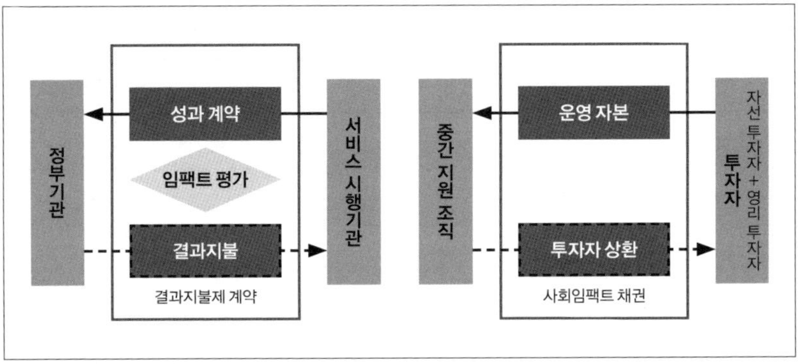

자료 GPL(2017) "Social Impact Bond." Harvard Kennedy School.

(3) 결과등급카드(Outcomes Rate Card)

'결과등급카드'(ORC)는 정부가 달성하고자 하는 결과들의 메뉴이며, 각 결과에 대해 정부가 지불할 의지가 있는 가격을 제시한다(Social Finance 2017).[3]

ORC를 개발하는 과정은 다음과 같다.

---

3 https://socialfinance.org/content/uploads/OutcomesRateCard_Overview.pdf

① 정부는 달성하려는 결과를 선택하고 대상집단을 설정한다.
② 결과 단위당 지불하려는 최대 가격을 정하고 검증의 방법론을 제시해,
③ 시행기관들의 가치생산 제안서를 접수받아 선정한다.

ORC의 장점도 참고할 만하다(Social Finance 2017).

- 증거기반의 서비스 시행기관에 초점을 맞춰,
- 타깃 집단의 세분화로 가장 취약한 대상자에 대한 서비스 가격을 차별화하며,
- 성취된 결과의 검증과 지불을 지원하는 강력한 데이터 시스템을 중시해,
- 여러 정책 분야에 활용할 잠정적 가치가 있다(아동복지, 약물중독, 고등교육과 훈련, 만성 홈리스 등).

한편 ORC의 취약한 단점으로는 다음과 같은 문제들이 제기될 수 있다(Social Finance 2018).[4]

첫째, 결과등급의 그릇된 산정으로 결과 단위당 지불금이 지나치게 낮거나 지나치게 높게 이뤄져 발생하는 문제이다. 높은 경우는 낭비 문제가 있고, 낮은 경우는 적절한 결과 보상을 받지 못한 시행기관의 사기저하로 인한 참여저하 문제가 야기될 수 있다.

---

4 https://socialfinance.org/how-pay-for-success-works__trashed/outcomes-rate-card/

둘째, 정확한 등급 산정에는 상당한 분량의 데이터수집과 분석이 뒷받침되어야 하므로 D/B와 관련된 IT 기술 투자비용이 상당해 시스템 구축이 쉽지 않다. 정부기관 전체의 종합적인 시스템 구축으로 '규모의 경제'를 추구하는 것이 바람직하다.

결과등급카드(ORC)와 같이 계획된 결과를 생산하는 프로그램에 대해서만 지불하는 방식은 '결과지불'제도이다. 전통적인 보조금 지원방식이 프로그램 시행 전에 사업비를 지원하는 방식과는 전혀 다른 '결과'에 대한 지불방식이다.

영국의 경우 최초의 결과지불제는 2011년 노동연금부(DWP)이 추진한 혁신기금(Innovation Fund)이다. 14~24세 NEET 청소년 문제해결에 2차에 걸친 공모결과, 전국 17,000명 청소년 서비스 제공 결과는 성공적인 것으로 평가되었다. 10개의 프로그램에 대한 평가보고서는 서비스 시행기관, 투자자, 중간기관들 모두가 "계획된 목표를 달성했거나 초과달성한 위대한 성

표 3-7 결과등급카드(ORC) 예시

14~24세 위기의 청소년	결과 가격(일인당 최대 지불금)
학교 생활의 행태 개선	500달러
제1 단계 학업 성취	800달러
제2 단계 학업 성취	1,300달러
첫 일자리 진입	2,000달러
첫 일자리 진입(전과 청소년)	3,000달러
일자리 유지(12개월간)	2,500달러

자료 Social Finance (2017). "Outcomes Rate Card."

공"이라는 공통된 의견을 제시했다.

혁신기금(Innovation Fund)에 이어 청년참여기금(Youth Engagement Fund), 공정 기회기금(Fair Chance Fund) 등이 속속 개발, 추진되었다. 세 개 기금 모두가 청소년 25,000명을 대상으로 하는 서비스 제공에 21개 시행기관들이 공모로 선정되어 6천만 파운드(약 800억 원) 규모의 사업을 시행하였다.

2. 결과지불 제도의 기획-시행-평가

1) 결과지불 제도의 개발

영국 정부는 공공 서비스 제공에서 결과지불(PbR) 등 결과기반의 지불 시스템을 점차 확대 시행하고 있다. PbR은 새로운 지불방식은 아니지만 최근에 와서 많은 정부기관들이 공공 서비스의 혁신과 개혁의 전략으로 활용해 왔다. 영국 총리실의 2011년 백서는 "공개 위탁(Open commissioning)과 PbR을 '개방적 공공 서비스' 혁신이라 강조하였다. "PbR은 잘 작동하는 프로그램에 초점을 맞춰 직접적인 재정 인센티브를 제공하고, 또 서비스 제공 기관들에게 서비스 전달의 혁신적 방안을 탐구하도록 촉진시켜 시스템에 책무성을 높이게 된다."(HM Government 2011: 1).

공공 부문의 PbR은 복지수급자의 일자리 제공, 재범률 감소 등 단순한 해결방안이 없는 복잡한 사회문제의 해결에 활용된다. 시행중인 PbR

제도는 대부분 종결된 상태가 아니기 때문에 개별 제도나 PbR 체제의 효과성을 평가할 만한 충분한 증거가 구축되어 있지 않다.

(1) 결과지불제의 선택

정부기관은 다음 몇 가지 측면에서 PbR 선택의 기회를 갖게 된다(National Audit Office 2015: 7-9). 첫째는 PbR 선택 문제이다. PbR은 모든 공공 서비스에 적용될 수 있는 것은 아니다. 2011년 정부는 여러 정부기관들이 시행하는 PbR 제도를 검토해 PbR 활용이 적합한 정책영역들을 파악하였다. PbR의 본질은 시행 환경이 몇가지 특성을 갖추고 있을 때 성공 가능성이 높다는 것을 파악한 것이다. 결과가 측정가능하고, 그 결과가 서비스 시행기관의 개입으로 인한 것이라는 확증이 가장 중요한 성공 요인으로 제시한 것이다. 반면에 PbR이 잘못 적용되면 서비스 질의 악화나 금전가치의 하락 문제가 발생한다.

정부 위탁기관들은 PbR이 다른 대안적 공급 제도들보다 나은 대안으로 선택한 이유를 정당화해야 한다. 위탁기관들 또한 다양한 서비스 전달 접근법들을 고려해 다른 대안들보다 PbR을 선택한 근거를 제시해야 한다. PbR 선택의 이유가 제시되면서 PbR이 공시되어 공개적 사정을 받게 하고, PbR 활용에 관한 장래의 의사결정을 지원하는 정보를 공유할 필요가 있다.

PbR은 기술적으로도 도전적인 계약 형태로, 정부가 그 비용과 리스크에 대해 과소평가하는 경향이 있다. 효과적인 결과지불제를 디자인하는 일부터 쉽지 않으며, 프로그램 등의 개입이 없는 상태에서도 가능한 성과의 수준을 예측하기도 쉽지 않다. 나아가 PbR은 일부 리스크를 시행기관에 위임하지만, 시행기관이 성과 목표 달성에 실패하면 위탁기관에 리스크가 된다는 것을 인지할 필요가 있다. 정부는 시행을 서두르면서 계획된 접근법을 실험하는 파이롯트 활용을 하지 않은 PbR 제도를 시행해왔다. 정부 위탁기관은 PbR 계약을 효과적으로 디자인하고 관리하는데 필요한 충분한 시간과 적절한 기술을 활용할 필요가 있다.

(2) 결과지불제의 디자인

둘째는 PbR 제도의 디자인이다. 위탁기관은 올바른 제도 디자인을 위해서는 리스크를 감당할 수 있는 시행기관의 잠재적 역량을 잘 이해할 필요가 있다. 중앙정부 기관들의 제도는 서비스 시행기관들을 광범위하게 활용한다. 노동연금부(DWP)의 경우, Work Programme의 프라임 시행기관들과 계약을 체결하며, 다시 이들이 중소 규모의 제3섹터의 시행기관들과 계약을 체결한다. 위탁기관들은 DWP의 방식대로 조달 이전의 단계의 기회들을 활용해 전달체계 전체의 잠정적 시행기관들이 PbR 계약과 관련된 리스크를 안게 될 역량을 이해한다.

PbR의 디자인은 시간과 노력이 필요하므로 시행기관에 적절한 인센티브를 제공한다. 시행기관이 계획된 바람직한 결과를 달성하도록 인센티브를 제시하는 결과지불제를 창출하기 위해서는 위탁기관은 시행기관의 비용을 이해하고 고려할 필요가 있다. 결과지불금이 지나치게 높으면 납세자들이 서비스에 대한 과다한 비용 지불을 하는 셈이 되고, 반대로 결과지불금이 지나치게 낮으면 시행기관이 공모 입찰에 나서지 않을 것이다. 그릇되게 디자인된 결과지불제는 시행기관에게 부정적 인센티브를 갖게 만들어, 지원이 용이한 사람들을 우선시하고 지원이 어려운 사람들을 경시하는 복지노동 프로그램이 될 수 있다. 그래서 노동연금부의 Work Programme에서는 다양한 집단에 차별된 지불제를 적용시키고 있다.

따라서 위탁기관은 제도 시행 첫 단계에서 성과 기대치를 구축해 기초선 성과(baseline performance)와 무개입 비율(non-intervention rates)을 적용할 필요가 있다. 시행기관들이 개입하지 않고 이뤄질 수 있는 성과 수준(무개입 비율) 이상의 성취가능한 성과 기대치를 제시할 필요가 있다. 기본 성과에 대해서는 필수적인 데이터를 수집해 미래의 성과에 관한 모델링을 수행할 필요가 있다. 국제개발원조 등과 같은 새로운 서비스 제공에 PbR을 시행하는 위탁기관은 역사적 데이터가 부족해 무개입 비율과 기초선 성과 적용에 어려운 과제를 안게 된다.

(3) 결과지불제의 모니터링과 평가

셋째는 모니터링과 평가다. 위탁기관은 시행기관 성과를 적극적으로 모니터링과 관리를 할 필요가 있다. PbR을 시행한다고 시행기관에 대한 관리 감독의 책임이 없는 것은 아니다. 시행기관의 빈약한 성과는 서비스 질에 부정적인 임팩트를 가질 수 있고, 나아가 결과지불제의 전반적인 목표와 위탁기관의 위상에 치명적인 피해를 입힐 수 있다. 또 위탁기관은 시행기관이 달성한 결과에 대해 정밀하고 신뢰할 만한 적기의 정보를 수집해 시행기관들이 달성한 결과에 대해 지불을 받는다는 원칙을 확인할 필요가 있다. 훌륭한 성과 정보 시스템은 초기 단계에서 성과미달이나 시행기관의 그릇된 행태에 관한 정보를 제공해줄 수 있다.

위탁기관은 초기단계에서 제도 전반의 효과성에 대해, 그리고 PbR의 공급 체계에 미치는 임팩트를 어떻게 평가할 것인지를 계획해 알릴 필요가 있다. 바람직한 평가는 위탁기관이 사업시행 이전 단계에서 강력한 반사실(counterfactual) 모델을 구축하는 것이다. 반사실 모델로 성과를 모니터링하는 사례는 많지 않은데, 예를 들면 법무부의 피터보러(Peterborough) SIB, 외교부 국제개발처의 소녀교육챌린지(Girls' Education Challenge) 등의 반사실 모델을 참고해볼 만하다. 제도에 대한 평가 실패는 PbR의 효과성 관련 증거 데이터 수집을 실패하는 것이다.

표 3-8 영국 PbR의 디자인, 시행, 평가

핵심 과제	위탁기관의 목표	모범 사례 예시
적합성: PbR을 서비스 전달에 이용할 것인가?	PbR이 최고의 가치를 제공하는 모델일 때만 위탁기관은 PbR을 선택한다	위탁기관의 PbR 이용 결정은 다음에 근거한다. • 분명하게 정의된 프로그램 목표 • PbR이 잘 이뤄지는 환경에 대한 충분한 이해 • PbR이 프로그램에 갖다주는 긍정적 혜택 • PbR 이용에 따른 전반적인 비용과 리스크, 그리고 디자인을 통한 리스크 완화
디자인: 효과적인 PbR 디자인을 어떻게 할 것인가?	PbR 디자인 이전에 운영 환경에 대한 시각을 개발해 성과에 대한 확고한 기대치를 설정한다.	위탁기관은 다음에 대한 이해를 갖춘다. • 서비스 이용자와 수혜자 및 그들의 욕구 • 서비스 전달사슬 • 전달, 재정 리스크와 전달사슬에서의 배분 위탁기관은 다음과 같은 PbR의 임팩트에 대한 기대를 가진다. • 전반적인 서비스 성과 • 개인 이용자의 결과 위탁기관은 다음을 고려해 PbR 메커니즘을 디자인한다. • 프로그램 목표를 측정가능한 결과로 전환 • 시행기관에 적절한 인센티브 제공을 위한 지불제 설계 (최고의 결과에 최대의 지불을 매치) • 시행기관의 기본 비용을 반영한 지불.
실행: PbR을 효과적으로 실행하기 위한 조건은 무엇인가?	위탁기관은 시행기관의 성과를 모니터링하고 시행기관의 공공서비스 제공 실패 임팩트를 최소화하기 위해 확고한 관리와 감독 체계를 구축한다.	보고된 성과를 독립적으로 검증할 수 있는 성과데이터 시스템이 필요하다. • 결과 달성과 지불이행 사이의 지연을 최소화 • 제기된 리스크 파악 및 리스크 완화 위탁기관은 모든 협력기관들이 각자의 책임을 명확하게 인지하고, 성과미달에 이해를 갖추고 이를 즉각 조치한다.

평가: PbR의 효과성을 어떻게 평가할 것인가?	위탁기관은 PbR을 이용해 서비스 전달과 전반적인 금전 가치를 개선했는지를 평가한다.	위탁기관은 디자인 초기 단계부터 PbR의 효과성 평가의 당위성을 인지해 디자인 단계에 필요한 요소들(기초선 및 적절한 반사실 등)을 포함시킨다. 평가는 PbR 모든 기간에 걸쳐 반복적인 서비스 개선에 활용되며 또 종말에는 학습의 교훈을 파악하기 위한 것이다. 평가는 PbR 메커니즘 전반과 효과성 모두에 적용된다.

자료 National Audit Office(2015: 10).

표 3-9 결과기반의 지불제: 위탁기관, 시행기관

가능한 위탁기관	가능한 시행기관	PbR 지불 유형	PbR 지불제 아닌 유형
1) 중앙정부 기관 2) 지방정부 기관	1) 민간부문: 재정 리스크 부담 역량이 되는 대형기관 2) 제3섹터: 1차 보다는 2차 하청기관(소형 전문가 기관) 3) 공공부문: 지방정부 또는 타국 정부	1) 개인 참여자별 성과에 대한 지불 2) 참여자 집단 전체의 성과 목표치 달성에 대한 지불	1) 참여자 모집에 소용되는 시행기관에 대한 선불 비용 2) 서비스의 특정 부분의 전달에 대한 지불(서비스 비용)

자료 National Audit Office(2015: 13).

(4) 결과지불 단계별 체크리스트

한편 미국의 교육부가 제시하는 결과지불(PFS) 개발을 위한 단계별 체크리스트를 참고할 만하다. 첫째는 실행가능성을 세밀하게 체크한 다음, PFS 거래를 구조화하며, 실행에 앞서 준비점검을 시행하는 단계를 거치는 것이 바람직하다.

첫 단계 '실행가능성' 점검에서는 PFS가 타깃 집단의 특정한 문제 개선에 재정을 지원하는 접근법이 타당한지를 검토한다. 실행가능성 검토 단계에서는 특정 기간에 걸쳐 특정 지역사회의 타깃 집단을 위한 재정지원에

표 3-10 미국 결과지불(PFS) 단계별 체크리스트

1. 실행가능성(Feasibility) • 추구하는 결과, 특히 서비스 대상인구 파악 • 지역사회 욕구, 자산, 역량 사정 및 타깃 인구 파악 • 특정 인구 지원에서 또는 특정 사회적 이슈 해결에서 방해 또는 문제점 파악한 다음 개입이 없는 상태에서 발생하는 전체 비용 결정 • 바람직한 결과를 달성할 수 있는 증거기반의 개입방안 파악 • 가능한 개입으로 달성될 수 있는 잠정적인 공적 가치 및 비용절감 추정치 계산 • 비용혜택 분석(cost-benefit analysis) 완료 • PFS 프로젝트 시행에 대한 이해관계자의 의지와 역량 결정 • 결과 측정이 달성되었는지를 결정하는 강력한 평가 방법론 개발 • PFS 시행에 문제가 되거나 지지적인 조건들이 있는지를 결정하는 관련 법과 규제 분석 • 재정지원의 소스 파악
2. 거래 구조화(Transaction Structuring) • 파트너들에게 전반적인 PFS 조정과 지원 제공 • 자본 유치와 자본 구조 개발 • 프로젝트 파트너들 사이의 계약 조건과 규정에 대한 합의 조정 • 프로젝트와 평가 디자인 연계 조율 • 비용절감과 비용회피 차원의 정부 재정지원 지출에 대한 결과 측정치의 달성 임팩트 경로 파악 • PFS 프로젝트 완성 및 시행기관에 핵심 정보 전달 허용 • 시행에 필요한 활동 지원
3. 실행(Implementation) • 개입의 전달 • 결과 측정치가 달성되고 지불이 이뤄질 것인지를 결정하는 독립적인 평가 시행 • 결과가 달성되면 투자자에게 지불, 달성되지 않으면 투자자에게 지불 안함 • 프로젝트가 성공했는지, 교훈이 무엇인지에 대해 최종 보고서 준비

자료 U.S. Department of Education(2017: 12-13).

PFS 이용이 적절한지, 이에 관한 연구 보고서가 필요하다. 실행가능성 연구의 최소 요건은 다음과 같다(US DOE 2017: 3).

- 타깃인구의 욕구와 개입에 관한 프로젝트 디자인. 개입에서는 타깃 인구에 대한 개입의 성공을 지지하는 증거, 개입이 시행되면 해결해야 하는 문제, 그리고 법률적, 규제적 조건, PFS 시행에 따른 장애요인 등이다.

- 프로젝트가 성공해 결과지불이 이뤄지는 하나 이상의 구체적인 측정가능한 결과들.
- 서비스와 결과 지불의 예측 측면에서 비용절감이 가능한지를 파악하는 비용혜택분석,
- 결과가 달성될 수 있는지를 평가하는 예상 계획.
- 결과지불의 잠정적 소스로서 정부기관 또는 다른 기관.

2) 결과지불제의 적용

(1) 결과지불제의 적용조건

공공 서비스 전달 체계를 결정하는 정부 위탁기관은 재가 진달, 서비스지불 아웃소싱, 결과지불(PbR)을 고려해볼 수 있다(National Audit Office 2015: 14). 위탁기관은 프로젝트에 활용될 수 있는 각각의 대안들의 장단점을 비교해 선택하는 전략을 추진할 수 있다. 그런 다음에 선택한 대안에 관한 필요성 또는 당위성을 제시한다.

일반적으로 PbR을 선택해 프로그램의 목표 달성에 따라 공공자금을 지불하는 방식의 정당성 근거는 전달 체계의 선택으로 감시가 공개되는 투명성이 있고, 또 PbR을 이용해 결과에 바람직한 효과를 창출했는지를 평가하기가 용이하다는 점이다. 또한 언제, 어떻게 PbR을 이용하는 것이 바람직한지, 장래의 정책과 프로그램 결정에 중요한 정보를 제공해준다.

PbR이 가장 잘 작용되는 조건들을 파악하기 위해 위탁기관은 다음에 관한 유용한 증거를 갖출 필요가 있다. 첫째는 PbR이 가장 잘 작용되는

상황에 대한 이해, 둘째는 다른 대안에 비교되는 PbR 이용의 혜택, 셋째는 PbR 제도 디자인의 과제 등이다(앞글: 17-18).

표 3-11 PbR 적용이 가능한 서비스의 특성

명확한 전반적 목표: 이 목표를 측정가능한 결과 세트로 전환시키는 역량	잘 정의된 측정가능한 결과는 시행기관의 성공 수준의 투명성을 높이고 위탁기관의 프로그램 모니터링과 결과지불 계산이 가능하다.
명확하게 지정된 대상층/인구	제도 시행 전에 위탁기관은 타깃 대상 개인들을 파악해, 개입의 임팩트를 추적한다.
시행기관의 개입의 결과를 명확하게 파악하는 역량	위탁기관은 바람직한 결과를 생산한 시행기관의 진정한 기여에 정당한 지불을 한다는 확신을 가진다. 경제적 상황 등의 외부요인들이 결과의 변화 요인이면 PbR은 적절한 제도가 아니다.
기본 성과치를 제시할 수 있는 데이터의 유용성	위탁기관은 PbR의 임팩트를 파악하고 효과적인 재정적 인센티브를 제시하기 위해 시행 이전에 기초선 성과 수준을 결정한다.
적절한 반사실 모델을 구축	위탁기관은 PbR의 효과성을 결정하기 위해, PbR의 추가적인 임팩트를 이해하기 위한 명확한 반사실을 이해한다.
서비스 공급의 성과 미흡이나 실패에 대한 용인	위탁기관은 서비스 제공 실패가 공공 안전이나 위탁기관의 명예에 미치는 부정적 영향을 줄 수 있는 필수 서비스에 대한 더 면밀한 통제를 한다.
비용과 리스크 부담을 안고 계약을 체결할 시행기관의 존재	시행기관이 입찰에 응하지 않으면 위탁기관은 계약 체결을 실패하게 된다.
재정적 인센티브에 대한 시행기관의 호응	재정 인센티브에도 불구하고 시행기관의 동기유발이 되지 않으면 위탁기관은 PbR이 서비스 전달 메커니즘으로 적절한지를 의심해야 한다.
시행기관의 서비스 전달 비용 추산이 가능하게 하는 현황에 관한 충분한 증거	결과 달성에 효과적인 활동에 관한 확고한 증거가 존재하지 않으면 시행기관은 목표달성 활동에 투입되는 비용을 추산할 수 없으며, 위탁기관은 계약의 금액을 추산하기 어렵다.
시행기관의 개입과 결과의 증거 사이의 비교적 짧은 갭	시행기관이 선불 비용으로 추진하는 프로그램 개입과 성공적인 결과에 대한 지불 사이의 갭이 길어지면 PbR은 매력적인 방안이 아니다. 그 갭이 길어지면 시행기관은 PbR 대신 서비스 비용제(fee for service)를 선호하게 된다.

자료 National Audit Office(2015: 18).

(2) 결과지불의 혜택과 혜택의 사례

결과지불제(PbR)가 주는 혜택은 다양하다. 프로그램의 비용효과성을 비롯해, 혁신과 결과 초점, 리스크 전환, 이용자 호응, 책무성 등을 사례를 통해 살펴볼 만하다.

표 3-12 PbR의 혜택과 혜택의 사례

PbR의 혜택	혜택을 주는 PbR 사례	혜택이 검증되어야 하는 사례들
비용효과성	Work Programme의 2014 평가에서 이전의 Work Programme과 유사한 수준의 성과가 나타났는데, 비용은 전체의 2% 적은 4,100만 파운드 절감 효과가 있었다.	위기가정 프로그램의 비용효과성에 대한 검증은 난해했다. 관련기관(DGLG)은 정부재정의 절감이 가족당 11,200파운드로 추산하지만 이는 프로그램 개입 비용이나 비개입 비용을 감안하지 않은 것.
혁신	피터보러 교도소 SIB 평가결과는 다른 재정지원 방안보다 융통적이라, 혁신과 민관 공조의 성과가 있었다.	Work Programme의 2014 평기에서 1차와 2차 시행기관 차원에서 서비스 디자인과 전달에서 혁신의 한계가 있었다. 시행기관들이 시행이 진행되면서 혁신의 융통성이 감소되었다고 보고.
결과 초점	위기가정 지원 프로그램의 결과 초점 전략으로 복합적인 문제에 직면한 위기의 가정에 대해 경찰과 사회서비스 등 다양한 서비스들이 결합되어 성과를 높였다.	일부 프로젝트는 결과보다 산출을 측정하는 문제가 있다. DFID의 탄자니아 말라리아 퇴치 프로그램은 말라리아 감소율보다는 침대 모기장 배포라는 산출에 기반한 지불제를 시행.
리스크 전환	Work Programme 계약으로 노동부는 프로그램 참여자 모집에 따른 리스크를 시행기관에 위임했다.	위탁기관은 성과미달의 리스크를 모두 책임지지는 않는다. 노동부는 Newcastle College Group의 Work Programme을 성과 미달로 취소시켰다.
이용자 호응	Work Programme은 1차와 2차 시행기관 모델을 갖고 있어, 2차 시행기관들은 소형, 전문가 중심으로 서비스 이용자들과 밀착해 사업을 시행해 성과를 올린다.	Work Programme의 2014 평가에서 전문가 중심의 2차 시행기관에 대한 위탁률이 낮게 나타났고, 일부 전문가 주도의 2차 시행기관들이 사업을 포기했다.

책무성	피터보러 교도소 SIB에서 위탁기관들은 시행기관들과 매달 정기 모니터링 회의를 통해 프로그램 진전도를 확인한다.	DFID의 해외원조 프로그램 등 일부 프로그램은 복잡한 전달체계를 갖고 있어 시행기관의 효과적인 책무성 제고에 한계가 있다.

자료 National Audit Office(2015: 20).

3) 결과지불 제도의 디자인

(1) 결과와 성과 기대치 설정

① 결과(outcome)의 정의

PbR은 개념 정의에서 시행기관에 대한 지불의 기초가 되는 합의된 결과의 달성에 초점을 맞춘다. 위탁기관은 정책 전반의 목표들에 부합되는 명확하고 측정가능한 결과들을 구체화시킬 필요가 있다. 그렇지 않게 되면, 위탁기관과 시행기관 모두가 프로그램의 개입에 따른 임팩트를 측정할 수 없는 리스크를 안게 되거나 또는 위탁기관이 정책 목표에 기여하지 않는 프로그램 개입에 대한 지불을 하는 실책을 범하게 된다. 탄자니아 말라리아 퇴치 프로젝트가 말라리아 퇴치라는 결과보다는 침실용 모기장의 공급이라는 산출에 기반한 비용 지불을 한 것은 결과지불제의 원칙에 기초하지 않은 정책 실패의 사례로 참고할 만하다.

그런데 결과지불제가 복수의 목표를 갖고 있는 경우 전반적인 정책목표에 대한 결과를 보장하는 것은 용이하지 않다. 예를 들면, 영국 지방정부의 위기가정 프로그램은 복합적인 문제를 가진 위기가정의 문제해결에 초점을 맞추는데, 결과지불제는 엄밀하게 정의된 국가 차원의 지표들(고용

확보, 무단결석이나 반사회적 행태 감소 등)의 성과에 기초해 지불한다. 2015년부터 확대된 위기가정 프로그램의 성과지표에는 지역 사정에 적합한 문제해결에 "상당한 그리고 지속적인 진전"을 달성한 경우에 지불하는 결과지불제를 시행한다(DCLG 2015: 10).

② 기대되는 '성과' 수준 설정

PbR 방안을 기획하는 위탁기관은 성과 수준을 사전에 설정해 계약의 효과성을 제시해줄 성과지표들을 설정해야 한다. 프로그램 개입 시작 전에 기존의 성과의 기초를 설정하는 작업과 동시에 개입이 없는 상태에서의 성과 수준(무개입율: non-intervention rate)을 예측할 필요가 있다. 위탁기관은 시행기관에 대해 무개입율 이상의 성취가능한 성과 기대치를 정의해둘 필요가 있다. 성과 기대치가 지나치게 낮은 경우 프로그램 시행의 개입이 없는 상태에서도 달성될 수 있는 성과에 대해 지불함으로써 예산낭비를 초래하게 된다. 반대로 성과 기대치가 지나치게 높게 설정되면 시행기관의 인센티브는 약화되어 심각하면 참여에서 배제되는 문제가 발생하게 된다. 따라서 위탁기관은 계약서에 약간의 융통성을 제시해 계획된 성과 기대치의 정확성에 관한 새로운 증거에 따라 융통적인 프로그램 실행과 결과지불을 하는 것이 바람직하다.

무개입율의 결정은 어려운 과제이다. 국제개발 원조를 시행하는 외교부의 경우, 대부분의 사업 현장에 관한 데이터가 부재한 상태라 PbR 계약에서 성과 기대치를 설정하는데 어려움을 겪는다. 탄자니아의 보건위생 PbR 프로젝트에서는 PbR 이용이 성과의 10% 증대 효과가 있을 것으로 추산하였지만, 보건위생 분야에 PbR이 처음 시행되어 증거데이터가 미흡하다는 점을 밝혔다.

반면에 데이터가 유용한 경우에도 위탁기관이 성과 기대치를 설정하는데는 많은 어려움이 따른다. 노동부의 Work Programme의 경우, 프로그램 개입 없이 일자리를 찾을 수 있는 참여자의 수로 추산한 무개입율을 28%로 설정하였고, 추가적으로 프로그램 개입의 임팩트가 되는 추가 임팩트(additionality)를 8%로 설정하였다(DCLG 2015: 24). 추가 임팩트는 참여자가 프로그램 12개월이 아닌 24개월 참여한 경우, PbR 방안을 이용한 경우, 시행기관의 서비스 전달 디자인의 자율성이 보장된 경우, 계약 지역에서 2~3개의 복수 시행기관들이 공모로 경합한 경우에 창출될 수 있는 추가 임팩트이다.

그럼에도 Work Programme 데이터는 완벽하지 않아 다양한 경제 시나리오에서의 성과를 모델링하지 않았다. 2012년 말까지 모든 Work Programme 시행기관들은 노동부가 설정한 최소수준의 성과 기대치를 충족시키지 못해 모두가 성과개선 플랜 대상이 되었다. 그런데 노동부가 무개입율을 과대평가해 설정해서 시행기관의 최소수준의 성과기대치에 대한 예측도 다소 낙관적이었다는 것이 Work Programme의 초기 수년간의 성과에서 나타났다.

(2) 긍정적 인센티브에 대한 지불의 보증

PbR을 디자인하는데 위탁기관은 먼저 시행기관에 대한 이해, 특히 순수형 PbR과 비PbR 지불제에 대한 시행기관의 반응에 대한 이해가 뒷받침되어야 한다. 또한 시행기관에 대한 인센티브를 제공할 수 있는 지불제의 구조를 갖춰야 한다.

① 시행기관에 대한 이해

위탁기관은 잠정적인 시행기관의 동기에 대한 이해를 통해 시행기관의 참여를 유도하는 인센티브를 파악할 필요가 있다. 일부 정부기관들의 결과지불제는 대형이나 소형 민간기관이나 정부기관 등 다양한 잠정적 시행기관들의 파악해두고 인센티브를 설정해 두고 있다. 그런데 대형 민간기관들은 수익 극대화를 추구해, 프로그램 개입과 지불 사이 기간에 필요한 운전자본을 적절히 갖추고 있는 특징이 있다. 이와 대조적으로 소형 자선기관의 경우 자선적 목표에 초점을 맞춰 운전자본이 취약하며, 리스크 부담이 적은 프로그램을 선호해 개입과 지불 사이 기간에 재정적 유지에 취약성을 갖고 있다. 또 계획된 목표가 달성되지 않으면 손실을 감당할 만한 역량도 취약하다. 위탁기관은 이같은 시행기관의 다양한 특성을 감안해, 결과지불제의 의도대로 계획된 성과를 낼 수 있는 시행기관을 물색하는 일이 디자인 단계부터 필요한 주요 전략이다.

② 순수형 PbR과 비PbR의 균형

PbR 계약은 계획된 결과가 달성될 때만이 전체 또는 일부 지불이 이뤄진다는 것을 의미한다. 이 점이 위탁기관에게는 프로그램 시행의 매력이 되지만 시행기관에게는 착수금 등의 선불이 필요한 상황에서 재정난을 겪는 리스크가 된다. 이같은 개입과 지불 사이 기간의 갭 때문에 복지공용 프로그램에서는 중도에 사업을 포기하는 소형 시행기관들이 적지 않다는 보고가 있다.

위탁기관은 어느정도 결과에 기반하는 지불을 하는 순수형 PbR이 필요한가? 프로그램 착수비 선불지급 또는 서비스 수수료(fee for service)를 부분적으로 이용할 것인가? 위탁기관은 전략적으로 접근할 필요가 있다. 노동부의 Work Programme의 경우 초기단계에 프로그램 착수금을 선불하다가 2014년부터는 폐지하였다. 반면에 법무부의 피터보러 교도소 SIB는 100% 결과지불제로, 착수금은 민간 투자자들이 선불하였다.

위탁기관이 전문성과 혁신성이 탁월한 중소형 비영리기관을 적절한 시행기관으로 고려하는 경우 순수형 PbR의 단점을 보충하는 SIB 등의 사회적 투자를 복합하는 복합(blending) 파이낸싱을 디자인해볼 수 있다. 사회투자자들은 금융수익을 추구하지만 사회적 목적을 갖고 사회적 임팩트가 있는 프로그램의 시행을 지원하는데, 최근 사회적 임팩트 투자(social impact investment) 시장은 활성화되는 추세에 있다.

③ 시행기관에 대한 적절한 인센티브 제공

PbR 계약 디자인에서 위탁기관은 시행기관이 공모에 응하도록 유도하는 적절한 지불제와 인센티브를 제시할 필요가 있다. 시행기관의 비용을 부담해주는 수준의 지불제를 설정하고 지불보증이 안 되는 경우 시행기관의 서비스 전달에 소요되는 비용의 재정적 리스크를 부담해주는 추가적인 비용을 제시해줄 필요가 있다. 위탁기관의 입장에서는 시행기관이 무개입비율 이상의 성과에 대해서만 지불을 받는 것으로, 결과에 대한 포상으로 간주하게 된다. 그럼에도 무개입비율이 정확하게 추산되기 어렵고 또 시행기관에게 결과지불제가 매력적이지 못해 공모에 나서지 않을 수도 있다. 위탁기관이 판단하는 지불수준이 시행기관의 비용과 리스크 인식 수준과 매치되지 않은 경우는 흔하다.

④ 부정적 인센티브 회피

정부기관들이 일반적으로 이용하는 PbR은 사회문제 해결에 집중되어 있지만, 해결방안들은 직접적인 처방이 되지 못하고 있다. 대부분의 프로그램에서 도움을 제공하기 쉬운 대상층을 일부 서비스 이용자로 참여시키고 있다. 이 때문에 이용자 집단의 특성에 따라 시행기관의 프로그램 비용의 차이가 두드러지게 나타난다. 시행기관들의 합리적인 행태는 쉽게 도움을 줄 수 있는 대상층을 참여자로 삼아 비용과 노력을 절약해 성과를 높이는 행태가 된다. 위탁기관은 이같은 부정적 인센티브 방지에 관리 감독을 강화해야 한다.

특히 결과지불 디자인에서 다양한 대상층별로 다른 지불 수준을 책정해둘 필요가 있다. 외교부의 Girls' Education Challenge 프로젝트는 취약층 여학생들을 대상을 하는 경우 더 많은 비용을 지불하도록 설계되었다. 또 노동부의 Work Programme 결과지불제 또한 성과를 내기 어려운 취약층이 대상인 경우 더 많은 비용을 지불한다. 그런데 2014년의 Work Programme의 취약층의 성과가 노동부의 성과 기대치에 미치지 못하는 문제가 발생했다. 인센티브제가 있음에도 취약층의 성과는 이루기 어려우며, 또 정부의 성과 기대치가 다소 높게 책정된 문제가 있었다.

4) 결과지불의 전략적 기획

결과지불(PFS)은 여러 단계 과정으로 개발되는데, 우선 비용효과성을 극대화하기 위한 최고의 전략적 기획에 의존한다. 정부는 전략적 기획 과정을 지원할 연구기관을 파악해야 한다.

(1) 전략적 기획 4단계

전략적 기획은 4개의 과정으로 되어 있다(Urban Institute 2015: 21-22).

- 대상인구와 비용,
- 타깃 문제 파악,
- 증거기반 솔루션 파악,
- 결과지불제 적합성 사정.

① 대상인구와 비용 파악

대상인구와 비용을 파악한다. 여기에는 두 가지 접근법이 있다.

- 종합적 접근,
- 특정 문제에 대한 타깃.

② 타깃 문제 파악

타깃 문제와 인프라 갭을 파악한다.

- 디지털 인프라(데이터와 지식 교환),
- 인적 자본(역량 부족),
- 사회 서비스(치료 또는 보장권).

③ 증거기반 솔루션 파악

이 단계는 문제해결을 위한 증거기반 프로그램 파악 그리고 프로그램

DB 기반의 시행 정보 파악이 핵심이다. 효과적인 프로그램에 관한 대규모의 경험적 증거기반이 구축되어 있지 않아서, PFS 프로젝트는 객관적으로 선택되어야 한다. 선택의 초점은 프로그램의 성공 가능성이지, 평균 치료 효과가 될 필요는 없다.

④ PFS 시행가능성 사정

PFS가 파악된 증거기반의 솔루션을 시행하는데 최상의 방법인지를 결정한다.

- PFS가 솔루션에 재정지원을 할 수 있음.
- PFS 자체가 솔루션이 될 수 있음.
- PFS는 비효율적일 수 있음.

표 3-13 PFS 재정지원 프로그램 평가 요건들

a) 측정가능한 결과: PFS 프로그램은 분명한 합의된 결과치를 기준으로 평가될 수 있는가? 그렇다면 PFS 프로그램은 분명한 측정가능한 결과를 갖고 있다.
b) 데이터 유용성: PFS 프로그램에 관한 적합한, 완전한 데이터 수집이 가능한가? 그렇다면 프로그램 데이터는 이미 분석에 적합한 포맷으로 수집되어 있거나 또는 수집을 위한 충분한 자원이 유용하다.
c) 확고한 평가 방법: PFS 결과들이 강력한 연구방법으로 확고하게 측정될 수 있는가? 그렇다면 PFS 프로그램은 RCT 실험으로 또는 두 집단의 차이를 통제한 상태에서 두 집단을 비교분석 방법으로 평가된다.
d) 규명가능한 비용: PFS 프로젝트가 해결하려는 목표가 되는 이슈와 관련된 정확한 비용이 파악되는가? 그렇다면 '일상적인 문제'와 프로그램 운영 사이에 관련된 비용이 확실하거나 이미 규명가능한 것이다.
e) 증거기반: 제안된 PFS 프로그램이 성과 목표로 달성할 수 있는 증거기반을 갖고 있

> 는가? 그렇다면 프로그램은 성과 목표를 달성할 수 있다는 확신을 제시하며, 동료 집단 연구를 포함한 강력한 연구기반을 갖고 있다.

자료 Urban Institute(2015: 22).

④ PFS 시행가능성 사정

PFS 재정지원 프로그램은 정부, 투자자, 대상 인구를 보호하기 위해 프로젝트 안전장치를 갖춰야 한다.

a) 치료 안전장치: 프로그램은 보충적인 서비스를 제공하는가?
b) 예방에 초점: 프로그램은 부정적인 결과를 예방하는데 초점을 맞추고 있는가?
c) 민관 파트너십: 공공, 민간, 비영리 운영의 복합체가 PFS 시스템에 통합되어 있는가?
d) 자본의 보충: PFS 재정구조는 공급미달의 서비스에 자본을 투입하고 있는가?

(2) PFS 구조 개발 5단계

이상의 전략 기획을 마친 다음은 PFS 구조를 개발하는 5단계를 순차적으로 진행한다(Urban Institute 2015: 31-40).

그림 3-2 PFS 구조 개발 5단계

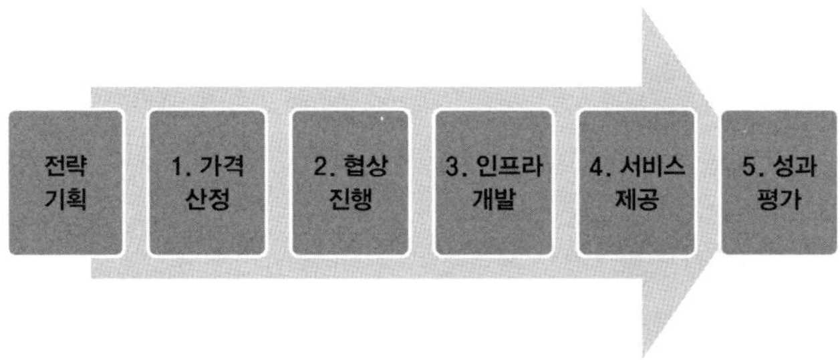

① 가격 산정(Price the Product)

비용혜택분석(CBA)을 이용해 다음을 결정한다.

- 서비스 인프라와 자본 수요,
- 성과 타깃,
- 프로그램 성공의 가능성 (예: 수익률),
- 정부의 비용절감,
- 메타-CBA로 최상의 추정치 제시.

② 협상 진행(Make the Deal)

- 투자자, 시행자, 정부기관 파트너 파악
  - PFS 계약 협상
  - 모든 파트너 서명
- 개입 전달체계 인프라가 충분한지를 결정
  - 비영리기관은 핵심 사법시스템 시행기관

- 프로젝트 관리와 인센티브 구조 결정
  - 프로젝트 서비스 부문의 프로젝트 관리방안 마련
  - 서비스 시행기관을 지원하는 프로젝트에 다른 성과 인센티브제가 활용될 수 있는지를 결정.

③ 인프라 개발

- 서비스 인프라 개발(스탭 지식과 IT),
- 프로젝트가 새로운 인프라 구축이나 기존의 인프라 개선이 필요한지를 결정.

④ 서비스 제공

- 타깃 대상층에 서비스 제공,
- 중간지원기관은 프로그램 모델에 대한 신빙성을 검증,
- PFS 계약이 안전장치가 되어 서비스 전달을 방해하지 않는다.

⑤ 프로그램 평가(Evaluation)

- 프로그램 평가 및 성과결과 결정
  - 지방조직이 평가를 수행할 것인지를 결정,
  - 평가 투명성을 개선하는 방안 탐구.
- 초기의 평가로 RCT 실험이 최고의 디자인
  - RCT 실험은 사법 분야의 운영현황에 대한 지식을 구축,
  - 평가비용은 평가 디자인이 아닌 데이터 유용성에 의존.

5) 결과지불 모니터링과 평가

(1) 시행기관의 성과 모니터링

효과적인 데이터와 모니터링 시스템은 성취된 결과에만 지불을 한다는 것을 보증한다. 또 미흡한 성과나 서비스의 질이 파악되어 위탁기관이 성과 이슈를 즉각적으로 파악할 수 있게 해준다(National Audit Office 2015: 24-25).

① 결과지불을 위한 데이터 수집

위탁기관은 정확한 지불을 하기 위해 프로그램의 결과 수치와 참여자 수에 관한 정확하고 신뢰할만한 정보를 필요로 한다. 또 위탁기관은 지불에 앞서 보고된 성과를 검증하는데 필요한 검증방법을 검토해야 한다. 개발도상국 현장에서는 프로그램 성과와 관련된 데이터 수집이 용이하지 않은 상황에서는 시행기관이 데이터를 제공하도록 요구한다. 시행기관이 제시한 결과 데이터들을 바탕으로 강력한 결과측정을 한 다음에 적절한 지불을 하는 절차를 따른다.

연구진이 주요 기관의 상황을 점검한 결과, 위탁기관은 일반적으로 프로그램 시행 이전에 확고한 성과 모니터링 시스템을 갖추지 않은 것으로 드러난다. 프로그램 시행을 서둘러서 발생하는 문제이다. 피터보러 교도소 SIB의 경우, 효과적인 데이터 공유가 교도소와 경찰 컴퓨터 사이에 잘 이뤄지지 않아 문제가 있었다. 시행기관이 임시적인 프로그램 운영에 필요한 정보를 수집하기 위해 임시적인 방안을 개발할 수밖에 없었다.

② 시행기관 성과 모니터링

위탁기관은 성과 미달이나 시행기관의 비합리적 행태 등에 관한 조기 경고를 받을 수 있도록 양질의 성과 정보를 필요로 한다. 성과 정보를 통해 위탁기관은 공공 자금의 효과적인 사용으로 금전 가치를 높인다는 정보를 의회와 국민에게 공시할 필요가 있다. PbR은 위탁기관이 시행기관으로 리스크를 전환하게 해주며, 시행기관은 서비스 전달에 필요한 착수금 투자 리스크를 안게 된다.

그럼에도 PbR이 모든 리스크를 전환하도록 하지는 않는다. 시행기관의 서비스 질이나 전달방법에 대한 공공 비판이 제기되면 위탁기관의 명예를 손상하는 리스크가 따른다. 시행기관이 중도 포기하거나 계약 위반으로 프로그램을 실패하게 만드는 경우는 특히 그러하다. 노동부의 경우 Work Programme 시행기관들의 서비스 전달의 질을 모니터링 하는데 어려움을 겪고 있다. 1차 시행기관이 자체 최소수준의 서비스 기준을 설정해 두면, 노동부는 그와 관련된 212개 기준의 진행을 추적하는 난관에 처해 있다. 2013년 노동부는 계약 단위별로 서비스 질의 모니터링을 표준화하는 14개의 표준화된 질적 측정을 제시하였다.

(2) 결과지불 평가 디자인

결과지불(PFS) 디자인은 프로그램에 따라 평가 디자인이 적용될 수 있다. 미국 교육부가 제시하는 세 가지 디자인의 특징을 참고할 만하다(US DOE 2017).

표 3-14 PFS 3가지 평가 디자인

평가 유형	정의	비교집단 사례
실험적 exprimental 디자인	유사한 상태의 개인들을 프로그램 개입 집단, 비교집단으로 비교.	유치원 연령의 아동 수가 유치원 배정 수보다 많은 경우 무작위 선택(random lottery)된 유치원 배정 집단(개입 집단)이 그렇지 않은 비교집단으로 양분된다. 두 집단이 가족이나 다른 선호 요인보다 찬스에 의해 결정된 것이므로 양집단의 아동의 교육 결과의 차이는 유치원 교육의 영향에 대한 가장 신뢰할 만한, 유의미한 지표가 된다.
준실험적 quasi- experimental 디자인	주요 측면에서 치료집단과 유사한 비교집단을 파악해 실험적 디자인에 근접한 비교연구 진행.	같은 학군의 고등학교들이 (학생 동태와 재학생의 평균 8학년 성적의 기초에서) 밀접히 매치되어 고교의 절반은 새로운 CTE 교과를 시행하는 집단에 해당된다. 새 CTE 교과에 참여한 학생들이 통제집단, 기존 CTE 교과에 있는 학생들이 비교집단이 된다.
벤치마크 benchmark 디자인	학생에게 미친 개입의 결과를 확인하지 않은 채 합의된 벤치마크에 달한 학생수 확인.	비교집단 없이, 3학년 독해 개입에 참여한 학생들의 학년말에 독해 사정에서 양호 결과를 가진 학생의 수가 성공적인 결과로 간주된다.

자료 U.S. Department of Education(2017: 10).

(3) 프로그램 효과성 평가

PbR 평가는 두 가지 유형으로 구분될 수 있다. 하나는 개별 PbR 평가는 목표 달성에서의 효과성을 평가하는 것이며, 다른 하나는 전달체계로서의 PbR의 효과성을 다른 대안들과 비교하는 것이다.

① 전달체계로서의 PbR 평가

PbR과 같이 효과성에 관한 기존의 증거가 거의 존재하지 않은 경우, 질적 정보를 수집해 공유하는 것이 중요하다. 통제집단의 형태로 사후가정 방식의 반사실에 비교해 성과를 평가해 서비스 전달체계로서의 PbR의 효과성에 관한 강력한 증거기반을 구축할 수 있다. 또 평가에는 PbR을 이용함으로써 혁신, 비용효과성 또는 책무성 증대 등 기대된 혜택이 창출되었는지를 파악해볼 수 있다. 그런데 일부 사례만이 반사실에 대비한 성과를 모니터링한 것으로 나타난다. 피터보러 SIB 사례, Girls' Education Challenge 사례 정도에 불과하다.

표 3-15 비교집단의 상대적 장점

비교(통제) 집단	코멘트	사례
유사 특성의 통제집단 (다른 서비스전달 방식 의존)	강력한 비교집단: 다른 대안에 비교된 PbR의 효과성을 제시한다.	북우간다의 보건 PbR은 다른 대안(약물, 인력 지원)의 결과와 비교.
유사 특성의 통제집단 (전혀 개입이 없음)	강력한 비교집단: 무개입의 결과와 비교된 PbR의 효과성을 제시한다. 반사실은 무개입율을 제시한다.	피터보러 SIB는 전국 차원의 출소자 비교집단과 비교한 PbR 성과를 제시한다.
모델된 반사실 (다른 서비스전달 방식)	보통수준의 비교집단: 다른 대안의 임팩트에 대한 비교는 모델링의 정교성, 데이터유용성에 의존한다.	르완다 교육 프로그램은 다른 대안으로 전달할 경우의 모델된 반사실의 비용과 혜택에 기초해 성과평가를 한다.
무개입율 추산 (개입없이 이뤄진 비중)	보통수준의 통제집단: 무개입율에 대한 비교는 데이터와 가설의 정교성에 의존한다.	Work Programme의 낙관적인 무개입율은 검증되지 않은 경제상황에 대한 가정에 기초했다.
PbR 개시 시점의 성과 기초	약한 비교집단: 기초선 성과에 대한 비교는 개입없이 어떤 일이 일어날 것인지 그 임팩트를 알 수 없다.	돈캐스터(Doncaster) 교도소 PbR은 2011년 개시되면서 2009년의 재범율에 비교한 성과를 제시하였다.
위탁기관의 성과 기대치	약한 비교집단: 성과 기대치는 위탁기관의 가정에 의존한다.	노동부는 Work Programme 성과 기대치가 지나치게 높다고 인정하였다.

자료 National Audit Office(2015: 27).

② 개별 PbR 방안 평가

정부의 주요 PbR 제도의 평가는 금전가치나 효과성보다는 집행에 초점을 맞추고 있다. Work Programme의 첫 두 가지 평가 또한 시행기관들이 어떻게 서비스 전달을 하는지, 전달체계에 초점을 맞춘 질적 연구에 기초하였다. 프로그램의 효과성에 관한 논의조차도 거의 없었다(National Audit Office 2015: 28). 세번째 평가는 시행기관들의 프로그램 운영과 위탁기관의 관리감독 등 다시 집행에 평가의 초점을 맞추었다. 그럼에도 일부 결과 분석이 있었는데, 지난 2차 평가와 비교해 참여자의 일자리 찾기가 늘었다는 정도로 결론을 내리고 있다.

한편 DCLG의 위기가정 프로그램은 2015년 말에 보고되었다. 이전의 2014년 보고서는 평가가 아니라 참여하는 가정의 일반적 특성에 관한 모니터링 데이터만을 제시하였다. 그럼에도 피터보러와 돈캐스터 교도소 프로그램들은 PbR 도입이 서비스 전달에 미치는 임팩트 등의 효과성을 평가해, 서비스 전달체계의 혁신 등의 혜택을 보고하였다. DFID의 프로젝트들은 어느 것도 최종 평가 단계에 이르지 않아 보고서가 나와 있지 않지만, DFID는 PbR의 임팩트와 효과성, 금전 가치 등이 포함된 평가 프레임워크를 제시하였다.

정부부처들은 개별 PbR 성과 데이터를 정기적으로 공시하고 있는데, PbR 메커니즘이 서비스 전달에서 얼마나 효과적인지를 세밀한 금전가치로 평가한 연구는 2014년의 Work Programme 보고서이다.

표 3-16 결과지불(PbR) 제도의 성과

프로그램	보고된 성과	비교집단 특성
Work Programme (노동부)	2014년 평가보고서는 보고된 성과는 이전 프로그램 수준과 유사하지만 비용은 4,100만 파운드 적게 투자되었다. PbR의 성과는 위탁기관 성과 기대치보다 낮았다. 2014년 보고서는 프로그램 참여를 완료한 참여자 결과가 개선되었다고 보고하였다.	선행 프로그램과의 성과와 비용 비교분석. 위탁기관의 성과 기대치와 비교. 비교집단 분석은 없음.
교도소 프로그램 (법무부)	두 교도소 모두가 재소자의 재범율 개선을 이뤘다. 피터보러 교도소의 첫 대상층의 경우 비교집단보다 8.4% 낮은 수준이지만 위탁기관의 성과 기대치(10%)보다는 낮았다. 돈캐스터 교도소의 첫 대상층의 경우 비교집단(2009년)에 비해 5.7% 낮은 수준으로, 계획된 5% 미만의 성과 기대치를 충족시켰다. 두번째 대상층은 3.8%로 이전의 성과보다는 높게 나타났다.	피터보러 교도소의 경우, 전국 비교집단에 비교. 위탁기관의 성과 기대치는 10%로 설정. 돈캐스터 교도소의 경우, 2009년을 기준으로 비교. 위탁기관의 성과 기대치는 5%로 설정.
위기가정 프로그램 (DGLG)	DGLG는 2015년 보고서에서 대상이 되는 위기가정 10만 5,671 가정이 위기에 벗어나 12억 파운드 이상의 잠정적인 비용절감 효과가 있었다고 보고했다. 152개 시행기관 중 57개가 대상 가정의 전환율 100%를 달성한 것으로 보고하였다.	2015년의 보고된 실적은 무개입율과의 비교나 비교집단과의 비교가 이뤄지지 않았다. 향후 평가에서 비교집단 비교가 이뤄질 예정이다.
국제개발 프로그램 (DFID)	프로그램은 시행중으로 아직 평가가 이뤄지지 않은 상태. 프로젝트별로 연간 보고서에 성과와 금전 가치에 관한 새로운 증거를 사정함.	

자료 National Audit Office(2015: 29).

6) 위기가정 프로그램(TFP) 사례

(1) TFP의 결과지불제

영국의 대표적인 결과지불 사례 TFP는 가정이 직면하는 거의 모든 문제들, 보건, 실업, 범죄, 아동복지, 등교거부, 가정폭력 등을 신속하고 효과적으로 해결하기 위한 '타깃 지원' 프로그램이다. 가족 구성원 전체가 직면하는 모든 문제를 한꺼번에 종합적으로 해결하기 위해 역량있는 헌신적인 키워커(key worker)를 배정하는 '전가족 접근'(whole family approach)이다.

그럼으로써 정부기관들이 별도로 사회서비스를 제공하며 발생하는 비효과적, 비효율적인 사일로(silos)를 해결하는 성과의 잠재력이 강하다. 2012년 카메룬 수상의 특별 지시로 시행되며 12만 가정을 대상으로 개시되다 다음해 대상가정이 40만 명으로 확대하는 전국 사업이다.

2016년의 중간평가로는 전국 차원의 의미있는 성과가 나오지 않았지만(Day et. al. 2016), 여러 지자체 사례들은 충분히 참고할만한 교훈들을 제시한다(Government Performance Lab 2017). 어느 지자체 TFP는 경찰과 긴밀히 협력해 아동 성폭력의 리스크에 대처하는 적극적인 '의뢰 시스템'을 시행한다. 또 다른 지자체 TFP는 지역 노동사무소에서 임시로 인력을 지원한다. 영국의 모든 지방정부는 중앙의 노동연금부와 협약으로 프로그램에 지방 노동사무소 인력을 지원한다. 150개 지자체에 307명의 임시로 파견된 자문관(advisor)이 세컨드(second) 제도로 활동한다.

표 3-17 영국 노동연금국 노동사무소 전문가의 위기가정프로그램(TFP) 자문

지자체 바킹과 다겐함의 노동연금국 노동사무소(JobCentre Plus) 직원 맥신 마틴은 이곳의 두 명의 고용전문가 중 한명으로 지역의 TFP 가정을 전담한다. 그녀는 지난 8년간 일하며 10~20분간 개인 고용상담으로 약 100건의 사례를 맡는다. TFP의 경우 '전가족 접근법'으로 20개 미만의 사례를 전담하며 보다 적극적인 고용 목표 달성을 지원한다.

자료 Government Performance Lab(2017: 8).

또 다른 TFP 사례는 가정폭력 안전 허브를 구축해 경찰, 가정폭력기관, 사회서비스 기관, 정신보건전문가들이 전날 밤의 가정폭력 문제를 신속히 해결하는 대응팀을 이룬다.

대상이 되는 위기가정은 다음 6개중 2개 이상에 해당되는 가정이다.

a) 범죄와 반사회적 행위에 연류된 아동과 부모,
b) 학교에 정기적으로 출석하지 않은 아동,
c) 도움이 필요한 아동(도움이 필요한 아동으로 파악 또는 아동보호계획에 근거한 아동),
d) 실직 상태 또는 금융 배제의 리스크에 있는 성인 또는 일자리가 없는 리스크에 있는 청년,
e) 가정폭력이나 폭행에 처한 가정,
f) 여러 보건 문제를 가진 아동과 부모.

참여하는 지자체는 '위기가정 결과계획'(TFOP)을 수립해, 이상의 6개 항목 각각의 문제해결을 달성하는 구체적인 결과 목표를 설정한다. 브리스

톨의 경우, '범죄와 반사회적 행동에 관여된 아동과 부모' 타깃 결과에는 다음이 제시되어 있다. a) 가족 누구도 지난 6개월 기간 범죄행위에 연류되지 않음, b) 가족 누구도 지난 6개월 기간 반사회적 행위에 연류되지 않고 또는 개인의 반사회적 행태 없는 결과로 완료됨, c) 프로그램 개시 6개월 이전에 비교해 이후의 6개월 동안 경찰 출동회수 60% 감소.

이상과 같은 결과를 달성한 지자체에 대해 중앙정부가 결과지불하는 방식이다. '지속적인 의미있는 진전'을 이뤄낸 가정의 수에 비례한 성과에 따라 지자체는 부분적인 보상을 받는다. 타깃 가정당 £1,000 착수금이 지급되며, 결과를 성공적으로 달성한 가정 당 결과지불금은 £800씩 보너스로 지급된다. 임팩트 측정과 평가를 위해 지역 대학과의 협업을 사업 초기부터 갖춘 지자체도 있다.

표 3-18 영국 뉴햄서 카운티의 위기가정프로그램(TFP) 평가

TFP 개시부터 햄프셔 카운티는 지역의 대학과 협업으로 지속가능성 계획의 일부로 프로그램 평가를 진행하였다. 카운티는 미래의 정책결정에 참고하기 위한 방안으로 프로그램 혁신에서 학습하기 위한 목적으로 모범 사례 파악에 평가 결과를 활용한다. TFP 원칙들을 문제에 직면한 개인들(홈리스, 약물중독자 등)에 확대 적용하는 다음 단계의 카운티 사업에 활용한다. 또 평가는 다양한 기관들이 비용절감을 측정한 결과를 제시할 것으로 기대된다.

자료 Government Performance Lab(2017:9).

(2) TFP의 결과와 임팩트

TFP는 최근 코로나 팬데믹 상황에서 특히 의미있는 프로그램 결과를 보여준다. 전체 대상가구 중 TFP가 목표로 달성한 '성공결과가구'전체가 2018년 9만 2,245가구에서 팬데믹 기간에 35만(2020년), 40만(2021년)을 넘어섰다. 또한 이들 중 '지속성공가구' 또한 2018년 7만 8천여 가구에서 2021년 36만 9,337가구로 급증한 것을 알 수 있다(그림). 지속적인 고용을 달성한 가구수 또한 의미있는 성장세를 보여주며, TFP의 의미있는 결과와 임팩트를 엿볼 수 있다.

그림 3-3 TFP의 결과와 임팩트: 2018~2021

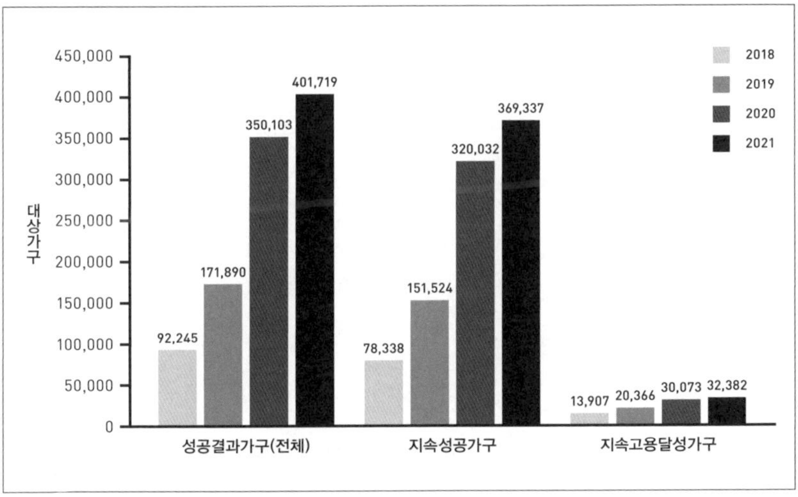

자료 Ministry of Housing, Communities and Local Government (2021: 11).

3. 결과지불의 개발협력

1) 결과지불과 DIB의 발전

개발협력에서 결과지불(Pay for Result, Pay for Success) 제도는 미국, 영국 등 일부 국가에서 오래전에 시행된 제도이다. 2013년 G8 회담에서 각국이 사회적, 개발 목표에 초점을 맞춘 개발임팩트채권(DIB: Development Impact Bond) 파이롯트 프로그램 시행에서 미국은 선도적인 역할을 하는 방안을 제시한다(주성수 2020a).

DIB의 핵심 요소들은 프로그램 시행과 결과에 대한 강력한 평가를 시행해 성공적인 결과에 대해서만 지불하는 것이다. 또 성공적인 모범 사례들에 관한 지식과 정보를 보급하기 위한 보고서 발간 작업이 있다. 이를 위해 미국은 다른 G7 국가들과 공조해 1억 달러 규모의 DIB 결과 펀드를 조성해 개발도상국들이 펀드 경쟁에 참여하도록 DIB를 활성화하는 접근법을 제시한다.

'결과지불' 방법은 영국에서 2013년 사회적 임팩트 채권(Social Impact Bonds: SIB)으로 처음 시행되었다. 사회적 이슈들에 대한 해결방안에 파이낸스를 제공하는 새로운 혁신적 방안으로 많은 주목을 받고 있다. SIB는 PPP(public-private partnership) 모델로 금융 모델의 혁신뿐 아니라 공공서비스 공급의 혁신에도 기여할 수 있다. 그럼에도 이 작업은 다소 복잡하고 구조와 시행에도 많은 시간이 소요된다.

SIB는 특히 공공기관, 재단 또는 기업들이 사회적 재화와 서비스를 공급하기 위해 위탁한 '결과지불' 방식이다.[5] SIB 위탁기관들은 보다 효율적인 방법으로 사회적 목표를 달성하기 위한 명확한 정책 우선순위를 설정해 두고 있다. 사회서비스 공급기관은 사회문제 해결의 실적을 갖고 있는 전문기관으로, 민간 투자자들의 투자 형식으로 펀딩을 제공받는다. SIB의 투자자들은 SIB 위탁기관이 기획한 결과를 성취함으로써 발생하는 수익을 얻게 된다.

감염률 감소와 같은 결과 또는 성과의 측정은 백신의 공급과 같은 산출(outputs)의 측정과는 크게 다르다. 독립적인 전문기관이 평가하는 결과의 측정으로 투명성을 확보하는 일이 중요하다. 투자자들은 합의된 결과가 달성되었을 때만이 투자수익을 받게 된다. 영국에서 시작된 SIB 모델은 미국, 호주 등지에 급속히 확산되는 인기 있는 모델이 되고 있다. SIB는 교도행정, 아동/가족 지원, 홈리스, 고용, 보건 등 다양한 분야에 걸친 사회적 문제들에 초점을 맞춘다.

한편 SIB 모델을 개발 영역에 응용한 DIB는 일부 원조기관들이 시행하는 새로운 임팩트 투자 모델이다. DIB 투자자들은 SIB에서처럼 사전에 설정된 사회적/개발의 결과 달성에 따라 수익을 얻는다. DIB는 혁신과 관련된 리스크를 대처하는데 공공부문보다 더 유리한 위치에 있는 민간 행위자들을 참여시켜, 프로젝트 시행의 질과 성공적인 결과의 공급에 초점을 맞춰, 전통적인 공여측 펀딩의 프로젝트 효과성을 개선하는 역할을 한다. 그럼에도 DIB 모델을 개발도상국에 적용시키는데는 적지 않은 문제들이 발생한다. 대표적으로 인도, 모잠비크, 우간다에서 시행중인 DIB 모델들

---

5 SIB에 대해서는 주성수(2017, 2020b)를 참고.

을 참고해볼 수 있다. 위탁기관은 지방정부보다는 국제기관이나 개발기관들이다.

영국의 외교부(DFID)는 2015년 전략문서 〈해외원조 효과성〉(2010 to 2015 Government Policy: Overseas Aid Effectiveness)를 통해, "원조에 새로운 '결과지불' 접근법을 시작했다"고 소개한다. 이는 '임팩트 투자' 접근법으로 2014년 "결과지불(Payment by Results)" 전략을 도입하면서, 개발임팩트채권(Development Impact Bond: DIB)을 비롯한 '개발임팩트투자' 프로젝트의 시행을 알렸다. 영국은 2010년 세계 최초의 국내 SIB를 시행한데 이어 2014년 개발협력 영역에서도 원조기관 DFID를 통해 세계 최초의 우간다의 수면병 예방을 위한 DIB로 개시하였다.

미국의 USAID 또한 DIB에 대한 많은 관심을 갖고 향후 임팩트 투자에서 DIB가 중요한 역할을 할 것으로 전망한다. 미국의 임팩트 투자에 대한 국가자문위원회(National Advisory Board 2014)의 보고서는 DIB의 전망을 밝게 내다본다. DIB는 SIB와 같이 개발 프로젝트의 성과 리스크를 민간부문에 전환시켜 개발 문제 해결에 효과적인 파트너십을 형성하는데 중요한 역할을 한다. DIB에서 민간 투자자들은 프로젝트의 선불 자본을 제공하고, 검증기관이 독립적으로 투명하게 모니터링과 임팩트 측정을 해서 계획된 목표를 달성한 결과에 대해 공여측이 지불하는 방식이다.

결과지불 유형은 DFID(2015b)의 〈결과지불의 평가 프레임워크〉 보고서에 소개되는데, 다양한 상황에 따라 다양한 혜택들이 생산될 수 있다는 '결과지불' 이론도 소개된다.

a) 결과에 의한 지불 계약에 명시된 인센티브로부터 생산되는 효율성과 효과성의 증진,

b) 투입을 명시하지 않는 방식으로 서비스 전달에서의 혁신과 융통성에 대한 잠재력의 증대,

c) 결과에 대한 투명성과 책무성의 증진과 성과에 강한 역점,

d) 개입으로 생산되는 금전가치(value for money) 증대.

2) 보증과 양허적 융자

앞서 결과지불의 방식에서 비교한 것처럼 결과지불(PFS 또는 PbR)과 비교되는 양허적 융자와 보증을 비교하면 다음과 같다.

(1) 양허적 융자

결과지불의 한 방식이 되는 '양허적 융자'와 같은 투입 보조금제는 보증보다는 조금 양호한 편이다(Urban Institute 2015: 17). 프로젝트 선정에서 발생하는 도덕적 해이가 비교적 낮은 편이며, 프로젝트 관리가 좀 더 양호하다는 평가를 받는다(표 3-19 참조).

표 3-19 OPIC의 케냐 교육 개선 결과지불 프로젝트(Bridge Int'l Academies)

2013년 OPIC는 Bridge Int'l Academies에 1천만 달러의 양허적 융자를 시행하였다. 빈곤층 자녀들의 교육비용을 획기적으로 낮추며 양질의 교육을 제공하기 위한 임팩트 투자다. OPIC는 시장가 이하의 이자율로 융자를 제공했는데, 미국 재정국채(treasury bills)의 이률을 적용한 4% 정도의 이자율이다. 은행에서 융자를 받으면 연간 10% 이자가 적용되는 것에 비하면 저렴하다.

일인당 월 평균소득 60달러가 안 되는 케냐 지역에서 학생 일인당 월 6달러의 비용으로 양질의 교육 프로젝트를 하겠다는 Bridge의 혁신적 처방에는 이같은 낮은 이자의 융자뿐 아니라, 비용절감 혁신, 새 건축 대신에 기존의 건물 사용, 교재 개발의 교과 운영, 면밀한 성과 모니터링 등이 뒷받침되었다. OPIC가 융자와 함께 IFC와 세계은행의 지분 투자(equity investment) 1천만 달러 그리고 영국 개발금융기관 CDC 600만 달러를 통해 전체 2,600만 달러가 프로젝트 가치로 조성되었다. 융자기간 10년에 걸쳐 237개의 학교가 더 운영되며 30만 명의 아동들이 혜택을 받게 된다.

OPIC가 선택한 양허적 융자는 시행사 Bridge가 어떤 활동을 하든, 학생 등교율 개선이나 교육 성과개선이나 어떤 일이든 결국 비용 절감을 하도록 한다. 그런데 등교생 수에 기초한 결과지불제가 되면 사회적 혜택에 가장 근접하는 성과에 대한 지불제가 이뤄져, 적정 비용에서 접근 가능한 효과적인 교육이라는 사회적 혜택이 추구될 수 있다. 보증이나 보조금 융자는 프로젝트 경쟁력을 상실하게 만든다. 보조 융자금은 실제로 Bridge에 제공되었는데, 이것보다는 양질의 교육을 받은 학생들에게 연간 2.58 달러를 지불하는 결과지불제를 선택했더라면 Bridge가 아닌 다른 다수의 경쟁사들이 다양한 비즈니스 모델로 디자인하는 다양한 운영방식들이 경합하는 혁신이 일어났을 것이다.

OPIC가 Bridge에 제공한 양허적 융자는 Bridge의 사업 확장을 위한 임팩트 투자였지만 혁신과 시장의 투자를 차단시킨 취약점을 노출하였다. OPIC는 부분적으로 중요한 타깃팅 보조금제를 시행하였다. 남자 아동보다 여자 아동의 수학, 농촌 아동에 대한 프리미음이 그것이다.

자료 Urban Institute(2015: 21).

(2) 보증제가 유용될 수 있는 사례

보증이나 보조 융자제와 같은 비용으로 더 임팩트가 큰 성과를 낼 수 있는 것이 결과지불제이다. 투자자에 대한 가치있고, 긍정적인 인센티브를 제공하는 효과가 중요하다. 그럼에도 다음의 세 가지 상황이 보증이나 보조 융자 등의 투자 리스크 완화 방안들이 결과지불보다 비용효과적이고 유용한 대안이 될 수 있다(Urban Institute 2015: 22).

첫째는 '보호비 명목의 금품을 요구하는' 외부경제(protection racket externality) 때문이다. 일부 투자자들은 막강한 국제기관의 리스크 보증에서 발생하는 독특한 긍정적 외부경제의 혜택을 받을 수 있다. Bridge 학교가 지방정부의 불법적인 수용을 당하게 되는 만약의 경우에서는 정치적 리스크 등이 발생할 가능성이 있는 것으로, 보증이나 보조 융자 방안이 바람직할 수 있다.

둘째는 정보의 비대칭(information asymmetries) 문제가 발생하는 경우이다. 개인 투자자는 리스크를 체계적으로 지속적으로 과대 평가하고 공공기관은 그렇지 않은 경우, 보증을 제공하는 공공기관이 부담하는 기대비용은 민간 투자를 확대하는 다음 방안들의 기대비용에 비해 낮을 수 있다. 그런데 민간 부문이 체계적으로 리스크를 과대 평가하는 실수를 하고 공공기관이 더 잘 평가한다고 믿기는 어렵다.

셋째는 약속이행 메카니즘이다(commitment mechanism). 공공기관은 보증을 활용해서 민간 정보를 공개하거나 자신들의 특정 행태의 이행을 미리 알리기도 한다. 투자자의 입장에서는 공공기관이 자신들에게 해가 되는 규제를 변경시킬 수 있다는 리스크를 갖게 될 수 있다. 공공기관은 규제 변경 의도가 없다고 설득시키기 위한 방안으로 규제 변경에 따른 손실을 대한 투자 보증을 하게 된다. Bridge 사례의 경우, 지방정부가 학교에 정기적으로 식수나 전기를 공급할 것을 약속한다. 그렇지 않게 되면 위탁기관이 Bridge에 결과지불을 하지 않는 구조이다. 개도국 정부가 보험 계약을 하도록 해서 서비스 공급이 불충분한 수준이며 민간 투자자에게 계약에 따른 지급을 하도록 하자는 제안도 있다.

3) RBF, RBA, DIB

결과기반, 성과기반의 지불 방식은 개발협력에서는 이제 보편적 동향이 되고 있다. 전통적인 증여 중심의 금융지원 방식이 새로운 패러다임 이동을 하고 있는 것이다.

(1) 결과지불 메카니즘

결과지불(PbR) 메카니즘은 결과(질병 감소) 또는 산출(백신 공급)에 대한 조건부로 일정한 지불을 하는 제도이다. 그런데 일부 PbR은 투입(병원에 백신 공급)에 펀딩의 일부를 제공한다. 모든 펀딩이 결과에만 기반하게 되면 결과달성에만 지불을 한다.

표 3-20 결과지불 메카니즘 비교: RBA, RBF, 임팩트 투자

유형	조건(리스크)	사례	개념정의
결과기반 원조 (RBA)	중앙정부 (중앙정부를 통해 결과 중심의 서비스 시행기관지원)	1) 공급조건 현금지원(세계은행, 영국 DFID 프로그램) 2) 세계은행의 결과기반 파이낸싱(보건 프로그램) 3) 글로벌 백신과 면역(GAVI), 면역서비스지원(ISS) 4) 부채 수왑 5) 예산 지원	1) 원조기관이 수원국 정부와 성과기반 점진 지원 계약 2) 융자지불에 광범한 조건 적용 3) 초기 증여 지원후, 성과에 비례 점진적 지원 4) 개발목표 달성 조건으로 부채 경감 5) 수원국의 개발목표 달성 조건 추가 지원
결과기반 파이낸싱 (RBF)	서비스 시행기관 또는 지방정부	1) 아르헨티나 플랜 네이서 (Plan Nacer)6 2) 산출기반 원조(GPOBA) http://www.gpoba.org/ 3) DFID 일부 프로그램	1) 광역정부 모자보건 성과기반 파이낸싱 2) 원조기관이 NGO 등 시행기관의 산출 제공에 지원 3) 성과에 기반해 시행기관이나 계약기관에 지원

상금과 포상	테크놀러지 개발기관	1) 선도시장이행(AMC) 2) 상금과 포상	1) 공급된 제품에 대한 가격/시장 보증 2) 경쟁적 공모에서 혁신방안에 대한 상금
개인 조건부 현금이전	대상층 개인	조건부현금지급(CCT)	백신, 학교등교 등 서비스 이용 개인에 대한 현금지급 등 수요측 인센티브
임팩트 투자	비국가 투자자	1) 사회임팩트채권(SIB) 2) 개발임팩트채권(DIB) 3) 소액대출 펀드/ 사회적기업에 투자	1) 2) 비국가 투자기관이 서비스 시행기관에 선행투자, 정부/투자기관이 결과지불 3) 투자기관이 선행투자, 대출기관이 상환

자료 Gustafsson-Wright and Gardiner(2016: 5).

결과지불제인 SIB와 DIB는 RBF와 RBA에 비해 잠정적인 혜택, 즉 장점이 더 많다. 시행기관의 서비스 시행을 가능하게 하는 선행자본을 제공하고, 시행기관이나 중간지원조직의 성과관리를 촉진시켜 프로그램 질 개선에 자금과 시간의 여유를 갖게 해준다. 민관공조의 인센티브 측면에서도 민간기관이나 공공기관의 공조 측면에서도 전자 둘이 후자 둘에 비해 상대적 이점을 갖고 있다.

정부 측면에서도 SIB와 DIB는 RBF와 RBA에 비해 더 확실한 대안으로 제시된다. DIB는 개발도상국 정부의 책무성이 다소 불확실한 문제로 부각되지만, 정부의 결과 초점 중시, 정부의 리스크 감소에서는 보다 확실한 방식으로 나타난다.

6 수백만 신생아의 사망을 감소시킨 성과.
http://millionssaved.cgdev.org/case-studies/argentinas-plan-nacer

(2) RBF, RBA, DIB 비교

결과기반 원조(Results Based Aid: RBA)와 결과기반 금융(Results Based Finance: RBF)는 결과에 대한 지불이 서로 다른 집행기관에 이뤄진다는 점에서 서로 다르다. RBA는 수원국 정부에, RBF는 민간기업이나 NGO 등의 공급기관에 결과에 대한 성과 지불금이 지급된다. DIB가 RBA와 RBF와 유사한 점은 사전에 계획된 결과에 기초한 기금의 제공에 있다. DIB에서 공여국이 아니라 투자자가 중간기관에 선불의 파이낸싱을 제공한다. 중간기관은 이 자금을 서비스 공급기관에 제공해 특정 대상층에 서비스를 제공하도록 한다. 그럼 다음 서비스 제공 결과에 대해 지불자는 검증기관이 보고하는 성과 측정의 결과에 따라 투자자에게 기금을 돌려준다.

그림 3-4 결과에 의한 지불 세 가지 유형: RBF, RBA, DIB

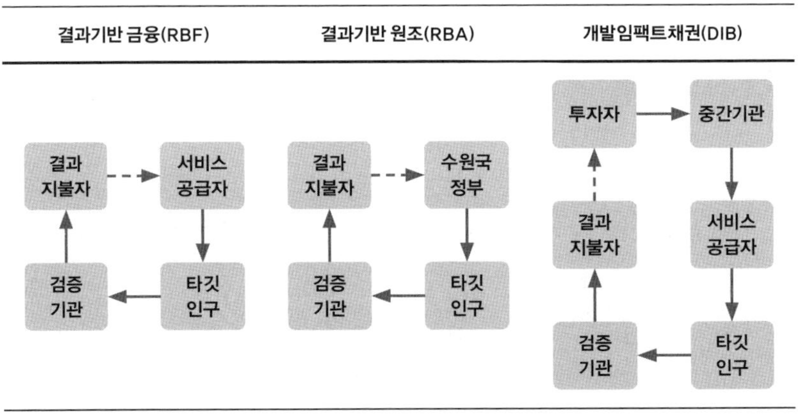

자료 DFID(2015b: 6).

경제학 이론에 따르면, RBA와 RBF는 집행기관들이 수행한 바람직한 결과에 대해 강한 인센티브를 제공하면서 동시에 상당한 리스크도 부담하도록 한다. '결과에 의한 지불' 계약을 고려하는 공여측이 당면하는 트레이드 오프(trade-off)는 긍정적인 수익이 집행기관에 리스크 프리미움 형태로 지불되는 초과 비용을 능가할 것인가 하는 문제이다. 또 다른 경제적 모델은 성과 결과 자체에만 초점을 맞춰 어떤 유형의 인센티브가 바람직한 행동을 유인했는지를 분석한다.

이같은 경제적 분석은 결과에 의한 지불 프로그램의 계약 조건 분석에 유용하며, 또 정치경제적 접근법으로 원조 보류의 어려움과 같은 현실적 한계에 대한 이해가 뒷받침될 필요가 있다. 특히 다음과 같은 실행상의 문제점들을 고려해볼 필요가 있다(DFID 2015b: 9).

첫째는 성과 측정의 질적 문제다. 성과 측정의 질은 RBA와 RBF 프로그램의 잠재적인 혜택에 대한 결정요인이 된다. 결과에 의한 지불 프로그램이 효과가 있으려면 성과 측정이 관심의 대상이 되는 변수들과 사전, 사후 관련성이 있어야 한다.

둘째는 긴밀한 협력 문제다. RBA 또는 RBF 계약은 위탁기관과 공급기관 사이의 제휴가 불완전한 상황에서 일반 계약보다 더 많은 혜택이 생산될 수 있다. 그렇지 않으면 공급기관이 독립적으로 결과 측정을 수행하게 되어 결국 결과에 의한 지불로부터 기대되는 효율성 수익이 금전화되지 않을 수 있다.

셋째는 노력의 관찰가능성 문제다. 공급기관의 비용이 많이 드는 행동들이 직접적으로 관찰될 수 있게 되면, 이 투입에 대해 직접적으로 계약을 할 수 있으므로 RBA 또는 RBF 프로그램들은 일반 개입방안들에 비해 혜택을 생산하지 못할 수 있다.

넷째는 통제의 문제다. RBA와 RBF는 공급기관이 결과에 대한 상당

수준의 통제를 행사할 수 있는 분야에서 혜택이 발생할 수 있기 때문에, 그렇지 않은 상황에서는 노력에 대한 인센티브로 상당한 포상이 필요하게 된다.

다섯째는 리스크 거부와 리스크 전가 문제다. 규모가 작은 공급기관은 인센티브가 없으면 비교적 손실이 많기 때문에 리스크에 더 거부하는 경향이 있다.

(3) RBF, RBA, DIB의 증거 선택

'결과지불'과 관련된 증거기반은 대부분의 교육과 보건 분야에서 사례들이 있다. '결과지불' 세 가지 유형의 증거 선택을 비교해보면 각기 다음과 같은 특징이 있다(표 3-21 참조).

RBF의 증거기반은 주로 보건 분야에서 찾아볼 수 있다. 보건 분야에서는 의료시스템의 개선과 같은 결과 측정보다는 백신주사 수치, 즉 산출(output)를 측정하는 프로그램이 증거기반이 되고 있다.

RBA는 비교적 새로운 도구이며 주로 모니터링 데이터에 증거기반을 두고 있다. 가나와 르완다의 RBA 분권화 프로그램은 재정적 거버넌스와 지방정부와 시민의 참여 측면에서의 긍정적인 결과를 보고한다. 또 DFID의 르완다 교육 프로그램의 중간보고는 파이롯트 프로그램이 타깃집단을 파악해 높은 수준의 정부 소유권을 유도했다며, 교육에 대한 임팩트 측정은 더 시간이 필요하다고 분석한다.

DIB의 초기 증거들은 사회임팩트채권(SIB)에서 발견되는데, SIB는 개발도상국의 상황이 아니라 미국, 영국, 호주, 네덜란드 등 서구의 상황에 적합한 접근방법이라는 근본적인 차이가 있다. 영국의 피터보러 교도소 SIB

사례는 전과자의 재범율 감소로 긍정적인 결과를 발견했지만 관련 지표들의 개발은 시간이 많이 걸리고 쉽지 않은 과정이라는 것을 보여준다.

표 3-21 "결과지불"제도: RBF, RBA, DIB의 증거 선택 비교

유형	결과기반 금융 RBF	결과기반 원조 RBA	개발임팩트채권 DIB
증거의 강점	중간수준(의료 중심)	확인중	검증 안 됨
DFID 포트폴리오	우간다 RBF 보건 프로그램; DFID 주도의 보건결과 혁신 트러스트펀드	르완다 RBA 교육 프로그램	
타기관 사례	GPOBA(World Bank 등) – 민간부문에 서비스공급 용역(이용자부담제 대안으로 재정지원)	World Bank 결과프로그램(Programme for Results) – 특정 지출 프로그램 재정지원; 지출비연계지표(DLI)와 검증기관	다른 기관 사례는 없음; 유사한 사례들로 미국과 영국의 SIB(사회임팩트채권)
	다양한 기관의 복수 RBF 보건 프로그램(EU, USAID, DANIDA, NGO 등)	수원국의 굿거버넌스와 빈곤감소 실적에 대한 지불(EC MDG 계약)	
	GFATM(하이브리드형) – 시행 첫 2년간의 성과에 대한 3~5년 펀딩		

자료 DFID(2015b: 10).

(4) DIB의 잠정적인 혜택과 리스크

DIB 계약에는 다양한 계약조건들이 수반될 수 있다. DIB 모델이 다양하므로, 각기 다양한 혜택과 리스크들이 발생할 수 있다. 첫째는 리스크다. DIB는 RBA/RBF에 비해 다양한 대상층에 다양한 리스크를 분배하는 잠재력을 갖고 있다. 사회적 임팩트 투자자들은 정부 공여자나 NGO 공급자

에 비해 서비스 공급 실패에 따른 평판 리스크(reputational risk)를 잘 수용하는 성향을 갖고 있다.

둘째는 시장 효과다. DIB가 갖고 있는 독특한 혜택은 사회적 투자시장의 성장을 촉진시키는 잠재력을 갖고 있다는 점이다. 이론적으로 일부 DIB들이 성공을 거두게 되면 관심을 가진 투자자, 중개기관, 결과지불자(정부 등)는 유사한 채권들에 관여할 의향이 강해지면서, DIB 시장이 형성될 수 있다.

결과기반의 용역 접근법과 마찬가지로 임팩트 투자는 사회적 목표 설정과 명확한 결과 메트릭스를 요구한다. SIB가 대표적인 결과기초적 지불방식의 임팩트 투자로, 개발협력에서는 DIB가 시행되고 있다.

4) 조건부 현금이전의 임팩트

(1) 조건부 현금이전(CCT: Conditional Cash Transfer)

CCT 프로그램은 1990년대 초 멕시코, 파키스탄, 브라질 정부가 학교 등교율을 높이기 위한 정책수단으로 활용하기 시작했다. 지금은 수백 개의 CCT 프로그램이 남미, 아시아, 아프리카, 미국, 유럽에서 활성화되고 있다. 남미에서만 18개 CCT로 1억 1,700만 명에게 소득과 건강지원 혜택을 제공하고 있다(USAID 2018: 34).

대표적인 브라질의 볼사 파밀리아(Bolsa Familia) 프로그램은 1990년대 초에 개시해, 두 지역에서 성공적으로 시행되었다. 성과가 상당한 것으로 나타나면서 연방정부 차원으로 전국적 프로그램으로 확대되었다. 볼사 파밀리아는 1,100만 가계, 5천만 명을 대상으로 브라질 GDP의 0.5%의 비용으로 가계당 54달러 지원금으로 높은 빈곤해소뿐 아니라 아동의 학교 등교와 예방접종도 획기적으로 증가하는 성과를 올렸다(앞글: 33).

(2) 멕시코의 PROGRESA

세계적으로 CCT 중 가장 놀라운 성과를 거둔 CCT는 1997년에 개시한 멕시코의 PROGRESA다. PROGRESA의 자격기준은 정부의 사회경제적, 인구동태적 가계 데이터에 따라 결정된다. 선정된 가계는 가족의 건강과 교육 서비스를 제공하는 정부기관과 공동의 책임을 가진다고 약속해, 2개월에 한 차례씩 자격 검증을 받는다. 검증된 가계는 온라인을 지원금이 지불된다. 이제 새로운 CCT 형태로 Prospera가 도입되어 유아의 영양, 보건, 교육에 투자되며 취약층의 사회적, 금융적 포용 서비스, 고용기회 제공 등에 점차 활용도를 확장해가고 있다(앞글: 37).

표 3-22 조건부 현금이전 정책의 빈곤해소 성과

빈곤 경제학자들은 개발도상국의 교육 실패의 원인을 교육 시스템의 비현실적인 목표 설정, 지나친 비관주의, 교사들에 대한 유인 제공 실패 등에서 찾는다. 이런 여러 요인이 뒤섞여 가난한 아이들에게 정상적인 사회생활에 필요한 기본 능력을 가르치는 일과 각 개인의 잠재력을 찾아내는 일에 실패하고 있다고 주장한다.

이를 해결하기 위한 빈곤 경제학의 정책 성공 사례가 멕시코의 프로그레사(PROGRESA)다. 멕시코 재무차관 산티아고 레비(Santiago Levy)는 보스톤 대학의 경제학과 교수였는데, 멕시코에서 혁신적인 빈곤 복지정책을 수립하여 명성을 높였다. 빈곤 문제는 단지 식량뿐 아니라 보건, 교육이 같이 제공되는 것이 중요하다는 점을 인식하고, 가난한 사람에게 식량만 계속 나눠줘도 빈곤 해소는 잘 안되고 정부 지출만 지

속되는 문제를 파악한다. 새로운 방안으로 '조건부 현금이전'(Conditional Cash Transfers)을 시행해 아동에게 학교를 보낸 확인서, 보건소에서 예방접종을 했다는 확인서를 제출해야 현금으로 빈곤 수당을 지급했다.

결과는 놀랍게도 아동의 교육과 건강과 학교 등교가 함께 달성되어 성공했다. 남미 브라질, 페루 등지에서 전파되어, 남아프리카에도 보급되며 이제는 세계적인 빈곤퇴치 사업으로 정착되고 있다.

자료 Banerjee and Duflo(2012: 153–54).

(3) 호주의 조건부 현금이전(CCT)의 RCT

호주의 '조건부 현금지급' 프로그램은 파이롯트 단계에서 RCT 평가를 거쳐 대상층을 확대하는 프로그램으로 발전하고 있다(BETA 2019b: 8). 인도네시아의 빈곤층을 대상으로 보건과 교육 참여 실적을 바탕으로 가계에 현금을 지급한다. 현장의 퍼실리테이터가 대상층에게 참여를 독려하는 중요한 역할을 하는데, 그 역할을 모니터링을 해서 실제로 제 역할을 수행하는지를 평가하는데는 한계가 있다. 조건을 충족한 가계는 연간 4차례 임산부와 15세 미만 아동에게 180 호주달러를 지급한다.

대상 가계는 임산부와 수유중인 여성, 영유아(0~6세 미만), 아동(6~15세), 그리고 청소년(16~18세)이다. 각 대상별로 현금지급의 조건은 〈표 3-23〉과 같다.

표 3-23 조건부 현금이전(CCT)의 대상층과 지급조건

대상 가계	현금지급의 조건
1. 임산부 또는 수유중 여성	1. 임산중 케어서비스(ANC) 4회 방문 및 철분약 복용 2. 출산시 전문조산사의 지원 3. 수유중 엄마는 2회의 산후 케어 방문
2. 영유아(0~6세 미만)	4. 예방접종을 완료, 연 2회 이상 비타민 A 캡슐 복용 5. 영유아 성장 모니터링 검사(0~11개월 영아는 매월, 1~6세는 분기별 검사)
3, 아동(6~15세 미만)	6. 초등학교 등록 및 학교수업일 85% 이상 출석 7. 중학교 등록 및 학교수업일 85% 이상 출석
4. 청소년(16~18세)	8. 교육 프로그램에 등록해 9학년 수준 졸업

자료 BETA(2019b: 8).(

조건부 현금지급 프로그램(PKH program)은 파이롯트 프로그램에서 RCT 검증을 거쳐 2018년 6백만 가계에서 1천만 가계로 확대되었다(BETA 2019b: 9). 확대에 소요되는 비용을 호주 정부의 원조금으로 지원하고 있다.

그간의 성과평가 결과는 긍정적이다. 보건과 교육의 결과치가 의미있는 것으로 검증되었다. 보건 검사를 위한 면담 출석이 늘었고, 이에 따라 영유아의 예방접종이 프로그램 참여 집단에서 비참여 집단에 비해 30% 증가했다. 아동의 학교 등록과 출석도 크게 개선되었다. 초등학교와 중등학교 등록과 출석율이 통제집단에 비해 개선될 결과를 보였다. 현금지급을 받은 가계가 교육과 영양 있는 식품에 대한 지출이 늘고, 고용이 증가하며, 12세 미만 아동의 노동이 줄었다.

장기적인 임팩트로는 아동의 저체중 등의 발육저하를 줄일 것으로 예측되고 있다. 그럼에도 중요한 보건 결과지표가 되는 임부 사망률은 의미있는 개선률을 보여주지 않는 한계도 보여준다.

제4장

결과지불제 시행과 평가

1. 결과지불 프로그램의 임팩트

결과지불제는 영국과 미국을 중심으로 중앙과 지방의 정부기관의 주요 정책으로 정착되고 있다. 미국에서는 제1세대 결과지불(Pay for Success: PFS) 프로젝트 10개가 개시되었다. 2011년부터 시행된 PFS 프로그램은 2014년에 사회혁신기금(Social Innovation Fund: SIF)의 대규모 증여 지원으로 활성화되었다. 최근까지 여러 프로그램 평가가 이뤄지면서 결과지불이 이뤄졌고, 관련된 프로그램 평가도 이뤄지고 있다.

그럼에도 일부 프로젝트는 시행상의 문제가 있었다. 뉴욕시의 재소 청소년 프로젝트는 4년 기간으로 계획되었지만, 계약조건에서 3년 시행의 성과가 미흡한 경우 4년째 투자를 중단할 수 있어, 투자자 골드만 삭스의 중단 결정으로 계획보다 1년 앞서 종결된 실패 사례이다. 반면 골드만 삭스는 유타주의 취학전 아동교육 프로그램의 중간평가가 성과가 있는 것으로 검증되면서 투자금을 돌려받을 수 있었다. 두 프로그램의 대조적인 결과가 결과지불제의 특징이다.

아래에서는 미국 PFS 제1세대에 해당되는 10개의 프로젝트의 현황과 임팩트를 비영리재정펀드(Nonprofit Finance Fund 2016)의 분석 결과로써 소개한다.[1]

1) 결과지불(PFS) 프로젝트 개요

〈표 4-1〉에서 10개의 프로젝트 개요를 살펴보면, 프로그램 기간, 동기, 목표, 서비스 대상층, 민간투자금, 서비스 지역으로 구분해 살펴볼 수 있다.

(1) 프로젝트의 기본 개요

① 프로젝트 기간

PFS 프로젝트의 기간은 5년 이상 중기에 해당된다. 〈표 4-1〉 10번째의 간호-가족 보건 파트너십 PFS가 4년으로 가장 단기간에 해당되고, 첫 번째의 뉴욕시의 재소자 PFS는 원래 4년 기간으로 계획되어 시행되었지만 3년째 부정적인 평가를 받아 4년차 마지막 해를 시행하지 못한 사례이다. 다른 대부분의 PFS 프로그램들은 5~7년 기간으로 비교적 중기에 걸쳐 여유롭게 PFS 성과를 인내하며 실험하는 특징이 있다.

---

1 Nonprofit Finance Fund는 미션 지향적인 조직들 또는 사회목적조직(SPO)들의 파이낸싱을 제공하는 35년의 경험을 가진 지역사회개발 금융기관이다. 비영리조직들이 재정적 건강을 개선해 지역사회와 주민들의 삶을 개선하기 위한 양질의 서비스를 지속가능하게 제공하도록 지원한다.

② 프로젝트 동기

프로젝트 동기가 되는 심각한 사회문제가 되는 재범, 취학전 아동교육, 전과자의 일자리 찾기, 저소득층 유치원 교육, 홈리스 주거 문제들이 비교적 명확하게 확인되고 있다. 대부분 데이터로 측정된 객관적 증거를 프로젝트 동기로 제시해, PFS의 가장 기본적인 출발점은 '증거기반'(evidence base)이라는 것을 알 수 있다.

③ 프로젝트 목표

프로젝트 목표는 앞의 프로젝트 동기에서 제기된 심각한 사회문제의 해결에 초점을 맞춘다. 이 점이 PFS 프로그램의 핵심적 특징이다.

첫 번째 프로그램에서는 성인 전과자의 절반이 출소 후 1년이 지나지 않아 재수감되는 사회문제에 대한 해결방안으로 재범율 10% 감소라는 목표가 설정된 것이다.

두 번째 유타주 솔트레이크 시의 취학전 아동교육 PFS는 저소득층 아동의 취학전 아동교육의 기회가 제한되어 특수교육의 대상자가 되면서 조기에 치유할 수 있는 기회를 상실해 발생하는 심각한 웰빙 문제를 보여준다. 또한 지방정부에 상당한 교육서비스 비용지출 부담을 안기게 되므로, 이들을 대상으로 특수교육 단계로 악화되지 않는 예방적 교육 서비스 제공으로 아동과 가족들뿐 아니라 정부에 대해서도 실질적인 혜택이 될 수 있는 프로그램이다. 2015년 중간평가 결과는 성과가 상당하다는 것으로 나타나 투자기관이 중도금 지불을 받았다.

세 번째 프로그램은 전과자로 무직생활을 하는 대상층에 대한 고용개선 서비스 제공으로 고용율 5% 증가와 이들의 재범율 8% 감소를 목표로 설정해두고 있다.

네 번째 프로그램(매사추지츠 청소년선도 PFS)은 청소년 선도대상층 절반 가량이 3년이 지나지 않아 1회 이상의 범죄 가담을 유발하는 문제에 대한 처방으로, 이들의 재수감율 40% 감소, 취업준비와 고용증가를 프로그램 목표로 설정하고 있다.

다섯째 프로그램은 두 번째의 경우와 유사한 프로그램 동기와 목표를 갖고 있다.

여섯 번째 가족재결합 PFS는 홈리스로 부모와 별거해온 자녀들이 부보와 가정을 이루도록 지원하는 목표를 지향한다.

일곱째 프로그램은 매사추지츠의 홈리스 1,500명 중 800명이 거주할 주거공간 500세대를 제공하는 프로그램이다.

여덟째 산타클라라 카운티는, 홈리스 2,200명을 대상으로 1년 안에 홈리스 생활을 청산하는 자활에 초점을 맞추고,

아홉째의 덴버시는, 시내의 홈리스 250명에게 연간 700만 달러의 서비스 지원 비용을 투자금으로 활용해 주거안정과 재범율 감소를 목표로 프로그램을 시행한다.

마지막 열 번째는, 사우스 캘로라이나의 심각한 아동빈곤율로 첫 아이를 가진 여성과 아이를 대상으로 지속가능한 건강서비스 시스템 구축을 목표로 한다.

④ 서비스 대상층

이상 열 개의 프로그램은 각기 다른 규모의 대상층을 갖고 있어, 많게는 만 명이상, 적게는 135명에 분포되어 있다. 대상층은 전체가 취약층 또는 저소득층으로, 아동, 아이와 산모, 청소년, 재소자, 전과자, 홈리스 등이다.

⑤ 민간 투자금

프로그램 시행과 동시에 투자된 첫 민간투자금은 대부분 기관투자자 또는 개인재단 등의 투자로 이뤄진다. 투자금의 규모는 350만 달러부터 2,170만 달러에 이른다.

표 4-1 미국 PFS 프로젝트 개요

	프로젝트 기간	프로젝트 동기	프로젝트 목표	서비스 대상층	첫 민간 투자금(만 달러)	서비스 지역
1. 뉴욕시 재소자	2012 ~15*	성인전과자 50%가 출소후 1년 안에 재수감	재범율을 최소한 10% 감소.	17,287명(계획) 4,000명(실제)	$960	뉴욕시
2. 취학 전 아동교육	2013 ~18	저소득층 아동의 양질의 취학 전 교육 기회 제한	특수교육 필요성 감소	3,500명	$700	유타 솔트레이크 카운티
3. 전과자 고용 개선	2013 ~17	전과자로 무직자 44%가 2년 안에 재수감	• 전과자 고용 최소한 5% 증가 • 재범율 최소한 8% 감소	2,000명	$1,350	뉴욕시와 로체스터시
4. 청소년 선도와 고용	2014 ~21	청년선도자 55%가 3년 안에 1회 이상 재발	• 재수감율 40% 감소 • 취업준비, 고용 증가	929명	$2,170	보스톤, 첼시아, 스피링필드
5. 아동-부모 센터	2014 ~18	저소득층의 유치원교육 기회 제한	• 취학준비, 성적 향상 • 특수교육 서비스감소	2,620명	$1,670	시카고
6. 홈리스 가족재결합	2014 ~18	홈리스경험 가정의 아동 포스터 케어	• 포스터 케어 기간 단축 • 가족재결합	135명 아동과 가족	$400	오하이오 쿠야호가 카운티
7. 홈리스 주거안정	2014 ~20	1,500명 홈리스의 주거, 보건, 구호 문제	홈리스 800명에게 500세대 주거 제공	800명	$350	매사추지츠

8. 홈리스 주거안정	2015 ~21	2,200명 홈리스의 주거, 서비스 문제	홈리스 해방, 1년 이상 주거 안정 제공	150~200명	$690	산타크라라 카운티
9. 홈리스 주거와 건강	2016 ~21	홈리스 250명 긴급구호와 범죄 서비스에 연간 700만 달러 지출	• 주거안정 제공 • 교도소 수감일 감소	250명	$870	덴버시
10. 간호-가족 보건	2016 ~20	아동 27%가 빈곤상태 생활	• 첫출산 모자 서비스 • 파트너십 지속가능성	3,200명 모자	$1,750	사우스 캘로라이나

자료 Nonprofit Finance Fund(2016). "Pay for Success: The First Generation."

(2) 프로젝트 파트너 기관

프로젝트 파트너 기관은 다양해서, 위탁기관, 시행기관, 중간지원기관, 검증기관, 평가기관, 프로젝트 매니저, 기술지원기관 등으로 구분될 수 있다.

① 서비스 시행기관과 위탁기관

시행기관의 PFS 프로그램 참여 동기는 정부와의 1년 또는 2년 단기간의 용역계약보다는 다년간의 지원의 기회를 갖고자 하는 것이다. 또한 시행기관들은 다년간의 PFS 시행을 통해 사회서비스 전달의 성과를 정부에게 명확하게 보여주며 성과를 인정받고자 한다. PFS 모델의 초기 기대는 정부의 예산절감에 맞춰졌지만, 산타크라라 카운티는 홈리스 PFS 프로젝트가 예산절감 달성을 목표로 삼기보다는 홈리스들의 주거안정과 건강개선을 더 중요한 성과 목표로 삼았다. 따라서 이들의 주거안정 모델이 지금의 서비스 제공 모델보다 훨씬 더 홈리스 주거안정에 효과적이라는 추산에서 결과지불제를 선택하였다. 그럼에도 대부분의 지방정부들에게 PFS 모델의 활용은 심각한 사회문제 해결로 예산절감을 하는 목표에 초점을 맞추고 있다.

② 중간지원기관

중간지원기관(Transaction coordinators)은 프로젝트 개발 과정 전반을 관리한다. 중간지원기관의 역할 범위는 광범위하다. 전반적인 프로젝트 관리과 이해관계자 관여, 타깃 결과와 결과지불의 개념과 가치측정, 평가 디자인, 투자자본의 구조화와 유치, 프로젝트 계약의 개발과 협상, 프로그램 운영계획과 지불계획의 개발 등이다.

또 중간지원기관은 PFS 모델의 실행가능성을 결정하는 초기 실행가능성 사정을 특정 지역, 조직 등에서 실시한다.

미국의 PFS 모델 주창자 역할을 한 중간지원기관은 Social Finance US와 Third Sector Capital Partners 등 전문 비영리기관들이다. 그밖에도 지역사회개발금융기관인 Enterprise, IFF, CSH 등을 비롯해, 리서치 평가기관 MDRC, 모금기관 United Way (유타와 매사추지츠) 등도 중요한 중간지원기관 역할을 하고 있다.

③ 프로젝트 매니저

셋째는 프로젝트 시행 단계에서는 대부분의 프로젝트는 중간지원기관을 프로젝트 매니저로 하고 있다. 프로젝트 매니저는 핵심 계약자로 지불기관이자 위탁기관과 계약을 체결하고 동시에 PFS 프로젝트에 서비스를 제공하는 시행기관 또는 자본을 제공하는 투자기관과 직접적으로 계약을 체결하는 중요한 역할을 한다. 그밖에도 중간지원기관은 기술지원기관, 법률 자문기관, 평가기관과도 계약을 체결하는 등 프로젝트 전반의 관리와 운영의 책임을 맡는다.

프로젝트 매니저의 역할은 다양하다. 투자자와 위탁기관에 프로젝트 과정과 결과를 보고하는 책임도 맡는다. 동시에 프로젝트의 거버넌스와 모니터링 구조를 형성하는 위원회와 실무진의 회의 진행 등에서 리더십 역할을 맡는다. 일부 프로젝트 매니저는 성과관리에서도 핵심 역할을 맡기도 한다.

또 프로젝트 매니저는 재정적 후원자의 역할을 맡아 프로젝트의 현금과 회계를 관리한다. 사례가 되는 10개의 PFS는 대부분 주나 카운티 차원에서 시행되므로 여기에서 지방정부는 프로젝트 성과 완료 후에는 결과지불자가 된다. 지금까지는 연방기관이 결과지불자가 되는 프로젝트는 하나도 없다. 다만 연방기관은 두 개의 프로젝트에서 촉매자 역할을 한다. 세 번째와 네 번째 프로젝트에서 연방 노동부가 노동력혁신기금(Workforce Innovation Fund)을 제공하며 촉매자 역할을 하면서 뉴욕주와 매사추지츠 주가 각기 최종지불자가 된다. 재정 서비스 계약을 맺기도 하며, 이 기금의 일부 또는 전부가 결과지불금으로 지불된다.

④ 기술지원

기술지원은 프로젝트 개발과 시행 단계에서 중요한 비중을 차지한다. 하버드 대학의 정부성과실험실(Government Performance Lab: GPL)이 초기 프로젝트의 기술지원에 핵심적인 역할을 하였다. GPL은 풀타임 스탭 휄로우를 보내 PFS 모델 기술지원과 데이터분석, 프로젝트 디자인과 평가 등에 전문기술을 지원한다. GPL 휄로우는 프로젝트 개발의 탐색, 실행가능성 사정 등의 단계에서 연락과 조정자 역할을 맡으며, 정치적으로 경쟁적인 우선순위 문제 등을 안고 있는 정부의 역량 제한적 환경에서 프로젝트 수행을 지원한다.

GPL과 휄로우의 활동은 민간재단들의 지원으로 가능했고, 최근에는 연방정부의 SIF 증여 지원도 받는다. 프로젝트 시행에서 기술 지원은 주로 시행기관을 지원하는데 초점을 맞춰, 증거기반의 프로그램 모델의 시행을 관리 감독하며 프로그램 결과를 창출하기 위한 성과관리와 지속적인 개선의 문화를 유지하도록 지원한다. 이같은 기술 지원을 통해 프로그램이 다른 지역이나 다른 대상층으로 스케일링(scaling)과 이식(transplanting)을 가능하게 한다.

2) 결과지불 프로그램 디자인

(1) 확장, 이식, 검증

- 확장(scaling): 대규모로 기존의 프로그램을 복제.
- 검증(demonstrating): 새로운 프로그램 모델 또는 복합적 서비스의 효과성 검증.
- 이식(transplanting): 기존 프로그램을 새 대상층이나 서비스전달 체계에 이식.

결과지불 10개 사례 중 3개를 제외한 대부분이 PFS 재정지원으로 특정 프로그램이나 서비스 시행기관이 제공하는 서비스 대상층의 수적 증가를 지원하는 특징이 있다. 지역사회의 서비스 시행기관들의 서베이 결과를 살펴보면, 지역사회의 서비스 수요는 시행기관의 제공 역량을 초월하는 수준이다. 10개 사례 중 일부는 새로운 서비스를 소개하는데, 대표적인 뉴욕시의 프로젝트의 경우 재소자의 치료 서비스는 존재하지 않아 새로운 치료 서비스를 제공하는 혁신적인 사례이다. MRT(Moral Reconation Therapy)로 불리는 인지행태치료 프로그램이 이용된 것이다.

또한 특정 지역에서 성공적인 모범 프로그램을 타지역이나 다른 대상층에 이식하는 것이 새로운 프로그램 디자인하는 것보다 기존의 프로그램의 개선이나 복제로 가능하다. 연방 국가봉사단(CNCS)의 사회혁신기금(SIF)의 기본 철학은 "무엇이 잘 되는지를 발견해 더 많은 사람들에게도 잘되는 것으로 만든다"는 것이 사회혁신의 핵심으로 간주한다.

여섯째 사례 홈리스 가족 재결합 PFS의 경우, 여러 서비스를 복합적으로 제공한다. 그런데 서비스 각각의 효과성은 검증되었지만 이들의 복합적 작용에 대해서는 검증한 적이 없는 경우이다. 모든 참여자들이 제공받은 핵심 개입 서비스는 결정적 시간 개입(Critical Time Intervention)으로, 유사한 대상층을 대상으로 두 개의 RCT 를 거친 사례이다. 또 다른 개입 서비스는 참여자 각자의 특이성에 기초한 개입 서비스이다.

마찬가지로 덴버시의 홈리스 주거와 보건 PFS 또한 두 개의 잘 검증된 영구적 지원의 주거(permanent supportive housing)와 긍정적 지역사회치료(Assertive Community Treatment)을 복합적으로 이용한 사례이다. 두 프로젝트는 대상층의 구체적인 의도적 신상파악에 기초해서, PFS 모델을 통해 나타난 추가적 요소가 프로젝트의 타깃 결과 달성에서 나타난 타깃팅의 효과성이다.

PFS 프로젝트는 프로그램 디자인과 전달에서의 융통성을 허용할 수 있다. 뉴욕시, 쿠야호가 카운티, 덴버시의 프로젝트들의 PFS 모델은 일반적인 정부의 사회서비스 용역에서 허용되지 않은 서비스 디자인과 전달의 융통성을 허용한다.

(2) 프로그램 확장 또는 이식

PFS는 검증된 모델을 확장 또는 복제하는 전달 체계 도구인가? 아니면 새로운 환경에 서비스를 소개하거나 적용시키는데 유용한 도구인가? 이에 대한 논의가 한창이다. 초기 경험에는 양자 모두가 적절한 해석으로 간주해 스케일링(scaling)인가, 이식(transplanting)인가는 프로젝트에 따라 달라질 수 있다고 보았다. 그런데 지역 욕구, 서비스 시행기관의 지형과 역량, 정부와 투자자 우선순위와 리스크 관용 등이 중요한 변수가 된다.

PFS를 이용한 스케일링 프로그램의 경우, 프로그램 개입을 지지하는 증거의 수준은 차이가 다양하다. 가장 연구가 잘 이뤄진 사회서비스 개입 프로그램들조차 겨우 소수의 강력한 실험적 평가도 갖고 있지 않다. 예를 들면 조기 아동교육의 임팩트에 관한 지난 수십년간의 연구들이 있지만 유타와 시키고의 프로젝트들은 자신들의 프로젝트 임팩트를 측정하기 위해 각자 독특한 개입을 활용한다. 마찬가지로 매사추지츠의 홈리스 프로젝트 또한 지난 수십년간의 연구 결과가 있음에도 프로그램 임팩트 모델에 기존의 프로그램의 시간경과 추적(longitudinal) 데이터에 주로 의존한다. 이같은 개입에 관한 대규모의 증거기반들이 강화적인 역할을 하지만, 지방 차원의 과거 성과 데이터를 이용해 정부와 투자자의 리스크 완화 요인으로 삼을 수도 있다.

프로젝트 시행은 공공부문과 서비스 시행기관 사이의 변화된, 심화된 관계를 필요로 한다. 이 점이 PFS 프로젝트의 일반적인 특징이다. 정부는 시행기관과 긴밀히 공조해 서비스 대상층의 규정, 파악 및 소개를 해서, 위탁기관이 우선시하는 결과와 임팩트가 최대한의 가능성으로 달성되도록 해야 한다. 이같은 민관 파트너십은 여러 형태로 나타난다. 이해관계자 실무그룹의 정기적 회의, 정부가 서비스 시행기관의 방문과 충원 우선대상 개인들의 목록을 제시하는 것 등이다. 정부 파트너 기관이 제공하는 자원과 시간은 프로젝트 성과에 결정적으로 중요하다. PFS는 일반 정부용역이나 시행기관에 대한 증여 지원과는 다른 특수성을 갖고 있기 때문이다.

3) 평가와 결과지불

(1) 증거기반과 RCT

평가는 PFS의 핵심 부분이다. 중간 또는 최종의 프로그램 평가 결과에 따라 PFS 투자의 지불을 해야 한다. 추가적인 지불은 목표보다 높은 수준의 임팩트나 성공과 밀접히 관련되어 있다. 평가에 소요되는 비용은 PFS 파이낸싱 과정을 통해 모금된 기금으로 또는 독립적으로 자선기금이나 정부기금으로 지급된다.

PFS는 사회서비스 프로그램 개입에 증거기반을 구축하는 기회를 제공한다. 대부분의 사회서비스 개입은 연구되지 않았거나 연구가 미흡한 상태에 있다. 특히 의약 등의 타분야에서 일상화된 증거의 강도 수준에서 거의 연구가 이뤄지지 않고 있다. 이런 상황에서 PFS 프로젝트는 기존 프로그램의 연구의 기반을 구축하는 중요한 기회를 제공해준다. 강력한 실험적 평가 방법론을 활용해 비교적 단순한 질문이 되는 개입이 잘 작용했는지에 답을 하는 수준 이상으로, 어떻게, 왜, 누구를 위해 개입이 잘 이뤄지고 있는지를 알게 된다.

PFS 10개 프로젝트 사례에서 절반 이상이 실험적 방법인 RCT를 활용해, 최상의 평가 디자인을 제시해준다. RCT는 무작위로 선정된 개인들의 비교집단을 서비스를 받지 않은 통제집단과의 비교분석에 의존한다. 정부의 입장에서는 PFS 없이는 달성될 수 없는 결과에 대한 지불을 보증해주는 최고의 가능한 방법이 RCT가 될 수 있다. 마찬가지로 PFS 투자자와 이해관계자들도 RCT가 PFS 모델의 적합성을 확인시켜주는 핵심이 된다는 인식을 공유하게 된다. 일부 서비스 시행기관들도 RCT가 자신들의 서비스 전달의 임팩트 제시에 필수적이라는데 인식을 같이 한다.

(2) PFS 평가 사례

PFS 10개 사례에서 나타나는 평가 디자인 방법, 평가 데이터 소스, 성과지불의 결과, 결과지불의 추적 등을 차례로 요약해볼 만하다.

첫째, 평가 디자인에서는 가장 강력한 방법이 되는 RCT가 가장 많고, 다음으로 검증된 데이터에 기초하는 경우도 적지 않다. 검증된 데이터는 지역의 공공기관이나 서비스 시행기관이 검증한 데이터가 된다.

둘째, 평가 데이터 소스는 일반적으로 위탁기관인 지방정부가 다수를 이룬다. 재소자 PFS는 해당 시나 주의 정부기관, 교육의 경우 교육구나 교육이사회 등이다.

셋째, 결과지불의 결과는 대상층의 수치적 변화에 초점을 맞춘다. 산출이 되는 서비스 대상층의 증가뿐 아니라 변화의 증가나 감소 등이다. 또 대상층의 문제 해결의 변화를 보여주는 결과지표로 공공 서비스 이용의 증가 또는 감소를 설정하는 것도 일반적이다.

넷째, 결과지불의 결과 이외에 필요한 데이터는 추적 데이터이다. 증거기반의 주요 증거 데이터로 볼 수 있다. 취학전 아동교육은 서비스 이후 취학기의 수학이나 영의 독해력, 중고교 졸업, 나아가 대학준비 등에도 추적 데이터를 수집한다. 청소년 선도 PFS의 경우 재소 청소년의 취업준비와 고용 증가율을 결과로 설정하고, 이후 추적 데이터로 고교졸업과 대학재학이 설정되어 있다.

표 4-2 PFS 평가

	평가 디자인 방법	평가데이터 소스	결과지불의 결과	결과지불의 추적	평가 기간
1. 뉴욕시 재소자 프로젝트	준실험적 (quasi-experimental)	뉴욕시 교정국 뉴욕시 예산국	서비스 참여자 재소일 감소	서비스 양/강도 안전사고 건수	4년(계획) 3년(실제)
2. 유타 취학 전 아동교육	시간경과 연구 (longitudinal study)	Granite 교육구	특수교육과 교정서비스 이용	수학/영어 독해력 중고교 졸업 대학준비	12년
3. 전과자 고용개선	무작위통제실험(RCT)	실업보험 DB 뉴욕주 교정국 서비스시행기관	재소 기숙일 취업준비 고용 증가율	없음	5.5년
4. 매사추지츠 청소년선도	무작위통제실험(RCT)	실업보험 DB 서비스시행기관	재소 기숙일 취업준비 고용 증가율	고교 졸업 대학 재학	7년
5. 아동-부모 센터	준실험적 (quasi-experimental)	공립학교 교육 이사회	유치원 준비 특수교육 서비스 회피 3학년 문자 해득	학생이동성 사회정서적 학습향상 부모 관여 학교 출석	17년

6. 가족 재결합	무작위통제실험(RCT)	홈리스관리정보 아동복지정보	아동의 가정 밖 거주일	가족 재결합	5년
7. 매사추지츠 홈리스	검증된 데이터 (validated data)	서비스시행기관	1년간 주거 제공	보건의료 서비스 이용 쉼터 기숙일 재소 기숙일	5.25년
8. 홈리스 주거안정	검증된 데이터 (validated data)	보건/병원시스템, 홈리스관리정보, 범죄정보 서비스시행기관	주거소유 기간	보건서비스 사회서비스 이용	6년
9. 홈리스 주거/건강	검증된 데이터 (validated data)	서비스시행기관 덴버시	주거안정 재소 기숙일	응급서비스 쉼터/교도 서비스 이용	5.25년
10. 간호-가족 보건 파트너십	무작위통제실험(RCT)	서비스시행기관 주정부	조산 감소 입원/응급실 이용 감소 첫출산 서비스 이용자	미정	7년

자료 Nonprofit Finance Fund(2016).

4) 서비스 시행기관

서비스 시행기관의 프로젝트 참여를 유도하는 방법은 일반적으로 프로포절 요청(requests for proposals: RFP)으로, 중간지원기관과 핵심 서비스 시행기관의 요청을 공모로 받아, 프로젝트를 선정한다. PFS 10개 사례 중에는 유타와 시키고 프로젝트가 예외적인데, 이 둘은 이미 공립학교에서 시행중인 프로그램을 확장하기 위해 PFS를 활용한 사례들이다. 다른 사례들에서 정부는 PFS 공모에 잠정적인 분야를 제시해줄 것을 요청하는 정보요청(requests for information: RFI)을 활용한다. PFS는 서비스 시행기관의 조직

성장과 혁신을 위한 자본을 제공받아 임팩트를 심화하고 미션을 달성하는 기회를 제공한다.

그럼에도 PFS 프로젝트 참여는 서비스 시행기관에게 적지 않은 부담을 요구한다. PFS 프로젝트에 선정된 시행기관들은 수십년간 시행경험을 가진 단일 이슈 또는 단일 모델 조직들로, 대부분이 서비스 전달체계, 성과관리와 데이터 시스템, 인력과 전략기획 등의 개발과 향상에 10년 이상을 투자해왔다. 그런데 PFS 요건들은 소형 조직들이 감당하기에는 상당한 부담이 있어 참여를 회피하는 경우가 적지 않다.

서비스 시행기관의 일반적 특성을 〈표 4-3〉의 10개 PFS 프로젝트 사례를 통해 정리해볼 수 있다.

첫째, 시행기관의 수는 1개 또는 2개 이상의 기관들로 복합되어 있다. 복수의 기관인 경우 기관별로 역할의 분담이 불가피한 경우이다. 유형에서는 비영리기관들이 다수를 차지하지만, 학교인 경우 유타에서는 지역의 공립, 사립학교와 차터스쿨도 모두 포함되거나, 열 번째의 사우스캘로라이나 간호-가족 보건 PFS의 경우 비영리기관과 공공 및 준공공기관 모두가 복합되어 있다.

둘째, 시행기관과 시행지역 선정 방법도 다양하다. 프로포절 공모(RFP) 방식이 많지만, 뉴욕시 재소자 PFS에서는 지역의 관련 기관 목록별로 문의하는 방식에 의존한다. 또 유타 PFS는 중간지원기관이 갖고 있는 목록과 새로 확장한 목록의 기관들에 참여 요청을 문의한다. 시카고의 아동-부모센터 PFS는 인구동태와 욕구에 기반한 확장지역을 선정하는 방식에 의존한다. 가족재결합 PFS는 대안적 조달방식에 따르며, 매사추지츠 홈리스 PFS는 프로젝트 매니저가 자격있는 기관 목록에서 선정한다.

셋째, 시행기관의 PFS 경험 또한 다양하다. 유사한 프로그램 시행 경험이 있거나 증여 지원으로 시행한 경험을 가진 기관, 또는 시행기관의 PFS 유사 경험을 자격요건으로 제시하는 경우 등 다양하다.

넷째, 대상층 소개(referral) 방법은 시행지역이나 교도소, 학교 등인 경우 모든 학생이나 재소자를 대상으로 한다. 또는 세 번째와 네 번째처럼 위험군 전과자를 대상으로 하면서 이들의 자발적인 프로그램 참여에 기초하는 것이 PFS의 특징이다. 또는 시행기관, 중간지원기관, 지방정부, 경찰서, 메디케이드 사무국 등이 가지고 있는 데이터와 목록에 있는 대상층의 자발적인 프로그램 참여를 기초로 한다.

표 4-3 서비스 시행기관 특성

	시행기관 수와 유형	시행기관/시행지선정	시행기관 PFS 경험	대상층 소개 방법
1. 뉴욕시 재소자	복수 비영리기관	지역기관 목록에 RFQ	한 기관이 인지행동 치료 프로그램 시행 경험이 풍부함	교도소 수감중인 16~18세 학생 의무적
2. 유타 취학 전 아동교육	복수 공립학교 사립학교 차터스쿨	중간지원기관의 목록과 확장된 목록	시행기관들은 이미 증여 지원으로 경험	PFS 시행지의 모든 학생
3. 전과자 고용 개선	단수 비영리기관	프로포절 공모(RFP)	시행기관의 자격 요건	위험군 전과자의 자발적 참여
4. 매사추지츠 청소년선도	단수 비영리기관	프로포절 공모(RFP)	시행기관의 자격 요건	위험군 전과자의 자발적 참여
5. 아동-부모 센터 PFS	단수 공공기관	인구동태와 욕구에 기반한 확장지역 선정	기존의 시행기관과 확장된 시행기관	PFS 시행지의 모든 학생

6. 가족재결합 프로그램	단수 비영리기관	대안적 조달방식	유사 프로그램 시행 경험(Critical Time Intervention)	카운티가 파악한 대상자의 자발적 등록
7. 매사추지츠 홈리스	복수 비영리기관	프로젝트 매니저가 자격 있는 기관 목록에서 선정	기존 시행지(Home and Healthy for Good)	시행기관의 현장 방문, 자발적 등록
8. 홈리스 주거안정	단수 비영리기관	프로포절 공모(RFP)	ACT와 PSH 경험; 기존 프로그램	자발적
9. 홈리스 주거/건강	복수 비영리기관	프로포절 공모(RFP)	ACT와 보건 서비스 경험	경찰서가 파악한 대상자의 자발적 등록
10. 간호-가족 보건 파트너십	복수 비영리기관 공공기관 준공공기관	프로포절 공모(RFP)	사우스 캘로라이나의 모든 관련 시행기관	메디케이드 사무국이 파악한 대상자의 자발적 등록

자료 Nonprofit Finance Fund(2016).

5) 프로젝트 구조

(1) 프로젝트 계약과 거버넌스

PFS 프로젝트는 명확히 정의된 프로젝트 관리감독과 거버넌스 구조를 갖추고 있다. 이 구조들은 계약서에 명시되어 있는데, 프로젝트 매니저가 보관하는 것이 일반적이다. 프로젝트 관리감독은 운영과 집행 감독 두 가지로 구분된다. 운영 감독 역할은 정기적인 프로젝트 진전의 모니터링에 관한 것으로, 프로젝트의 점검, 점검과정에서 나타난 과정 수정의 파악과 시행 등이다. 운영 감독은 프로젝트 시행에 관여하는 서비스 시행기관을 비롯한 이해관계자 그리고 프로젝트 대상층이나 지불과 관련된 정부 기관 대표 등으로 구성된 운영위원회이다. 한편 프로젝트 매니저는 위원회의 조직과 회의개최의 주도적 역할을 맡는다. 위원회는 프로그램 산출과 지표를 추적해 보고서를 생산하는 데이터 관리시스템의 운영을 관장한다. 소개의 건수, 참여자 등록수, 서비스 제공 일수 등과 같은 데이터들과 지표들이 수집되어 관리된다. 이 데이터들이 전통적인 정부 용역에서 추적된 산출 관련 데이터들로 프로젝트 임팩트나 성공의 지표들과 관련되지 않을 수 있다.

한편 집행 감독은 입행 위원회의 역할로 프로젝트 매니저와 운영위원회가 작성한 프로젝트 보고서를 통해 진전 상황을 모니터링한다. 집행위원회는 PFS 프로젝트의 의사결정 권한을 갖고 프로젝트 매니저나 서비스 시행기관의 변경이나 교체 등에 관한 의사결정도 포함된다. 운영위원회와 집행위원회는 이해관계자들이 참여하지만 위원 구성에서 두드러진 차이가 있다. 집행위원은 리더십 수준이 더 높고 정치 임명직도 포함되어 있다. 그런데 투자자는 의사결정의 권한을 갖지 않고, 투표권을 행사하지 않는 위원이지만 참여는 가능하다. 투자자는 프로젝트 진전 상황 보고 등을 수시로 받는 권한을 가진다.

(2) 서비스 파이낸싱 구조

PFS가 용역 메카니즘(contracting mechanism)인가, 파인낸싱 구조(financing structure)인가에 대한 논의가 진행중이다. 먼저 용역 메카니즘으로서 PFS는 "결과기반의 서비스 전달에 대한 최종 지불자가 용역을 체결하는 수단"을 의미한다. 결과기반의 서비스 전달에 대한 재원이 되는 제3자 선불 투자를 포함하는 PFS 파이낸싱이 사회임팩트채권(social impact bonds: SIB)이다. 제3자 파이낸싱이 없는 PFS 용역은 가능하지만, 대부분의 서비스 시행기관인 비영리조직은 PFS 용역기간 동안 서비스 전달의 선불 비용을 부담할 정도로 충분한 재정적 여유가 없다.

PFS 모델이 처음 소개되었을 때 가장 관심을 모았던 것은 소셜 섹터에 새로운 민간자본을 유치하는 잠재력이었다. 전통적으로 민간 및 비영리 투자자들은 소셜 섹터 투자에서 직접적인 융자와 저리의 주거와 새로운 시장 면세혜택을 통해 부동산에 투자해왔다. 이와 대조적으로 PFS 파이낸싱은 예방적인 초기 개입의 서비스로 생산되는 결과에 대한 직접적인 투자의 기회를 제공해주는 장점이 있다. 또 PFS는 다양한 이해관계자들을 결합시켜 각자의 장점을 발휘할 기회를 제공해준다. 서비스 시행기관은 양질의 서비스 전달의 기회가 되고, 투자자에게는 금융 리스크를 사정해 부담을 안게 된다.

6) 결과지불제

PFS 거래에서 투자자에게는 최대한 세 가지 유형의 지불이 이뤄질 수 있다. 연간이자, 투자금 또는 원금의 상환, 그리고 투자 수익이다. 연간 이자는 프로젝트 성과 또는 결과에 관계 없이 지급될 수 있지만, 자본 상환과 결과지불은 서비스 시행기관의 성과와 연계된다.

(1) 원금 상환

투자상환금은 프로젝트의 시행기간에, 또는 프로젝트 종료후 또는 시행중과 종료후 모두에 이뤄질 수 있다. 상환금은 프로젝트의 치료집단과 통제집단 사이의 관찰된 차이에 기초될 수 있고, 또는 서비스 수혜를 받은 개인 참여자들에게서 발견된 결과에 기초할 수도 있다. PFS 10개 사례 중에서 뉴욕시, 뉴욕주, 쿠애호가 카운티, 덴버시 프로젝트들은 원금 상환을 지급받기 위해서는 치료집단과 통제집단 사이의 최소한의 차이 기준을 제시한다. 다른 6개 사례들은 개인당 또는 결과 비율당 기준에서 치료집단 사이의 긍정적인 결과의 측정에 기초한 상환금 지급을 한다.

(2) 투자상환과 투자수익

투자자들의 투자원금은 부분적으로 상환될 수 있다. 대부분의 사례들은 투자자의 원금의 일부를 상환할 수 있는 계약을 갖고 있다. 높은 수준의 결과 달성에 기초해 선불투자금 전체의 상환뿐 아니라 잠정적인 투자수익도 보장한다. 투자수익금은 결과 달성도에 따라 차등된 지급율을 제시하는데, 매사추지츠 홈리스 프로젝트가 대표적인 사례이다. 투자수익금의 계산에서 표준화된 방법은 아직 없다. 그 방법은 공개적으로 알려지지 않은 투자계약서에 합의되어 있는 것이 일반적이다. 프로젝트는 투자수익(return on investment: ROI) 또는 내부 수익률(internal rate of return: IRR) 방법으로 상환금을 계산한다. 일반적으로 수익률은 시장수익율보다 낮다.

(3) 기본 상환 구조

PFS 10개 사례의 자본금과 지불금에 관한 정보를 살펴보면 〈표 4-4〉와 같다. 초기자본금은 적게는 350만 달러에서 많게는 2,176만 달러에 이른다. 최대 지불금 규모는 일반적으로 초기 자본금의 1.2배 이상에서 두 배 이상인 경우도 있다. 서비스 전달기간에 비해 지불기간은 서비스 전달 완료 후 동시에 이뤄지는 경우도 있지만 길어지면 10년 이상 벌어진다. 또 중간 보고와 결과보고를 지불요건으로 제시하는 경우가 대부분이지만 여섯째의 가족재결합 프로젝트에서는 보고 요건은 없다.

마지막으로, 프로젝트 지속가능성과 기금 환수에서는 4개의 데이터 없는 사례들을 제외하면 비교적 지지적이다. 첫째 사례에서는 남은 기금을 중간지원기관이 장래 발생할 수 있는 비용으로 사용하도록 허용한다. 넷째 사례에서는 프로젝트가 성공하면 주정부가 연방정부 기금을 활용해 추가로 대상 청소년 390명을 지원할 수 있도록 계획되어 있다. 그밖에도 프로젝트 성공시 기부금의 제공(여섯째와 열째), 주거 바우처와 의료부조 서비스 추가 지원(일곱째), 시행기관 역량강화에 증여 지원(여덟째) 등이 있다.

표 4-4 결과지불제(PFS)의 기본 상환 구조

	초기 자본금 (만 달러)	최대 지불금 (만 달러)	서비스전달 과지불 기간	중간/결과보고 지불요건?	지속가능성과 기금 환수
1. 뉴욕시 재소자 프로젝트	$960	$1,170	3년(4년 계획) 3년(4년 계획)	예 예	남은 기금은 중간지원기관이 장래 비용으로 사용
2. 유타 취학 전 아동교육	$700	자료 없음	4년 12년	예 예	자료 없음
3. 전과자 고용개선	$1,350	$2,160	4년 5.5년	예 아니오	자료 없음

4. 매사추지츠 청소년선도	$2,176	$2,700	7년 7년	예 예	프로젝트 성공 시 주정부가 연방기금으로 390명 추가지원
5. 아동-부모 센터	$1,690	$3,400	4년 17년	예 예	자료 없음
6. 가족 재결합	$400	$500	4년 5년	아니오 아니오	프로젝트 성공 시 시행기관에 기부금 제공
7. 매사추지츠 홈리스	$350	$600	5년 6년	예 예	주거 바우처와 의료부조 서비스
8. 홈리스 주거안정	$690	$1,200	6년 6.25년	예 예	시행기관 역량강화에 증여지원
9. 홈리스 주거/건강	$860	$1,140	5년 5년	예 예	자료 없음
10. 간호-가족 보건 파트너십	$1,700	$2,450	4년 5년	자료 없음	프로젝트 성공 시 시행기관에 기부금 제공

자료 Nonprofit Finance Fund(2016).

7) 결론적 요약

PFS 결과지불제가 미국에 처음 2010년에 도입되었을 때, PFS는 소셜 섹터의 지형에서 작지만 급성장하는 특징의 시장을 구축하였다. 이상의 10개 프로젝트들은 개념 확인부터 프로젝트 시행을 거친 제1세대 PFS를 형성하고 있고, 다른 수십여 개의 PFS가 시행 예정단계에 있다(Nonprofit Finance Fund 2016: 35). PFS가 처음 소개되었을 때, PFS의 개념은 비용 절감을 제시할 수 있는 검증된 개입들을 확장시키는 도구라는 좁은 의미로 정의되었다. 이처럼 잠정적인 비용절감과 증거의 이용이 두 가지 강력한 동기가 되지만, 이 둘만이 PFS 이용의 정당한 근거로 좁게 해석할 필요는 없다.

초기 프로젝트들은 현장 실천가들이 PFS 도구를 창의적으로 활용하고 있다는 것을 잘 보여주었다. 그럼에도 PFS 초기 프로젝트들이 장래의 프로젝트들을 가이드하는 'how to' 가이드라인이 될 것이라는 기대보다는 이들이 결과기반의 용역과 파이낸싱 접근법의 모우멘텀의 확장에 기여할 것으로 기대한다.

표 4-5 캘리포니아 카운티의 블렌딩(blending) PFS

캘리포니아 주는 3개 카운티에서 PFS 시범 프로그램 시행에 들어갔다. 14개 카운티가 관심을 갖고 응모해, 공모 결과 3개 카운티가 2016~21년 5년 기간의 PFS 지원을 받게 되었다. 8개월간의 공모 계획서 준비를 통해 선정된 3개 카운티에 대해 주와 지역교정이사회(BSCC)가 각각 125만-200만 달러 지원한다.

프로그램 전체 비용과 대상층은 1) 400만 달러 사업비로 150명의 18~34세의 전과자(알라메다 카운티), 2) 2,350만 달러 사업비로 300명의 홈리스 재활(로스앤젤레스 카운티), 3) 260만 달러 사업비로 400명의 성인 집행유예중 범죄자(벤추라 카운티) 등이다.

결과지불 방식은 주와 카운티가 대부분의 프로젝트 비용을 증여(grants)로 선불 지원하고, 전체 비용의 20%까지 투자자의 자본 투자로 결과 달성의 경우 수익을 보장하는 구조이다. 리스크와 포상(reward)을 복합시킨 블렌딩(blending) PFS에 해당된다.

자료 Government Performance Lab(GPL, 2018).

2. 사회혁신기금 사례

미국의 결과지불제도는 2009년에 시행된 사회혁신기금((Social Innovation Fund: SIF)에서 개시되었다. SIF의 결과지불제를 계승해 법적 제도를 갖춰 확장한 새로운 사회임팩트 결과지불제가 2018년 〈결과지불 사회임팩트 파트너십〉 법으로 도입되어 시행되고 있다.

1) 사회혁신기금(SIF)의 정책 혁신

미국 백악관의 사회혁신과 시민참여실(Office of Social Innovation and Civic Participation: SICP)과 국가봉사단(Corporation for National and Community Service: CNCS)은 서비스와 자원봉사를 진흥시키고 성과와 임팩트를 내는 새로운 해법에 대한 투자를 증대시키고 혁신적인 파트너십 모델들을 진흥시키는 역할을 한다. 2009년부터 시행되고 있는 사회혁신기금(Social Innovation Fund: SIF)이 대표적이다.

SIF는 지역사회의 문제해결 방안을 찾아내 성과의 증거로써 확장시키는 민간 자원의 임팩트 동원에 연방 정부가 촉매자 역할을 하는 강력한 접근법이다. 2009년 에드워드 케네디 상원의원의 '미국 자원봉사법'(Serve America Act)이 도입되면서 시행된 SIF는 국가봉사단(CNCS)의 혁신적 프로그램으로, 지역사회의 변화를 이끈 두드러진 임팩트 성과를 내고 있는 지속가능한 해결방안들을 비영리기관들이 지정해 지원하는 프로그램이다. SIF는 시행 6년간 지속적으로 확대되며 사회적 임팩트를 확장시켰다. SIF는 지역사회의 문제해결 방안을 찾아내 성과의 증거로써 확장시키는 민

간 자원의 임팩트 동원에 연방 정부가 촉매자 역할을 하는 강력한 접근법이다.[2]

표 4-6 미국 사회혁신기금(SIF) 추진 성과: 2010~15년

혁신의 파트너십	전국 311개 중간기관과의 파트너십 (1:1) 매칭 • 경제기회, 건강한 삶, 청소년 개발의 공조활동
매칭 펀드	연방 증여 (SIF 중간기관 증여: 2억 4,300만 달러) 민간기금 매칭 (SIF 중간기관 및 시행기관 증여: 5억 2,800만 달러)
지식 공유	86개의 프로그램 평가 시행 고차원의 임팩트 모델을 위한 증거기반 구축비(6,600만 달러)
임팩트 확장	35개 주정부와 지방정부 시행 59만 2천 명의 개인을 대상

자료 CNCS(2016). http://www.nationalservice.gov/SIF

SIF는 지역사회가 당면하는 다양한 문제들을 탐색해, 문제해결의 접근법을 검증하고 확장시키는 비영리기관들에 증여를 제공한다. SIF는 지역사회가 당면하는 문제들의 해결에 비영리기관들의 혁신적 접근법을 지원하는 목표를 달성하는데 다음의 여섯 개의 핵심요소들에 기초한다.[3]

첫째는 혁신(Innovation)이다. SIF는 비효과적인, 정체된 프로그램들을 대신해 혁신적 해결방안들에 투자한다. SIF에서 '사회혁신'(social innovation)은 "공공선을 위해 비용효과적, 데이터기반의 바람직한 결과를 생산하

2 CNCS, http://www.nationalservice.gov/programs/social-innovation-fund

3 CNCS, http://www.nationalservice.gov/programs/social-innovation-fund/our-model

는, 전통적인 문제들을 해결하는 새로운 방식"을 의미한다. SIF는 초기 단계를 지나 효과성을 입증해주는 그래서 더 큰 규모의 임팩트 잠재력을 가진 혁신방안들을 지원하는 특징이 있다.

둘째는 증거(Evidence)이다. SIF는 효과적인 비영리기관들이 전문성, 자원, 인프라가 부족해 사회적 임팩트를 제시하는 의미있는 평가를 수행해 전망있는 프로그램을 '검증된' 프로그램으로 발전시킬 수 있는 한계에 직면하는 문제들을 해결하는데 지원하는 역할을 한다. 일반적으로 증여 프로그램들이 프로그램 평가를 잘 지원해주지 못하는 문제들을 안고 있지만, SIF는 필요한 평가 수행에 드는 비용과 기술 지원을 하는 특징이 있다. 완벽한 평가를 통해 어떤 프로그램이 효과적이며, 비용절약을 하고 지역사회 문제해결에 바람직한 성과를 내는지, 전문적 데이터와 정보를 제공해준다.

셋째는 규모(Scale)이다. SIF는 중간지원기관(intermediaries)을 지원해 중간지원기관들이 다시 비영리기관들, 주정부와 지방정부들에 재정을 지원해 시행하도록 하면서, 지역사회 더 깊고 광범위한 임팩트를 창출하게 하는 특징이 있다. 증여 지원을 받은 프로그램들의 성공적인 규모 확장을 보장하기 위해 시행기관들이 지역사회 주민들에 접근해 삶을 변화시키는 역량을 구축하도록 지원하며 역량구축 과정에 필요한 기술훈련과 기술지원을 제공한다.

넷째는 증여제공기관(Grantmakers)이다. 중앙 정부 단독으로 모든 문제 해결의 역할을 할 수 있기 때문에, 증여제공기관들을 잘 선정해 이들이 경쟁적으로 프로그램들을 선정해 검증하고 성과 확장의 기술력과 검증을 하도록 협력하는 방안이 핵심이다. 증여제공기관들도 전국적인 공개 경쟁을 통해 선정되며, 이들은 공개적인 공모 절차를 통해 혁신적인 비영리기관, 주정부와 지방정부와 협력해 프로그램을 수행하게 한다. 정부기관은 이들과의 파트너십으로 시간을 절약하고 비용을 절감하며 자선기관들과 비영리섹터의 현장 경험과 지식을 신속하게 파급시키는 임팩트를 생산할 수 있다.

다섯째는 매치(Match)이다. SIF는 한정된 연방 정부의 투자금을 활용해 민간의 현금 자원과 공조활동을 동원하는 역할을 한다, SIF의 클래식 프로그램과 성공지불 프로그램(Classic and Pay for Success programs)에서 중간지원기관들은 연방 재정과 1:1의 매칭 펀드를 하도록 규제한다, 클래식 프로그램에서는 중간지원기관들이 다시 1:1의 매칭 자금을 제시하는 비영리기관들과 주정부와 지방정부들의 프로그램을 선정하는 과정을 거친다. 이와는 달리 성공지불 프로그램에서는 중간지원기관들이 1:1 매칭을 요구하지는 않고 오히려 비영리기관들과 주정부와 지방정부들의 역량구축에 기술지원과 자문을 하는 특징이 있다.

마지막은 지식 공유(Knowledge Sharing)이다. SIF는 비영리기관, 중간지원기관(증여제공기관), 정부기관들이 데이터를 수집해 분석하고 교훈과 모범사례들에 관한 정보와 지식을 공유하며 효과성을 개선하도록 지원한다.

2) SIF 프로젝트 유형: SIF 클래식과 PFS

(1) SIF 클래식

SIF의 클래식 프로그램은 전국의 저소득 지역사회 주민의 삶을 개선하는데 강력한 증거를 갖고 있는 혁신적인 지역사회 기반의 해결방안의 임팩트를 확장시키는데 정부와 민간의 자원으로 결합시킨다. SIF는 임팩트 지원기관 또는 중간지원조직들에 증여를 제공해 이들이 가장 유망한 프로그램을 파악해 프로그램의 임팩트를 확장시켜 강력한 성과의 증거를 창출하도록 지원하는 재정기반을 제공한다. 증여 금액은 5년간 기간까지 연간 백만-천만 달러 규모이다.

정부의 증여 지원을 받은 중간지원기관은 연방 증여에 1:1 매칭 기금을 민간투자로 조성해 강력한 증거를 가진 혁신적인 지역사회 기반의 조직들을 공모를 통해 선정한다. SIF 지원금의 80% 이상이 하청 시행기관 프로그램에 투자되도록 되어 있다. SIF와 시행기관들은 프로그램 관련 데이터, 학습과 결과를 공유한다. 클래식 SIF 증여 지원을 받은 중간지원기관은 2010년 11개, 2011년 5개, 2012년 4개, 2014년 7개로 전체 35개이다. 이들은 경제적 기회, 청소년 개발, 건강한 미래 등 삼대 핵심 정책 영역의 프로그램을 시행한다.

(2) Pay for Success(PFS)

클래식 SIF와 다른 새로운 혁신적 지원방식이 결과지불(PFS: Pay for Success)로, 혁신적 계약과 파이낸싱 모델이다.[4] 자선기관 등의 민간 자본을 대규모 유치해 결과를 성과로 창출하는 서비스 기관들에게 정부와 공조해 지불한다.

SIF의 PFS 프로그램은 다음을 목표로 추구한다. 첫째는 PFS 프로젝

4 CNCS http://www.nationalservice.gov/programs/social-innovation-fund/our-programs/pay-success

트에 동참하는 준비를 갖춘 정부와 NPO들의 파이프라인을 강화하고 다양화하는 것이다. 둘째는 다양한 지리적 배경의 다양한 대상층과 관련된 다양한 사회적 이슈들을 파악하는데 PFS의 잠재력을 검증한다. 셋째는 저소득 지역사회가 당면한 심각한 문제들에 대한 효과적인 해결방안을 강화, 성장, 유지시키는 활동을 하는 우수한 성과를 가진 기관들에 투자할 자본을 유치하는 것이다.

SIF의 PFS 지원을 받은 중간지원기관들은 저소득 지역사회의 혁신적인 지역사회 기반의 해결방안의 임팩트를 증진시키기 위해 PFS 프로젝트를 개발하는 활동을 지원한다. 2014년 80개의 시행기관들이 공모를 통해 3년 기간까지 지원을 받는 PFS 시행기관으로 선정되었다. 아래의 중간지원기관들이 각기 평균 10개의 PFS 프로그램을 공모로 선정해 프로그램 디자인부터 평가에 이르는 전과정에 자문과 서비스를 제공한다.

1) Corporation for Supportive Housing (CSH)
2) National Council on Crime and Delinquency
3) Green & Healthy Homes Initiative
4) Nonprofit Finance Fund
5) Harvard Kennedy School Government Performance Lab
6) Third Sector Capital Partners, Inc.
7) Institute For Child Success, Inc.
8) Sorenson Impact Center at the University of Utah's David Eccles School of Business

일례로 다섯 번째의 하버드대 케네디 정부대학의 정부성과실험실(Government Performance Lab: GPL)과 실험이 지원하는 하청 시행기관들의 프로그램 개요는 아래와 같다.

정부성과실험실 GPL은 3년간 193만 달러의 증여 지원을 받아, PFS 프로젝트의 디자인과 시행방안에 관한 정부측의 기술지원을 지원한다. 프로젝트는 다음 네 개의 구조를 갖추고 있다. 첫째는 두 개의 전국 공모이다. 2014년과 2015년 PFS 프로젝트 풀타임 기술지원을 15개월간 받게 되는 10개의 파트너 기관들을 선정하였다. 둘째는 파트너 기관의 구성이다. 각 공모에서 다섯 파트너 기관 중 1~2개는 주정부나 지방정부 하나가 아닌 여러 정부들의 그룹으로 선정해 정과 역량을 개발하기 위한 코호트 기반(cohort-based)의 모델을 테스트한다. 이 그룹의 정부들은 풀타임 휄로우(fellow)의 지원을 받으며 행정구역을 초월한 공조와 지식 공유에 동참한다. 셋째는 GPL은 기술지원과 역량구축에서의 핵심적 학습을 보급하는 출판물을 지속적으로 생산해 PFS 모델에 대한 인식이 높아지며 다른 비참여 기관들도 혜택을 공유하도록 한다. 마지막으로는 학습의 교훈을 보급하는 과정에서 프로젝트 개발의 기술 측면의 평가를 구하는 정부에 단기적으로 기술지원을 하는 독립적인 평가 과정을 개발한다.

3) SIF 증거 수준과 RCT

SIF가 도입한 3단계 증거수준은 교육부의 i3(Investing in Innovation) 프로그램에서 시행하는 3단계 증거기반의 프로그램 증거수준에서 차용한 것이다.

(a) 기초 증거(Preliminary evidence)는 타당한 가설에 기초해 신뢰할 만한 연구 결과로 지지받는 증거를 갖고 있는 모델을 의미한다. 예비

증거 기준에 적합한 연구 사례로는 프로그램의 참여자를 추적해 프로그램 종료 시점에서 참여자의 반응을 측정한 결과 연구, 그리고 참여자가 계획된 결과를 개선했는지를 결정하는 제3자 사전 또는 사후 실험연구가 있다.

(b) 중간 증거(Moderate evidence)는 프로그램 디자인이 인과적 결과를 지지할 수 있는 선행 프로그램 연구가 제시하는 증거(즉 높은 수준의 내부 타당성) 또는 반대로 중간수준의 인과적 결론을 지지하지만 광범한 일반적 응용성을 가진 연구이다. 중간 증거의 연구 사례로는 최소한 하나의 잘 디자인되어 잘 시행된 실험적 또는 준실험적 연구로 작은 샘플 사이즈 또는 다른 시행의 조건이나 일반화의 한계가 있는 분석을 가진 프로그램이나 실행 전략의 효과성을 지지하는 연구가 있다. 또는 대상자나 대상집단의 선택 바이어스(selection bias)와 내부 요인의 영향을 구분해 다루는 강력한 통계적 통제 방안을 가진 상관성 연구(correlational research)가 있다.

(c) 강한 증거는 프로그램 디자인이 인과적 결론을 지지할 수 있는 프로그램의 선행 연구가 제시한 증거(즉 높은 수준의 내부적 타당성)이며 또 주, 지방, 국가 차원의 확장을 지지할 정도의 충분한 수의 참여자와 배경을 포함하는 증거(즉 높은 수준의 외부적 타당성)를 의미한다. 강한 증거의 사례들로는 하나 이상의 잘 디자인되어 잘 시행된 실험적 연구로 프로그램, 실행, 전략의 효과성을 지지하는 연구, 또는 하나의 대형의 잘 디자인되어 잘 시행된 여러 지역에 걸쳐 무작위 대조군 실험으로 실천, 전략, 프로그램의 효과성을 지지하는 실험이 있다.

2014년 SIF는 72개의 프로그램 평가의 디자인과 시행에 5,900만 달러를 투자했다. SIF 시행기관의 평가계획에는 세 가지 디자인 중에서 실험적 디자인 33%, 준실험적 디자인 47%, 비실험적 디자인 19%로 나타났다.

(a) 실험적 디자인(Experimental design)

실험적 디자인 연구는 무작위 대조군 실험(random control trials: RCT)을 이용해 프로그램 참여자를 무작위로 두 개의 대조적 집단으로 비교한다. 치료집단(treatment group)은 프로그램 서비스를 받는 집단, 통제집단(control group)은 그렇지 않은 집단이다. 통제집단은 프로그램이나 개입이 전혀 이뤄지지 않은 상태의 반사실(counterfactual)이다. 무작위 실험으로 치료집단과 통제집단은 처음에는 배경 특성 등의 여러 요인 측면에서 동일하거나 유사한 상태에 있었지만, 서비스 전달 등의 프로그램 개입으로 두 집단 사이의 차이가 발생했는지를 검증한다. 무작위 실험은 프로그램 개입 이후의 두 집단 사이의 관측된 차이가 프로그램 개입으로 발생한 것인지를 높은 수준의 통계적 유의도 수준에서 검증한다.

(b) 준실험적 디자인(Quasi-experimental design: QED)

무작위 실험이 아닌 다른 방식으로 반사실 집단, 즉 통제집단을 디자인한다. 반사실 통제집단은 프로그램 개입이 없는 집단으로, 치료집단의 관측된 변화를 통제집단과 비교해 프로그램이 참여자에 대한 임팩트를 평가한다. 그런데 두 집단들의 차이는 여러 요인들에 의해 발생된 차이가 될 수 있다는 점에서 엄밀한 실험적 디자인은 아니다. 따라서 준실험적 디자인은 실험적 디자인에 비해 임팩트 평가의 정확성이 낮을 수 있다.

(c) 비실험적 디자인(Non-experimental design)

이상의 실험적, 준실험적 디자인과 다른 디자인은 대부분 비실험적 디자인으로 과정이나 결과 평가, 사례연구, 비용효과성(또는 비용혜택 분석, 실행 가능성 연구 등이 있다.

시행기관들은 다양한 평가 디자인을 이용해 증거기반의 실천을 위한 단계로 낮은 수준의 증거에서 더 높은 수준의 증거로 프로그램 평가 수준을 업그레이드 하도록 규제받는다. 모든 SIF 프로그램은 증여 종료 시점에 최소한 중간 수준의 증거 단계에 도달하도록 계약되어 있다. 전체 프로그램의 증거 수준은 '강함' 25%, '중간' 54%, '예비' 21%이다.

표 4-7 미국 SIF 증거 수준: 약, 중, 강 판별 기준

횡단: 신청한 조직이 다른 조직의 개입방법과의 구분
종단: 결과를 생산하는 디자인(사업계획)의 방법

	다른 조직이 동일하지 않은 유사한 개입	다른 조직이 동일한 개입 (개입 복제)	같은 조직이 여러 개입 중 하나를 적용	같은 조직이 동일하지 않은 유사한 개입	같은 조직이 같은 개입을 적용
전혀 없음	×	×	×	×	×
시행만 적용	×	×	×	×	×
전-후 테스트	×	×	×	×/기초	기초
비교집단 없는 전-후 비교, 시계열	×	×	기초	기초	기초
1개의 계획, 실행된 RCT, 또는 QED	기초	기초	기초	기초	중간

2~3개 계획, 실행된 RCTs 또는 QEDs	기초	중간	기초	기초/중간	중간
전국, 대규모 RCT, QED 여러 지역 RCTs, QEDs	기초	강함	기초	기초/중간	강함

자료 CNCS(2018).

4) SIF 혁신사례: JFF/National Fund와 REDF

SIF 혁신사례로 고용훈련 프로그램을 살펴볼 만하다. 고용주의 적극적인 리더십과 참여는 일자리 중심의 교육과 훈련의 효과성에서 결정적으로 중요한 부분이다. 교육훈련이 현재와 장래의 고용 수요를 충족시키고 구직자의 고용 결과를 생산할 가능성이 높도록 보증하는 것이다. 따라서 일자리 새도우(job shadow), 인턴십, 견습공 등의 현장 기반의 학습 기회를 창출하는 것이 필수적이다.

(1) JFF/National Fund 사례

CNCS는 사회임팩트기금(SIF)의 시행기관인 (JFF/National Fund: Jobs for the Future/National Fund for Workforce Solutions) 또는 고용주의 리더십과 관여에 프로젝트에 초점을 맞춘다(CNCS 2016: 2). 고용주들이 종사원의 노동력 구축과 업그레이를 지원하면서 저기술, 저임금 노동자의 고용 기회를 창출하는 활동을 한다. 지역의 노동력 펀딩 공조기관을 지원하면, 후자는 다시 지역의 노동 수요에 맞춤형 지원을 하는 산업 노동력 파트너십의 형성과 운영에 재정지원을 한다.

JFF/National Fund 모델에서 각 산업별 파트너십은 지역의 특정 산업 분야(제조업, 건설, 보건 등)의 고용주들로 구성되어 노동력 수요를 파악해 해결방안을 개발하기 위해 훈련기관, 지역 대학, 지역기반 조직들과 공조한다. 파트너십의 고용주 멤버들은 공유된 인적 자원을 상의하고 산업계 현황 정보를 교환하며 현안 과제들의 해법을 시행하는 역할을 맡는다. JFF/National Fund가 지원하는 볼티모어 노동력 펀딩 공조기관은 보건직의 연대조직(BACH)을 지원하며, BACH는 다시 지역 보건 기관의 스급한 고용 수요를 충족시키고 동시에 볼티모어 저소득층 주민의 보건직 구직 기회를 지원하는 역할을 한다. BACH의 파트너기관은 지역에 28개가 되는데, 주요 병원들과 보건기관들을 비롯해, 정부기관, 교육기관, 지역사회 기관 등이다. BACH의 역할은 병원 직원들의 고임금 일자리 상승을 지원하고 일자리 성과와 유지를 위한 코칭 서비스를 제공한다. 또 BACH는 저소득층이 보건직 구직을 지원하는 서비스로 고용주를 지역의 비영리 훈련기관에 연계시키는 등의 역할도 수행한다.

JFF/National Fund의 프로젝트의 초점은 고용주 리더십 개발과 유지에 맞춰 있다. 고용주들이 파트너십을 주재하는 역할을 하면서 고용주 입장에서 해결방안을 우선적으로 모색하도록 하는 전략을 추진한다. 또 다른 모범적 실행방안들은 다음과 같다.

- 개인들의 경력, 일자리 배치, 임금 상승 등의 결과와 고용주의 생산성 향상, 높은 고객 만족도, 낮은 이직율 등의 결과를 측정가능한 성과로 달성하는 것,

- 산업별 인증서를 진흥시키는 것,
- 산업별 정보(industry intelligence)와 기대되는 기술 등에 관해 모든 이해관계자들과의 커뮤니케이션 등이다.

SIF 펀딩으로 JFF/National Fund는 기존의 노동력 파트너십의 임팩트를 강화시켜 남부 여러 주들에서 새로운 파트너십을 창출해가고 있다. 평가기관의 평가에 따르면, JFF/National Fund는 구직 참여자의 구직율에 대한 긍정적인 효과에서 통계적으로 유의미한 성과를 보였고, 보건 위주의 프로그램에서는 참여자의 고용, 유지, 소득 개선에 높은 효과성을 보였으며, 고급 제조업 프로그램에서는 참여자의 고용, 유지 개선에 중간 수준의 효과성을 보였다.

(2) REDF 사례

두 번째 SIF 시행기관은 캘리포니아의 REDF로 구직 취약층에 초점을 맞춰 프로젝트를 시행한다. 홈리스나 전과자, NEET 청년, 정신질환자 등이다. REDF는 비영리기관들을 지원해 캘리포니아에 사회적기업을 창설 또는 확장해 대상집단에게 고용의 기회를 제공해주도록 중간지원기관 역할을 한다.

사회적기업은 위의 취약층을 고용해 일자리를 제공하며 생계를 지원하는 특수 목적의 기업이다. 종업원들은 훈련과 지원 서비스를 받으며 노동으로 임금을 받아 세금을 내는 일상적인 노동자가 된다. REDF가 선정한 시행기관 중 샌프란시스코의 지역주거 파트너십(CHP)는 홈리스 경험자의 주거와 구직을 지원하는데, 자체 조직인 사회적기업(Solutions SF)을 통해 프로젝트를 시행한다. 이처럼 비영리기관과 사회적기업의 복합적 공조로 구직 취약층의 지원 서비스를 조정하는 플랫폼을 창출하는 장점이 있다. 또는 고용주의 지원 기반도 구축하는 장점도 있다.

REDF는 연방 SIF 지원을 받아 복수의 캘리포니아 지역사회에서 사회적기업 모델의 스케일 확장과 평가의 기회를 갖게 되었다. 평가기관에 따르면, 참여자 2/3가 사회적기업 일자리를 시작한지 6개월이 지난 후에도 일을 지속하며 이들 중 안정적인 주거를 제공받은 종사원은 15%에서 53%로 크게 늘었다(CNCS 2016: 4). 평가기관은 다음과 같이 사회적기업 모델이 납세자와 사회 전체에 대해서도 순이익을 제공해준다고 긍정적인 평가를 제시하였다.

- 사회적기업 종사자들이 정부의 복지수혜 의존에서 벗어나, 1년간 일인당 정부 복지급여 의존 비중이 71%에서 24%로 줄었다.
- 사회적기업에 대한 1달러 지출이 사회적 비용 2.23달러를 생산했다.
- 사회적기업에 대한 1달러 투자금이 비즈니스 수입의 97%를 창출해, 거의 수지를 맞춘 것으로 볼 수 있다.

이같은 높은 성과를 달성한 것은 다음과 같은 프로그램의 특성과 서비스 요인들이 주요한 것을 꼽힌다. 참여자의 다양한 처지에 맞춘 융통적인 개인별 맞춤형 훈련 접근법이며, 또 현금, 상품권, 인정 등으로 훈련 참여와 고용 일정을 충족시키는 인센티브 제공도 중요한 것으로 분석된다.

미국 사회혁신기금(Social Innovation Fund: SIF)이 2010년 REDF를 중간 지원조직으로 지원하게 된 것도 40개 이상의 사회적기업에서 5,500명 이상의 일자리를 만드는 탁월한 성과를 냈기 때문이다(CNCS 2017). REDF는 사회적기업을 지원하는 중간지원조직으로 사회적기업이 사회에 제공하는 혜택을 측정하는 '사회투자수익'(social return on investment: SROI)을 선도적으로 개발하였다. REDF는 SROI로 사회적기업의 사회적 혜택, 지속가능성, 비용 및 스케일링 역량(scalability) 개선의 베스트 사례들을 파악하게 되었다. REDF는 SIF 지원금으로 다시 282명을 고용하는 7개의 사회적기업을 지원해 사회적 임팩트를 SROI로 측정해 평가했다. 평가결과를 보면, 사회적기업에 1달러 투자 지원금이 사회 전체에 2.23달러 혜택을 주는 것으로 추산된다. 또 사회적기업에서 일자리를 가진 개인들의 취직도 일 시작 이전에는 17%에 불과했지만 일 시작 1년 후 51%로 증가했고, 주거안정도 이전 15% → 이후 53%로 늘었으며, 수입 중 정부지원금 의존은 이전 71% → 이후 24%로 크게 줄었다.

3. 결과지불 사회임팩트 파트너십법의 시행

2018년 시행된 미국의 〈결과지불 사회임팩트 파트너십법〉(Social Impact Partnerships to Pay for Results Act: SIPPRA)은 정부기관과 민간기관들이 추진하는 협력사업에서 요구되는 결과를 법에 명시하고 있다. "이 법에서 사회임팩트 협력사업으로 인정받기 위해서는 해당 사업의 결과가 측정가능하고 명확히 정의된 것으로서 다음 중 하나 이상의 사회적 편익과 연방정부나 주정부 또는 지방정부에 예산절감 효과를 발생시켜야 한다"고 규정한다.

1) 사회적 가치의 임팩트 창출

SIPPRA는 국가 차원에서 가장 심각한 사회적 문제 해결의 가치를 규정하고 이를 사회적 임팩트로 실현하는데 각급 정부들과 민간의 기업과 비영리기관들이 파트너십을 발휘할 것을 선언한다.

(1) 사회임팩트 결과지불제의 목적

이 법에서 사회임팩트 협력사업으로 인정받기 위해서는 해당 사업의 결과가 측정가능하고 명확히 정의된 것으로서 다음 각 호 중 하나 이상의 사회적 편익과 연방정부나 주정부 또는 지방정부에 예산절감 효과를 발생시켜야 한다.

① 미국에서 연속해서 6개월 이상 실업상태에 있는 개인의 일자리와 소득 증가
② 16세에서 24세까지 개인의 고용과 소득 증가
③ 연방 장애급여를 받는 개인의 일자리와 소득 증가
④ 연방기관의 자산조사 결과에 따라 지급하는 복지수당에 대한 저소득가정의 의존도 감소
⑤ 고등학교 졸업률 개선
⑥ 10대 임신 및 무계획 임신의 감소
⑦ 저소득 가정과 개인의 출산, 영유아 건강 및 발달 개선
⑧ 저소득 가정과 개인의 천식, 당뇨병 기타 예방할 수 있는 질병을 감소시킴으로써 응급실 등 고비용 치료의 이용률 감소

⑨ 양부모 가정에서 생활하는 자녀비율 증가

⑩ 아동학대 및 아동방임 감소

⑪ 입양, 후견, 가족의 재결합, 적합한 친척에의 위탁 또는 원 가정에서 아동이 안전하게 양육되도록 하여 위탁시설에 맡기지 않도록 함으로써 시설에 위탁되는 청소년 수 감소

⑫ 그룹홈, 아동복지시설, 민간양육시설 기타 가정이 아닌 아동위탁시설에 거주하는 위탁아동 및 청소년 수 감소. (단, 가정위탁이 아동의 장기간의 건강, 안전 또는 정신적 복지에 도움이 되는 경우는 예외)

⑬ 위탁시설로 되돌려 보내지는 아동 수 감소

⑭ 소년범, 출소자 기타 고위험군의 재범 감소

⑮ 취약계층의 노숙 감소

⑯ 정신적, 감정적, 행동적으로 도움이 필요한 사람들의 건강과 복지 개선

⑰ 특수교육이 필요한 아동이나 저소득층 아동들의 교육적 결과 개선

⑱ 미군 전역자의 고용과 복지 개선

⑲ 저소득 가정의 재정적 안정성 증가

⑳ 신체적 정신적으로 장애가 있는 개인들의 자립과 고용적합성 증가

㉑ 그 밖에 주정부나 지방정부에 의해 정의된 측정 가능한 결과로서 긍정적인 사회적 결과와 연방정부에 예산절감 효과를 가져오는 것.

(2) 사회임팩트 법의 '결과의 가치'

법의 시행은 재무부가 주무기관으로,[5] 〈표〉에 제시한 21가지의 프로젝트 유형에 공모를 실시해 보조금을 지원하는 시행 절차는 다음과 같다.

연방정부에 대한 가치는 프로그램 시행의 결과로 생산되는 (연방정부의 지출 절감에 따른) 공공분야 저축과 (잠정적 세수입 증가에 따른) 연방 세수입의 증가를 합친 총액으로 추산된다.

표 4-8 SIPPRA 프로젝트 결과의 가치 추산(Outcome Valuation)

〈1단계〉 프로그램 개시전 현행법에서 프로그램 기간 중의 타깃 인구 기초선(baseline)을 추산. 타깃인구에 대한 현행법에서의 연방정부의 지출과 수입을 추산 그리고 SIPPRA 프로그램의 직접적인 개입 결과로 발생할 결과를 추산. 신청서에 다음을 추산. A. 타깃 인구가 지불하는 연방정부의 수입 총액 추산. B. 타깃 인구에 대한 연방정부의 지출 총액 추산.
〈2단계〉 프로그램 개입으로 발생할 프로그램 기간 중의 결과와 연방정부의 지출과 수입 추산. 신청서에 다음을 추산. C. SIPPRA 프로그램 개입의 직접적인 결과로 발생하는 결과의 변화로 타깃 인구가 지불하는 연방정부 세금 총액. D. SIPPRA 프로그램 개입의 직접적인 결과로 발생하는 결과의 변화로 타깃 인구에 지불하는 연방정부 지출 총액.
〈3단계〉 프로그램 개입으로 연방정부에 지불하는 가치의 총액 추산 연방정부에 대한 가치 총액(Value)은 SIPPRA 개입의 직접적 결과로 발생하는 수입의 변화 총액(C-A) 마이너스 SIPPRA 개입의 직접적인 결과로 발생하는 지출의 변화 총액(D-B): 가치(Value) = (C − A) − (D − B)

자료 US. Department of Finance(2019b) "Outcome Valuation Attachment Template."

5 https://home.treasury.gov/services/social-impact-partnerships/sippra-pay-for-results

2) 결과지불의 파트너십법 시행

(1) 공모사업 신청서 요건

SIPPRA 프로젝트 신청 자격은 주정부 또는 지방정부에 한정되어, 다음 각 호가 포함된 사회임팩트 파트너십 프로젝트 신청서를 제출하도록 제시한다.

표 4-9 SIPPRA 프로젝트 신청 주요 항목

(1) 사업의 결과목표 (2) 사업을 구성하는 각각의 개입의 기술 및 이러한 개입의 예상 결과 (3) 개입을 통해 바람직한 결과가 만들어질 수 있다는 점을 나타내는 엄격한 증거 (4) 사업이 제공되는 대상집단 (5) 개입을 받은 참가자 기타 영향을 받은 사람에 대해 기대되는 사회적 편익 (6) 연방정부, 주정부, 지방정부의 비용 및 사업수행에 소요되는 기타 비용의 추정액 (7) 사업이 수행되고 결과가 달성된 경우, 프로그램별 기준 및 전체 기준에 따라 추산된 연방 예산절감 추정액을 포함하는 연방정부, 주정부, 지방정부의 예산절감 및 기타 비용절감 추정액 (8) 사업의 성공적인 완성에 따른 예산절감이 주정부 또는 지방정부에서 발생하는 것으로 추정되는 경우, 주정부 또는 지방정부가 이러한 예산절감을 실현할 가능성 (9) 사회임팩트협력 모델을 통한 개입 제공 계획 (10) 제안된 개입 또는 유사한 개입을 제공하는 사업수행기관의 경험에 관한 요약 또는 사업수행기관이 개입 수행에 필요한 전문성을 갖추고 있다는 점에 관한 설명을 포함한 개입을 수행하는 각 사업수행기관의 전문성에 대한 기술 (11) 사회적 서비스 투자를 위해 민간자금 및 자선자금을 모집함에 있어, 주정부 또는 지방정부, 운영기관, 사업수행기관의 경험에 관한 설명 (12) 주정부, 지방정부, 운영기관, 사업수행기관, 독립적인 평가기관, 투자자, 기타 이해관계자를 포함하여 사업에 관여하는 각 주체의 구체적인 역할과 책임

(13) 제안된 개입 또는 유사한 개입을 제공하는 사업수행기관의 경험에 관한 요약 또는 사업수행기관이 개입 수행에 필요한 전문성을 갖추고 있다는 점에 관한 설명 요약
(14) 개입이 제공되는 지역 또는 개입 대상집단의 충족되어야 할 필요 요약
(15) 지급조건, 결과보상금액 계산방법, 지급일정 및 결과의 한계치
(16) 사업 예산
(17) 사업 일정
(18) 대상집단 발굴, 대상집단에 사업 소개, 대상집단을 사업에 등록하는 방법을 포함하여 개인의 사업 적격성을 결정하는 기준
(19) 평가 설계
(20) 해당 개입과 인과관계 있는 결과를 달성하였는지 여부를 결정하는 평가에 사용되는 지표와 해당 지표의 측정방법
(21) 평가지표가 개입과 인과관계 있는 결과의 성취여부를 결정할 수 있는 독립적이고 객관적인 영향력의 징표이며, 사업수행기관이나 운영기관이나 투자자에 의해 조작될 수 없다는 점에 대한 설명
(22) 사업에 관여한 평가기관의 다른 주체로부터의 독립성에 관한 설명 요약 및 가능한 경우 해당 개입 및 유사한 개입에 관한 잘 구현된 RCT를 포함하여 프로그램의 효과성에 관한 엄격한 평가를 수행할 수 있는 평가기관의 경험에 관한 설명 요약
(23) 주정부나 지방정부가 제안한 사업에서 선정된 일정 수의 대상자에게 해당 개입을 제공할 수 있는 사업수행기관의 역량
(24) 만약 적당한 시기에 그렇게 하는 것이 적절하다고 판단되는 경우, 성공적인 개입을 사회임팩트민관협력 기간 이후에도 계속적으로 운영하기 위해, 주정부나 지방정부와 사업수행기관이 개입을 유지할 계획에 관한 기술

자료 SIPPRA https://www.congress.gov/bill/115th-congress/senate-bill/963/text

(2) 사업 운영기관 정보 요건

또 신청서에는 다음 각 호의 사회임팩트협력사업 운영기관에 관한 정보가 포함되어야 한다.

① 제안된 유형의 개입을 제공하고 이를 촉진할 수 있는 경험 및 능력

② 미션과 목표

③ 운영기관이 개입을 제공하는 서비스 수행기관과 이미 사업을 함께 하고 있는지 여부에 관한 정보 또는 운영기관이 개입을 제공하는 서비스 수행기관과 사업을 함께 시작할 능력을 갖추고 있는지에 관한 설명

④ 정부와 비정부기관간의 협업 환경에서 사업을 수행한 경험

⑤ 증거중심 프로그램을 수행하기 위해 공공기관 또는 민간단체와 협업한 사전 경험

⑥ 운영경비를 충당할 자금을 조달하고 제공할 수 있는 능력(해당 사업에 필요한 경우)

⑦ 다음 각 목을 포함한 결과를 추적하고 결과를 측정할 수 있는 능력 및 기반시설

- 프로그램 결과를 추적 및 분석하고 프로그램 임팩트를 평가할 수 있는 능력;
- 결과지불이나 결과기반 계약 및 사업의 중요한 단계와 목표를 달성한 경험

⑧ 개입을 제공함에 있어서의 역할

⑨ 중간 기준점과 결과 측정에 관한 기술을 포함하여 운영기관이 프로그램 성공을 감시하는 방법.

3) 결과지불의 사회임팩트 평가

SIPPRA 시행의 주무기관인 재무부의 '시범 프로젝트' 매뉴얼에 소개된 프로젝트 결과와 임팩트 평가는 다음과 같이 진행된다(US Department of Finance 2019a).

결과지불(Pay for Results) 평가가 독립기관에 의해 수행되어야 한다. 프로젝트 시행기관은 프로젝트의 공식 평가에 상당한 시간과 자원을 투입한다. 시행기관은 사업 선정후 평가비를 지원하는 평가 비용지급을 받게 된다. 프로젝트 전체 지원금의 15%까지 평가비로 책정되어 있다. 규정에 따라 완료된 평가 작업에 대해서만 비용 지급을 한다.

(1) 평가 디자인 계획

평가 디자인에는 다음이 포함될 것으로 요청한다.

표 4-10 사회임팩트 파트너십법 시행상의 평가 디자인 요청사항

1. 기존의 증거기반을 서술, 유용가능한 연구 문헌 제시.
2. 제안된 평가가 어떻게 프로젝트에 적절한지를 설명.
3. 모든 파트너들의 조정 접근방법과 필요한 평가 활동을 기술(독립 평가기관의 데이터 수집과 접근 지원 포함) 및 일정 제시.
4. 프로젝트 평가의 연구질문, 데이터수집과 분석, 데이터의 질과 통합 유지(귀결의 최소화 등) 및 전체와 하위 샘플의 구체화.
5. 치료집단과 통제집단의 임의적 선정을 확증하는 방법, 즉 프로젝트의 진정성있는 시행에 대한 서술,
6. 프로젝트의 계획된 결과가 개입의 결과로 달성되었는지를 평가하는 방법이 되는

메트릭스 기술. 핵심 결과와 결과 타깃들, 메트릭스의 측정 방법, 메트릭스가 임팩트의 독립적, 객관적 지표이지 시행기관, 중간기관 또는 투자자 등의 조작에 의한 것이 아니라는 것을 설명.

7. 독립 평가기관이 어떻게 메트릭스를 수집, 접근할 것인지를 설명
8. 계획된 결과를 측정하는데 이용되는 측정방법으로 결과는 임의적 찬스, 일반 경제 상황 또는 참여적 선정 등에 기인한 것이 아니라는 것을 보여주는 강력한 증거를 생산할 것이라는 점을 설명
9. 평가 분석에 이용되는 모든 주요 공변량(covariates) 제시(실행가능한 측정, 측정에 이용되는 데이터 등)
10. 계획된 결과 또는/그리고 부정적인 임팩트를 어떤 방법으로 측정할 것인지를 설명
11. 변화의 이론(논리 모형) 제안
12. 평가 전략(RCT 또는 준실험적 디자인) 제시
13. 통계 및 분석 방법 기술(회귀 분석, 파워 계산 및 제안된 결과 각각에 대한 최소한의 검증 가능한 임팩트 등)
14. (가능하면) 기대되는 맞춤형 무작위화 계획(customized randomization plan)
15. 인과적 결론을 지지할 수 있는 증거를 생산할 수 있는 디자인 제시
16. 기대되는 문제점들 기술(무작위화 실패, 과다응모 문제 해결 등)
17. 개입과 재정 구조로부터 독립적인 평가 방안 제시.

자료 US. Department of Finance(2019a: 15-16)

(2) 평가 방법

디자인 계획에는 평가방법을 제시해, 변화의 이론(또는 논리 모형)의 서술. 변화의 이론에는 다음이 포함된다(USDF 2019a: 17-18).

- 개입이 기반하는 핵심 가정들 파악
- 제안된 전략의 효과를 측정하는 테스트 가능한 가정들 제시,
- 기대되는 결과(outcomes) 파악,

• 중간 산출(outputs)과 결과(outcomes) 제시, 동일, 유사 상황에서의 동일 또는 유사한 개입을 지향하는 프로젝트의 진전 제시.

전국의 주정부와 시정부 등 공공기관들이 응모한 프로젝트의 심사기준은 매우 엄밀하다. 사회적 임팩트를 최대한 창출하는데 목적이 있기 때문에, 결과와 임팩트에 초점을 맞춘다. 기관의 역량에는 상대적으로 배점(5점)이 작지만, 결과 달성의 가능성에 절반의 배점이 있다. 또 평가 점수 30점도 높은 편이고, 프로젝트의 가치와 저축도 강조하는 평가항목이다.

표 4-11 SIPPRA 프로그램 평가기준

1. 프로젝트의 가치와 저축		
• 연방정부에 대한 가치	10점	15점
• 주정부나 지자체의 저축	5점	
2. 결과 달성의 가능성		
• 계획된 결과 달성이 기대되는 개입에 대한 증거	15점	50점
• 프로젝트 예산, 활동계획, 일정표, 파트너십 협약	20점	
• 프로젝트 파트너	15점	
3. 평가의 질		
• 평가 디자인과 메트릭스	20점	30점
• 평가기관 독립성과 경험	10점	
4. 기관의 역량과 개입 유지의 실행력		5점
합계		100점

자료 US. Department of Finance(2019a: 38).

제5장

사회임팩트 채권(SIB) 정책

1. 결과지불의 사회임팩트채권(SIB)

사회임팩트채권(social impact bond: SIB)은 결과지불제의 혁신적인 파이낸싱 메카니즘이다. 정부나 위탁기관이 사회적기업 또는 비영리기관 등 사회서비스 제공기관 그리고 투자기관과 계약을 맺어 계획된 사회적 결과를 전달한 것에 대한 지불을 하는 방식이다(OECD 2015c; Brookings 2015).

1) 사회임팩트채권(SIB)의 발전

(1) 사회임팩트채권(SIB)이란?

'채권'(bond)으로서 SIB는 무엇을 의미하는가? SIB는 일반적인 채권의 의미보다는 "사회적 결과에 대한 미래의 계약"이 적절한 표현이다(OECD

2015c: 5). 채권을 발행하는 기관은 민간부문의 투자자로부터 펀드를 조성해, 이 펀드가 서비스 공공기관에 분배되어 운영비용으로 사용된다. 계약대로 측정가능한 사회적 결과가 달성되면, 정부는 채권발행기관 또는 투자자에게 비용을 지불하는 방식이다. SIB는 사회적 혁신방안으로, 계획된 산출과 지표들을 중심으로 결과에 초점을 맞춰 계약 기간을 통해 그리고 계약 이후에도 독립적인 평가기관의 전문 역량을 활용해 서비스 공급에 효율성과 효과성을 지향하는 문화의 전환을 추진하는 것이다.

국제사회는 SIB 개념에 대해 통일된 정의를 하고 있다. SIB는 "정부 또는 위탁기관이 사회적기업 또는 비영리조직 등의 사회서비스 전달기관 및 투자자들과 계약을 체결해 사전에 정의된 사회적 결과의 전달에 대해 지불하는 혁신적인 금융 메카니즘"이다(Social Finance 2011; OECD 2015g).

(2) 사회임팩트채권(SIB)의 발전

SIB는 몇가지 다른 모델들과 구조를 갖추고 있다. 모델들의 차이는 행위자 등의 이해관계자의 구성과 이들 사이의 역할, SIB 구조화 과정, 계획된 결과의 전달에서의 책무성 등의 차이이다. 두 가지 모델은 SIB 펀드와 개별 SIB이다. 양자의 차이는 SIB 펀드가 동일한 또는 유사한 사회 이슈들의 해결에 복수의 계약을 체결하는 역량을 갖고 있는데 반해, 개별 SIB는 한 번에 하나의 결과지불 계약을 체결하고 몇가지 구조 중 하나를 선택한다(OECD 2016b).

SIB 펀드에서 정부가 SIB 위탁기관이 되거나 또는 다른 위탁기관이 결과지불을 위한 등급 카드(rate card)를 설정한다. 등급 카드에 설정된 가격은 각 결과에서 생산되는 비용 절감이나 지원금의 절감을 분석한 정밀한 리서치에 기초한다. SIB 펀드 모델에서 파트너십은 서비스 시행기관, 투자자, 중간지원기관 사이에 형성되어, 파트너십이 용약 공모에 참여한다. 용역계약은 선정된 공모기관과 체결된다.

지금까지 세 개의 SIB 펀드들이 있는데, 영국 노동연금부의 혁신기금(Innovation Fund), 지역사회와 지방정부성의 페어챈스 펀드(Fair Chance Fund), 그리고 브릿지 벤처의 브릿지 SIB 펀드(Bridges SIBs Fund) 등이다(OECD 2016b: 10). 모두가 영국에서 시행된 것이다. 혁신기금은 교육과 청년고용에 초점을 맞춰, 2차에 걸쳐 10개의 SIB를 개시하였다. 2012년 4월에 시행된 1차에 6개의 SIB, 11월에 시행된 2차에 4개 SIB가 있다. 페어챈스 펀드는 교육, 고용, 주거, 홈리스에 초점을 맞춰, 2014년 12월에 개시해 이후 7개의 SIB를 시행하였다. 브릿지 SIB 펀드는 2013년 4월에 개시해 아동, 청소년, 노인 환자에 초점을 맞춰 그간 14개의 SIB를 시행하였다. 지금까지 시행된 개별 SIB의 주요 구조에서 다음과 같이 직접형, 중개형, 관리형 모델로 구분해 구조적 특성을 비교해볼 수 있다.

(a) 직접형(Direct SIB)

직접형 SIB에서 서비스 전달 계약은 결과지불자와 서비스 시행기관이 통제하는 특수목적사(SPV) 사이에 체결된다. 시행기관은 거래의 시행과 성과관리 책임을 맡는다. 중간지원기관은 자본 증식, 거래의 구조화와 거래의 실행가능성 결정의 책임을 맡는다. 직접형에서는 시행기관이 상당한 책임을 맡는 특징이 있다.

표 5-1 캐나다 사스카체완에서 시행된 스위트 드림스(Sweet Dreams) SIB

캐나다 사스카체완에서 시행된 스위트 드림스 SIB는 직접형 SIB 구조를 가진 개별 SIB 모델이다. 결과지불기관인 사스카체완 정부와 사회서비스부가 투자기관(Conexus Credit Union, Wally and Collen Mah)과 시행기관(Saskatoon Downtown Youth Centre (EGADZ)과 직접 계약을 맺었다. 투자기관은 2014년 5월 100만 캐나다 달러를, 60개월 기간에 시행기관의 8세 미만 아동의 가진 싱글맘에 주거 등의 서비스를 제공하는 선행 투자금으로 제공하였다. 싱글맘들은 교육 이수, 고용, 고용훈련과 부모교육 참여 등의 서비스를 제공받는다. 대상 집단은 0~12세의 아동을 가진 22명의 싱글맘으로, 복수의 정부기관들의 펀딩을 제공받았다. 캐나다 정부의 홈리스 파트너링 전략(32만 달러), 사스카툰 시정부(14만 달러), 민간 기부금(75,000달러) 등이며, 지역의 행정위원회(Saskatchewan Executive Council)는 SIB 성과 측정치 디자인, 계약, 투자기금 유치 등의 역할을 맡았다.

자료 OECD(2016b: 7).

(b) 중개형(Intermediated SIB)

중개형 SIB는 서비스 제공 계약이 결과지불기관과 투자자 사이에, 또는 투자자 통제의 특수목적사(special purpose vehicle: SPV) 또는 중간지원기관 사이에 체결된다. 중간지원기관은 서비스 시행기관을 선정해 계약을 체결하고, 성과관리 과정을 지원하며 금융 모델을 업그레이드 하는 역할을 한다(Goodall 2014). 일부 SIB에서 중간지원기관이 SIB 투자자 역할도 한다.

표 5-2 포르투갈 리스본의 주니어 코드 아카데미(Junior Code Academy) SIB

주니어 코드 아카데미 SIB는 중개형, 개별 SIB 모델에 해당된다. 초등교육체계의 관리 책임을 맡은 리스본 시가 결과지불기관이며, 시행기관 코드 아카데미는 서비스 전달의 책임을 맡는다. 투자기관(Calouste Gulbenkian Foundation)은 2015년 1월에

12만 유로를 투자했고, Social Investment Lab이 중간지원기관이다. 중간지원기관은 사회적 이슈 분석, 성과 메트릭스와 평가방법 파악의 지원, SIB 구조화, 금융 모델의 개발, 자본 유치, 시행기관의 성과관리와 운영 지원 등의 중요한 역할을 맡는다. 타깃 집단은 리스본 3개 학교의 65명의 학생으로 20개월간 시행된다. 시행기관의 목표는 학교 중단과 학년진학 문제를 해결하고 학교 성저과 문제해결능력 등의 인지기술에 대한 컴퓨터 프로그래밍의 임팩트 증거를 창출하는 것이다. 이를 통해 공공 정책에 증거기반의 정보를 제공한다.

자료 OECD(2016b: 7).

(c) 관리형 SIB

관리형 SIB는 결과지불기관과 일반적으로 전체 과정을 관리하는 중간지원기관 또는 중긴지원기관 통제의 SPV가 되는 일차 계약기관 사이에 계약을 체결한다. 과정은 중간지원기관의 역할 측면에서 중개형과 비슷하지만, 큰 차이점은 중간지원기관이 SIB에 직접 투자하지는 않는다. 또 다른 중개형과 관리형의 차이점은 명확하지 않다.

표 5-3 미국 매사추지츠의 결과지불 청소년 범죄 SIB

매사추지츠 결과지불 SIB는 개별 SIB이자 관리형으로, 2014년 1월 재범의 감소의 고용 증대의 목표 집중적인 길거리 현장 아웃리치와 타깃을 정한 생활기술, 교육, 고용 프로그램을 서비스로 제공한다. 대상층은 집행유예나 출소한 17~23세의 위험군 남성 청년 929명이다. SIB 기간은 84개월, 결과지불기관은 주정부와 미국 노동부며 하버드대학 SIB Lab이 기술지원을 하는 중간지원기관이다. 시행기관은 비영리기관 Roca Inc이며, 복수의 투자기관이 8백만 달러을 투자했다. 일차 투자기관은 골드만 삭스로 사회임팩트펀드로 투자한다. 다른 이차 투자기관들은 다수 참여한다(Kresge 재단, Living Cities, 자선 기부자 Laura and John Arnold Foundation, New Profit Inc., and the Boston Foundation). 중간지원기관(Third Sector Capital Partners)

은 중간지원기관이자 일차 계약자로, 프로젝트 펀딩, 시행 감독, 시행기관에 펀딩 배분과 상환금 관리 등의 책임을 맡는다. 중간지원기관은 관리비용의 15%(5만 달러)을 성과 달성이 이뤄진 이후에 상환받는 조건으로 관리의 책임을 맡는다.

자료 OECD(2016b: 8).

2) SIB 이해관계자 참여의 동기

SIB에 참여하는 주요 이해관계자는 복합적이다. 먼저 정부와 공공기관이 결과지불자로 참여한다. 민간 투자자와 시행기관과 중간지원기관이 결정적으로 중요한 역할을 한다. 이들은 각기 다른 동기에 의해 참여하는데, 이를 정리하면 아래와 같다(OECD 2016b: 9).

(1) 정부와 공공기관

정부와 공공기관은 비용절감, 국민세금의 책무성, 금전 가치를 함께 달성하기 난해한 영역에서의 결과 초점에 동기유발이 된다. 또 다른 강력한 인센티브가 되는 것은 치료적인 (증후 중점적인 "symptoms driven") 개입이 시급하고 즉각적인 결과를 낼 수 있는 상황에서 SIB가 정부로 하여금 예방적인 프로그램과 사회개입에 투자할 역량을 제공해줄 수 있다는 확신이 있다. 예방적 개입에 대한 투자는 중장기적으로 비요절감의 효과를 내면서 시민의 웰빙에 상당히 중요한 효과를 낼 수 있다. 정부가 긴축 예산의 압박 상황에서 SIB 시행으로 예산도 절감하면서 서비스 전달의 효율성을 증대시키는 기회를 가질 수 있다.

나아가 영역간, 정부기관간 공조를 진흥시켜 장기적인 도전과제들에 대한 통합된 해결방안을 제공해줄 수 있다. 이로써 정부기관들은 각기 예산절감의 성과를 올리게 된다. 공공기관들의 SIB가 금전 가치 대안이 될 수 있는지를 판단하기 위해서는 비용혜택분석 또는 예비적 사정을 해볼 필요가 있다(Liebman et al. 2013). 또한 프로젝트 시행의 선불 투자가 이뤄지면 원금과 이자를 투자자에게 상환하는 SIB의 특성을 이해하고, SIB 관련 비용지출을 장래 예산에 포함시키는 준비를 해야 한다.

(2) 투자자

투자기관인 개인의 SIB 관심이 증대되면서, 이들의 투자 동기는 더블바톰라인(double bottom line), 즉 투자에 대한 적정 수준의 수익을 올리면서 선행을 하는 일이라는 인식도 공유되고 있다. 투자기관의 경우, 투자 고객들의 사회적 수익에 대한 이해를 구체적으로 대표하는 역할을 맡는다. CSR 프로그램 또는 지역사회 개입 차원에서 증여를 제공하는 재단이나 지역사회 투자기관들은 SIB를 프로젝트 종료 이후 증여를 재활용해 사회적 혜택을 확장하는 기회로 인식한다. SIB가 성공적으로 시행되면 자신들이 투자한 투자금을 다시 다른 프로그램에 재활용할 수 있다는 것을 의미한다(Gustaffson-Wright et al., 2015). 또한 투자기관과 개인 투자자의 참여 동기에는 평판(publicity)과 가시성(visibility)도 있다는 것을 경시할 수는 없다. 브루킹스 인스티투트의 서베이 결과는 SIB가 국가적으로 처음 시행하는 경우 또는 특정 분야에서 첫 시행하는 경우 SIB 투자 동기 유발이 더욱 강하다는 것으로 보여준다(Gustaffson-Wright et al. 2015).

또 다른 인센티브는 계약된 결과가 달성되면 정부가 지불 보증을 하기 때문에 SIB 참여 동기유발이 된다. 그럼에도 투자자들은 결과 달성이 될 것인지에 대한 리스크 부담을 안게 된다. SIB가 실패하면 투자자의 자본 투자금은 완전히 잃게 되는 것이 가장 강력한 장애요인이 된다. SIB에 참여하는 무수한 투자자들은 각기 다른 정도의 리스크 부담을 안고 참여한다. 또 극단적인 상황에서 정부가 결과가 달성되었음에도 지불을 하지 못하게 되는 경우도 리스크이다. 금융위기 상황, 전쟁 등이 그런 상황이다. 그럴 경우, 평판의 리스크를 안고 점정적인 부정적 크레딧 등급에 직면하게 된다.

(3) 서비스 시행기관

서비스 시행기관에게는 사업 운영을 확장하는데 필요한 성장자본에 대한 접근의 기회가 가장 중요한 동기가 된다. 노동집약적인 모금활동이 없는 장기적인 안정적이며 예측가능한 수입 흐름은 시행기관들에게는 프로그램 시행에 집중해 가장 효과적이고 효율적인 방법으로 서비스를 전달하는 기회를 갖게 된다(Social Finance 2012; Gustaffson-Wright et al. 2015).

그 결과 시행기관들은 심각한 사회문제 해결에 초점을 맞추면서 모니터링과 평가의 문화를 개발하는 기회를 갖게 된다. 그럼에도 SIB 구조에 의존하는 시행기관들은 연간 기준으로 재정지원을 받게 되면서 장기적이 재정 안정성이 보장되는 것은 아니다. 특히 사회적 기업을 비롯한 사회 서비스 시행기관들이 당면하는 문제이다. 또한 계약된 서비스 전달의 실패 리스크는 항상 존재한다. SIB는 시행기관에 서비스 전달의 성과 관리와 결과 측정 부담을 안긴다. 시행기관들 모두가 성과 관리의 역량을 갖추고 있지 않아 상당한 부담이 될 수 있다. 마지막으로 시행기관들은 프로젝트 실패로 인한 명성의 피해를 입게 되며, 이로써 잠정적인 재정지원의 확보에 어려움을 겪을 수 있다.

(4) 중간지원조직

중간지원조직의 동기는 투자자 동기와 유사하게 SIB를 통해 사회문제를 해결하는 성과를 달성하는 혁신적인 금융 모델을 실험하는 기회를 갖는 것이다. 중간지원조직의 동기는 SIB 시장의 성숙단계에 의존한다(Gustaffson-Wright et al. 2015). 중간지원조직은 SIB 개발과 시행의 모든 단계에 걸쳐 다른 이해관계자들을 관리하게 된다. SIB 계약의 준비와 성사, 자본 유치, 프로그램 시행과 결과 평가 등 모든 과정에 대한 장기적인 실행의 책임을 가진다. 따라서 중간지원조직은 장기적인 실행 역량을 갖춰야 하며 내부의 거버넌스 또는 재정적 문제에 방해를 받아서는 안된다(Social Finance 2012). 중간지원조직은 자신들의 보상금 일부가 SIB 성과와 연계된 경우 재정적 리스크에 처하게 될 수도 있다. 일반적으로 중간지원조직은 SIB 구조 외부의 증여 지원을 받으므로 성과와 연계된 보상금은 성과 보너스가 된다.

3) 규제 프레임워크의 요건과 지지적 환경

SIB는 새로운 규칙의 이해관계자 관여를 필요로 하므로, 과거의 관행들의 개혁이 뒷받침될 수도 있다. SIB 시행은 규제의 장애를 받아 재정비용과 사회비용이 발생할 수 있다(OECD 2016b: 11).

(1) 정책 생태계

SIB 개발에는 법과 정책 환경의 진흥 역할이 중요하다. 최근 서베이에 따르면, SIB 개발에 정부 지원이 가장 중요하다는 의견이 다수(87%)로 나타난다. 정부는 정책 프레임이나 전략 문서에 특정 서비스에 대한 지원을 표명해 SIB 생태계 창출에 기여할 수 있다. 대부분의 SIB를 시행하는 영국에서는 가장 발달한 SIB 생태계를 갖추고 있다. 총리실에 사회임팩트채권센터(Centre for Social Impact Bonds)를 창설해 2012년 11월 2천만 파운드의 SIB를 지원하는 사회성과기금(Social Outcomes Fund)을 개설하였다. 2014년에는 사회임팩트면세 법을 시행해, 사회적기업을 지원하는 SIB 면세 혜택을 제공하였다. 호주와 뉴사우스 웨일즈에서는 2015년 사회임팩트투자 정책이 시행되어, 사회임팩트투자 거래를 증대시키는 인센티브를 제공하고, 규제적 장애를 제거하고 시장을 성장시켜 시장 관계자들의 역량 구축에도 기여하였다.

(2) 규제적 프레임워크

SIB를 진흥하는 생태계에는 SIB 개발에 기여하는 규제적 프레임워크가 뒷받침되어야 한다. 반대로 부정적인 규제 장애물은 SIB 개발을 방해하게 된다. 규제는 SIB 메카니즘에 관여하는 정부기관, 중간지원기관, 서비스 시행기관 등 모든 이해관계자들의 활동에 중요한 영향을 미치게 된다.

(a) **정부와 공공기관**은 예산과 계약 두 영역을 검토해야 한다. SIB는 다년의 투자이므로, 결과지불자인 정부는 승인된 기금을 복수의

회기연도에 배분해 결과지불을 하는 역할을 한다. 그런데 정부의 예산지출은 연간 기준으로 이뤄지므로 상당한 도전과제가 된다. 다음 정부에도 향후 지불이 이뤄지도록 보장할 수 있는지, 보장하는 방안이 무엇인지를 검토해야 한다. 또한 SIB가 정치적 변동에 좌우되지 않도록 안전장치를 해두어야 한다. 공공조달 규정에 정부가 SIB 시행 기간에 중간지원기관이나 다른 이해관계자와의 관여 역량 등을 구체화할 필요가 있다. 예를 들면 호주의 뉴사우스웨일즈의 재무부의 첫 SIB 프로포절 요청서(Request for Proposals)에 대상인구, 개입 프로그램 지역, 프로그램 소개, 평가, 다양한 성과 시나리오별 현금 흐름, 개입과 투자 구조에 관한 상세한 내용을 제시하도록 한다.

또 중요한 것은 정부는 SIB 지불이 성과와 연계되어 있으므로 평가기관의 결과에 대응할 수 있는 가능성을 고려해볼 만하다. 이것이 법적 구속력을 가진 요건이라면 반드시 그럴 필요도 있다.

(b) **투자자**는 펀딩 기회, 조달, 세금 관계를 고려해야 한다. 규제적 프레임워크를 검토해, 원조기관이나 투자자가 사회서비스와 SIB를 직접 또는 중간지원기관을 거쳐 펀딩하는 지를 검토해야 한다. 그런 다음 펀딩 제한액이 있는지, 펀딩의 금융수단이 무엇인지를 검토한다. SIB가 부채와 지분 투자의 하이브리드 유형인 경우 어떤 규제가 있는지 그리고 수익의 본국 송금에는 양적, 질적 측면의 법률적 제한이 있는지를 검토한다. 자본을 제공하는 투자자에게는 계약보호 투명성과 세제혜택 등의 인센티브를 제공해 SIB를 진흥하는 역할도 한다. 사회임팩트 투자에 대한 세금우대가 사례이다 (Liebman et al. 2013; Social Finance 2012).

(c) **중간지원기관**은 영주거주 요건과 기관의 법적 유형 문제를 고려해야 한다. 중간지원기관이 서비스를 제공하는 특정 지역에 상업적 거주를 해야 하는지를 확인해야 한다. 투자자의 펀드를 관리하는 과정에 깊게 관여하게 될 경우 기관의 법적 유형이 규제를 받는지가 이슈가 된다. 또 중간지원기관의 운영에는 인력의 이동과 거주 요건이 중요한 규제 대상이 된다. 외국인 인력을 특정 지역의 기관 운영에 활용할 수 있는지도 검토대상이 된다. 또 디렉터의 국적이나 영주권 요건에 대해서도 검토가 필요하다.

표 5-4 SIB 이해관계자를 위한 규제적 고려사항들

정부와 공공기관	• 예산 주기(예: 연간 기준) • 다음 정부에서도 지속성 보장 • 사회서비스 계약 수립의 역량과 자율성 • SIB 시행에 필요한 공공조달 합법화 • 평가기관 보고서 위상과 그에 대한 법률적 대응(법적 구속력이 있는 경우)
투자기관	• 중간지원기관에 직접 지원하는 SIB 펀드 제공 역량 • 사회서비스와 프로그램 투자 금지 또는 제한 • 정부와 직접적인 계약 체결 역량 • 부채, 지분, 하이브리드 투자를 위한 법률적 프레임워크 • 해외투자의 절차와 제한 • 수익의 본국송금 법률적 제약(양적/질적) • 정부가 독립적 평가기관 보고를 준수한다는 메카니즘
중간지원기관	• 비즈니스 활동의 영주거주 요건 • 기관의 법적 유형에 대한 제약 • 금융적 중개 규제 • 외환거래 제한, 현지 통화 전환 • 외국인 인력 채용과 비자 문제 • 책임 인력의 거주 요건
서비스 시행기관	• 중간지원기관의 시행기관 선정 및 계약 역량 • 계약상 중간지원기관과 시행기관의 독립 • 시행기관의 사회서비스 조달 과정 참여 역량

자료 OECD(2016b: 13).

(d) **서비스 시행기관**은 서비스 제공에 특정 법적 요건이 있는지를 우선 검토해야 한다. 둘째는 시행기관이 중간지원기관과의 계약 수립의 역량이다. 시행기관이 중간지원기관의 하청을 받아 시행기관 직원들이 중간지원기관의 통제를 받는지도 중요한 검토사항이다. 노동법과 계약 규제에 따라 이같은 리스크가 특정 지역에서 더 중요한 문제가 될 수 있어, 중간지원기관과 시행기관 사이의 계약서에 해당 사항을 명시해 문제를 해결할 수 있다.

2. 사회임팩트채권 시행과 평가

1) SIB 개설 과정

SIB 거래 개발은 아직 주류화되어 있지 않아, 개발 과정 각각이 독특한 특성이 있다. 지금까지의 사례들을 참고해보면, SIB는 5개 단계를 거쳐 개설, 시행, 평가된다. 그것들은 타당성 연구(feasibility study), SIB 거래의 구조화(structuring the deal), SIB 시행 (implementation), 결과 평가와 상환(evaluation of outcomes and repayment) 등이다(OECD 2016b: 14).

(1) SIB 타당성 기준 설정

첫 단계인 타당성 여부는 SIB로 해결하려는 사회적 문제에 대해 파악하고 SIB 시행이 가능한지를 사정하는 구체적인 기준들을 설정한다. 기준 설정에는 다음 몇가지를 고려해볼 수 있다. 먼저 사회문제에 대한 측정가능한 결과와 결과 달성의 증거를 검증하는 이해관계자들의 역량이다. 그런 다음 유사한 결과 달성의 경험에 기초한 적절한 일정표 작성이 필요하다. 정치적, 법률적 상황도 고려해야 한다.

두 번째 단계는 거래의 구조화이다. 이 단계에서 개인이나 펀드 등 투자자, 증여기관, 대출기관 등으로부터 자본 유치가 핵심이다. 또 실행가능성 연구에 기초한 개입, 결과 메트릭스와 평가 방법 결정도 이뤄져야 한다. 나아가 서비스 시행기관 선정도 이뤄지는데, 선정방법은 시행기관의 결과 제공의 역량에 관한 사정 또는 증거가 결정적으로 중요하다. 그런 다음 성과 관리의 책임에 관한 의사결정을 포함하는 계약조건들을 협상으로 마무리하는 일이다.

셋째는 실행 단계이다. 서비스 시행기관들에 의한 서비스 제공이 이뤄지는 단계이다. 시행기관과 합의된 메트릭스를 이용해 결과의 측정과 평가가 주요 과제이다.

마지막은 실행이 종료되어 평가가 이뤄지고 SIB 결과 사정이 이뤄지면 상환 과정이 시작된다.

(2) SIB 적용이 가능한 정책 영역

SIB는 기존의 공공 정책 프로그램 개입으로 바람직한 결과를 창출하지 못하는 정책 영역에 적용되어 문제해결을 하는 혁신적 방안이다. SIB의 잠정적인 적용 영역은 국가의 복지국가, 시민사회, 민간 부문의 구조적 특성에 의존한다. 상당 규모의 투자자가 존재하고, 이들이 SIB에 관련된 리스크를 잘 이해하고 시민사회, 사회적기업, 사회정책에 대한 이해를 갖춘 투자자가 있을 때 SIB 실행은 가능하다. 또 다수의 이해관계자들과 공조해 실행가능성 연구비용을 부담하는 역량있는 위탁기관의 존재가 중요하다. SIB는 서비스 전달의 역량과 전문성을 개발해 왔지만 스케일 확대를 할 만한 역량이 없는 조직에게 적절한 수단이 될 수 있다. 특히 중요한 것은 측정 가능한 결과와 명확한 대상층이 있는 프로그램 개입을 파이낸싱하는 것이다. SIB 실행 영역은 광범한 정책 영역에 분포되어 있는데, 사회복지, 교육, 범죄과 재범, 고용 등이 대표적인 영역이다. SIB는 홈리스, 입양과 장기 양육(포스터 케어), 포스터 케어 억제의 가족결속 강화, 취약층 청년 지원 등 광범한 사회정책 영역에 이른다.

또 SIB는 특히 예방적 개입에 상당한 정책 성과를 내고 있다. 정부는 모든 시민의웰빙 개선의 책임을 가지고, 또 동시에 단기, 장기적으로 비용 절감을 해야 하는 이유에서 정부에게 SIB가 중요한 수단이 된다. 특히 조기 아동 개입정책으로 아동과 가족의 복지뿐 아니라 높은 재정절감의 효과와 광범한 사회적 혜택이 이뤄진다는 것은 이미 잘 알려진 분석이다(Heckman et al., 2010; Reynolds & Temple 2009). 지금까지 SIB 대부분이 예방 차원에 초점을 맞추고 있다. 교도소 재수감 예방, 실업 예방, 홈리스 상태 예방 등 무수한 영역에서 예방적 치료가 SIB의 확대로 확장되는 추세이다.

(3) SIB의 잠정적 비용

SIB에는 단기, 장기 비용들이 소요된다. 투자자가 제공하는 선행 투자금은 단기 비용에 해당되며, 결과지불자가 프로그램의 성공으로 지불하는 수익금이 장기 비용에 해당된다(OECD 2016b: 15). 단기-장기 과정의 핵심은 결과 메트릭스와 지불을 결정하는 것이다. SIB 거래의 핵심은 필요한 투자금, 개입 메커니즘, 조달 과정과 서비스 시행기관의 선정에 관한 정보에 기초한다.

그밖에 부대비용 또는 거래비용들이 있다. 중간지원기관의 수수료, 법률과 평가 비용 등으로 SIB 거래의 일부 비용 또한 추가 비용으로 설정될 수 있다. 선행 경험이 부족한 상태에서 각각의 SIB가 다른 비용 설정을 하고 있다. 중간지원기관이 SIB 계약의 예산에 종료 수수료 또는 성공 수수료를 요구할 수도 있다. 또 거래의 구조화, 시행기간의 성과관리에 대한 기술지원 비용을 지급받을 수도 있다. 법률 서비스의 경우 대부분 프로보노 또는 저비용의 서비스로 제공되고 있다.

(4) 리스크와 과제

SIB 개발과 시행의 선행 사례들이 많지 않은 것이 이해관계자들에게는 상당한 리스크가 되는 과제이다. 선행 경험이 없는 상태에서 기술적 측면들의 결정하고 학습시행(learning-by- doing) 방식을 이용한다는 것은 시간소요적이며 비용 부담을 주는 활동이다. SIB 거래를 법률적으로 구조화하고 규제적 프레임워크가 시행 과정에서 복잡한 메카니즘의 일부를 방해하지는 않을지를 검토하는 일은 상당한 도전과제가 된다.

SIB는 정부의 리스크를 투자자에게 위임한다는 장점이 있다. 그럼에도 정부는 SIB 시행과정에서 기대하지 않은 리스크나 부정적 효과가 가장 취약한 대상층에 피해를 주는 상황과 같은 도전에 직면하게 될 수 있다(OECD 2016b: 15). SIB는 성과를 조건으로 지불하기 때문에 서비스 시행기관, 투자자, 중간지원기관들은 기대된 결과를 달성할 만한 대상층을 선별하고 가장 문제해결이 중요한 대상층을 배제시키는 경향, 즉 체리 피킹(cherry picking)이 있고, 마찬가지로 가장 결과 달성이 높은 대상만을 포함시키는 경향, 즉 크림 스키밍(cream skimming) 또는 결과 달성이 가장 어려운 대상을 배제하는 경향, 즉 파킹(parking) 문제들이 발생할 가능성이 있다. 또 투자자가 계획보다 일찍 SIB에서 철수하는 경우 대상층에게는 서비스 전달 중단이라는 리스크가 발생한다. 이런 경우 정부가 '안전망 재정지원자' 역할을 하며 높은 비용을 감당할 수밖에 없다.

다른 한편으로는 이해관계자들의 통제 밖의 사건들이 발생해서 투자자에게 결과지불의 문제를 야기하는 의도하지 않은 리스크도 있다. 따라서 계약서에 이런 상황에서 결과지불이 원만히 해결될 수 있는 상세한 조항들이 포함될 필요가 있다. 이런 조항들의 포함되면 투자자들은 투자의 사정, 가격, 모니터 및 관리를 할 수 있는 기회를 가진다.

표 5-5 SIB 유형별(직접형, 중개형, 관리형) 리스크 비교

	위탁기관 리스크	시행기관 리스크	중간기관 리스크	투자자 리스크와 수익
직접형 SIB		성과 미달성 시 무지불 리스크	중간지원기관 없음	리스크: 청산이나 융자상환 담보 부족 시 자본 손실 수익: 상업적 융자 (x 베이스 레이트 초과치)
중개형 SIB	금융리스크 없음. 성과 달성 시 저축. 성과 미달성 시 도덕/명성 리스크.	중간지원기관이 이용료 분기별 지불. 성과 미달성 시 SIB 종결 리스크	특수목적조직 (special purpose vehicle)	SPV 실패시 투자자 금융리스크. 기준점 이상 성과 시 투자자 수익
관리형 SIB		중간지원기관이 이용료 분기별 지불.	관리조직이 관리하는 SPV에서 관리조직과 투자자 금융리스크	투자자 리스크. 기준점 이상 성과 시 투자자 수익

자료 OECD(2016c: 17).

2) SIB 임팩트 측정과 평가 방법

SIB 임팩트 측정과 평가에서 가장 바람직한 방법은 무엇이며, 어떤 장애물이 있는가? 성과측정과 평가는 SIB의 핵심으로, 측정에서는 결과가 달성되었는지, 어느정도 달성되었는지를 사정하기 위한 데이터 세트와 기록들을 이용해 합의된 결과 메트릭스를 우선 분석한다. 또한 측정은 SIB의 지불과 합의사항들의 이행과 밀접히 관련되어 있다. 결과 측정 방법과 지불구조는 계약 합의사항에 따라 다양하게 나타난다.

(1) SIB 결과 평가

한편 평가에서는 측정을 범위를 넘어 광범한 부분을 다루는데, 어떻게 SIB가 시행되고 운영되었는지, 인과론적 분석으로 통해 어떻게 결과 달성되었는지 또는 달성되지 않았는지를 분석한다. 평가는 긍정적, 부정적인 의도되지 않은 결과들을 분석해, 결과의 변화가 SIB 프로그램의 결과로 비롯된 것인지 임팩트의 다양한 차원을 평가하고, SIB 메카니즘 자체도 평가 대상으로 할 수도 있다.

대상층의 개념정의와 선정부터 세심한 준비를 필요로 한다. SIB의 미션이 사전 예방적인 것인지, 사후 치료적인 것인지에 따라 달라질 수 있다. 대상집단에 참여해 서비스를 제공받을 대상자의 자격기준은 무엇인지에 대한 확고한 디자인과 시행이 필요하다. 그럼으로써 앞서 설명한 체리피킹, 크림스키밍, 파킹 등의 문제를 차단할 수 있다. 그러기 위한 몇가지 고려사항들이 제시되어 있다(앞글: 19). 첫째는 대상집단의 규모는 달성될 결과의 수준과 관련될 수 있다. 예를 들면 100명의 홈리스의 10% 홈리스 청산율이 그것이다. 둘째는 확고한 샘플 또는 대상집단의 설정하기 위해서는 상당한 시간이 필요한데, 그 시간은 투자자가 상환금을 지불받는 시간과도 관련될 수 있다. 예를 들면 영국의 피터보러 SIB는 교도소 출감된 1,000명의 남성성인을 대상으로 19개월간의 시행 기간을 설정했다. 셋째는 대상집단의 규모는 프로그램 개입에 소요되는 펀딩과도 관련된다. 마지막으로 무작위통제실험(RCT)을 이용하는 경우 적절한 통제집단과 치료집단이 동일하거나 유사해야 하는데, 치표집단의 서비스 비용은 SIB 펀딩에 의존한다.

사례가 되는 피터보러 SIB는 체리피킹과 크림스키밍 문제를 해결하기 위해 모든 대상 출소자를 두 개의 대상집단으로 포함시켜 SIB 서비스를 제공받은 치료집단과 서비스를 받지 않은 통제집단의 비교하는 방법을 사용하였다(Rand Europe 2016: 14). 또 결과 메트릭스는 출소자가 재범을 했나 안 했나, 이원적 측정(binary measure)이 아니라 재범의 빈도(frequency) 측정 방법을 사용해, 대상집단 대상자들이 재범을 해도 이들에게 지속적인 서비스를 제공하도록 인센티브를 강화해 파킹(parking) 문제도 해결하였다.

SIB 개입의 진전도를 측정하는 방법은 여러 가지가 있다. 가장 일반적인 방법은 서비스 이용의 감소를 측정하는 하드 결과(hard outcome) 측정 방법이다. 피터보러 SIB에서 결과치는 재범 건수의 감소로, 이와 관련된 데이터는 전국적으로 수집되어 결과치는 쉽게 측정될 수 있다. 이같은 결과수치는 중기, 장기적으로도 가시적인 결과를 보여줄 수 있다. 이 방법을 보충하는 방법인 소프트 결과(soft outcomes)로 프로그램 개입이 효과적인지, 그렇지 않은지를 보여주는 지표를 제시해준다.

특히 원인의 귀속(attribution)을 명확하게 분석하는 것이 SIB를 비롯한 다른 사회적 개입에서 핵심이 된다. 바꿔 얘기하면, 결과의 변화가 다른 요인들이 아닌 전적으로 또는 대부분 프로그램 개입에 따른 것인지를 명확하게 규명하는 일이 중요하다. 그런데 이같은 원인 귀속 파악에 장애가 되는 것은 데드웨이트(deadweight) 문제로, 프로그램 개입이 없어도 달성될 수 있는 결과를 의미한다. 또 다른 장애는 경쟁적 서비스 문제로, SIB와 관계없는 다른 시행기관이 대상집단 또는 통제집단 또는 양측 모두에 서비스를 제공한 경우이다(Disley et al., 2011). 예방적 개입은 SIB 효과의 원인 귀속을 잘 파악하기 위한 방법론 디자인이 중요하다. 또 원인귀속을 파악해 SIB 종료 시점에서 적절한 출구전략을 설정할 필요가 있다.

(2) 결과 측정방법

또 두 가지 다른 방법들을 검토해볼 수 있다(앞글: 20). 첫째는 대상집단 내의 측정 이전과 이후를 비교하는 방법이다. 이 방법의 한계는 인과관계를 설정하기 어렵고, SIB 효과를 구분하는 것이다. 둘째는 대상집단 내의 측정 이전과 이후의 예측된 결과를 비교하는 방법이다.

그런데 사회적 임팩트를 보다 정확하게 측정하기 위해서는 결과(outcomes)에 다음이 해당되는지를 파악해, 의미있는 실질적인 임팩트가 생산되었는지를 판단해야 한다(앞글: 80). 다음 중 어느 하나에 해당되면 사회적 임팩트가 생산되지 않은 것으로 간주될 수 있다. 계획된 사업이나 프로그램에 의해 발생한 결과나 임팩트인지를 인과적으로 명확하게 규명하는 것이 중요하다.

(a) 자연적으로 발생한 결과일 가능성(데드웨이트: deadweight);
(b) 다른 행위자의 행동(귀인: attribution);
(c) 초기 개입의 결과가 시간이 지나며 감소되는 정도(쇠퇴: drop off);

(d) 원래의 상황이 대체되는 정도 또는 결과가 다른 잠재적 긍정적인 결과를 대체(대체: displacement); 그리고

(e) 의도되지 않은 (부정적 또는 긍정적) 변화.

〈그림 5-1〉에서 임팩트 관련 주요 개념들을 참고해볼 수 있다. 원인의 귀속 또는 귀인(attribution)은 "결과 측정의 변화가 SIB 재정지원의 개입에 기인한 것인지"에 초점을 맞추고, 사후가정 또는 반사실(counterfactual)은 "개입이 이뤄지지 않았다면 어떻게 되었는지"에 초점을 맞춘다(Rand Europe 2016).

그림 5-1 프로그램 임팩트: 추가성, 반사실, 데드웨이트

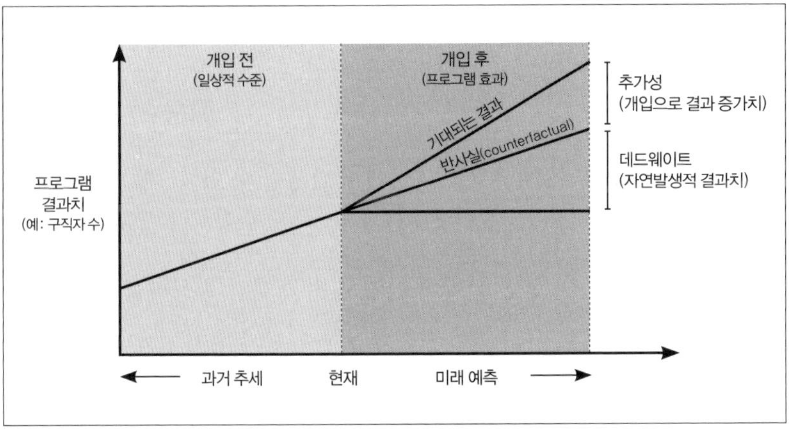

자료 GOL(2018c: 20). "An introductory guide to pricing outcomes."

(3) SIB의 결과: 금융 수익과 사회 혜택

SIB가 성공적으로 시행되어 합의된 결과를 달성하면 금융 수익과 사회 혜택이 동시에 발생한다. 성공적인 SIB는 정부기관에 금융수익을 갖다준다. 달성된 결과가 금전적 가치인 화폐로 추산되므로 정부는 금전 가치에 해당되는 지출 절약을 수익으로 갖게 된다. 이에 관해서는 우선 타임스케일(timescale)에 관한 논의가 제기되어 있다. 먼저 기존의 개입이나 새로운 개입의 운영에 필요한 투자금을 정부가 투자자의 선행 자본으로 활용하다, 장기적으로는 SIB의 예방적 개입으로 서비스 이용 인구층이 줄어든 만큼 정부의 예산 절감이 발생한다.

다음으로 정부차원에서 예산 절약이 국가, 주, 지방 차원에서 발생할 수 있다. 일부 SIB에서는 '그릇된 포켓(wrong pockets) 문제가 발생한다. 특정 정부기관이 SIB 위탁기관으로 결과지불을 하면, 다른 정부기관이 모든 수익과 절약을 이용하는 것으로, 이는 수평적, 수직적으로 일어날 수 있다. 먼저 수직적으로는 중앙, 주, 지방정부 사이에서 발생할 수 있다. 예를 들면 포르투갈의 주니어 코드 아카데미 SIB에서 결과지불자는 리스본 시정부이지만 중앙 정부는 학생들의 학년 진학이 늘면서 비용 절감의 성과를 갖게 된다. 또 수평적인 경우는 중앙이나 지방 정부 기관들의 수평적 관계에서 발생하는 경우이다. 네덜란드의 로테르담 비즈니스클럽 SIB는 수직적, 수평적 모두 해당되는 사례이다. 수직적으로는 로테르담 시정부의 결과지불로 중앙정부가 비용 절감의 혜택을 가져가는 경우이고, 수평적으로는 교육부와 사회서비스부 사이에 발생한 경우이다(Gustaffson-Wright, 2015; Liebman et al. 2013).

SIB의 사회적 혜택은 상당 규모의 금융 자원을 유치해 일부 이해관계자의 노하우를 적극 활용하는 역량에서 창출되는 스케일 확장에서 찾아볼 수 있다. SIB가 제공하는 성장 자본에 대한 접근이 제한된 기금과 역량으로 운영되는 비영리조직이나 서비스 시행기관들에게는 특별한 관심사가 된다. 또 SIB는 증거기반 구축으로 정부기관으로 하여금 지금까지 경시되어온 사회적 개입을 재정지원하거나 지원의 확대할 수 있는 기회를 가진다. 2015년 조사에 따르면, 35개의 SIB 중 25개가 1천 명 미만의 소규모 집단을 대상으로 하였다(Gustaffson-Wright, 2015). 스케일 확장이 SIB의 목표는 아니지만, 임팩트 투자에서는 중요한 투자 목표가 된다.

또 다른 중요한 점은 SIB가 사회적 혁신을 가속화시킬 수 있다는 점이다. SIB는 사회 서비스 전달에서 또는 새로운 대상층에 대해, 또는 새로운 서비스 배경이나 새로운 지역 또는 이들의 복합적인 차원에서 혁신적인 방안으로 간주될 수 있다. 따라서 SIB가 사회적 혁신을 가속화할 수 있는 방안들은 여러 가지로 디자인될 수 있다. SIB에서 가장 혁신적인 부분은 SIB 메카니즘의 구조라고 볼 수 있다.

3) 서비스 혁신과 예방의 SIB

(1) SIB 문제 해결방안

SIB는 최악의 관리주의(managerialism)라는 부정적 평가가 있다. 금융 섹터의 이윤추구적 규범에 공공 정책결정과 소셜 섹터가 종속되게 만드는 공공 서비스의 금융화(financialisation)라는 비판이 제기되고 있다(GOL 2018: 9). 결과지불(PbR 또는 PFS) 계약은 결과의 의미있는 개선보다는 데이터 조작을 유인하는 부정적인 인센티브를 불가피하게 창출하는 것으로 평가받기도 한다. SIB 또한 조직해서 관리하기 어렵고 비용이 많이 들며, 정부의 초기 증여에 의존하고, 대규모의 결과 달성이 불가능하다는 부정적인 평가도 있다. 특히 투자자 수익을 둘러싼 윤리적 문제들도 심각한 것으로 제기한다.

이런 부정적인 평가를 반박할 만한 증거기반이 매우 제한적인 상황이라 여전히 비판적 논의가 지속되는 상황이다, 세계적으로 2021년 초까지 100여 개 이상의 SIB가 시행되고 있지만 최종 결과지불을 생산한 사례는 극히 소수에 지나지 않는다. SIB의 성과를 제시하는 일부 평가들이 있음에도 일부 사례에 기반한 잠정적 또는 중간 단계의 연구결과이다.

SIB에 대한 찬성과 반대의 논쟁을 넘어, SIB의 '변화의 이론'에 초점을 맞춰볼 필요가 있다. SIB의 운영의 기반이 되는 도전에서 솔루숀에 이르는 논리적 진전을 보여주는 변화의 이론 분석이 중요하다. 옥스퍼드 대학의 정부결과연구소(GOL 2018)는 SIB의 '변화의 이론'을 분석한다.

a) 도전이 되는 것은 분절화된, 고립된 사일로(siloed) 기관들과 예산, 단기적인 정치적, 재정적 초점, 리스크 거부와 변화의 어려움으로 제시되어 있다.
b) 분절화된 공공 서비스는 서비스의 중복, 갭 발생, 그리고 커뮤니케이션 결함으로 나타난다. 단기적 정치적, 재정적 초점으로부터 위기에 대응하는 반응적 공공 서비스로의 변화를 의미한다. 그런데 변화의 어려움은 성과를 내지 못하는 서비스가 지속되는 문제로 나타난다.
c) 이상의 공공 서비스의 문제는 시민들에게는 취약한 개개인의 욕구에 제대로 대응하지 못하는 분절화된, 반응적인, 부진한 서비스를 의미한다.

d) 이상의 서비스 문제들을 해결하기 위해 제시된 SIB는 공조, 예방, 혁신의 방안이 필요하다.

- 공조: 복수의 위탁기관과 시행기관 네트워크 사이의 공조를 창출해, 서비스 이용자에 '통합적' 서비스를 제공하는 활동.
- 예방: 예방적 투자(invest-to-save). (사회적) 투자자들이 사업의 상류부문에 자본투자(선도자본 제공)를 하며 서비스 운영의 이중적 구조를 갖춤.
- 혁신: 리스크 위임으로 새로운 사업 개시, 성과 관리 개선, 시스템 차원의 학습 등 혁신이 가능함.

(2) 공조(Collaborate): 분절화와 사일로(silos) 해결

사회서비스 제공은 복잡한 시행기관과 위탁기관 사이의 분절화된 구조로 이뤄진다. 시행기관은 복합적인 시민의 욕구를 충족하는 서비스 제공의 역할을 하고, 위탁기관은 여러 복수의 기관들로 중복된 책임을 맡는 경우가 많다. SIB는 이런 복수의 시행기관과 위탁기관의 노력을 조정하기 위해 '결과에 공유된 초점'의 계약으로 공조를 유도한다. 서비스 수혜층에게는 보다 효율적이고 효과적인 '통합적' 케어를 제공하는 것이다.

SIB를 통해 이뤄지는 공조의 방법 하나는 SIB 모델의 심장이 되는 '결과'(outcomes)의 측정과 모니터링의 공조 활동이다. 전통적인 공공 서비스 위탁기관의 초점이 서비스 투입(예산 지원 등) 관련된 것과는 전혀 다른 결과 초점이다.

그럼에도 SIB는 여전히 복잡한 사회적 이슈들의 해결에 적합한 공공

서비스 제공의 모델인지는 더 많은 검증이 필요하다. 공공 위탁기관의 입장에서는 SIB가 어떻게 운영되는게 바람직한지 의문을 갖게 된다. 따라서 만연된 공공 서비스 문제들을 해결하기 위한 공조, 예방, 혁신을 할 수 있는 조건들을 SIB가 제시할 수 있는지를 밝히는 것이 중요하다.

부처주의(departmentalism) 또는 사일로(silo)는 서비스 제공의 목표 달성을 위한 시너지와 연계가 잘 안 되는 관리의 문제를 의미한다. 그 결과 서비스 이용자에게는 갭이 발생하고, 서비스 제공의 중복 문제뿐 아니라 시민들은 여러 각기 다른 공공기관이나 시행기관 사이를 오가는 문제를 당할 수 있다(앞글: 11).

이에 SIB는 사회적 결과에 다시 초점을 맞춰 여러 부처의 위탁기관 또는 기관장들을 함께 불러 각자가 달성하려는 결과를 공동으로 파악해 공동으로 비용을 지불하도록 유도한다. 상호 의존적인 또는 연계된 '결과에 대한 초점'으로 각지 다른 차원의 정부와 부처들이 서로 공조하는 메카니즘이 만들어 질 수 있다. '결과에 대한 초점'은 서비스 제공의 관리 책임을 맡은 기관들 사이의 조정과 연계를 개선시킬 수도 있다. SIB에서 측정된 결과로 위탁기관이 투자자에게 지불을 결정하게 되므로, 서비스 제공이 효과적이고 공조적인 방식으로 이뤄지고 있다는 것으로 양측 모두가 확인하도록 인센티브를 갖게 된다. SIB의 성공은 결과와 참여자와 관련된 정확한 데이터의 유용성과 커뮤니케이션에 달려 있다고 볼 수 있다.

개선을 만들 수 있다. 효율적인 데이터 공유로 서비스 갭을 파악해 보충할 수 있으며, 서비스 연계와 등록 메카니즘을 교정하고 서비스 공급 활동을 개선할 수 있다. 그럼에도 관련 정보의 효과적이고 시의적절한 흐름을 보장하는 일은 SIB를 조직하고 관리하는데 복잡성과 비용 증가를 초래할 수 있다. SIB가 공조를 향상하는데 유일한 대안은 아니며, SIB가 다른 위탁 메카니즘에 비해 더 월등한 공조의 수준을 달성한다는 어떤 시스템 차원의 증거도 나와 있지 않다. 그럼에도 일부 SIB 사례에서는 의미있는 공조가 이뤄졌다는 증거들이 있다. 예를 들면 HMP 피터보러 SIB와 서부런던지역(West London Zone) 프로젝트는 개인들의 복합적인 욕구를 충족시키기 위한 정책 사일로를 넘어선 공조에 초점을 맞추고 있다. 피터보러 사례에서는 시행기관들 사이의 공조, 그리고 서부 런던 지역 사례에서는 공동위탁(co-commissioning)과 시행기관의 공조가 핵심이다.

표 5-6 공조의 SIB: 피터보러 SIB와 서부런던지역(West London Zone) SIB 사례

피터보러 SIB는 2010년 법무부가 위탁기관으로, 재소자를 지원해 재범을 감소시키기 위해 여러 시행기관들을 하나의 단일 서비스 체제로 통합하는 ONE Service를 조직하였다. ONE Service는 범죄자들이 보고하는 여러 서비스 욕구들을 파악하는 구조화된 사정을 실시한 결과, 통합 서비스 제공의 방안으로 추진하였다. 보건, 사회적 케어, 훈련, 주거, 법률 서비스 전문의 비영리 및 공공 시행기관들이 프로젝트의 공조기관들로 동참해, ONE Service가 제공하는 '허브' 공간에 서비스 시행기관들과 함께 자리를 잡았다. 공식 평가보고서에 따르면, 이런 파트너십 작업이 성공적인 SIB 시행과 운영에 핵심이 되었다.

West London Zone (WLZ)는 서부 런던 도심의 3 마일 반경에 거주하는 아동과 청소년을 대상으로 하는데, 이들은 평생 빈곤의 리스크에 처한 취약층이다. WLZ는 복잡한 서비스 공급과 위탁 기관들의 네트워크를 공조 시스템을 만들어 각 기관이 제공하는 서비스들을 집합적, 맞춤형 욕구충족형으로 조정하고 있다. 서비스 전달에서는 지역의 공익기관들이 공유된 결과들을 지향하는 아동지원 서비스를 제공하고, 또 현장의 '링크 워커'(Link Workers)를 고용해 아동과 가족들과 관계를 형성해 이들이 필요로 하는 서비스를 잘 받도록 지원한다. 또 WLZ는 아동 각자의 참여와 결과 성취가 지방정부뿐 아니라 아동의 학교, 지역 자선기관들이 공동으로 지불하는 '공유된 위탁 구조'를 조율해내고 있다. 빅로타리펀드(Big Lottery Fund)의 결과개선위탁기금(Commissioning Better Outcomes Fund)도 보충적 지원을 한다.

자료 GOL(2018: 11-12).

표 5-7 결과기금을 통한 공동위탁(Co-commissioning)

영국 정부는 중앙과 지방 정부, 여러 정부 부처들이 SIB 프로젝트의 공공 결과지불자가 되는 일련의 '결과기금'을 개발했는데, 공동위탁이 그 중 하나의 재정지원 방식이다.

a) 인생의 기회 기금(Life Chances Fund)은 지방정부들이 위탁하는 SIB에 결과지불금 8천만 파운드가 추가 지원된다. 결과기금의 6대 사회 이슈 영역은 노인서비스, 건강서비스, 청소년 약물과 알코올 치료, 영유아서비스, 아동서비스 등이다.
b) 사회결과기금(Social Outcomes Fund)과 결과개선위탁기금(Commissioning Better Outcomes Fund)은 총리실(Cabinet Office)과 빅로타리펀드(Big Lottery Fund)가 각기 지원하는 결과 지원금이다. 여러 정책 영역에 해당되는 SIB 개발 지원과 지방정부나 보건기관들이 결과지불을 하는 결과 지원금으로 전체 6천만 파운드 규모이다.
c) 공정기회기금(Fair Chance Fund)은 공동체지방정부부와 총리실이 관장하는 1,500만 파운드 기금이다. 청년 홈리스를 위한 주거 개선 결과에 초점을 맞춘 SIB 이다.
d) 청년참여기금(Youth Engagement Fund)은 총리실, 법무부, 노동연금부가 공동 추진하는 1,600만 파운드 기금이다. 14~17세 취약 청소년의 취업 가능성을 높이고 정부 의존율을 낮추며 범죄 가담 가능성으로 낮추는데 목표를 둔다.

자료 GOL(2018: 12).

(3) 예방(Prevent): 위기나 악화를 예방하는 조기 개입

사회적 결과를 개선하는 최상의 방법은 이슈가 전혀 발생하지 않도록 예방하거나 지금의 문제가 악화되지 않도록 중단시키는 것이다. 예방의 일부 유형은 많은 공공서비스에서 핵심이 된다. 공중보건 이니셔티브들로부터 조기 교육에 이르기까지 다양하다. 예방적 접근은 단기적 결과를 개선할 뿐 아니라 추후 발생하는 상당한 비용의 치료 서비스를 회피하게 되면서 비용절감을 생산하는 목적도 있다. 그럼에도 위탁기관들은 기존의 서비스에 추가적인 예방적 서비스 프로그램 운영에서 어려움을 겪게 된다. 당장의 욕구 충족에 자원들이 거의 투입되고 있다. 또 한정된 자원 배분의 마지막 순서가 되는 이른바 '신델레라 서비스'(Cinderella service)에 예방적 서비스가 이뤄지는 경우가 일반적이다.

SIB는 예산의 '배가 운영'(double-running)으로 예산 압력을 경감할 수 있는 장점이 있다. '사회적 투자'가 예방적 서비스 프로그램 비용을 지불할 수 있기 때문이다. 또 예방적 서비스가 성공하면 장래에 추가적 서비스 의존이 줄어들게 된다. 최근에 와서 더 많은 재정지원이 예방적 서비스에 분배될 수 있다는 기대감을 높여주고 있다. 많은 SIB들은 예방적 포커스를 갖고 있다. 일부는 문제가 발생하기 전에 개인의 '인생의 기회'(life chance)를 개선시키는 '일차적' 개입 프로그램에 초점을 맞추고, 다른 일부는 문제의 악화를 예방하는 '이차적' 개입에 초점을 맞춘다.

표 5-8 예방적 SIB: NEET 청소년과 포스터 양육(Foster care)

1) 일차적 예방: 노동연금부의 혁신기금 SIB
   2012년 노동연금부(Department for Work and Pensions: DWP)는 영국 전역에 NEET(교육, 고용, 훈련 상태가 아닌) 청소년 문제 해결을 위한 10개의 SIB 프로젝트를 위탁하였다. 10개의 SIB는 모두가 예방적 초점을 맞춰, 학교 등교, 장래 고용가능성 증가를 위한 자격증 취득 등의 결과에 대해 지불한다. 결과 달성 여부는 모두가 질적 평가로 결정되는데, 2014년 노동연금부는 추가로 여러 SIB를 청년참여기금에 위탁하였다.
2) 이차적 예방: 버밍햄 시위원회의 스텝다운(Step-Down) 프로그램 SIB
   포스터 양육이 시설 양육보다 청소년에게는 더 높은 교육 성과가 있다는 연구들이 발표되었다. 또 안정적인 장기간의 양육이 더 좋은 결과를 생산한 것으로 밝혀졌다. 포스터 양육은 시설 양육보다 비용도 저렴하다. 버밍햄 SIB는 세심하게 선정한 청소년이 시설 양육에서 전문가 포스터 양육으로 이동해 52주 이상 안정적인 유지를 핵심 목표로 지원한다. 이로써 SIB는 청소년이 시설 양육이나 여러 단기 거주를 전전하는 기간 연장의 악화 문제를 예방하는데 목적이 있다. SIB는 실제로 첫 2년간의 시행을 통해 포스터 양육에 위탁된 20명의 청소년 70%를 안정적인 양육의 결과를 만들었다. 이들은 긍정적인 활동이 늘었고 학교생활에도 적응하는 결과를 보였다. 시설 양육에 드는 비용이 절감된 지출 이상보다 훨씬 낮은 비용으로 SIB 프로그램을 운영하였다.

자료 GOL(2018: 12-13).

(4) 혁신(Innovate): 변화의 어려움과 리스크 두려움을 극복하기

SIB의 일반적인 정당성은 위탁기관과 시행기관에서 투자자에게 재정리스크를 맡겨, 혁신의 여유를 창출하는 것이라 볼 수 있다. '혁신'은 융통적인 개념으로 새로운 방법과 변화-된 접근법을 수용하는 것으로, a) 시행기관 선정의 혁신, b) 개입의 선택, c) 성과 관리의 유형에서의 혁신 메카니즘에 따라 운영되는 것을 볼 수 있다.

첫째, 사회적 투자는 공공 서비스 시장에 무수한 시행기관들의 참여를 허용하는데 목적이 있다. 지역사회에 정착된 소규모 시행기관들도 특별한 맞춤형 혁신적 솔루숀을 발휘할 수 있다. 그런데 전통적인 결과지불 계약에서 소형 비영리기관들은 현금보유도가 낮고 지불력이 불투명해서 재정적 장애를 겪는 경우가 많다. 당연히 대형 영리적 서비스 시행기관들에게 계약이 많이 이뤄져, 위탁기관과 계약자 사이의 '통상적인' 관계로 간주되어 왔다. 반면에 SIB에서는 소형 기관들에게도 현금 선불이 이뤄져서 결과지불의 계약을 가능하게 한다. 위탁기관은 결과 달성이 성공할 때에만 지불을 하므로 리스크가 더 있는 시행기관과 계약하는 리스크에서 자유롭다.

둘째, 결과에 대한 초점 때문에 서비스 시행기관이 혁신적 개입 프로그램을 자유롭게 시행하거고 또 필요한 경우 개입방식을 중도에 수정할 수 있는 융통성도 갖게 된다. 이런 '블랙박스' 접근법이 대다수 결과기반의 계약의 특징이다. 시행기관과 투자가 결과 생산을 하지 않는 개입방법을 더 나는 방법으로 바꿀 수 있는 융통성을 갖고 있다. 셋째, 이상의 두 개의 메카니즘과 관련되어. 성과 측정과 성과 관리가 SIB의 핵심이라 볼 수 있다. 투자자 또는 파트너십 조정 역할을 하는 특수목적조직(SPV)은 자신들의 투자금의 보호해 수익을 추구하는 노력을 하기 마련이다. 그러기 위해서는 위탁기관이 지원의 역량이나 기술을 갖지 못하는 혁신적 성과 측정과 관리를 하는 노력이 따른다. 시행기관이 일하는 새로운 방식이 된다. SIB 투자자와 SPV는 기술지원과 자문 제공에 매우 적극적인 것으로 정평이 나 있다. 데이터수집과 분석, 파트너십 전체의 지속적인 개선을 위한 '성과 문화' 도입이 늘었다. 파트너십 전쳉의 공유된 결과에 대한 초점으로 서비스 전달의 개선이 이뤄지고, 진행 상황에 대한 이해와 파트너들 사이의 신뢰와 협력이 늘어날 수 있다. 이런 최상의 경우와는 달리 최악의 경우 마이크로관리로 유도하고 관계의 단절로 이어질 수 있다. 지나치게 강요적인 성과 관리 제도에서의 압력과 긴장으로 그릇된 행태와 결과의 게임이 나타날 수 있다.

표 5-9 혁신적 SIB: Ways to Wellness SIB와 Teens and Toddlers SIB

1) 혁신적 개입: Ways To Wellness SIB를 통한 사회적 처방
사회적 처방(Social prescribing)은 환자가 도움을 받아 비임상적 사회활동에 접근할 수 처방이다. 사회적 처방은 엄밀한 평가가 거의 없는 가운데 검증되지 않은 개입

방법이다. 영국에서 사회적 처방을 대규모로 시행한 것이 2015년에 개시한 Ways and Wellness SIB이다. 뉴캐슬의 위탁기관(Newcastle Gateshead Clinical Commissioning Group)이 7년 사업 기간에 11,000명의 환자를 대상으로 한 SIB 위탁을 한 것이다. 장기 요양치료가 필요한 환자들이 시행기관의 서비스 지원으로 건강한 행태, 지역사회 참여로 질병을 이겨내는 활동을 한다. 헌신적인 '링크 워커'(link workers)의 전문 보건 서비스를 받는 기회가 확대된다. 프로그램에 참여한 30명의 질적 평가에 따르면, 자기보고의 웰빙과 활동 참여에서 지속적인 개선이 나타났고 링크 워커의 역할도 긍정적인 성과가 나왔다.

2) 혁신적 시행기관: Teens&Toddlers 혁신기금 SIB
Teens&Toddlers는 고용연금부 SIB 중 하나로 NEET 리스크에 노출된 청소년을 지원한다. SIB에 참여한 청소년 각자가 보육기관의 영유아와 짝이 되어 멘터로서 롤 모델이 되면서 자신의 성취도와 기대감을 높이도록 지원을 받는다. SIB의 구조는 Teens and Toddlers 시행기관(Power2)이 성과 관리와 리스크 분석을 개발해 사업의 규모를 확장하도록 계획되어 실제 사업 확장이 이뤄지고 있다. 혁신기금은 비영리 시행기관이 이 사업을 성장하는데 필요한 모든 것을 지원할 정도라는 평가를 받고 있다. 3년간의 지원으로 경력을 갖춘 스탭을 계획, 채용해서 안정적인 사업비로 지속가능한 프로그램 운영을 한다는 것이 시행기관 책임자의 평가이다. 그 결과, 프로그램을 업그레이드해서 학교와 협력하는 방식을 개선한다는 것이다.

자료 GOL(2018: 14).

준실험적 방법의 활용은 매우 제한적이다. 영국의 SIB 대부분은 정부의 검증된 행정데이터를 기반으로 결과지불이 이뤄지고 있다. 이와는 대조적으로 미국의 SIB 대부분은 RCT 등의 실험적, 준실험적 평가방법에 의존한다. 특히 독립적인 전문평가기관이 프로그램 결과를 검증하는 역할을 하도록 한다.

3. 영국 정부의 SIB

영국은 정부주도의 SIB 개설과 활성화의 특징을 보여준다. 정부가 다양한 생태계 조성 정책을 추진하며, 중앙부처들이 일련의 사회혁신 SIB의 투자자이자 관리자 역할을 맡아 왔다.

1) 노동연금부(DWP)의 혁신기금 SIB

(1) 혁신기금의 개요

영국 정부는 2011년 5월에 청년실업 문제 해결을 위한 대책들을 발표하였다. 이후 '사회적 투자' 프로젝트를 지원하는 새로운 혁신기금(Innovation Fund)을 2012년 초부터 2014년 말 기간에 걸쳐 3천만 파운드를 조성하였다. 14~24세의 소외층 및 위기 청소년의 교육과 훈련과 고용을 지원하기 위한 NEET 청소년 정책이다.

혁신기금은 세 가지 목표를 제시한다(UKDWP 2014: 5-6). 첫째는 소외층 및 위기의 청소년들을 지원해, 교육 또는 훈련에 참여해 성공적인 이수를 거쳐 고용가능성을 개선시키는 것으로, 장기적으로 정부의 복지수혜에 대한 의존도를 감소시키는데 있다. 둘째는 복지수혜 절감을 창출하는 범위를 검증하고 다른 재정적 및 사회적 혜택들을 검증해서 사회투자수익(Social Return on Investment)을 제공하는데 있다. 사회적 투자(social investment)는 사회적 임팩트뿐 아니라 재정적 수익을 창출하는 자본의 공급이다. 셋째는 사회적 투자 시장의 개발, 중소 공급기관들의 역량구축을 지원해 사회적 투자 제도들을 지원하는 신뢰할 만한 증거기반을 창출하는 데 있다.

혁신기금 파이롯트는 결과지불(Payment by Results: PbR) 모델로, 투자자들과 중간기관들은 계획대로 달성된 성과에 기초해 지불을 받는 모델이다. 고용연금부는 사회임팩트채권(Social Impact Bonds: SIB) 위탁사업을 공모로 시행한 첫 번째 정부기관이다. 2014년 말 영국에서 시행되는 17개의 SIB 가운데 10개가 혁신기금 프로젝트로 시행된 것들이다. 영국 총리실(Cabinet Office)은 SIB 센터를 개설해 정부부처 전반에서 시행중인 SIB 시행 현황과 결과를 공시하고 있다(http://data.gov.uk/sib_knowledge_box/).

혁신기금은 2차에 걸쳐 위탁 시행되었다. 1차는 14~24세 청소년에 초점을 맞춰 2012년 4월부터 시행되었는데, 공모에 참여한 17개 단체들 가운데 다음 6개를 선정하였다. 시의회 등 정부기관, 사회적기업, 민간재단, 사회금융기관 등 다양한 중간지원기관들이 사업시행의 책임을 맡았다(앞글: 6). 2차 파이롯트는 14세와 15세의 청소년에 초점을 맞춰, 조기에 개입해서 예방적 대처를 하는데 목표를 두고, 추가로 4개 기관들을 선정해 계약을 체결하였다.

(2) 혁신기금의 결과지불제

고용연금부는 혁신기금의 결과지불제 목록을 제시해, 목록에 따라 성과를 내는 기관들에게만 약속된 사업비를 지불하는 계약을 체결하였다. 1차와 2차 파이롯트가 다소 차이가 있어, 1차보다 2차가 좀더 많은 요구조건들을 충족해서 좀더 많은 대가를 지불받도록 계획되었다. 2차 사업은 14~15세 대상으로 학교 현장에서 사업이 진행되는 특성상 학교수업, 학교생활 행태, 학교에 대한 태도 등을 기초로 NQFb Level은 1과 2 수준에만 해당되고 다른 고용과 훈련은 14~24세 청소년 대상층과 동일하지만 결과지불액은 비교적 높은 편이다. 청소년 일인당 결과지불액 또한 1차 사업은 8,200파운드, 2차 사업은 11,700파운드로 차이가 크다.

표 5-10 혁신기금의 10개 결과의 결과지불액

결과(outcomes)	1차(14~24세) 최대 결과지불액(£)	2차(14~15세) 최대 결과지불액(£)
학교수업 출석 개선	없음	700
학교생활 행태 개선	1,300	1,400
학교에 대한 태도 개선	800	1,300
모국어가 아닌 영어 성공적 이수	없음	900
중등 QCF 기초수준 인증 획득	없음	900
16세 이상 청소년 기초기술 획득	700	1,100
NQFb Level 1 수준 획득	2,200	3,300
NQFb Level 2 수준 획득	3,300	5,100
NQFb Level 3 수준 획득	2,000	없음
NQFb Level 4 수준 획득	1,200	없음
(18세 미만의 경우) 첫 고용(주당 16시간 이상 일자리)이 훈련(작업장 훈련 포함)을 포함한 13주 이상 지속	2,600	3,500
26주 이상의 지속 고용	1,000	2,000
(청소년 일인당 최대 지불액)	8,200	11,700

자료 GSR(2014: 73).

혁신기금은 이상과 같이 많은 결과를 내도록 하는데, 〈표 5-10〉에서처럼 1차 사업의 경우 10개의 성과를, 2차 사업의 경우 11개의 성과를 각각 내도록 요구한다. 결과지불제는 복수의 복합적인 성과를 거둔 청소년들에게 일인당 기준으로 지급된다. 최대 지급액은 1차 사업의 14~24세 청소년의 경우 8,200파운드, 2차 사업의 14~15세 청소년의 경우 11,700파운드이다.

2012년 12,700명의 청소년들의 대상층을 사업이 시작되었다. 1차 사업에서는 14~24세의 청소년이 10,300명 그리고 2차 사업의 14~15세 청소년이 2,400명이었다. 사업 시행 2년이 지난 2014년 3월에는 1차 사업의 경우 7,600명이 성과를 내서 결과지불이 이뤄졌고, 2차 사업의 경우 3,600명 분량의 초과 달성이 이뤄져 많은 결과지불이 이뤄졌다.

(3) 영국 SIB 10개 사례의 주요 특징

영국 정부의 혁신기금 SIB는 전체 투자 규모가 외부 민간 투자액이 1천만 파운드로 정부 지불금과 합쳐 2,840만 파운드가 최대 결과지불금이다.

- 파트너: 개별, 복수의 투자자, 중간지원기관 모델 등 다양한 사회적 투자 모델.
- 대상층(cohort): 3년 기간에 17,000명의 불이익층 청년들로, '불이익층'(disadvantage) 개념정의는 노동연금부(DWP)이 제시하지 않고 응모기관들의 포로포절에 소개. 1차 사업에는 14~24세가 대상층이며, 2차 사업에는 14~15세의 젊은 청소년이 대상층.

- SIB 규모: 10개의 개별 SIB는 각기 다른 규모와 스케일.
- 사업기간: 3년
- 성과측정: 교육 대상자로 복귀와 궁극적으로 고용이다. 결과 메트릭스와 가격표는 유용한 증거의 검증으로 정보가 제공.
- 대상층: 불이익 청년과 불이익의 위험군 청년.
- 비교집단: 프로그램 임팩트 추산을 위해 매치된 지역의 비교 디자인을 이용해 각 SIB의 반사실 비교집단.
- 평가기관: 국립사회연구센터(National Centre for Social Research)와 In-site 리서치와 컨설팅.
- 결과지불: DWP가 결과 측정치의 1개 이상의 성과를 내면 매달 지급하는 방식이다. 100% 결과지불에 기초한 프로그램이다.
- 투자자 수익: 복수의 투자자들이 각기 다른 수익을 올린다.

(4) 측정과 지불 모델

노동연금부(DWP)는 장래 고용의 취득과 유지를 위한 일련의 대표적 결과(proxy outcomes)를 개발하였다. 대표적 결과들로는 (a) 무단 결석과 행동 이슈들을 포함한 교육으로의 복귀, (b) 교육 자격증의 취득, (c) 견습과 고용 진입 등이다. DWP는 이상의 결과 단위별로 결과지불의 최대금액을 제시해, NEET 청년들이 고용으로 이동함에 따른 복지혜택 제공의 절약금에 비례적인 결과지불금이다. 1차와 2차 사업의 최대 결과지불금은 각기 8,200파운드와 11,700파운드이다. 매회 지불가능한 결과 목록들이 제시되어, 응모기관들이 이 목록을 참고해 자신들이 달성가능한 결과치를 추산해 결과지불금액을 산정해 프로포절에 제시하는 방식으로 공모가 이뤄진다.

(5) 주요 혁신 사례들

- 2015년 말 현재 영국에서 시행중인 13개 SIB 중 10개가 노동연금부 SIB이다.
- SIB 숫자가 의미하는 것은 각각의 성과가 비교되어 장래의 정책결정에 참고된다는 점이다.
- 영국 정부가 경쟁적 공모를 통해 SIB를 조달한 것은 역사상 최초의 일이다.
- SIB 프로젝트들은 14세 이상의 NEET 청년들을 지원하는 목표로 다양한 혁신적인 전달 모델들을 제시해준다.
- SIB는 100% 결과지불제로, 서비스 전달기관의 역량을 구축하기 위해 투자자들이 선행 자본을 제공하는 리스크 부담을 안는다.

(6) 지금까지의 교훈

- 공모 시행에 앞서 사회적 임팩트 시장의 준비와 관여가 결정적으로 중요하다.
- 프로젝트들이 평가를 가능하게 하는 충분한 규모와 스케일이 있어야 한다.
- 사회적 투자 파트너십이 형성되어 합의될 만한 시간적 여유가 필요하다. 2회에 걸쳐 위탁을 시행한 것은 적절한 방식으로, 1차에는 프로포절 계획 준비가 잘된 기관들이 응모했고, 2차에는 새로운 파트너 기관들이 응모할 수 있는 시간적 여유를 갖게 되었다.
- 위탁과 계약 체결의 과정에서의 융통성이 중요하다.

(7) 성과

2015년 말까지 혁신기금은 5천 명의 NEET 청년들을 지원해 1,500명 이상이 성공적인 NEET 탈출의 성과를 달성하였다.

2) 혁신기금 SIB의 사회적 임팩트

영국의 혁신기금 10개 프로젝트는 사회임팩트채권(SIB)이라는 동일한 펀딩 모델이지만, 프로젝트의 디자인과 운영에서는 각기 다른 다양성을 보여준다. 위탁기관인 노동연금부(DWP)는 공모와 선정 과정에서 이같은 다양성과 창의성을 중시해, 각 프로젝트가 동일한 NEET 청소년을 대상으로 하면서도 이들의 학교생활 등의 교육과 직업훈련과 고용 측면에서 각기 다른 계획으로 시행되며 관리되는 특성을 가졌다. 그럼에도 임팩트 평가 지표들은 학교출석, 성적, 졸업, 이수 등에서 동일하기 때문에 동일한 지표에 대한 동일한 측정을 거쳐 검증된 결과를 성과로 제출해야 결과지불을 받을 수 있는 특징이 있다.

그밖에 10개 프로젝트들의 다양성을 보여주는 주요 특징들은 다음과 같다(GSR 2014: 19-20).

- 주요 개입활동이 학교내에서 이뤄지는가, 아니면 학교 밖에서 수업 시간 이후에 이뤄지는가;
- 청소년과의 대면 활동이 일대 일의 개인 기반인가, 아니면 그룹 기반인가;

- 개입활동이 시간 제한적인 것으로 엄격히 구조화된 것인가, 아니면 시간 제한 없이 개방적으로 융통적인 구조를 갖고 있는가;
- 개입활동이 구조화된 프로그램이나 과정에 대한 참여인가(그래서 자격인증을 하는지, 아닌지), 아니면 보다 상황적인 형태로 특정 참여자들을 대상으로 요건을 충족하도록 해서 개인의 욕구에 부합된 기회와 활동을 장점을 제시한 것인가.

이상과 같은 10개 프로젝트들이 사업 디자인과 운영의 다양성을 갖고 있지만 핵심 서비스 지원의 콘텐츠는 다음 네 가지로 동일성을 갖고 있다.

첫째는 관여(engagement)로, 청소년 개인의 능동적이고 적극적인 관심과 관여로 주관적 오너십을 갖게 하는 것이다.

둘째는 마인드 세트의 변화(shift in mind-set),

셋째는 개인의 인성 개발(individual personal development),

마지막은 목표설정과 추진경로 지원(goal setting and pathways facilitation)이다.

임팩트 평가를 맡은 평가기관(Government Social Research) 연구진에 따르면, 10개 프로젝트 모두가 프로그램에 참여한 청소년들에게 성공적인 지원을 한 것으로 평가한다(앞글: 69-71). 특히 1차와 2차 파이롯트 사업들이 프로젝트 참여 청소년들뿐 아니라 학교들로부터 '매우 긍정적인 반응'을 보여주었다며 이들을 대상으로 진행된 인터뷰 결과를 데이터로써 제시해준다. 청소년들은 자신들에게 제공된 서비스에 대해 자신들의 욕구에 부합된 것이며, 향후 진로 개척에 도움이 되었다는 의견이 수렴되었다. 청소년들은 특히 1) '소중한 친구'로서의 프로젝트 팀원들의 일대일의 지지 관계가 가장 중요한 것으로 꼽았고, 2) 장래 목표 설정과 추진 계획, 3) 자신들의 삶의 다양한 측면, 분야, 기간별로 이뤄지는 '총체적인' 지원, 4) 친숙하고 신뢰할 만한 사람들로부터의 지속적인 지원이 지속적인 기간에 걸쳐 장래에도 보장되는 점을 꼽았다.

결과지불제(Payment by Results: PbR)라는 사회임팩트 펀딩 모델의 혁신성과 같은 혁신적인 서비스 전달은 학교와의 공조활동이었다. 특히 14~15세의 소외층 또는 위기의 청소년들이 NEET에 진입하기 전에 학교생활 적응을 지원하는 초기 개입의 혁신기금 파이롯트는 매우 중요하다. NEET에 진입한 청소년에 대한 치료적 사업보다 진입 이전의 청소년에 대한 예방적 사업이 정부예산 절감 효과가 더 크다고 볼 수 있다. 또한 학교를 상대로 NEET 리스크가 있는 청소년들의 NEET 진입 방지에 공조하는데도 설득력이 높다. 혁신기금의 임팩트 성과로 제시된 학교수업, 학교생활, 학교에 대한 태도, 중등교육 이수 등은 학교의 입장에서는 매우 중요한 관심사이자 정책이다. 이같은 공조 의식 때문에 혁심기금과 학교와의 관계에서는 특별한 문제나 과제가 제기되지는 않았다. 관계 개선을 위한 초기의 불만이나 잡음 정도로 볼 수 있다. 학교 일정과의 조율 등 운영상의 문제들이 문제라면 문제로 제기되었다.

100% 결과지불제에 기초한 SIB에서는 성과 관리가 가장 중요한데, 여기에서 전문 중간지원조직의 성과 데이터 수집과 진도 보고 등이 핵심이다. 중간지원조직이 중심이 되어 현장 시행기관의 팀원들의 데이터수집과 관리, 그리고 투자자와 위탁기관인 DWP에 보고 등이 일련의 계획된 과정으로 추진되며 성과를 높이는데 큰 차질이 없었다. 일부 프로젝트에서는 계획대로 초기에 성공적인 성과로 진전되지 못한 경우들도 있었고, 청소년

참여도가 낮은 경우도 있었다. 또 일부 프로젝트는 사업 시행 6~12개월 기간의 초기 운전 자본에 충당될 충분한 수입을 동원하지 못한 경우도 있었다. 또 시행 과정에서 다양한 문제들이 제기되었지만 초기에 수정해서 장상궤도에 올리는 사례들도 있었다. 이처럼 초기의 운영과 재정상의 문제들을 해결해 가면서 프로젝트들은 점차 동질화되는 경향을 보였다. 프로젝트들 사이의 콘텐츠나 구조 상의 차이가 점차 줄어들고, 특히 2차 사업에서는 14~15세로 동질적인 대상층에 초점을 맞춰 학교와 긴밀히 공조함으로써 임팩트 성과를 높일 수 있었다.

10개 프로젝트를 비교분석한 결과에서는 결과지불제 사회임팩트 투자에 적합한 프로젝트들은 다음의 특성들의 일부 또는 모두를 보여주었다.

- NEET 이전의 어린 청소년으로 학교교육 연령층을 대상으로 하는 경우;
- 학교수업과 학교생활 개선, 학교에 대한 태도 개선, 기초 수준의 교육인증 성과가 높은 경우;
- 대상층의 점진적 충원으로 결과가 시기별로 고루게 분포된 경우;
- 대상층이 비교적 많으면서 신속한 확장이 가능한 유연성을 가진 프로젝트;
- 차별화된 대상층에게 다양화된 강도의 지원을 제공한 경우;
- 시간제한적인 구조화된 개입활동.

반대로 결과지불 모델에 적합하지 않을 프로젝트들은 다음의 일부 또는 모든 특성들을 보여준다.

- NEET에 진입해 있는 청소년;
- 18세 이상의 비교적 나이든 청소년들이 많은 경우;
- 비교적 높은 수준의 일자리 결과치를 가진 경우;
- 좁은 의미의 대상층으로 하는 경우;
- 지원 서비스가 많은 다양한 지역에서 다른 조직들이 제공되는 경우

3) 공정기회기금(Fair Chance Fund)

공정기회기금(Fair Chance Fund: FCF)은 2014년 청년 홈리스 문제를 해결하기 위해 정부가 1,500만 파운드의 기금을 조성한 SIB이다. 커뮤니케이션과 지방정부부(DCLG)가 1천만 파운드, 총리실이 5백만 파운드를 제공해, 7개의 SIB 프로젝트에 투자되었다. 청년 홈리스 SIB는 18~24세의 장기적인 NEET 청년을 대상층으로 주거, 교육과 훈련, 또는 지속적인 고용/자원봉사의 서비스를 제공한다. 프로젝트는 2015년 1월부터 2018년 12월까지 36개월 기간에 시행된다.

FCF 공모를 수주한 7개의 프로젝트 시행기관들은 다음과 같다.[1]

- DePaul UK는 그린위치 등 4개 지역에서,
- Fusion Housing은 커클리스 등 3개 지역에서,

1 https://data.gov.uk/sib_knowledge_box/fair-chance-fund

- Home Group은 뉴캐슬 등 7개 지역에서,
- Local Solutions은 리버풀과 노우슬리에서,
- P3는 글루세터셔 등 7개 지역에서,
- St Basils는 버밍함 등 5개 지역에서,
- The Y는 레이시스터 등 4개 지역에서 프로젝트를 시행한다.

(1) 영국의 NEET 청년 홈리스

홈리스로 지원이 필요한 사람 중 52%인 8만 명이 25세 이하의 청소년들로 이들이 홈리스 주거 서비스를 필요로 하는 사람 절반 이상을 차지한다. 홈리스 정책의 동향이 예방적 개입으로 이동하고 있지만, 청년층 홈리스 예방 실적은 5명 중 1명에 지나지 않는다. 청년 홈리스 경험은 안정적인 성인으로 성장할 가능성이 희박해 장래에 홈리스 리스크를 증가시키는 요인이 된다. 실제로 청년 홈리스 60%가 NEET 상태에 처해 있다.

(2) 정책 개입

공정기회기금(FCF) 개입 정책은 복잡한 청년 홈리스 이유에 대한 혁신적이며 역동적인 해법을 찾기 위해 디자인되었다. 18~24세 취약 청년이 당면하는 여러 복합적인 문제들 때문에 그리고 이와 관련된 데이터의 부족 문제 때문에 청년 홈리스 서비스가 어떻게 제공되어야 하는지를 명확하게 파악하지 못하는 어려움이 있다. SIB를 통해 서비스 시행기관들이 청년 홈리스의 개별적인 욕구에 맞춤형 서비스를 제공하는 혁신적인 해결방안들이 개발될 수 있었다. 선도적인 시행기관들이 여러 지역에서 서비스 지원 직원

들을 고용해 맞춤형 서비스 제공에 초점을 맞춘다. 청년 홈리스 개임들이 제공받는 서비스는 1:1 맞춤형으로 주거, 고용/자원봉사, 교육과 훈련 등 복합적인 서비스이다. 지방정부는 지역의 가장 취약한 청년 홈리스들이 지원을 받도록 시행기관에 대상층을 소개하는 의무를 가진다.

(3) 임팩트

약 180명의 청년 홈리스들이 프로그램 서비스를 지원받을 것으로 추산된다. 임팩트는 홈리스 청년 개인에 대해, 위탁기관인 정부에 대해, 사회정책 차원에서, 사회적 임팩트 시장 차원 등 모두에서 상당한 임팩트가 발생한 것으로 평가된다.

첫째, 직접적인 서비스 수혜층 임팩트는 155명에게 안정적인 주거를 제공하고 65명과 70명에게 각기 교육훈련과 지속적인 고용을 제공하는 목표가 설정되어 있다. 둘째, 이로써 생산되는 직접적인 사회적 임팩트로는 홈리스의 주거와 케어 서비스 의존이 줄면서 중앙과 지방정부의 예산절감이 있고, 또 홈리스의 고용으로 생산되는 정부 수입의 증가이다. 셋째, 시스템 차원의 사회 정책의 임팩트로는 장기적으로 고질적인 사회문제들을 해결하는 새로운 방법들의 시도이다. 마지막으로 시스템 차원의 임팩트 시장 구축이 있다. 청년 홈리스를 대상으로 하는 최초의 SIB로 청년 홈리스 문제 해결에서 SIB 위탁방법의 효과성을 알려 시행기관들이 장래에도 유사한 용역들을 수주해 시행할 수 있도록 역량을 구축해준다.

(4) 개입의 펀딩

사회임팩트채권(SIB)는 브릿지(Bridges)가 프로젝트의 선행 자본을 제공해 Depaul UK의 서비스 공급 개입을 할 수 있는 기회를 제공하였다. 투자기관은 브릿지 벤처스(Bridges Ventures)를 비롯한 몽펠러 재단(Montpellier Foundation) 키 펀드(The Key Fund)이며, 자문기관은 소셜파이낸스(Social Finance UK), 그리고 결과지불기관은 영국 커뮤니케이션과 지방정부부(DCLG)와 총리실(Cabinet Office)이다.

(5) 교육, 자원봉사, 일자리 경험

담당 기관(MHCLG 2019)의 〈FCF 평가〉 결과를 살펴보면 다음과 같다.

생활시설에 3개월 이상 18개월까지 자발적 참여가 프로젝트의 시작이다.

- 1,657 명의 청년(전체 87%) 생활시설 참여,
- 93%가 3개월 생활 지속(전체의 81%),
- 86%가 6개월 생활 지속(전체의 74%),
- 73%가 1년 생활 지속(전체의 63%),
- 62%가 18개월 생활 지속(전체의 53%).

전체 1,042명 중 55%가 교육훈련에 참여해, 단기 교육훈련으로 자격증 취득 등의 성과를 올렸다. 생활기술, 직업훈련 등이 대표적이다.

- 32%가 기초입문 과정을 이수(전체의 17%),
- 35%가 1단계 과정을 이수(전체의 19%),
- 5%가 2단계 과정을 이수(전체의 3%).

자원봉사활동은 청년의 자존감 회복, 사회적 고립 방지의 효능감을 제공한다. 자원봉사활동은 주당 6시간 이상 활동으로 시간당 최저 수당을 지급한다.

- 6주 자원봉사 – 252명 참여(전체의 13%),
- 13주 자원봉사 – 160명 참여(전체의 8%),
- 20주 자원봉사 – 107명(전체의 6%),
- 26주 자원봉사 – 78명(전체의 4%).

그럼에도 대부분의 청년에게는 일자리 경험이 가장 인기 있는 경로로 나타난다. 일자리 경험은 교육이나 자원봉사 활동에 비해 참여도가 높으며 성과 또한 높다. 성과는 '강력한' 것으로 나타난다, 강력한 일자리 유지 결과가 주요 성과로, 전체 1/3에 해당되는 623명의 청년이 다음과 같은 성과를 보였다.

- 57%가 풀타임 일자리 13주간 유지(전체 참여자의 19%);
- 40%가 풀타임 일자리 26주간 유지(전체 참여자의 13%);
- 10%가 파트타임 일자리 13주간 유지(전체 참여자의 3%);
- 4%가 파트타임 일자리 26주간 유지(전체 참여자의 1.5%).

4) 피터보러 SIB

(1) 프로그램 배경

2010년 9월 피더포로 교도소는 세계 최초로 SIB를 시행하는 사업현장이 되었다.[2] SIB는 수감자의 재범율 감소를 위한 사회적 임팩트를 창출하는 목표로 설계되어 외부 투자자로부터 500만 파운드의 투자를 유치해 시행에 들어갔다.

영국에서는 1년 미만의 형집행을 받아 교도소에서 출소한 성인의 60%가 다시 1년 이내에 재범으로 교도소로 입소한다.

(2) 프로그램 개입

중간지원기관은 SIB를 통해 수감자에게 제공되는 다양한 서비스를 조정 총괄하는 기능을 맡기 위해 새로 조직되었다. 서비스 시행기관들은 St Giles' Trust, Ormiston Trust, SOVA 등으로, 이들은 교도소 출소 직후부터 출소자들을 상대로 서비스를 제공한다. 대상집단은 1년 미만의 수형 기간의 비교적 경범죄에 해당되는 출소자로 이들 개개인과 수감기간에 접촉해 서비스를 설명하고 참여를 유도한다. 서비스는 개인 맞춤형 서비스 제공이 핵심으로, 출소자 개인의 시간과 관심에 따라 서비스 제공 계획이 수립되어 진행된다. 지원 서비스 유형으로는 적절하고 영구적인 주거 보장, 약물

---

2 https://data.gov.uk/sib_knowledge_box/ministry-justice-offenders-released-peterborough-prison

과 알코올 치료, 고용 지원, 부모 역할 지원, 정신건강 지원 등이다. St Giles Trust는 전과자들의 동료지원 네트워크를 제공해 기술개발 등으로 지원해, 주거, 약물치료 등의 기초 서비스 제공 역할을 한다. Ormiston Trust는 참여자 가족들에게 전문가 자문을 제공하는 역할을, SOVA는 프로젝트 운영에 필요한 케이스워커들을 훈련시켜 개인 맞춤형 서비스를 제공한다.

(3) SIB 파이낸싱

대표적인 투자자로 바로우 캐드버리(Barrow Cadbury) 재단 등 5개 민간재단들이 시행기관(One Service)의 초기 프로그램 시행에 필요한 선불금 500만 파운드를 제공하였다. 민간 투자자들은 사회적 목적 달성에 강한 추진력을 가진 민간재단과 신탁기관들로, 프로그램 성공시 투자수익도 발생하기 때문에 결과지불제 SIB에 관심을 갖고 참여하였다. 피터보러 교도소 SIB가 세계 최초의 SIB라는 점에 투자자들의 관심을 모았다.

(4) 결과와 임팩트 측정

영국 법무부가 발표한 2014년 8월에 피터보러 SIB 프로그램의 일차 성과평가 결과를 살펴보면 다음과 같다. 평가는 재범율이라는 사전에 계획된 타깃을 충족시키는 결과를 SIB가 생산했는지에 초점을 맞추었다. 정부와 SIB 위탁기관인 복권기금 (Big Lottery Fund)는 재범율의 개선이 계획대로 달성되면 투자자에게 수익을 제공하기로 약속하였다. 이같은 수익은 투자자와 비영리 서비스 제공조직들의 개입의 효과로 결과되는 재범율 감소로, 이것은 정부가 비용절감의 저축이며 사회에 제공되는 사회적 혜택이 된다.

SIB 결과의 측정은 교도소의 성인 남성 수감자들을 두 집단으로 나눠, 첫 집단은 2010년 9월 9일부터 2012년 7월 1일 기간에 1년 미만 기간에 수감되어 있다 출소한 사람들, 그리고 두 번째 집단은 2012년 7월 기간에 해당된 사람들이다.

투자자들은 결과에 기초한 수익을 제공받게 되는데, 조건은 다음 둘 중 하나를 충족하는 경우이다. 하나는 재범 발생 건수가 약 1,000명 규모의 각 집단 모두에서 (비교집단에 비교해) 10% 이하로 감소한 경우이며, 다른 하나는 두 집단 모두의 2,000명 가운데 재범 발생 건수가 (비교집단에 비교해) 7.5% 이상 감소한 경우이다.

그런데 첫 집단 1,000명의 재범 발생 건수는 8.4% 결과를 보여줘, 위의 첫째 조건 을 충족하지는 못했지만, 둘째 조건은 충족해 향후 제2의 집단 1,000명의 재범발생 건수에 따라 투자자에게 수익이 발생할지가 결정되었다.

결과평가 방법으로 성향점수매칭(Propensity Score Matching) 방법이 활용되어, 첫 집단인 936명 출소자들의 재범율이 같은 기간 전국 34개 성인 남성 교도소에서 출감한 9,360명의 비교집단과 비교해 계산되었다. 분석은 법무부가 제공한 개인신상 데이터를 기초로 했고, SIB 중간지원조직인 Social Finance는 추가 데이터수집을 지원하였다.

전문평가기관(Rand Europe)의 중간평가 결과 또한 긍정적인 견해를 밝혀준다(UK Ministry of Justice 2015). SIB의 모든 단계에서 관련 기관들 사이의 파트너십이 잘 작동하도록 조정과 진흥의 역할을 맡은 적극적인 서비스 책임자의 역할이 시행과 운영에 결정적으로 중요했다는 것이다. 또 핵심 이해관계자들이 정보 공유와 제공 등 관련 과정들과 절차들을 정착시키는데 적극적인 노력을 했다. 그 결과 여러 혁신적인 결과를 창출했는데, 특히 펀딩의 융통성이 이뤄지면서 지역의 현실과 서비스 이용자의 욕구에 기초하는 서비스 제공이 원활했다. 또 통합 사례관리 데이터베이스의 활용으로 지리적 영역과 재범 개입활동 측면에서 혁신적인 변화가 있었다. 서비스 이용자들이 개인별 맞춤형 지원을 받을 수 있었던 것도 SIB의 혁신적 특징이라는 설명이다.

5) 요보호 아동 서비스

(1) 프로그램 개요

에섹스 카운티 위원회는 영국에서 SIB를 최초로 시행한 지방 당국이다. 위원회는 아동지원 서비스(Children's Support Services)와 공조해 가정위탁이나 보호시설에 있는 청소년과 가정을 위한 성과 개선을 목표로 SIB를 시행하였다.[3]

에섹스는 전국 평균에 비해 높은 비율의 가정위탁을 받은 청소년들이 많은 편이다. 가정위탁 비용은 연간 일인당 2만 파운드에서 18만 파운드에 달할 정도로 지방 행정기관에 상당한 부담이 된다. 부모 교육과 가족관계 개선을 통해 가정위탁 아동의 수를 줄이는 일이 중요한 정책 전략이 된다.

---

3 https://data.gov.uk/sib_knowledge_box/essex-county-council-children-risk-going-care

(2) 정책 개입

에섹스 카운티 위원회는 SIB를 통해 8년 기간에 가정위탁의 리스크가 있는 청소년 380명과 가족에 다차원 치료(Multi-Systemic Therapy: MST) 서비스를 제공한다. MST는 가정에서 높은 수준의 전문 치료사들이 가족치료를 제공하는 증거기반의 프로그램이다. 부모 역할과 긍정적인 가족관계의 복원을 통해 가족이 미래의 위기 상황을 관리하도록 해서, 장기적 지속가능한 임팩트를 제공하는 것이다. MST 서비스는 3~5개월 기간에 걸쳐 대상집단 개인별로 제공된다. MST 펀딩에 추가적으로 별도의 '진화 기금'(Evolution Fund)이 조성되어 초기에는 제공되지 않지만 가장 성공적인 프로그램 요소들에 자원 투자를 하도록 하는 융통성을 가진 기금이다.

(3) 프로그램에 대한 펀딩

사회적금융의 도매은행인 빅소사이어티 캐피털(Big Society Capital)과 브릿지 벤처스(Bridges Ventures) 등의 투자자들이 특수목적기관(SPO)인 CSS(Children's Support Services)에 310만 파운드를 제공하였다. CSS는 중간지원기관으로 다시 서비스 시행기관인 Action for Children에 운영비를 지원했다. 프로그램 착수에 필요한 비용과 평가비 등은 중앙정부기관인 교육부, 보건부, 노동연금부 등이 지원하였다.

(4) 결과 Outcomes

대상집단의 핵심 결과 메트릭스는 가정위탁 일수의 단축으로 통제집단과의 비교를 통해 성과측정을 한다. 통제집단의 30개월 기간 아동의 평균 가정위탁 일수와 비교한 것으로, 통제집단의 30개월 기간의 역사적 평균치와 비교한다.

가정위탁 일수의 단축으로 측정된 성과의 가치는 지방당국이 아동위탁에 지출한 비용 부담의 감소분이 된다. SIB 계약 기간 동안의 전체 결과지불금은 700만 파운드로 상한선이 설정되었고 투자자들은 투자금의 8~12%의 이자수익을 올릴 것으로 기대된다.

(5) 임팩트 측정과 반사실(counterfactual)

프로젝트의 성공은 결과지불에 따르며 30개월 기간에 기록된 650개 사례의 역사적 기록과 비교된 성과치를 의미한다. 임팩트 측정은 객관성 확보를 위해 제3의 전문기관이 시행한다.

(6) 위탁기관에 대한 비용 절감

에섹스 카운티 위원회는 SIB를 통해 프로젝트 기간 전체에 걸쳐 1,030만 파운드의 비용절감을 할 것으로 추산되었다. 전체 1,730만의 비용절감액에서 최대 결과지불금 700만 파운드를 감산한 것이다.

(7) 대상집단

SIB는 5년의 프로젝트 기간에 걸쳐 20개의 대상집단의 380명의 청소년과 가족을 지원하며, 그 중 110명의 청소년의 가정위탁 출구 목표를 설정해두고 있다.

(8) 핵심적 혁신

- 에섹스 SIB는 영국 지방 당국이 시행한 최초의 채권이다.
- 예정보다 앞당겨 투자금 상환을 하는 결과지불제를 갖고 있어 리스크 엑스포저를 줄이고 수익률을 통제할 수 있게 하는 독특한 SIB 금융구조이다.
- 시행기관이 기존의 가정위탁 서비스기관과 공조적 접근으로 시행기관이 지방당국의 사례관리 시스템을 활용해 양질의 데이터 교환이 가능하게 한다.
- 집중적인 개입 유형인 MST에 SIB 펀딩을 제공하는 최초의 사례이다.

에섹스 처방의 단순성이 조달과 동원을 성공적으로 이끄는데 필요한 광범한 지원을 뒷받침해주는 핵심 요소이다. 단일의 핵심 결과(가정위탁 일수의 감소)에 초점을 맞춰 현금화가 가능한 저축이 이뤄지게 한다. 또 금적의 가치 측면에서는 전통적인 위탁 접근법과 비교되는 SIB 방식의 장점은 재정적 비용효과분석으로 확인된다.

투입이 아니라 결과에 대한 지불이 장점이다. 에섹스가 지방당국 최초로 결과지불제로 전환하는 과정을 경험한 것이다. 결과지불이 가정위탁이라는 지출분야에서 이뤄지며 실질적인 비용절감의 성과로 제시된다. 마지막으로 위원회는 입양뿐 아니라 다른 사회서비스 분야 전반에 걸쳐 예방적 전략으로 SIB 활용가치를 발견하고 있다. 이로써 장기간에 걸쳐 사회서비스 시스템의 지속가능성을 구축하는 역량을 갖추게 된다.

6) 입양 SIB (It's All About Me: IAAM)

"It's All About Me"(IAAM) SIB는 지방기관의 시설에 거주하는 아동을 아동건강 치료 훈련을 받은 입양 가정에 입양하도록 지원하는 프로그램이다.[4] 영국에서는 최초의 서비스 시행기관 주도의 SIB로 비영리 입양기관들의 컨소시움(Voluntary Adoption Agencies: VAA)으로 서비스 제공이 이뤄진다.

(1) 시설아동의 입양 이슈

영국에서 매년 3천 명의 아동들이 입양을 기다리지만 입양 가정을 찾지 못하고 있다. 그래서 시설의 아동들은 무관심, 성장 방해, 트라우마 경험을 갖고 있어 정상적인 성장 과정과 트라우마 극복을 위한 지원을 기다린다. 입양 가정과 지원을 받지 못하는 아동들은 NEET 리스크에 직면하고 정신과 육체의 건강 문제를 안게 될 확률이 높다는 연구결과가 있다. 이런 아동 한 명의 케어에 지방정부들이 연간 10만 파운드의 비용을 부담한다. 따라서 입양 가정을 찾지 못하는 무수한 아동들은 아동 자신과 사회와 정부에 좋지 않은 결과를 초래한다.

---

4 https://data.gov.uk/sib_knowledge_box/node/183

(2) 정부의 개입

IAAM의 SIB 계획에서 입양기관들은 가정을 찾기 어려운 아동들부터 적극적으로 입양할 가정을 물색해, 아동을 훈련시키고 입양할 가정의 아동치료를 위한 부모훈련 서비스를 제공한다. 그리고 파양의 리스크를 줄이고 부모훈련의 효과성을 최적화하기 위해 입양후 2년 기간 동안 24시간 지원 서비스를 제공한다.

(3) IAAM SIB의 주요 혁신

- IAAM는 입양 분야가 주도해 개시한 최초의 SIB이다.
- IAAM는 영국 전역에 확대 적용된 최초의 SIB이다.
- 네크워크 관리로 공급된 모델로 2차 하청 용역으로 제공된 모델과는 달리 대형 프로그램을 개설하는 비용효율성과 네트워크 전체에 분산된 리스크의 장점이 있어 파이낸싱에서의 규모의 경제가 이뤄진다.
- 시장 참여자들의 행태 변화의 특징이 있다. SIB는 아동이 가정을 찾게 되는 시스템이 어떻게 실패하는지를 파악한 분석에 기초해 이 같은 실수를 일으키는 행위자들의 행태의 변화를 추구한다.
- 구매 시장을 탐색하는 장점이 있다. SIB는 지방당국으로 하여금 결과 달성시에만 지불하게 해서 욕구에 기초한 서비스 구매의 융통성을 갖도록 하는 새로운 접근법이 된다.
- 세밀한 리스크 관리의 장점이 있다.
- IAAM는 자체 기금을 창출한다. 입양의 결렬이 10% 미만으로 나타

난 경우 투자자에게 절반의 잉여금이 그리고 다른 절반은 VAA에 재투자 기금으로 제공되므로, 이들에게 결렬율을 낮추려는 인센티브가 발생한다. 결과가 지속적으로 누적되며 재투자 기금이 축적된다.

(4) 프로그램 펀딩

개인 투자자와 기관 투자자들은 중앙의 IAAM 펀드에 200만 파운드 기금을 제공해, VAA의 착수금으로 제공된다. 기금은 VAA의 부모 물색과 훈련비용으로, 아동의 욕구 사정의 비용으로, 그리고 아동이 필요로 하는 치료적 부모 역할 서비스를 부모들에게 제공하는데 소요되는 다양한 비용에 사용된다. 아동 일인당 최대 4만 6,500파운드가 소요된다.

(5) 프로그램 결과

연간 100명의 아동들의 입양되는데 소요되는 비용에 대한 지방당국이 지불하는 결과지불금은 3,660만 파운드이다. 결과지불금은 네 개의 각기 구분된 결과치의 달성에 따라 지불되는데, 성과치 각각은 생애주기의 변화라는 궁극적인 결과를 지향하는 방향의 지표들로 구성된다. 다음 단계의 지불이 이뤄지기 전에 입양이 이뤄지지 않으면 결과지불은 이뤄지지 않는다. 서비스가 성공하면 지방당국은 VAA의 서비스 활동에 대한 성과금으로 아동 일인당 5만 4천 파운드가 지불된다. 사회결과기금(Social Outcomes Fund)이 SIB에 등록된 첫 100명의 아동들에 대한 결과지불금에 1만 파운드를 지원해 투자자와 시행기관의 리스크 부담을 줄여주며 시행이 늦게 되어나 계획보다 참여가 적은 경우에도 프로그램의 존속을 지원하게 된다. 지방당국이 지불하는 결과지불금은 투자자에게 상환되며 투자금의 4% 이자수익이 보장된다.

(6) 임팩트 측정

대상집단이 되는 아동들은 기존의 입양율 등의 객관적 증거에 따르면 프로그램 개입 없이는 가정을 갖지 못할 확률이 매우 높다. 따라서 IAAM의 개입이 없으면 아동 한 명도 입양되지 않을 것이라는 가정에서 데드웨이트(deadweight)는 제로 상태이다.

첫째는 공공부문의 비용절감 임팩트가 있다. 전체 결과지불금 5만 4천 파운드는 같은 2년 기간에 아동 케어에 소요되는 비용의 절반 가량에 해당된다. 따라서 지방당국의 결과지불금은 가정위탁 서비스에 드는 비용의 절감으로 통해 현금화될 수 있는 유동성 비용 절약이 이뤄진다. 추산에 따르면, IAAM은 첫 10년간 현금화할 수 있는 저축금액 15억 파운드 목표를 달성할 것으로 기대된다.

둘째는 대상집단의 규모에 대한 임팩트이다. 프로그램 10년 시행으로 650명의 보호지원을 받는 아동들이 혜택을 받을 것이다.

7) 요보호 아동 케어 SIB

(1) 배경

맨체스터 시원회는 2011년 중간지원기관 Social Finance Ltd에 의뢰해 청소년의 시설 보호 의원을 줄이기 위한 SIB의 타당성 조사를 하도록 하였다. 2014년에 서비스 시행기관이 선정되어 2015년부터 본격적인 시행에 들어갔다. 맨체스터 시위원회(MCC)는 시설위탁 보호중인 11~14세 청소년과 시설위탁의 리스크를 안고 있는 가정위탁의 청소년의 성년생활 개선을 위한 SIB를 시행하였다.[5]

시설이나 가정의 위탁 보호중인 청소년은 학업 성취나 고용기회 측면에서 매우 취약하다. 또 지방정부의 위탁 비용부담도 적지 않아 새로운 혁신적인 처방으로 SIB 방식이 채택되었다. 지방정부는 연간 위탁 청소년 일인당 35만-40만 파운드의 비용을 부담한다. 따라서 청소년의 시설이나 가장 위탁을 감소시키는 혁신적인 방안이 필요하다.

(2) 프로그램의 개요

청소년 다차원 치료 가정위탁(Multi-Dimensional Treatment Foster Care – Adolescents: MTFC-A) SIB 프로그램은 심각한 행태와 정서 문제를 안고 있는 청소년에게 1년간의 치료 서비스를 제공한다. SIB의 목표는 먼저 청소년이

---

5 https://data.gov.uk/sib_knowledge_box/manchester-city-council-children-care-sib

그룹이나 시설에서 생활하는 것보다는 가족과 함께 생활하도록 지원하는 데 일차적인 목표가 있다. 둘째는 부모, 친척 등이 청소년에게 효과적인 부모 역할을 하도록 지원해서, 치료법에 따라 장기간 긍정적인 변화가 있도록 하는 것이다.

치료에는 네 가지 핵심 요소들에 타깃을 맞춘다.

- 청소년 개인이 멘터링 서비스를 받아 학습과 긍정적 생활 기술을 개발하도록 지원하는 일관된 강화적인 환경(consistent reinforcing environment)을 제공한다.
- 명확한 기대와 한계를 보여주는 일상의 구조를 제시해준다.
- 청소년의 일상 소재에 대해 밀착된 수퍼비전을 제공한다.
- 청소년을 도와 탈선적인 동료집단을 회피하도록 친사회적 동료관계를 구축하도록 지원한다.

(3) SIB의 핵심적인 혁신

시위원회는 투자자와 서비스 시행기관과의 모임을 통해 잠정적 투자 모델들을 고려해볼 것으로 합의하였다. 투자를 요청하는 조직의 특성, 투자자의 선호와 금융적 구조 등이 모델 선택에 고려되어, 서비스 시행기관에 직접적으로 부채 (또는 준지분) 투자 모델로 선택하였다. 시위원회는 서비스 시행기관과 직접적으로 결과지불 방식의 계약을 체결하였다. 시행기관의 프로그램 운영에 필요한 선불 투자금은 사회적 투자자에 의해 제공되는 SIB 계약이 체결되었다.

(4) 프로그램 결과와 임팩트 측정

결과지불은 다음에 따른다.

- 매주 청소년은 MTFC 프로그램에 참여하므로 시설 보호를 필요로 하지 않는다.
- 매주 청소년은 프로그램 이수후 가정에서 생활하지 시설이나 청소년 보호시설에 있지는 않는다. 또한
- MTFC 프로그램 이수후 기록된 광범한 웰빙의 개선은 이수후 12개월 기간에 적용된다.

이상의 목표치들은 청소년이 프로그램 참여 소개가 이뤄진 시점부터 3.5년 기간에 걸쳐 측정된다. 서비스 시행기관과 투자자들은 프로그램 성과미달의 리스크를 안고 있지만, 성과 달성시에는 결과지불금으로 투자수익을 받으면 성공을 공유하게 된다.

타당성 조사에서 베이스라인이 설정되었다. 2007~8년 기간의 시설보호 상태의 11~14세 청소년의 데이터를 활용한 분석이 이뤄진다. 시위원회 또는 시행기관이 수집한 데이터를 이용해 추가적인 데이터수집 비용 등을 절약하였다.

(5) 위탁기관의 비용 절약

결과지불금은 최대 14만 8,600 파운드로, 시설보호의 청소년 한 명이 약 182주간(3.5년간) 시설보호를 받으면 주당 3천 파운드의 비용의 전체 평

균 비용 55만 6,000파운드에 비교하면 25%도 되지 않는다.

(6) 대상집단의 규모와 계약기간

프로그램 시행 1년 기간에 8명의 11~14세 청소년을 대상으로 해서, 성공적인 것으로 밝혀지면 2년차에 16명, 그리고 5년 기간에는 최소 95명을 대상으로 할 것을 요청하는 계약을 체결하였다.

SIB 계약기간은 5년으로 최종 결과지불금은 8년차에 이뤄지도록 되어 있다. 프로그램 시행이 완료되고 3년을 기다려 임팩트 측정이 완료됨과 동시에 결과지불이 이뤄진다. 3년 기간에 걸쳐 청소년의 생활과 웰빙 전반의 개선을 임팩트로 측정하기 위한 계획이다.

4. 미국, 일본, 한국 정부의 SIB

1) 미국 정부의 SIB

미국 정부 사례는 초기 연방정부의 이니셔티브가 개시된 이후 주와 시 지방정부 사례가 주류를 이루고 있다. 오바마 행정부는 2011, 2012, 2013년에 결과지불(PFS) 이니셔티브를 추진해, 노동부가 2천만 달러까지 지원하는 결과지불 용역 계획을 발표하였다.

(1) 뉴욕시 SIB

뉴욕시가 미국 최초의 SIB를 설치해, 라이커스 아일랜드(Rikers Island) 교도소 수형 청소년(16~18세)의 재범율을 낮추는 프로그램을 시행하였다. 프로젝트는 2012년 9월부터 2015년 8월까지 3년간 시행되며, 대상층은 연간 3천 명에 달하는 성인 수형자이다. 비영리기관 MDRC가 중간지원기관으로 프로젝트의 운영의 책임을 맡아 두 개의 서비스 시행기관들의 관리책임을 맡는다. 골드만 삭스가 MDRC에 960만 달러의 서비스 및 운영비 펀드를 제공했다. 뉴욕시 정부는 재범율이 8.5% 감소되면 480만 달러, 20% 감소되면 1,170만 달러를 지급하는 성공지불 채권이다. 블럼버그 시장의 자선기관(Bloomberg Philanthropies)이 융자 상환의 720만 달러 지급보증을 하였다(City of New York 2014).

그런데 프로그램 시행 1년에 대한 데이터검증 결과, 16~18세 청소년의 상습적 범행은 목표치에 달하지 못해 2015년 8월에 프로그램이 조기 종료되었다. 검증기관(Vera Institute)은 프로그램 성과가 이뤄지지 못한 이유를 파악하지 못했고, 중간지원기관 MDRC는 다음과 같은 몇가지 단서들을 공개했다. 대상층 40% 가량은 프로그램의 다수의 과정에 참여해 긍정적인 성과를 보였지만, 전체 9%만이 프로그램의 전체 12개 세션을 완수했을 뿐이다. SIB 계약 조건에는 30%가 프로그램을 완수할 것으로 기대되었다. 이처럼 대상층의 과정이수 회수가 차이가 발생한 것은 교도소의 보안 점검 등으로 인해 대상층의 참여가 취소, 연기되는 등 여러 문제들이 발생했고, 많은 수형자들의 형 집행 대기 상태에서 다른 교도소로 이송 등 교도소 사정으로 안정적인 프로그램 진행이 어려웠다. 교도기관의 협조가 필수적이라는 교훈을 얻게 된 것이다. 뉴욕시와 투자기관과 중간지원기관이 문제해결을 위한 협상에 들어가, 새로운 프로젝트 시행이 진행될 것으로 기대된다(Berlin 2017).

(2) 뉴욕주 SIB

뉴욕주는 2013년 2,000여 명의 전과자를 대상으로 고용창출과 재범률 감소를 목표로 하는 SIB를 시행하였다. 범죄예방뿐 아니라 재수감으로 인한 비용을 절감하는 이중의 성과를 사회적 임팩트 목표로 설정한 것이다. 뉴욕주는 경쟁입찰 과정을 거쳐 비영리 임팩트 파이낸스와 자문회사인 소셜 파이낸스(Social Finance, Inc.)와 계약을 체결하고 프로젝트의 디자인과 관리를 위탁하였다.

Social Finance는 Bank of America, Merrill Lynch와 공조해 1,350만 달러 규모의 임팩트 투자 자본금을 유치하기 위한 재산관리 플랫폼을 개설해, 40개의 민간 투자자와 재단의 투자를 유치하였다. 조성된 펀드로 비영리고용전문기관 Center for Employment Opportunities(CEO)는 2,000여 명의 뉴욕시와 로체스터시의 지역사회 감독을 맡은 대상자들을 위한 증거기반의 프로그램을 시행하였다.

SIB의 최소 성과 기준치는 전과자의 고용율을 5% 이상 늘리고, 일인당 수감일을 36.8일 낮추는 것이다. 이 같은 성과 기준으로 뉴욕주는 '결과지불'(PFS) 계약을 체결해, 목표치가 달성되면 납세자들의 세금이 투자자들의 수익으로 지불되도록 하였다.

뉴욕주는 성과기초의 지불을 고용과 재범의 변화율에 초점을 맞춘 세 가지 결과 메트릭스를 활용하였다. 투자자에 대한 수익지불은 목표로 달성된 임팩트의 정도에 비례적인 것으로 설계되었다. 만약 최소 목표치 달성이 어렵게 되면 뉴욕주는 투자자에게 투자금을 돌려주지 않도록 계약을 맺었다. 프로젝트의 목표 달성을 측정하기 위해 무작위통제실험(RCT)을 활용한 엄밀한 임팩트 평가를 시행한다.

뉴욕주의 SIB는 임팩트 투자 측정 접근법과 결과 메트릭스에서 네 가지 목표를 설정하였다. 1) 뉴욕주의 정책목표들과 CEO의 변화이론을 조율시키는 목표, 2) 프로젝트 결과 공공부문의 혜택과 비용절감이 프로젝트 결과로 제시된 데 대한 뉴욕주 정부가 이해할 수 있도록 할 것, 3) 기존의 공공부문의 데이터와 데이터 관리체계를 활용할 것, 4) CEO의 프로그램 기록과 기존의 성공적인 결과에 관한 증거데이터의 구축 등이다.

(3) 하버드 케네디 스쿨 정부성과실험실(Government Performace Lab: GPL)

하버드 대학의 케네디스쿨(Harvard Kennedy School: HKS)의 정부성과실험실(GPL)은 2010년부터 국가봉사단(CNCS)의 사회혁신기금(Social Innovation Fund)을 제공받아 임팩트 투자를 하는 정부기관과 사회적기업과 비영리기관들에 2차 펀딩을 하는 중간지원기관의 역할을 맡고 있다. 2016년 5월에도 CNCS의 SIF로부터 216만 달러를 제공받아, 이를 전국의 정부기관들과 비영리기관들에 공모를 통해 펀딩하며 기술자문과 성과관리와 평가를 수행하는 역할을 맡는다.

GPL은 2013년 SIB Lab을 설치하고, 미국 전국 지역의 28개 프로포절을 접수받아 4개 주정부와 지방정부에 SIB 프로보노 기술지원을 제공하는 계약을 체결하였다. 또 SIB Lab은 2016년에도 3개의 새로운 SIB 시행에 프로보노 기술자문을 제공하였다. 이로써 미국에는 전체 11개의 SIB 유형의 PFS 프로젝트가 시행중인데, 그 중 7개가 GPL의 프로보노 기술자문으로 개시될 수 있었다.

사우스 캐롤라이나 주는 간호가족 파트너십 PFS 프로젝트를 개시해, 첫 아이를 두고 있는 3,200개의 저소득층을 대상으로 전문 간호사들의 가정방문 출산관련 보건 서비스를 제공한다. 720만 달러의 결과지불금이 조성되어, 조산의 감소, 신생아 병원입원 감소, 신생아와 산모 서비스 증진 등의 성과에 따라 지불된다.

코네티컷 주에서는 아동가족부의 사업으로 아동의 부모의 약물 복용 문제를 해결해 아동과 가족의 복지증진을 위한 결과지불의 SIB가 시행되었다. 프로젝트 계약에 따라 가족기반회복서비스(Family-Based Recovery Services: FBR)은 500 가정을 대상으로 약물복용 치료팀과 보조인력을 활용해 가정방문과 약물퇴치 코칭을 시행한다.

(4) 덴버시의 홈리스 SIB

덴버시는 2016년 주거지원 SIB을 시행해 홈리스, 약물중독, 정신건강 문제를 안고 있는 주민들의 주거 안정을 지원하고 있다. 안정적 주거가 교도소 수용 기간을 줄이는 효과적인 처방이라는 연구들을 정책으로 추진한 것이다. 영구적 주거지원 모델은 주거와 정신건강 카운셀링 등 보건 서비스를 복합한 종합적인 정책수단이다. SIB 시행기관은 MHCD, CCH(Colorado Coalition for the Homeless)가 선정되어 2021년까지 5년간의 프로그램 시

행에 들어갔다.[6]

2018년 7월 중간 평가 결과를 보면, 대상자 285명 중 85%가 프로그램 이탈 없이 안정적 주거 생활을 하는 것으로 나타났다. 주거생활 1년 기간에 주거생활자 44%가 교도소에 가지 않는 성과도 있었다. 여전히 많은 수가 교도소로 들어가는 문제가 있지만, 이 정도는 전국 통계에 비해 상당히 낮은, 개선된 성과로 평가된다(Urban Institute 2019).

민간재단과 개인 자선가들이 860만 달러를 시행자금으로 투자해, 중간평가 결과로는 투자 수익이 상당할 것으로 보인다. 결과지불자가 되는 덴버시는 대상층을 325명으로 확대해 시의 예산을 증대시켰다.

덴버시에 자문을 제공한 하버드 대학의 GPL은 영구적 주거지원 프로젝트의 종합 설계를 맡았다. 먼저 수형생활이 빈번한 타깃층을 파악하는 일부터 안정된 주거 생활 제공 서비스, 그리고 이들을 통제집단으로 하고 다른 일반 홈리스를 비교집단으로 하는 성과 평가를 RCT로 진행한다. 특히 초기 프로그램 시행에 필요한 자본금은 이자가 양허적으로 낮은 PRI로 공급받았다. 아놀드 재단(Laura and John Arnold Foundation)이 리스크가 상당한 사업 첫 6개월 사업비에 투자한 것이다.

덴버(Denver)시의 경우, 홈리스의 주거 제공과 통합적인 사례관리를 지원하는 5년 기간의 PFS 프로젝트를 시행해, 홈리스들의 주거안정의 성과와 교도생활의 감소 성과가 확인되면 후불하는 제도를 시행한다. 약 210개의 새로운 주거공간이 건축중이며 주거와 생활 관련 서비스들이 복합적으로 제공된다. 이를 위해 시정부 여러 기관의 지원사업들이 하나로 통합되어

6 https://www.urban.org/features/starting-stability-how-denver-breaking-homelessness-jail-cycle#chapter-1

홈리스 서비스를 제공한다. 저소득층 주거 면세제도, 주거 바우처, 콜로라도 주정부의 주거투자기금, 연방정부의 HOME 기금 등이다.

표 5-11 덴버시의 홈리스 지원 SIB

2016년 덴버시와 카운티 정부는 8개 민간 투자자들과 홈리스 문제 해결을 위한 860만 달러 규모의 SIB를 시행했다. 홈리스 1년 이상, 장애를 가진 홈리스 또는 응급실을 자주 가는 홈리스 등을 '만성적 홈리스'로 우선 대상으로 하였다. 연방정부가 5년 기간의 1,500만 달러 주거 지원을 하였다. SIB 프로그램으로 2019년 1월 1일 현재, 330명의 홈리스가 영구 주택으로 입주했고, 입주후 2년이 지난 홈리스 중 79%가 주거에 안착했으며 11%가 이탈하였다. 이탈한 39명은 사망, 수감, 계약 위반 또는 자발적 이주 등의 사유로 이탈하였다. 덴버시와 카운티 정부는 프로그램 결과에 따라 투자자에게 합계 255만 3,889달러를 지급했다. 2021년에는 보다 강력한 임팩트 측정이 RCT 방식으로 진행될 예정이다.

자료 Urban Institute(2019); GPL
https://govlab.hks.harvard.edu/denver-permanent-supportive-housing-pay-success

2) 일본 재단의 SIB

일본에도 SIB가 시행되고 있다. 지방정부들이 일본재단과 공동으로 SIB를 시행하는 사례 세 가지를 살펴볼 만하다(Nippon Foundation 2015).[7]

---

7 https://www.nippon-foundation.or.jp/en/news/articles/2015/20151126-20952.html

(1) 구몬의 치매 학습치유 SIB

구몬 교육기관과 후쿠오카와 구마모코의 도시들을 비롯한 지방정부들이 협력하는 프로젝트는 구몬의 학습 치료 방법을 치매 예방에 활용하는 것이다. 노인의 치매 치료를 통해 지방정부의 비용 부담을 덜어주는 사회적 가치도 생산하는 프로젝트다. 구몬교육연구소는 전국 300개 센터의 16,000명을 대상으로 '학습치료'법을 실시하였다. 치매예방과 간호비용 절감이 프로젝트의 목표가 된다. 이미 7개 시정부에서 시행하며 실제 간호비용과 의료비를 모니터링 하고 있다.

프로젝트는 노인의 인지적 기능 개선에서 성공적인 성과를 거둔 학습치료 프로그램을 시행해 노인의 삶의 질 개선과 지방정부의 간호와 의료비용의 절감을 목표로 추진된다. 첫째는 프로젝트의 시행은 노인보호시설에서 환자의 케어 수준에 맞춘 학습치료를 시행해 변화를 측정하는 것이다. 둘째는 보건학습실에서 학습치료를 소개해 개인별 실천의 결과에 따라 간호와 의료비 감소를 검증하는 것이다. 200명이 대상으로, 사회적 임팩트 평가는 이상의 두 가지 목표 달성에 초점을 맞춰 실시된다. 평가는 노인 개인별 사전 동의를 구한 다음에 D/B로 구축되어 시행기관과 지방정부가 데이터를 공유한다. 6개월 기간의 평가와 함께 추가 6개월 평가비는 구몬의 자체 비용이 투입되어 2016년 1년간의 프로그램 성과를 평가한다.

이후 일본의 구몬 학습치료 방법이 미국에서도 시행되면서 전체 300개의 노인케어 시설에서 추진되었다. 프로그램의 목표는 높은 수준의 케어 서비스 제공으로 치매예방을 지원하며 동시에 노인케어 비용의 절감에 있다(SROI Network Japan 2017: 20).

구몬의 학습치료 방법은 2001년 이래 토후쿠 대학과의 공동연구의 결과물이다. 2004~5년 기간의 평가를 통해 학습치료 프로그램의 성과를 확인한 다음, 여러 지방정부와 공동으로 프로그램 시행에 들어갔다. 하루에 30분간 일본어와 수학을 자습하는 프로그램으로, 7개 지방정부가 프로그램의 파이롯트 시행에 참여했다. 지후현에서는 258명의 노인들이 학습 치료 프로그램에 참여해, 일주일에 1회는 집단 학습, 6일은 가정 자습, 이후 약식 정신상태 테스트로 두뇌건강을 측정한다. 66명 대상자 중 43명이 정산 수준으로 개선된 결과를 보였다.

(2) 아동의 가정위탁 SIB

가나가와현의 요코수카시는 양육이 필요한 아동의 가정위탁 프로젝트를 SIB로 실시해 탈시설의 가정보호를 가속화시킨다. 요코수카 프로젝트는 아동보호시설에 위탁된 신생아의 가정위탁 프로그램으로 지방정부의 복지지출을 절감하는 성과 또한 기대한다. 시행 첫 해의 목표치는 4명의 아동입양으로, 가정법원이 가정위탁으로 입양을 허락한 법적 조치를 한 사례이다. 아동보호시설에는 18세까지의 아동 4명의 양육비는 약 3,500만 엔으로 프로그램 시행비용(1,900만 엔)을 제외하면 1,600만 엔의 비용절감의 성과를 기대한다.

(3) 청년 고용 SIB

효고현의 아마가사키시의 프로젝트는 청년 실업자의 고용을 지원한다. 아마가사키의 가계 중 공적 지원에 의존하는 가계가 늘고 있는 동향에 대한 대응 방안으로 청년고용을 적극 추진한 것이다. 고령, 질병, 장애 등으로 복지에 의존하는 주민보다는 능력있는 청년들의 고용으로 복지 지출을 절감하고 세수입을 늘리기가 용이하다. 복지의존 상태에 있는 청년 200여 명을 사례관리자들이 접촉해 프로젝트의 1년 참여자가 되어 다양한 고용 지원 서비스를 제공한다. 파이롯트 프로젝트를 시행한 결과, 지방정부의 복지비용 절감과 세수입 증가의 장기적인 전망이 밝은 것으로 확인되면 2016년 이후 SIB를 전면 시행한다.[8]

3) 한국의 SIB

한국에서도 정부 주도의 SIB가 점차 활성화되고 있다. 행정안전부(2017)는 사회성과보상사업 추진·운영을 위한 법률 제정 및 운영 매뉴얼˙개발·보급하는 역할을 한다. 또 서울시와 경기도가 사회성과보상사업 추진 이후 기초지방자치단체까지 사회성과보상사업 조례 제정으로 활성화되고 있다.

가장 선도적인 서울시는 2014년 '서울특별시 사회성과보상사업 운영 조례'를 제정했고, 경기도는 2015년 '경기도 사회성과보상사업 운영 조례'를 제정해 각각 시범 SIB를 시행중이다. 또 사회성과보상사업의 활성화 및 관련 지식·정보 공유를 위한 지방자치단체간 협의기구로 '사회성과보상사업 지방정부협의회'가 출범했다. 또 서울시는 '청년 실업 해소'를 목적으로 서울시 2호 SIB 사업을 운영중이며, 2020년 기초자치단체에서는 최초로

---

8 https://www.nippon-foundation.or.jp/en/news/articles/2015/20150722-20924.html

부여군이 '치매 안심' SIB 시행에 들어갔다.

(1) 서울시 공동생활가정 아동교육 SIB

서울시는 SIB 1호 사업으로 '공동생활가정 아동교육'을 선정하고 민간 투자자를 모집해 2016년 7월 1일부터 사업을 시작했다. 시내 62개 아동복지시설(그룹홈)에서 생활하는 경계선지능 및 경증지적장애아동 100여 명을 양육하고 교육해 가족에게 돌려보내거나 자립을 돕는 사업이다. IQ 71~84 수준인 경계선지능아동은 정서불안, 따돌림, 학습부진, 사회부적응의 문제를 겪고 있지만 장애로 인정받지 못해 특수교육이나 프로그램을 이용하지 못하는 정책 사각지대에 방치돼 있다. 경계선지능아동은 성인이 돼 아동복지시설을 퇴소할 때 기초생활수급자가 되는 비율이 일반아동의 15배가 넘고 방치하면 정신지체로 떨어지는 것으로 나타났다. 이 사업이 성공할 경우 소외아동의 삶의 질을 높이는 것은 물론 일생에 걸쳐 발생할 사회적 비용투입도 사전에 막게 된다.

총괄운영기관으로 선정된 '팬임팩트코리아'가 민간투자자와 사업수행기관을 선정했고 대상 아동을 선정했다. 이 사업에는 사단법인 PPL, UBS증권 서울지점, MYSC 등 3개 민간기관이 총 11억 1,000만 원을 투자했다. 사업 수행은 대교문화재단 컨소시움이 맡아 3년간 정서를 치유하고 사회성과 지적능력을 개선시키는 적절한 개입 프로그램을 제공한다.

서울시는 수급자 1인당 평균 16.7년 동안 연 892만 원을 지급한다. 그런데 이번의 SIB에서는 사업기간 3년 동안 32명이 수급자가 되는 것을 방지하면 서울시는 사업비와 성과급을 내고도 37억 원의 예산을 아낄 수 있다는 것이다. 중간지원기관(팬임팩트코리아)의 중개로 수행기관(대교문화재단 컨소시움)이 94명의 경계선 지능 및 경증지적장애 아동 대상, 개인별 맞춤 교육 프로그램을 2019년 8월까지 진행한다. 사업은 목표치 이상의 성과를 거둬 서울시는 팬임팩트코리아에 투자원금의 약 125%인 13억 4,000만 원을 지급했다. 팬임팩트코리아가 사업을 위해 유치를 받은 투자 금액은 10억 7,000만 원이었다.

중간평가 결과를 참고해보면, 다음과 같이 여러 준비와 시행상의 문제들이 드러났다(이준영 2018: 16-18).

첫째는 사업 규정과 가이드라인, 기획과 모델 설계 미흡 문제다. 사업부서의 사업 관련 인센티브 부족 문제 때문뿐 아니라 담당자의 잦은 교체로 인한 사업의 추진과 관리 문제, 가이드라인도 갖추지 않은 문제가 드러났다. 이를 개선하는 운영조례 개정으로 사회적경제 담당관으로 일원화하였다.

그밖에도 여러 시행상의 문제들이 드러나면서 이에 대한 대안도 추진되었다. 둘째는 법제도 규정과 가이드라인이 지나치게 간략해 정보제공에 치우친 경향이다. 셋째는 사업비 중 운영비와 평가비 등 간접비용을 부담하는 주체가 명확하지 않았다. 넷째는 투자자 모집에서 현실적 제약이 많아 사업실행에 걸림돌로 작용한다. 투자기관의 낮은 이해도와 약한 투자유인에 주로 원인이 있다.

또 성과지표의 적절성과 측정방안에 대한 사전 검토 없이 사업시행 이후에 평가기관을 선정하는 시행착오가 있었다. 평가기관이 성과지표와 측정방법의 문제 제기를 하지 않은 채 일방적인 사업 시행과 평가로 이어지는 심각한 구조적 문제가 있었다. 사업 수익률(연 10%) 책정이 비합리적이다. 사업을 통해 사회적 비용절감 예측치, 그 중 민간 투자자에게 수익으로 배분될 비중을 산정해 수익률을 결정하지 않고 결과지불자(서울시)와 운영기관

사이의 단순한 협약으로 결정되었다.

(2) 경기도 해봄 프로젝트 SIB

경기도 해봄 프로젝트는 2016~17년 기간 2년간 시행되었다. 프로젝트가 종료되면 성과달성 정도에 따라 경기도는 최소 1억 2,900만 원에서 최대 17억 7,400만 원까지의 투자금과 성과보상금을 민간투자자에게 지급한다.

해봄 프로젝트는 민간 투자를 받아 기초생활수급자를 탈수급시키는 사업으로, 민간이 성과를 내면 도에서 투자원금과 성과보상금을 돌려주는 SIB 방식의 복지사업이다. 성과 목표는 밀착사례관리를 통한 참여자 20% 탈수급(157명/237건)이다.

중간지원기관과 협약을 체결하고 민간 투자자 모집과 참여 대상자 모집으로 프로젝트가 개시되었다. 중간지원기관은 기관 사업비 조성을 위해 투자자를 모집하고 성공적 사업추진을 위해 수행기관을 선정 운영하는 등 프로젝트를 총괄 운영하는 기관이다. 특히 성과목표 미달시 투자금 미상환에 따른 위험도 부담하게 된다.

해봄 프로젝트의 목표는 경기도의 기초수급자 800명(400명×2년)을 대상으로 2년 동안 추진되며 참여자의 20%를 탈수급시키는 것이 성과 목표다. 사업비는 18억 7천여만 원이며, 이 중 민간투자금은 15억 5천여만 원이다. 사업이 종료 시점에서 투자자는 성과 달성 정도에 따라 최대 14.2%의 투자수익금을 받게 된다.

투자자들의 투자 위험 부담을 최소화하기 위해 성과목표를 달성하지 못했을 때도 차등적으로 원금을 보장한다. 예산절감액이 마이너스(-)인 성과달성률(탈수급률) 1~11% 구간은 원금을 차등적으로 보상해주며, 손익분기점인 성과달성률 12% 지점에서는 원금을 전액 지급한다. 예산절감액이 플러스(+) 구간인 성과달성률 13~20%에서는 원금 전액과 성과보상금(최대 10%)을 지급하게 된다.

사업의 결과를 보면, 2017년 11월말까지 해봄 프로젝트 참여자(400명) 중 취·창업 성공자는 114명이며, 이 중 근로유지자는 73명, 탈수급 기준에 도달한 참여자는 30명이다(최조순 2017: i-ii). 탈수급 기준에 도달한 대상은 30명(400명 대비 7.5% 수준)이고, 8월 이후 유사한 비율로 증가했다.

현재 진행된 상황에서 판단된 문제점들은 적지 않다. 해봄 프로젝트는 대상자 모집, 평가기관선정 및 평가기간, 2차 년도 사업 추진 준비 과정에서 여러 미흡한 점들이 발견되고 있다(앞글: ii-v).

첫째, 대상자 모집 과정에서는 크게, ① 대상자 모집 과정에서 시·군의 협조 및 대상자 관리의 문제, ② 대상자 중도탈락에 대한 충원 문제, ③ 조건부과제시자, 조건부과유예자에 대한 근로조건 이행 여부 인정 문제, ④ 중도탈락자 발생에 따른 사업비 재산정 관련 문제가 발생했다.

둘째, 사업 지연으로 시·군에서 해봄 프로젝트 대상자 추가 모집에 대해서는 지역 내 자격요건을 충족할 수 있는 대상자가 충분하지 않았다. 실제 사업 참여에 따른 대상자에게 돌아가는 혜택이 적지 않아 대상자 모집이 어려웠다. 또한 사전에 모집된 대상자에 대한 관리가 체계적으로 이루어지지 않아 사업추진시 대상자 모집과 관련된 문제가 발생했다.

셋째, 해봄 대상자 중 사업개시 이후 자격변동, 자진포기 등 중도탈락자 발생에 따라 예비 대상자에서 충원하고자 하였으나, 예비 탈락자에서도 사업 대상자를 충원하지 못해, 추가 대상자 충원 관련 문제가 발생했다.

넷째, 평가기관 선정 및 평가기간 과정에서는 ① 평가기관의 역할 범위의 문제, ② 평가기관의 수행기관 모니터링, ③ 평가기간 산정 관련 문제가 발생했다. 평가기관 선정 이후 탈수급 등 성과 검증 외 탈수급 유형, 시행기관과 중간기관 간 관계, 사업대상자 면접, 탈수급 대상자별 요인 분석 등은 고려되지 못하고 있다. 평가기관은 성과 인정의 다양한 유형화(탈수급 유형 및 원인, 탈수급 기간 등)를 위한 사례 수집의 역할도 수행하여야 하나, 해당 역할 수행이 미흡한 것으로 드러났다.

다섯째, 모니터링 문제도 있다. 프로젝트에 참여하는 대상자에게 제공되는 서비스가 계획대로 제공되고 있는지, 사업 대상자 외 가구원에게 고용지원 프로그램 제공을 통해 탈수급이 진행되고 있는지, 근로 중인 대상자의 구제적인 근로유형, 근로조건 등에 대한 모니터링은 배제되어 있다.

여섯째, 2년차 사업준비 과정에서는 ① 투자자에 대한 설명의무 충실성의 문제, ② 2년차 투자재원에 대한 불확실성 문제, ③ 참여자 사전 모집 및 관리를 위한 대안 미흡, ④ 경기도차원의 사업 관리 체계 미흡 등의 문제가 발생했다.

일곱째, 복지재정절감 및 성과기반의 예산 집행 등 혁신적인 사업의 성격이 강함에도 불구하고, 해당 담당자의 잦은 변동은 사업 관리의 누수현상이 발생하여 최초 설정된 목표 달성을 위한 관리가 어려웠다.

(3) 서울시의 '청년 취업' SIB

서울시의 두 번째 SIB로, 팬임팩트코리아가 운영기관이 되어 투자유치와 성과관리의 책임을 수행한다. 사업수행기관은 단순한 재정 지원을 넘어 일자리가 없는 청년들에게 국내외 취업 및 창업의 기회를 제공하여 청년들의 삶을 개선하고자 '멘토링, 진로탐색, 기초능력교육, 업무기술훈련,

일자리매칭, 교육비 · 생활비 · 주거 지원' 등 개인 맞춤형 통합서비스를 제공한다(한국사회가치연대기금 2020).[9]

(a) 사업내용

사업은 '서울시 사회성과보상사업 운영조례'에 근거하여 서울시 거주 19세 이상 만 34세 이하 취업 취약 청년 500명을 대상으로 한다. 최소 3개월 이상의 개인 맞춤형 취 · 창업 통합서비스 지원에 필요한 선행자금을 민간 투자자로부터 제공받아 사업을 진행한 후, 성과 목표인 국내 · 외 취업자 또는 창업자 수를 평가하여 성과달성에 비례한 원금과 인센티브를 서울시가 민간투자자에게 상환한다.

(b) 한국사회가치연대기금 선행자금 투자액

10억 원(총 사업비 29억 원)

(c) 사업기간

3년 5개월 (만기일시 상환)

(d) 사업대상

일자리가 없는 만 19~34세 서울시 거주 청년

9 서울시 청년 실업 해소 사회성과보상사업(SIB) https://www.svsfund.org/business/55

(e) 사업수행기관

한국생산성본부와 (주)퍼센트의 컨소시엄

- 최고수준 커리큘럼
- 실제 기업 사례활용
- 1:1 멘토멘티 상담시스템
- 기업 네트워크 집중이 사업수행의 특징[10]

(f) 성과지표

국내외 취업자 또는 창업자수(3년간 합계)

(g) 성공기준

- 국내·외 취업: 정규직 또는 1년 이상의 기간제 근로계약을 체결하고 3개월 이상 근무
- 창업: 국가 또는 민간 자격증 취득 후 사업자등록을 하고 영업 개시, 국내·외 취업 및 창업의 국가 제한은 없으며, 3년 사업 종료 후 3개월 이내 취·창업한 경우도 성공으로 인정.

(h) 프로젝트 차별성

성공인원 총 개입인원 500명 중 73명을 기준으로 73명을 초과달성할 경우를 기준으로, 대상자선정기준, 사업범위, 평가방법 등 세부항목에서 기존 유사사업과 비교하여 정부예산 절감 효과가 클 것으로 기대.

---

10 https://www.mediasr.co.kr/news/articleView.html?idxno=63787

(4) 부여군의 '치매 안심' SIB

국내 4호 SIB는 충청남도 부여군 '치매 안심구역 조성'사업으로 닻을 올렸다.[11] 부여군이 기초 지자체 단위의 SIB 사업을 최초로 시도하는 것이다. 민간 참여기관은 SK텔레콤, 팬임팩트코리아, 한국사회가치연대기금, 행복나눔재단, 비플러스, 엠와이소셜컴퍼니(MYSC), 차의과대학교, 이모꼭, 행복커넥트 등 9개다. SK텔레콤은 인공지능돌봄 및 치매 예방 관련 다년간의 사업 운영 경험을 기반으로 자문 및 후원에 나서고, 운영총괄은 팬임팩트코리아가 맡는다.

사업은 2021년 초부터 매년 부여군의 경도인지장애 어르신 100명씩 3년간 300명을 대상으로 치매 발병률을 낮추기 위한 민관협력으로 시작한다. 노인 치매 발생률이 1년에 1~2% 수준인 반면, 경도인지장애의 치매 이환율은 약 15% 수준으로 매우 높다. 부여군 사회성과보상사업 평가기관은 부여군 어르신들의 치매 이환율을 1년마다 측정, 3년 후 7.5% 이하로 떨어질 경우 참여사에 투자 금액의 최대 24%를 인센티브로 제공할 방침이다. 중앙치매센터의 데이터에 따르면 2019년 국내 치매환자의 치료 및 간병에 지출된 치매환자 1인당 치매관리비용은 2,073만 원이다. SK텔레콤은 AI 스피커와 알고리즘 기술로 어르신을 위한 비대면 지원 프로그램의 효과적인 진행을 도울 예정이다.

---

11 https://www.mediasr.co.kr/news/articleView.html?idxno=63998

제6장

공공조달의 사회적 임팩트

정부는 공공조달을 통한 사회적 가치 창출을 위한 법과 제도를 갖추고 있다. 영국의 〈사회적 가치법〉은 공공서비스 조달법으로 2013년 시행 이후 상당한 성과를 창출한 것으로 평가받고 있다. EU 또한 2004년 이래로 혁신적인 환경적, 사회적 가치를 고려하는 사회적 책임의 공공조달을 시행하며, 최근까지 두드러진 사회적 가치 성과를 보여준다. 한국에서도 서울시, 공기업 등지에서 사회적 가치를 고려한 공공조달이 부분적으로 시행되고 있다.

1. 사회적 가치 창출의 공공조달

전통적인 공공조달과 다른 새로운 혁신적 공공조달의 특징은 무엇인가? 사회적 가치를 창출하면서 지속가능성을 가진 공공조달이라는 특징을 우선 살펴볼 만하다.

1) 지속가능한 조달: ISO 20400

ISO 20400은 '지속가능한 조달'(Sustainable procurement)의 국제표준을 의미한다. ISO(2017)가 제시하는 '지속가능한 조달'의 의미, 원칙, 핵심 주제를 차례로 정리한다.

(1) 지속가능한 조달이란?

'지속가능한 조달'이란 "전체 과정을 통해 가능한 한 최고의 긍정적인 환경적, 사회적, 경제적 임팩트를 가지고 또 부정적인 임팩트를 최소화하는 조달이다." 지속가능한 조달은 조직이 지속가능성 요건을 고려해 지속가능한 개발에 자신의 기여를 고려할 때 강력한 도구가 된다.

(2) 지속가능한 조달 원칙(ISO20400)

① 책무성: 조직은 자신의 사회, 경제, 환경에 미치는 임팩트에 대해 책무적이어야 한다. 조달에서는 재화와 서비스에 대한 라이프사이클(life cycle) 시각에서 조직의 공급망에 대한 임팩트의 책무성과 공급망 사람들에 대한 책무성이 포함된다.

② 투명성: 조직은 사회, 경제, 환경에 영향을 미치는 의사결정과 활동에 투명해야 한다. 조달에서는 조달 의사결정과 활동에서의 투명성

을 비롯해 공급기관의 투명성 또한 권장해야 한다. 투명성은 이해관계자 대화와 협력을 위한 기반이 된다.

③ 윤리적 행태: 조직은 윤리적으로 행동하고 공급망 모든 과정에서 윤리적 행태를 진흥해야 한다.

④ 완전하고 공정한 기회: 조직은 모든 조달 의사결정에서 불평과 편견을 회피해야 한다. 지방 공급자와 중소조직들을 포함한 모든 공급자들이 완전하고 공정한 경쟁의 기회를 가져야 한다.

⑤ 이해관계자 이해에 대한 존중: 조직은 조달 활동에 영향을 받는 이해관계자들의 이해를 존중하고, 이를 고려해 호응해야 한다.

⑥ 법 규정과 국제 행태규범에 대한 존중: 조직은 모든 공급망 과정에 법과 규범의 위반을 인지하도록 노력해야 한다. 공급자들이 규정을 준수하도록 장려하고 상황에 따른 준수 여부를 사정해 해결해야 한다.

⑦ 인권에 대한 존중: 조직은 국제적으로 인지된 인권에 대해 존중해야 한다.

⑧ 혁신적 솔루션: 조직은 자신의 지속가능성 목표에 대한 솔루션을 추구하고 공급망 전체에서 보다 지속가능한 결과를 진흥하는 혁신적인 조달 실천방안들을 권장해야 한다.

⑨ 필요에 초점: 조직은 수요를 파악해 필요한 것만을 구매하고 보다 지속가능한 대안을 탐구한다.

⑩ 통합: 조직은 지속가능한 결과를 최대화하기 위해 지속가능성이 모든 기존의 조달 실천에 통합되도록 확인해야 한다.

⑪ 모든 비용의 분석: 조직은 라이프사이클에서 발생할 비용, 달성될 '금전 가치'(value for money), 그리고 조달 활동으로 결과되는 사회, 환

경, 경제에 대한 비용과 혜택을 모두 고려해야 한다.

⑫ 지속적인 개선: 조직은 지속가능성 실천과 결과를 지속적으로 개선하고 공급망 또한 같이 개선하도록 추진해야 한다.

(3) 지속가능한 조달의 핵심 주제

ISO 20800이 제시하는 '지속가능한 조달'의 핵심 주제들은 다음과 같이 일곱 가지로 요약된다(ISO 2017).

① 조직 거버넌스: 의사결정 과정과 구조.

② 인권: 실사(due diligence), 인권 리스크 상황, 공범 연루 회피, 불만 해결, 차별과 취약층, 시민권과 정치적 권리, 경제적, 사회적, 문화적 권리, 노동 기본원칙과 권리.

③ 노동 실천: 고용과 고용 관계, 노동 조건과 사회적 보호, 사회적 대화, 보건, 작업 안전, 인간개발과 작업장 훈련.

④ 환경: 오염 예방, 지속가능한 자원 이용, 기후변화 적응과 완화, 환경보호, 생다양성과 자연생태계 복원.

⑤ 공정한 실행: 반부패, 책임있는 정치적 개입, 공정한 경쟁, 공급망의 지속가능성 증진, 재산권 존중.

⑥ 소비자 이슈: 공정한 마켓팅, 사실적, 비편향적 정보, 공정 계약 실천, 소비자 건강과 안전 보호, 지속가능한 소비, 소비자 서비스와 지원, 불만과 분쟁 해결, 소비자 데이터 보호와 프라이버시, 필수 서비스 접근, 교육과 인식.

⑦ 지역사회 관여와 개발: 지역사회 관여, 교육과 문화, 고용창출과

기술개발, 테크놀러지 개발과 접근. 부와 소득 창출, 건강, 사회적 투자.

2) EU의 사회적 가치 공공조달

유럽의 공공조달은 "사회적 책임의 공공조달"(socially responsible public procurement: SRPP)을 새로운 전략으로 제시한다(EC 2011). SRPP는 공공기관이 기업들에게 사회적으로 책임있는 관리를 개발하도록 실질적인 인센티브를 제공할 수 있다. 공공기관들은 사회적으로 책임있는 구매를 통해 고용기회를 확대하고 양질의 일자리, 사회적 포용, 모든 사람들을 위한 접근가능성과 디자인, 윤리적 무역, 사회적 기준에 순응 등을 증진시킬 수 있다. 일부 제품, 작업, 서비스는 공공구매가 시장의 대규모 몫을 관장함으로써 그 임팩트는 상당하다고 볼 수 있다.

일반적으로 공공기관은 대규모 소비자로 EU 전체의 약 17%를 소비한다(EC 2011: 5). 따라서 공공기관은 바람직한 사회적 결과를 생산하는 재화와 서비스를 선택하는 구매력을 활용해 지속가능한 개발에 기여할 수 있다. EU에서 공공조달의 법률적 기초는 2004년과 2008년의 '조달 규정'에 근거한다. 이 규정은 용역의 주요 내용과 관련되고 용역의 요건으로 적용되며 '금전 가치'(value for money) 원칙과 모든 공급자에 대한 동등한 접근 원칙이 준수되는 한 사회적 고려를 하는 범위를 제시한다.

(1) 사회적 책임의 공공조달이란?

사회적 책임의 공공조달(SRPP)이란 다음과 같은 '사회적' 고려사항 중 하나 이상을 반영하는 조달 업무를 말한다. 그것들은 고용기회, 양질의 일자리, 사회권리와 노동권리에 대한 준수, 사회적 포용(장애인 포함), 동등한 기회, 모든 사람을 위한 접근가능성과 디자인, 지속가능성 기준의 고려, 윤리적 무역, 자발적인 기업 사회적 책임(CSR)의 실천 등이다(EC 2011: 7).

SRPP는 지속가능한 개발과 EU의 사회적 목표 달성에 중요한 정책도구가 될 수 있다. SRPP는 계약기관이 조달단계에서 고려할 수 있는 광범위한 사회적 고려사항들을 담고 있는데, 사회적 고려사항들은 환경적 고려사항들과 함께 공공구매에서의 지속가능성에 대한 통합적 접근법을 구성한다. EU는 2004년과 2008년에 '환경친화적 공공조달'을 동시에 도입해 시행해왔다.

(2) 공공조달의 사회적 고려

공공조달에는 다음과 같은 '사회적' 고려사항들이 규정되고 있다(EC 2011: 8-9).

① 고용 기회의 증진

- 청년 고용의 증대,
- 젠더 균형의 증진(노동/생활 균형, 부문/직업별 분리에 대한 거부 등)
- 장기 실업자와 노인 노동자에게 고용기회 확대,
- 취약층(이주노동자, 민족 소수자, 종교 소수자. 저학력자 등)을 위한 다양성 정

책과 고용기회 확대,

- 포용적이고 접근가능한 작업환경 조성과 함께 장애인을 위한 고용기회 확대 등이다.

② 양질의 일자리 확대

사람들은 자유, 형평성, 안정과 인간적 존엄성의 조건에서 생산적인 고용을 누릴 권리를 갖고 있다는 확신은 보편적으로 인정되는 개념이 되고 있다. 또 다른 중요한 양질의 일자리 개념에는 생산적이고 자유롭게 선택한 노동에 대한 권리, 노동의 근본적인 원칙들과 권리, 적절한 소득과 사회보장과 사회적 대화를 제공하는 고용 등이 포함된다. 젠더 평등과 비차별 원칙들과 범분야 이슈들로 고려되어야 한다.

그밖에도 다음 이슈들도 양질의 일자리에 포함되는 주요 고려사항들이다.

- 노동기준에 대한 준수;
- 정당한 급여;
- 직업 보건과 안전;
- 사회적 대화;
- 훈련에 대한 접근;
- 양성평등과 비차별;
- 기본 사회보장에 대한 접근.

③ 사회적 권리와 노동권리 준수 증진

- 국가의 법률과 단체협정에 대한 준수,

- 동등한 가치의 노동에 대한 동등한 보수 원칙을 포함한 남성과 여성 사이의 동등한 대우의 원칙 및 양성평등의 증진,
- 직업 보건과 안전 법률 준수,
- 연령, 장애, 인종, 종교 및 신념, 성 오리엔테이션 등에 근거하는 차별의 금지와 동등 기회의 창출.

④ 사회적 포용의 지원과 사회적경제 조직의 증진

- 협동조합, 사회적기업, 비영리조직 등이 소유한 기업이나 취약층(인종/소수자)을 고용하는 기업에 대한 공공조달 기회에 대한 동등한 접근,
- 장애인을 위한 지원적 고용.

⑤ 모든 사람을 위한 접근가능성과 디자인

장애인들의 공공서비스, 공공건물, 대중교통, 공공정보와 웹기반 응용을 포함한 ICT 재화와 서비스에 대한 접근을 확보하는 기술적 특수사항들을 의무적으로 제시한다. 핵심 이슈가 되는 것은 모든 사람들에게 접근가능한 재화와 서비스를 구매하는 것이다.

⑥ 윤리적 거래에 대한 고려

특수한 상황에서 계약의 특이사항과 조건에서 윤리적 거래를 고려한다.

⑦ 자발적인 기업의 사회적 책임(CSR) 실천

자발적으로 일상적인 비즈니스 활동에서 환경적, 사회적 목표를 추구

하는 기업들이 CSR 가치 추구에 실천하도록 지원한다.

⑧ 인권 침해에 대한 보호와 인권에 대한 존중을 증진

⑨ 중소기업 지원

중소기업에 대해 SRPP 기회 참여의 비용과 부담을 감소시켜 줌으로써 공공조달의 접근을 증진시킨다. 중소기업들이 입찰에 참여할 수 있는 충분한 시간 여유를 제공하고 시간에 맞춰 대금을 지불하며 균형있는 자격요건과 경제적 요건들을 제시함으로써 계약의 규모에 따른 제약을 받지 않도록 지원한다. 하청용역이 가능하도록 동등한 기회를 제공한다.

(3) 사회적 책임의 공공조달의 혜택

사회적 책임의 공공조달(SRPP)의 잠재적인 혜택들은 다양하다(EC 2011: 9-10).

첫째는 사회적 법률과 노동법에 대한 준수 및 관련된 국가적, 국제적 정책 이행이다. SRPP는 사회적 개발 목표에 대한 국가적, 국제적 이행에 기여할 수 있다. 유럽에서는 사회정의와 사회통합의 증진을 위한 전통적인 메카니즘은 더 이상 적절하지 않다는 시각이 지배적이다. SRPP는 사회적, 경제적 고려사항들이 상호 강화적인 관계를 가질 수 있다는 것을 잘 보여 준다.

둘째는 사회적 의식을 가진 시장의 진흥이다. SRPP는 사회적 목표 달성을 지원하고 소비자들에게 표준과 정보를 제공하는 모델 역할을 하는 기존의 재화와 서비스 시장을 확장시키거나 또는 새로운 시장을 창출해서 사회적 혜택이 되는 시장개발에 기여할 수 있다.

셋째는 사회적으로 호응적인 거버넌스 제시이다. SRPP는 정부로 하여금 사회적으로 책임있는 활동을 하도록 압력을 행사하는 대중적 요청에 호응하며 지역사회 가치와 욕구 충족에 기여할 수 있다. 장애인 등 취약층을 포함한 모든 이용자의 욕구를 고려하는 사회서비스 용역이 체결되면 공공기관의 입장에서는 서비스를 제공해야 하는 지역사회의 다양한 요구들을 충족시키는 성과를 갖게 된다.

넷째는 사회와 경제의 통합 증진이다. 공공조달 등의 공적 개입으로 장애인, 소상공인, 여성, 소수자 등 사회의 특정 계층을 핵심 시장활동에 통합시켜 효과적인 시장이 개발되도록 진흥하는 역할을 하는 것이 바람직하다.

다섯째는 공공지출의 효과성 증진이다. 공공조달의 거대한 규모뿐 아니라 긴축예산 정책으로 인한 직접적인 사회적 개입의 한계 때문에도 공공조달은 사회적 포용과 통합을 증진시키는 매력인 정책 영역이 되고 있다.

EU는 2004년에 공공조달 규정(Procurement Directives)을 도입해 그간의 각종 입법 규정들을 통합하였다. 조달 업무에서 기술평가, 선정기준, 가산점과 계약성과 조항 등에 '사회적' 고려를 통합시킨 것이다. 공공조달 규정은 모든 공공 계약에 적용되는 것은 아니며, 일부 계약 기관들은 SRPP 정책을 적용시키고 있다.

대표적인 사례로 프랑스 낭트시의 혁신적 공공구매를 살펴보면 〈표 6-1〉과 같다.

표 6-1 프랑스 낭트 시정부의 혁신적 공공구매

인구 28만 5천 명의 소도시 낭트는 장기 실업자에게 최초의 일자리 제공을 위한 공공구매 정책을 지난 15년간 추진해 두드러진 사회적 임팩트 성과를 보여준다. 프랑스는 2006년에 공공구매 관련법을 개정해 공공 공사의 일부가 특정 계층의 전문기술을 적용한 것으로 수행되도록 하였고, 낭트시와 주변 기초단체들이 이와 관련한 공사용역을 수주해, 수영장, 도로, 버스노선, 미디어 센터 등 공사를 시행하였다. 여기에서 창출된 일자리들은 목공, 도색, 건물작업, 녹지관리, 도로포장, 외벽청소 등 다양하다. 장기 실업자들을 양질의 기술훈련을 갖춘 노동자로 역량을 강화시키기 위해 지원조직인 사회적기업(Entreprise d'insertion)의 설립과 운영으로 민간부문에서 새로운 일자리 창출을 추진하였다. 2008년의 현황은 다음과 같다. • 183개의 공사용역 관리에 실업구제 일자리 창출이라는 사회적 목적이 포함되었고, • 483명의 신규 노동자들이 고용계약으로 일자리를 갖게 되었고, • 200명 풀타임 일자리에 해당되는 34만 작업시간이 기록되었고, • 266명의 장애인들을 위한 일자리에 해당되는 9만 2천 작업시간이 기록되었으며, • 133개 기업들이 공공 공사 수주에 참여했고, • 전체 수혜층의 75%가 고용훈련 전문의 사회적기업의 서비스 혜택을 받았다.

자료 EC(2014: 39).

(4) 공공조달의 혁신

EU 전역에서 추진되는 전략적 공공조달은 세 유형으로 분류되는데, 녹색공공조달(Green Public Procurement: GPP), 사회적 책임의 공공조달(SRPP), 혁신의 공공조달(Public Procurement of Innovation: PPI)이 그것이다.

표 6-2 전략적 공공조달 분포: EU 10개국 사례

	녹색공공조달	사회적책임 공공조달	혁신의 공공조달
조달의 비중(건수)	4%	10%	1%
조달의 비중(금액)	25%	17%	7%

참고 10개국은 Austria, France, Latvia, Netherlands, Poland, Portugal, Slovakia, Spain, Sweden and the United Kingdom 등.

자료 EC(2016c: 6).

표 6-3 전략적 공공조달의 개념정의: 녹색, 사회책임, 혁신의 공공조달

녹색공공조달 **Green public procurement (GPP)**	'좋은 환경을 위한 공공조달'로 공공기관이 계약기간 전반에 걸쳐 환경적 임팩트의 감소를 제시한 재화, 서비스 및 용역을 조달하는 것으로, 이런 환경적 임팩트를 고려하지 않은 재화, 서비스 용역의 제안과 동일한 핵심 기능에 비교된 감소가 기준이 된다.
사회적 책임 공공조달 **Socially responsible public procurement (SRPP)**	고용 기회, 품위있는 노동, 사회권과 노동권 준수, 사회적 포용(장애인 포함), 평등한 기회, 모두를 위한 접근성과 디자인, 지속가능성 기준, 윤리적 무역, 기업사회공헌 자발적 준수 등.
혁신의 공공조달 **Public procurement of innovation (PPI)**	상업적으로 대규모로 유용하지 않은 혁신적 재화와 서비스의 조달, 공공기관은 선도 고객(launch customer) 역할을 하며 혁신 조달은 혁신을 촉진하는 수요측 도구가 된다. PPI는 R&D 서비스 조달을 반드시 포함하는 것은 아니다.

자료 EC(2016c: 13).

GPP는 대부분이 자발적이며 일부 국가에서만 의무적 규정이다. 오스트리아, 영국, 네덜란드는 중앙정부차원에서는 의무적이다. SRPP 또한 대부분이 자발적인 규정을 따르지만, 일부 국가만 의무적 규정을 중시한다. SRPP는 공공조달 전체에 적용되기 어려워 일부 분야에만 한정적으로 적용될 만한 특성이라는 것이다.

SRPP는 윤리적 소싱, 고용, 기술, 평등한 기회 등을 의미하는 것이 일반적이다. 그래서 이것들은 하나의 통일된 규정이나 지침으로 표준화하는 일은 국가마다 상당한 어려움을 호소한다. 10개국 중 6개국만이 공식적인 정책의 갖추고 있지만, 프랑스와 네덜란드가 의무적 규정을 시행하고 다른 4개국은 자발적 시행에 따른다. 스페인의 경우, SRPP 정책은 지방정부 차원에서 녹색, 사회적, 혁신의 공공조달을 진흥시키는 광역 정부 차원의 규정으로 정착되어 있다. 한편 혁신의 공공조달(PPI)의 경우, 의무적 규정을 가진 국가는 없고 6개국이 정책을 수립해두고 있지만 자발적인 적용을 권한다.

표 6-4 EU 국별 전략적 공공조달 정책

	녹색공공조달	사회책임의 공공조달	혁신의 공공조달
오스트리아	중앙정부 의무적	자발적	자발적
프랑스	선별적 대상 의무적	의무적	자발적
라트비아	자발적	n/a	n/a
네덜란드	중앙정부 의무적	중앙정부 의무적	자발적
폴란드	자발적	자발적	자발적
포르투갈	n/a	n/an/a	n/a
슬로바키아	자발적	n/a	n/a
스페인	자발적	자발적	자발적
스웨덴	자발적	자발적	자발적
영국	중앙정부 의무적	자발적	자발적

자료 EC(2016c: 28).

10개국 사례조사에서 영국, 프랑스, 네덜란드에서 녹색, 사회책임, 혁신의 공공조달이 상당한 진전을 보여준다.

그림 6-1 EU 국별 전략적 공공조달 정책 시행 결과(단위: %)

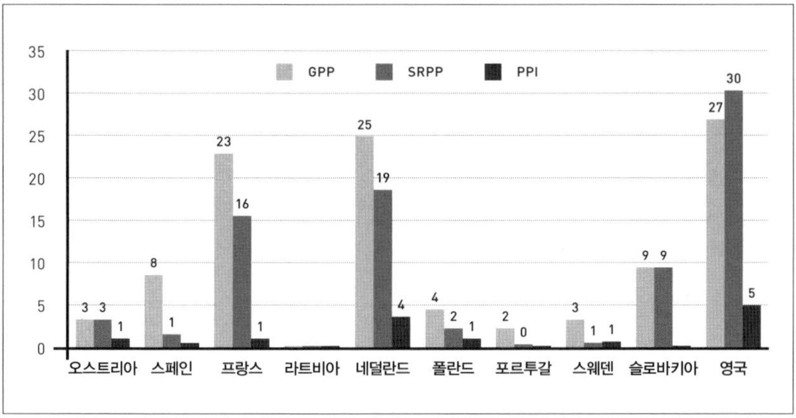

참고 GPP(녹색공공조달), SRPP(사회책임의 공공조달), PPI(혁신의 공공조달).
자료 EC(2016c: 45).

SRPP의 최우선적 초점은 노동착취와 장애와 같은 인권에 맞춰져 있다는 것을 알 수 있다. 또 사회보험과 사회보장 등 취약층 생계를 위한 복지정책, 평등기회와 젠더 평등 등이 각각 13%와 10%의 높은 비중을 차지하고 있다. 다양성, 노동시간과 노동조건 등도 사회적 책임의 핵심 가치에 포함된 것을 엿볼 수 있다.

표 6-5 EU 사회책임의 공공조달(SRPP)의 사회적 가치 핵심

사회적 책임의 사회적 가치	비중(%)
1. 노동 착취	27
2. 장애 – 장애인	25
3. 사회보험 – 사회보장	13
4. 평등 기회 – 평등 – 평등 대우 – 젠더 밸런스 – 젠더 평등	10
5. ILO – ILO 규정	3
6. 다양성 – 다양성 정책	3
7. 노동 시간	2
8. 노동 조건	2
9. 사회 보호	2

자료 EC(2016c: 54).

3) OECD의 전략적 공공조달

정부의 '전략적 공공조달'은 사회적 가치 실현이라는 목표를 지향한다. 정부는 사회의 최대 구매자로서 구매처 기업들이 보다 책임있는 비즈니스 실천(responsible business conduct: RBC)을 하도록 시장의 전환에 필요한 규제를 하는 권한을 갖고 있다.

최근 OECD가 조사한 결과를 보면 모든 회원국이 규제를 통해 또는 전략적으로 사회적 가치 지향의 RBC를 진흥하는 공공조달 프레임워크를 시행하고 있다(OECD 2021b). 모두가 공공조달에서 환경적 목표를 지원하는

프레임워크를 갖추고 있고, 그밖에 인권 70%, 젠더 고려사항 41%, 소수자 보호 48% 등으로 나타났다.

그럼에도 RBC 프레임워크가 모든 공급망에 적용되고 있는 것은 아니다. 40%만이 전체 공급망에 적용하고 있고, 10%는 장기 실업자 고용에서, 8%는 젠더 고려사항을 공급망에 적용하는 프레임워크를 갖고 있다.

2. 공공조달의 사회적 임팩트

1) 영국 정부의 사회적 가치 공공조달

사회적 가치는 "프로젝트와 프로그램의 광범한 재정적 및 비재정적 임팩트를 의미하며, 여기에는 개인과 공동체의 웰빙, 사회적 자본과 환경이 포함된다."(UK Cabinet Office 2019: 5). 2019년 영국 정부는 사회적 가치가 정부의 위탁과정 전체에 고려해, 서비스 디자인 단계부터 시작해 상업적 전략, 시장 관여, 특성화, 소싱, 계약관리 및 평가에 이르는 전과정에 고려될 것을 발표하였다. 한국에서는 서울시가 공공기관 대상 사회적경제기업 물품과 서비스 '공공구매'를 2018년 1,300억 원에서 2022년까지 1,700억 원으로 30% 늘리는 계획을 발표했다(서울시 2019: 8).

(1) 사회적 가치 정책 동향

2018년 영국 정부는 정부 조달의 혁신적 변화를 발표하였다. 정부 조달의 우선순위에 사회적, 경제적 혜택을 고려하도록 한 것이다. 여기에는 취약층에게 고용 기회를 제공하고 환경 피해를 감소하는 소기업들이 포함된다. 모든 정부부처가 조달에서 사회적 가치를 고려하는 우선 정책에는 다음이 포함된다(UK Cabinet Office 2019: 6-7).

a) 소기업의 접근 지원,
b) 취약층 소유의 비즈니스의 접근 지원,
c) 노동력에서 장애인의 대표 확대 ,
d) 환경에 부정적 임팩트 감소 등.

2015년의 〈공공 위탁 규정〉은 위탁기관이 사회적, 환경적 고려사항을 사업 제안, 선정기준, 계약조건에 구체화할 것을 규제한다. 혁신을 진흥하고, 고용과 사회적 포용, 환경보전. 에너지 효율성, 기후변화 해소 등에 적용되는 규정이다.

또한 2015년의 규정은 위탁기관이 특정 서비스 계약의 조달 절차에 상조단체와 사회적기업의 참여를 확보하도록 하고 있다. 또 직원 30% 이상이 장애인이거나 취약층이며 이들의 사회적, 직업적 통합을 목적으로 하는 공급업체의 참여도 확보하도록 하고 있다.

또 선정 단계부터 사회적 가치를 고려하는 방안이다. 2015년의 규정이 조달되는 작업, 서비스 또는 물품 등 계약의 주대상에 선정 기준이 적용될 것을 규제한다. 입찰자들에 대한 차별 없이 동등하게 대우하며 투명하고 책무적인 과정을 강조한다. 최고 가격-품질 기준에는 환경적, 사회적 기준이 포함될 수 있도록 한다.

실제로 공공기관들은 프로젝트 디자인 단계부터 가격 기준을 넘어 사회적, 환경적 혜택을 고려하고 있다. 공공 분야에서 사회적 가치를 측정하는 도구들이 개발되어 있는데, 〈사회적 가치 TF의 국가 주제, 결과, 측정(TOMs: themes, outcomes, measures)이 대표적이다.

중앙정부에서는 지난 수년에 걸쳐 주요 공공조달에서 사회적, 경제적 혜택이 공급에 초점을 맞춰 왔다. '균형 점수표'(balanced scorecard) 접근방법은 £1천만 이상의 건설과 인프라 프로젝트가 경제성장을 지원하는데 초점을 맞추도록 한다. 일종의 '금전 가치'(value for money)를 조달과정에 반영한 것이다.

그런데 저액의 계약이나 일반 재화와 서비스의 경우 지방 공급 측면의 고려가 배제되고 있는 문제가 있다. 조달 디자인 팀에게는 사회적 가치 평가가 불명확한 것이다. 확고한 평가기준 접근법이 없기 때문이다.

(2) 새로운 공공조달 평가 모델

이에 따라 혁신적 접근법이 제시되고 있다. 영국 정부(총리실과 디지털/문화/미디어/스포츠부) 및 시민사회 대표들로 구성된 합동팀은 사회적 가치를 실현하는 지방정부의 모범 사례들을 바탕으로 중앙정부의 '사회적 가치 공급' 모델을 제시하였다.

정부기관이 '전략적 정책 우선' 측면에서 사회적 가치를 상업적 목표에 적용할 것을 제안한다. 특히 중소기업과 사회적 기업의 공공조달의 입찰에서 당면하는 기울어진 운동장을 균형잡는 역할을 중심으로 아래와 같은 새로운 평가 모델을 제시해 시행한다. 새로운 평가 모델은 공공기관이 준수할 최소한의 사회적 가치 스탠다드를 계약 관리와 리포팅에 활용하도록 아래와 같은 주제, 정책 결과를 유형화시켜 제시한다.

표 6-6 공공조달의 주제와 정책 결과: 영국 정부의 새로운 평가 모델

주제	정책 결과
다양성 공급망	중소기업, 시민사회조직, 사회적기업, 마을공동체조직을 포함한 모든 유형의 비즈니스의 공급망 접근가능성을 보장
	여성, 소수인종(블랙, 아시안, 소수인종 BAMEs), 장애인 등의 소유 또는 대표의 비즈니스의 공급망 접근가능성을 보장
기술과 고용	고용가능성과 기술의 개선
포용, 정신건강 및 웰빙	공급망의 비즈니스의 젠더 급여 밸런스 개선 촉진을 보장
	공급망의 비즈니스가 노동력의 장애 대표성을 개선하도록 촉진
	공급망의 비즈니스가 노동력의 인종 대표성을 개선하도록 촉진
	공급망의 비즈니스가 포용성과 스탭의 정신건강과 웰빙을 개선하도록 촉진
	공급망의 비즈니스가 지역사회 통합을 개선하도록 촉진
환경 지속가능성	환경적 임팩트 감소
안전한 공급망	현대판 노예 리스크 감소
	사이버 보안 리스크 감소

자료 UK Cabinet Office(2019: 7) "Social Value in Government Procurement."

(3) 사회적 가치의 결과 메트릭스

이상의 새로운 평가 모델의 메뉴에서 정부기관은 기관 업무 특성에 적합한 사회적 가치 실천의 조달 계약의 주제와 정책결과를 자발적으로 선택한다.

대표적인 '문화미디어스포츠부'의 경우, 사회적 가치의 결과 메트릭스를 〈표 6-7〉과 같이 제시해 시행한다.

표 6-7 사회적 가치의 결과 메트릭스

	잠재적 사회적 가치 결과	예시/설명
보건과 사회적 돌봄	공공기관이 다른 보건 서비스 프로그램에 대한 수요 변화를 확인	초기 개입의 서비스 활용을 촉진
고용	고용주가 노동 생산성 개선을 확인	직원의 건강 개선 서비스로 병가를 감소
	개인이 자신의 고용 잠재성 개선을 확인	개인의 건강과 웰빙 개선 서비스로 고용 자신감과 능력 구축
개인 웰빙	개인이 건강 관리 능력 개선을 느낌	개인의 체중/흡연/음주/운동 관리 교육 서비스. 하나에 대한 통제력으로 전체 건강과 웰빙에 대한 높은 관심 증가
	개인이 자존감 개선을 느낌	개인 서비스로 정신 건강, 고용, 금전관리 등 광범한 혜택 생산
	아동의 건강과 웰빙 개선	부모의 건강개선 모범 모델을 자녀에게 전수, 가족 건강과 학교 등교 개선 효과
지역사회 자산	지역사회 자원의 접근가능성과 활용성 개선	지역사회 자원 활용 서비스, 지속가능한 수입원 제공 (지역사회 공간 활용 등)
	지역사회의 다른 자산의 환경에 대한 인식 개선	도보와 싸이클링 루트 인지 확대, 지역사회 서비스 활용 개선, 로컬 오너십 느낌 개선
	지역사회 자산을 위한 추가적 펀딩 생산	지역 자산의 공동펀딩(co-funding) 또는 매칭 펀딩 개발 서비스

테크놀러지	테크놀러지 디자인과 개발 기술 개선	지역의 교육/연구기관을 활용해 새로운 테크놀러지 접근 개발. 지역의 기술과 역량을 기반으로 함
	개인이 테크놀러지 사용에서 역량 개선을 느낌	개인 대상 교육으로 보건 모니터링에 테크놀러지 활용 독려
서비스 개발	지역사회 조직자와 공급자가 과정의 공동 디자인에 신뢰감을 느낌	위탁기관과 시행기관이 아이디어 공유
	지역사회 조직자와 공급자가 서비스 제공 노동력의 기술 개선을 확인	서비스 공동 디자인으로 진단기술 개발 촉진
	지역사회 조직자와 공급자가 상호 관계의 강화	서비스 공동 디자인으로 위탁기관과 시행기관 사이의 소통 개선

자료 UK Department for Culture, Media & Sport(2017: 7).

(4) 사회적 가치의 공공조달 성과 평가

중앙 및 지방 정부기관들은 지출 결정을 통해 심각한 사회 문제와 긴축재정 문제에 대응하는 상당한 권력을 행사한다. 공공조달에서는 사회적 목적 주도적 접근법으로 장기적인 사회적, 환경적, 경제적 가치를 최대화할 수 있다.

사회적 가치 기반의 조달과 결과기반의 위탁(outcomes based commissioning: OBC), 두 핵심 정책의 진흥을 위해 영국의 사회적 임팩트 국가자문위원회(UK NAB 2018: 32)는 다음 몇가지를 권고한다.

정부는 ① 모든 입찰 평가에서 사회적 가치 적용의 가중치를 공식적으로 시행한다. 그리고 정부는 ② 사회서비스 공급에서 OBC를 시행한다. 영국 정부는 수년간의 예산 삭감의 기간을 통해 재정 압박은 물론 역량의 긴축마저 갖게 되었다. 사회적 문제들은 지속적으로 늘어나지만, 지역사회가 기대하는 수준에 맞춰 공공 서비스를 공급하는데 더 이상 지속가능하지 못한 상태에 있다. 또 장기적 솔루션보다는 단기적 절약을 우선시하는 전통적인 과정 지향적인 공공조달 접근법을 더 이상 유지하기 어렵게 되었다.

이에 대한 일부 정부기관의 혁신적 대응은 조달 정책의 실험으로 나타났다. 가장 중요한 것은 목적(purpose)에 초점을 맞춰 시행기관으로 하여금 최적의 솔루션을 결정하도록 임파워링 하는 것이다. 이로써 공공기관의 역할을 재정해 지역사회 문제 해결 방안을 탐구하는 것이다. 그럼에도 결과를 생산하는 조달이나 사회적 가치를 위한 조달은 항상 쉬운 것은 아니다.

영국의 사회적 가치법 시행 4년이 된 2017년 정부기관 80%가 사회적 가치 기준의 지출 결정을 하지만, 사회적 가치를 완벽하게 활용한 공공기관은 14%에 지나지 않은 것으로 나타났다. 특히 정부는 지난 5년 기간에 결과기반 계약에 £150억 지출한 것으로 나타나, 사회적 가치의 실현 결과 지향 전략이 상당한 진전을 보여준다.

(5) 사회적 가치의 '결과기반 계약'(OBC)

영국 사회임팩트 국가자문위원회(NAB 2018)는 OBC를 사회서비스 공급 영역에 확대할 것을 권고한다. 일부 선도적인 계약들에서 결과와 비용 절감의 성과가 두드러지게 나타났다는 것이다. 가치에 대한 기준을 달성된 사회적 결과와 전반적인 비용에 대한 총체적인, 장기적인 측정을 통해 평가하는 것이다. 그럼으로써 시행기관에 대해 혁신적인, 효과적인, 지속가능한 솔루션을 공급하도록 인센티브를 제공한다.

맨체스터 복합행정당국(Greater Manchester Combined Authority: GMCA)은

시행기관이 모든 입찰서에 사회적 가치를 포함할 것을 규제하는 조달정책을 도입했다. 사회적 가치는 반드시 GMCA의 6대 전략적 목표에 부합된 사회적 가치로 한정하였다.

a) 고용과 경제적 지속가능성 진흥,
b) 지역 주민의 삶의 질 향상,
c) 시민참여와 관여 증진,
d) 비영리 시민사회의 역량과 지속가능성 구축,
e) 형평성과 공정성 증진,
f) 환경 지속가능성 증진.

일례로 ICT 장비 계약에서 시행사는 교도소와 협약을 맺어 수감자의 ICT 교육훈련을 실시해 자격증을 줘, 이들의 출감후 구직을 지원하는 사회적 가치를 실천했다. 이로써 수감자의 사회복귀를 지원해 재범율을 낮추며 결국 범죄에 대한 주민 불안 해소의 사회적 혜택과 정부의 비용절감도 성과로 나타났다. 수감자 관리비 등 교도행정의 비용절감도 적지 않은 것이다.

OBCs로 장기적인 사회적 가치를 생산하는 혁신이 가능하다. OBCs는 결과를 생산할 때만이 지불을 받기 때문에 시행기관은 결과 생산을 위한 혁신적 방안을 적용하게 된다(앞글: 35). 시행기관이 자율적으로 효과적인 솔루션을 탐구해 적용하는 것이며, 솔루션이 증거에 의해 검증됨으로써 위탁기관인 정부는 검증을 통해 결과를 확인한 다음에 지불한다.

표 6-8 사회적 가치의 공공조달 모범사례

1. 공공조달 전략을 지역사회의 사회적, 환경적, 경제적 우선순위에 연계	• 리더십 차원에서 변화 시작, 아래로부터 하향식 개발. 지역사회와 공개 협의를 거쳐 지역 우선순위에 조달 전략을 연계. • 조달정책에 사회적 가치 관련 참고사항을 포함시킴. • 투명성을 보장하는 지역사회 사회적 가치 헌장 개발. • 행사, 메모, 기타 현장 방문 등으로 모든 부서와 시행기관들이 이상의 우선순위 인지.
2. 사회적 가치 창출 최대화를 위한 범부처간 공조	• 모든 부처의 대표성을 가진 위원회 설치, 사회적 가치와 연계되고 지역사회 가치와 관련된 입찰을 디자인하는 정례 모임. • 입찰안을 모든 조달의 공통된 템플릿으로 활용. • 사회적 가치 조달을 위한 지역용의 단순한, 비용효율적인 e-학습 모듈의 형성을 위한 조달 관리 교육 • 사회적 가치의 기획과정에 적용
3. 모든 입찰 결정에 사회적 가치를 적용, 최소 20% 가중치 적용	• 잠재적 시행기관에게 계약 공급이 기관의 구체적인 사회적 가치 관련 결과에 어떻게 기여할 지를 요청, • 그간의 계약에 기초한 재화나 서비스의 적정가격이 파악된 경우, 계획된 예산을 밝혀 입찰이 사회적 가치와 질에 기초해 평가될 것임을 공시함.
4. 시행기관에게 명확한 사회적 가치 리포팅 기본틀 제시	• 시행기관에게 혁신과 자율적인 솔루션의 자유를 보장하면서 사회적 가치 결과물을 제시하기 위한 분명한 단순한 방법을 제시. • 시행기관들에게 널리 이런 방식을 소통. • 시행기관과 만나 사회적 가치 목표를 소통하며 역량 구축을 지원.
5. 시행기관을 파트너로 대우해 입찰 이전 협의	'구매자와의 만남' 행사를 통해 시행기관이 입찰과정 이해와 기여를 돕는 프레마켓(pre-market) 진행. • 시행기관의 혁신과 복제를 허용하는 집중된 스탠다드 Q&A 개발 • 시행기관 네트워크를 촉진하고 시행기관의 사회적 가치 입찰 참여의 방법에 대한 사례들을 제공해 타깃 자문을 제공.
6. 계약 전반에 걸쳐 사회적 결과 중시 유지	• 계약 관리에 사회적 가치 데이터수집을 포함시킴. 관련 사회적 가치 창출 메트릭스로 어느 부분이 어떻게 진행되며 어느 부분이 수정이 필요한지를 추적함. • 계약의 진도를 파악하는 시행기관과의 지속적인 대화, 필요한 경우 수정을 허용해, 파트너십 강화.
7. 사회적 가치 목표 진전의 측정과 리포트(최소 연간)	• 사회적 가치에 대한 기관의 접근법의 책무성과 투명성 확보 방안의 탐구. 임팩트 리포팅 등이 활용. 투명한 세금 지출에 대해 지역사회의 신뢰 확보. • 사회적 가치의 목표, 추진단체, 목표달성을 제시하는 사회적 가치 정착에 관한 웹사이트 진전도를 리포팅.

자료 UK NAB(2018: 36).

2) 사회적 가치 조달 사례: 런던시

런던시의 사회적 가치 실행은 대부분이 공기질 개선을 위한 '탄소제로' 배출 전략 등을 공급사의 공급 등에 광범위하게 적용하는 '공공 책임 조달'을 철저하게 계획해 시행하는 특징이 있다.

(1) 런던시의 사회적 가치 실현의 비전

사회적 가치 실현에 대한 런던시의 중장기 계획은 주로 조달정책의 수립과 이행으로 연도별로 목표치를 제시해 추진되고 있다. 정책의 산출 수준을 넘어 결과와 임팩트를 달성하는 차원으로 진전되고 있는 것이다.

〈2018~19년까지의 목표〉

- 책임조달(RP) 실무팀을 시정의 시행기관별로 구성해 책임조달의 성과를 강력한 현재진행형 모니터링을 하는 데이터수집 메카니즘을 제도화한다.
- 중소기업(SME) 청구서의 90% 이상을 10일 이내에 지불하며, 지속적인 개선을 추진한다.
- 모든 계약이 런던생활임금(London Living Wage: LLW)을 노동자에게 지급하고 매년 개선된 LLW 수준에 맞춰 임금을 지급한다.
- 런던시에 연간 500개 이상의 공급망 견습 스타트업을 창출한다.
- 모든 핵심 공급사들이 현대판 노예 대책 문서를 발간하도록 장려한다.
- 불필요한 1회용 플라스틱 사용의 계약을 파악해 계약관리와 조달

과정에서 이를 제거하도록 한다.

- 런던시에 세 개의 순환경제(circular economy) 파이롯트를 파악해 정착시킨다.
- 지속가능한 조달기준(Sustainable Procurement Standard ISO20400)에 따라 내부 사정을 추진해, 최상의 기회를 가진 지역에 자원 투입의 타깃을 맞춘다.

〈2019~20년까지의 목표〉

- 핵심 이해관계자와 협의해 사회적 가치 결과를 측정하는 적절한 방법을 파악한다.
- 런던시의 모든 비즈니스 직원들에 대해 RP 정책 실천과 원칙들의 적용에 대한 훈련을 실시한다.
- 향후의 '좋은 성장2' 위탁 가이드라인과 연계되어 런던시장의 환경 프로젝트를 사회적 가치와 좋은 성장(Good Growth)을 통해 실천한다.
- '좋은 노동기준'(Good Work Standard)을 진흥하며 핵심 공급자들의 서명 동참을 촉진한다.
- '최고의 실천(Best Practice)' 수준의 정부구매기준(Government Buying Standards)과 녹색공공조달(Green Public Procurement) 기준을 관련 계약에 정착시킨다.
- 런던시 건설 프로젝트에 그린하우스 가스 배출을 측정해 감축하는 범위를 조사한다.
- 런던시의 소비기반의 탄소배출에 대한 이해를 개발한다.
- 노동 관련 도로 리스크(Work Related Road Risk: WRRR) 요건을 관련 모

든 용역에서 시행한다.

- 가능한 대체 수송 전략을 조사해 시행하며, 우선 운송차량의 공기질의 임팩트를 감소하기 위해 목록에 있는 공급사부터 개시한다.
- 계약 체결 단계에서 재량적으로 최고의 금전 가치를 고려할 것으로 확인하기 위해 호혜적인 전체 과정의 비용추산 방법을 파악한다.
- 공급망에서 여성과 소수층 소유의 비즈니스의 비중을 가장 효과적으로 증가시키는 방법에 대한 이해를 도모하기 위해 종합적인 이해관계자 관여 실험을 시도한다.
- 조달에 의한 사회적 가치 공급의 진전을 이해하기 위해 지속가능한 조달(Sustainable Procurement Standard ISO20400)에 따라 외부 사정을 실시한다.
- 런던시 재정지원의 모든 환경 프로젝트가 런던검증패널(London Review Panel)의 디자인 검증 또는 런던품질검증헌장(London Quality Review Charter)의 공인된 디자인 검증을 1회 이상 받도록 한다.

〈2020년 이후의 목표〉

- 모든 신규 공급망 견습 스타트업의 목표가 런던의 다양성을 반영하는 목표를 추구한다.
- 2012년까지 전체 공급망에서 중소기업에 지출의 33 목표를 달성하기 위한 개입방안을 개발한다.
- 2022년까지 런던시의 공급망 활동이 2050년까지 런던시장이 제시한 '탄소제로' 런던시 목표 달성에 기여할 수 있는지 로드맵을 제시한다. (2020년부터 중간 초안과 관련 분야 로드맵이 개시).
- 런던시가 조달하거나 또는 런던시를 대신해 공급사와 협력사들이

사용한 모든 비도로 모바일 기계가 2040년까지 탄소제로 배출을 해서 공기질 관련 목표치 달성을 지원한다.

- 모든 런던시에 대한 '라스트 마일' 공급 또한 2050년까지 탄소제로 배출을 해서 공기질 관련 목표치 달성을 지원한다.

(2) '책임 조달' 정책과 시행방안

런던시가 제시하는 2018~20년 기간의 '책임조달' 정책과 시행방안은 다음과 같이 광범하며 종합적인 특징이 있다(Mayor of London 2019: 9-14).

① 사회적 가치 증진

사회적 가치는 런던시와 기타 지역 사회의 경제, 사회, 환경적 웰빙으로, '책임 조달'(Responsible Procurement: RP) 프로그램을 통해 실현된다. RP 정책은 조달의 모든 단계에서 관련된 사회적 가치 결과를 정기적으로 점검해 시행하는 것이다.

- 2018부터 중앙책임조달팀(CRPT)은 유럽공공기관 네트워크(Procura+)와 협력해 책임조달의 모범 사례들을 공유한다.
- 2018부터 런던시는 건축디자인과 도시패널(Architecture Design and Urbanism Pane: ADUP) 프레임워크를 통해 조달된 디자인 서비스 관련 모든 프로젝트가 디자인 브리프와 방법론에서 사회적 가치 달성을 하도록 요청한다.
- 2019년 말까지 모든 핵심 시행기관의 상업 스탭은 책임조달과 사회적 가치 실천 및 원칙의 적용에 대한 훈련을 받게 된다.

- 2019년 말까지 모든 시행기관은 RP 정책, 시행계획 및 실행계획의 전달을 점검하기 위한 내부 거버넌스 메카니즘과 데이터수집 방법론을 갖추게 된다.
- 2019년 말까지 CRPT는 사회적 가치 결과를 창출하고 이 결과의 측정을 하기 위한 조달 과정의 효과적인 활용 방법을 파악한다.

② 평등과 다양성 증진

런던시장의 평등, 다양성 및 포용 전략에 제시된 목표들은 다음 4년 기간의 비전의 변화를 보여준다. 시장은 런던시의 다양성을 보다 잘 대표하는 노동력에 대해 기대와 함께 여성과 소수층의 기업과 중소기업에 대한 인정이 포함되어 있다.

'좋은 노동 기준'(Good Work Standard)은 공급망에서의 평등과 다양성을 촉진하는 메타니즘으로 활용될 것이다.

- 2018년부터, CRPT는 소기업연맹을 비롯한 핵심 이해관계자들에게 소형 및 다양한 비즈니스들의 공급망 참여에 장애요인을 파악해 해결할 것을 촉진한다.
- 2018년부터 서비스 시행기관과 협력해 소형, 다양성 비즈니스의 공급 사실 참여를 증진한다.
- 2018년부터, 노동력 다양성과 지역 주민의 고용 기회 모니터링을 시행한다.
- 2018년부터, 다양성과 포용의 공급자 관여 프로그램 개발을 디자인해 위탁해서 런던 인구의 다양성을 대표하는 노동력을 고용해 포용적인 서비스를 제공하도록 지원한다.

• 2018년부터, 건축 디자인과 도시 패널이 구직 지원과 접근을 하는 모든 팀의 젠더와 인종 측면의 활용 여부 모니터링을 한다. 2020년까지는 여성과 소수인종 주도의 팀들의 활용을 추구한다.

③ 공정한 고용 실천 정착

공급망의 노동력이 불법적이고 착취적인 조건에서 고용되지 않도록 하는 것이 중요하다. 그들에게 안전한 건강한 작업 환경이 제공되어야 한다.

런던시장은 '좋은 노동기준'과 '런던 건강 작업장 헌장'의 개시를 통해 고용주들에 대한 지원에 초점을 맞춘다. 이를 조달과정과 공급망 네트워크의 활용으로 지원한다.

• 2018년부터, CRPT는 관련 계약에서 '런던 생활임금' 요건의 이행 감사를 지원한다.
• 2019년부터, '좋은 노동기준'과 '런던 건강 작업장 헌장'을 관련 공급자의 시행을 촉진한다. 이 기준과 헌장에 대한 공급자 참여를 2019년부터 모니터링을 한다.

④ 기술, 훈련 및 고용기회 개선

런던시장의 '런던시민을 위한 기술'(Skills for Londoners) 전략은 고용주가 수요로 하는 기술을 많은 성인과 청년이 갖고 있지 않아 낮은 임금과 실직에 직면한 문제를 제기한다. RP 정책은 관련 계약에 공급망과 협의해 기술 부족 문제, 다문화 집단의 비대표성 문제를 개선하고 청년층의 고용 경험 장애를 제거하기 위한 훈련과 고용기회에 초점을 맞출 것으로 요청한다.

- 2019년까지 여성과 소수인종의 비대표성에 초점을 맞춰 핵심 공급사들과 협력해 고용 이전과 고용 경험 프로그램 6개를 시행한다.
- 2019년까지 공급사와 협력해 기술부족과 비대표성 문제 해결을 위한 공유된 견습 프로그램을 개발해 시행한다..

⑤ 윤리적 소싱 실천 진흥

법적, 공정한, 안전한 노동 조건을 지원하는 공급사들의 기준이 '윤리적 거래 이니셔티브'(Ethical Trading Initiative)의 기본 코드(Base Code)이다. RP 정책은 문제가 되는 노동조건, 인권 침해 또는 안전과 범죄 관련 부정적 임팩트 등의 높은 리스크가 발생할 가능성 있는 지역을 파악한다. 공급망에서의 인권 준수는 투명성이 키워드가 된다.

- 2019년까지 건설 계약의 조달을 개발해 시행해, 공급사들이 인권 침해, 특히 현대판 노예, 인신매매, 강제 노동 등의 리스크를 파악해 해결하도록 한다.
- 2019년까지, 모든 시행기관들은 2015년 현대판 노예 법률의 투명성 규정들의 준수 여부를 관리하는 등록부를 만든다.

⑥ 환경 지속가능성 개선

런던시의 인구 증가로 공기질이 악화되고 기후변화 문제도 심각해 특단의 조치가 필요하다. 시장의 '교통수단 전략'과 '런던 환경 전략'은 2050년까지 런던시를 '탄소제로' 도시의 비전을 제시한다.

- 2018년부터, 핵심 공급사들이 런던의 광범한 환경적 타깃들을 가

장 효과적으로 기여할 수 있는지를 파악한다. 타깃 중에는 폐기물 감축, 2020년까지 건설 분야의 95% 리사이클링, 2030년까지 시정부의 65% 리사이클링, 2030년까지 기업 75% 이상이 폐기물 리사이클링 등이 포함된다.

- 2018년부터 저배출 HGV 운송트럭 프로토타입의 개발과 시범운행을 목표로 하는 혁신적 조달 접근법을 탐구한다.
- 2018년부터 국가유니폼 관리서비스 용역에서의 순환경제 파이롯트를 파악해 정착하는 노력을 한다.
- 2019년부터 런던시 행사 지속가능성 정책(Events Sustainability Policy)을 RP 정책과 연계해, 모든 관련 조달 프로젝트의 행사 지속가능성에 새로운 접근법을 정착한다.
- 2020년까지 런던시 행사의 비도로모발일기계(Non-Road Mobile Machinery (NRMM)와 런던고속도로연맹 계약의 도로공사에서 저배출 구역 기준을 준수할 것을 요청한다.

⑦ 목표 달성 이행의 시스템 구축

이상의 계획에 의한 목표 달성을 이행하기 위해 다음과 같이 시스템 구축을 단계별로 시행한다.

먼저 런던시 '중앙책임조달팀'(Central Responsible Procurement Team: CRPT)이 조직되어, 부처의 RP 정책 시행을 지원하며, 전문성과 경험을 뒷받침해주며 조정된 접근법을 활용한다.

- 2018년 CPRT는 거버넌스 구조를 개발해 RP 프로그램의 성과 관리를 추진한다.

- 2018년부터 CRPT는 관련 기관 공직자의 RP 훈련을 개발해 시행한다.
- 2018년부터 CRPT는 정책팀과 공조해 2019~20년 도입 예정인 결과 메트릭스를 개발해 테스트하며 조달의 순환성을 측정하는 런던시 전역의 메트릭스를 포함한다.
- 2018년부터 CRPT는 관련 기관들과 협력해 RP 정책의 위탁과 재정지원 프로젝트에 응용하는 최상의 시행 접근법을 정착시킨다.
- 2018~19년 기간에 CRPT는 관련 기관을 지원해 조달과정 전체의 절차들을 검증해, 모든 관련 계약에서 RP 기회와 리스크가 고려되어 해결되며, 또 적절한 가이드라인과 실행도구들을 개발한다.
- 2018~19년 기간에 CRPT는 RP 커뮤니케이션 계획을 개발하고 국내 및 해외의 파트너들과 네트워크들과 모범사례를 공유한다.
- 2019~20년 기간에 CRPT는 ISO 20400 지속가능한 조달 기준(Sustainable Procurement Standard)에 근거한 외부 사정을 의뢰한다.
- 2019년까지 CRPT는 사회적 가치 개념정의와 측정을 포함한 RP 산출과 관련된 모니터링과 리포팅 메카니즘 개발에 주력한다.

3) 사회적 가치 조달 사례: 영국 하로우 시의회

영국 지방정부 하로우시의 사회적 가치 조달 사례는 영국 총리실이 공모한 혁신적 모범사례로 참고되고 있다(Social Value Portal 2016: 3-6).

(1) 1단계: 사회적 가치 정책위원회 설치

하로우 시의회는 2016년 사회적 가치 정책위원회를 설치해, 공공조달과 상업적 활동에서 사회적 가치 혜택을 달성하는 능력을 강화시키는 정책을 추진하였다.

(2) 2단계: 사회적 가치 측정 메트릭스

사회적가치포털(SVP)의 전문 자문을 받아, 시의회는 사회적 가치 측정 〈의제, 결과, 측정(Themes, Outcomes, Measures: TOMs)〉 포탈을 개설해 개별 입찰에서 사회적 가치 사정을 지원하는 시스템을 갖추었다.

표 6-9 사회적 가치 사정(TOMs) 메트릭스: 영국 하로우시 사례

의제(Themes)	결과(Proposed Outcomes)
가족의 변화	취업을 위한 기술훈련 교육 이수
지역사회의 변화	일자리 창출 또는 유지
	지역의 시민사회조직과의 공조활동
	다양한 배경의 사람에 대한 존중과 공정한 대우
극심 취약층의 변화	취약층에 기술과 고용 기회로 지원
비즈니스의 변화	지역 비즈니스의 진흥
	효과적인, 회복적인 지역시민사회
	비즈니스의 사회적 책임 강화
	윤리적 소싱 실천

환경 지속가능성	주민의 환경적으로 지속가능 생활과 지속가능한 비즈니스
	주민의 생활, 일자리, 방문하는 생동적, 창의적인 타운센터
비즈니스 혁신	부가 사회적 가치 창출의 기타 혁신적 비즈니스 실천

자료 Social Value Portal(2016: 4).

(3) 3단계: 입찰 평가

각 응찰자는 핵심 계약사항에 어떻게 사회적 가치를 추가할 것인지를 제안하도록 한다. 입찰안내서에는 시의회가 추가적인 사회적 가치에 대해서는 지불하지 않을 것이지만, 평가 점수에 반영될 것이라고 명시한다. 사회적가치포탈(SVP)에서는 사회적 가치가 전체 10% 전체 비중으로 7%가 사회적 가치 점수, 3%가 추진방법 점수이다, 평가 점수에서 질적 평가 40%, 비용 평가 50%로 분포된다.

(4) 입찰 결과 분석

사례가 되는 용역 계약 입찰에서 9개의 입찰서가 SVP에 접수되었는데, 부가 사회적 가치가 4~57%로 매우 넓게 분포되었다. 9개의 평균 부가 사회적 가치는 25%이다. 가장 높은 57% 부가 사회적 가치를 제안한 입찰 제안서의 계약 가격(£1,363,543)은 5위에 해당되었다.

4) 한국의 사회적 가치 공공조달 사례

많은 공공기관들이 사회적 가치 실현의 한 방법으로 사회적 가치의 공공조달 실천을 하고 있다. 기획재정부의 경영평가에서 20점의 평가 점수가 적지 않기 때문에 점차 혁신적인 조달 방식이 제시되고 있다. 아래에서는 한국수자원공사 조달 사례와 서울시 사회적경제 조달 사례를 차례로 참고한다.

(1) 한국수자원공사의 사회적가치 기술형 입찰

환경부 산하 한국수자원공사는 공정경제 실현을 위해 2019년부터 발주하는 '기술형 입찰' 사업에 사회적 가치 평가항목을 반영한다. 평가항목은 ① 건설현장 안전관리 및 재난대응 계획, ② 건설 근로자 근무여건 개선 계획, ③ 중소기업 상생 협력방안 등 사회적 가치 3개 지표를 반영한다(공공기관사회적가치협의체 2019).

2019년 발주하는 한국수자원공사의 기술형 입찰사업은 1월 발주해 입찰이 진행 중인 부산에코델타시티 2개 공구와 시화엠티브이(MTV) 서해안 우회도로, 대산임해 해수담수화 사업까지 총 4개 사업이다. 한국수자원공사는 300억 원 이상 대형공사 또는 기술적 난이도가 높은 사업에 적용하는 기술형 입찰 사업부터 우선적으로 사회적 가치 평가를 적용하고, 향후 모든 입찰방식으로 확대하였다.

사회적가치 실현 평가항목에 30점을 배정해, 양질의 일자리창출 계획(15점)과 상생과 동반성장 계획(15점)으로 구성된다. 일자리 창출계획에는 사회적 약자 일자리, 건설근로자 복지향상, 근로재해 감축 계획 등이 각각

5점 배정된다. 상생과 동반성장 계획에는 지역공동체 활성화 연계방안, 중소기업 제품(신기술 신공법) 사용, 노임, 장비, 자재, 하도급 대금 체불방지, 기타 상생협력 추진 계획이 각기 3~4점 배정된다.

(2) 사회적경제 공공조달

공공기관에 '우선구매 촉진' 의무가 있는 기업은 사회적기업과 사회적 협동조합이다. 그런데 공공기관의 사회적 기업 제품 구매는 매우 저조한 수준에 머물러 있다. 2018년 공공기관의 조달구매(조달청을 통한 구매) 액수 중 중소기업 제품이 차지하는 비율은 75.1%인 반면 사회적기업은 0.6%에 그쳤다(국회입법조사처 2019).

한편 고용부의 '2019년 공공기관의 사회적기업 제품 구매실적'에서 사회적기업 제품(재화와 용역) 구매는 공공기관 총구매액(약 51조 원)의 2.5%에 해당한다. 사회적 협동조합 제품 구매액은 사회적 기업 제품의 10% 수준이다. 사회적기업 제품 구매액 비율이 가장 높은 기관은 지방자치단체(6.2%), 준정부기관(3.5%), 공기업(2.6%) 등이다. 사회적경제 기업 제품 구매실적이 기재부의 경영평가에 반영하는 기관들인데, 평가에 반영하지 않는 국가기관(중앙부처, 0.9%)과 기타공공기관(0.9%)은 구매 비율이 매우 저조하다.

서울시의 경우 2014년 3월 판로지원 조례를 시행했고, 5월 '사회적 가치 증대를 위한 공공조달에 관한 조례'를 시행했다. 또 서울시사회적경제지원센터에 '사회적경제 공공구매 영업지원단'을 설치해 공공조달 수요처(공공기관)와 공급처(사회적경제 기업들)의 컨설팅 등의 지원에 앞장섰다.

서울시는 사회적경제기업, 장애인기업, 소기업을 희망기업으로 정의하고 '희망기업 제품우선구매제도'를 시행하고 있다. 사회적경제기업에는 중

증장애인생산품 생산시설, 사회적기업, 예비사회적기업, 자활기업, 협동조합, 마을기업이 포함되어 있다. 공공기관들이 희망기업 생산품을 우선 구매해 희망기업의 고용기반을 확충하고 안정적인 소득을 보장해주기 위한 조달정책이다(공공기관사회적가치협의체 2019: 150).

서울시는 2014년부터 '사회적경제 공공구매 영업지원단'을 통해 사회적경제기업의 공공조달 시장 진입을 지원하고 있다. 공공 부문이 조달 과정에서 사회적경제기업 제품을 우선적으로 사주는 '공공기관 우선구매제도'가 대표적이다. 사회적기업들은 '향후 가장 필요한 지원' 요구 사항으로 '인건비 지원'(26.1%)에 이어 '공공기관 우선구매'(23.7%)를 두번째로 꼽았다(한국사회적기업진흥원 2017). 2020년에는'사회적경제기업 제품 구매촉진 및 판로 지원에 관한 특별법' 입법활동이 진행되었다.

사회적경제기업의 우선구매 실적이 저조한 것에는 '우수한 공급역량을 보유한 사회적경제기업에 대한 정보부족'도 크게 영향을 미친 것으로 보인다(정선희 2020). 상대적으로 거래가 용이한 기존 거래 기업을 통해 물품을 구매하고 있어 신규 조달기업을 찾아 물품을 조달할 유인이 크지 않다는 것이다. 사회적경제기업 인증을 받은 기업 중 약 50%는 공공기관 등에 물품을 조달한 실적이 없다. 또한, 상위 10% 기업이 전체 공급실적의 약 70%를 점유하고, 하위 50% 기업은 전체의 3%에도 미치지 못하게 납품하는 등 상·하위 업체 사이에 공급실적에도 큰 격차를 보이고 있다.

또 사회적경제기업 제품에 대한 우선구매실적이 저조한 또 다른 이유로 제품에 대한 만족도가 낮은 것을 꼽을 수 있다. 공공기관의 우선구매 확대를 위해서는 사회적 가치 구현에 적합하고, 수요기관의 요구를 반영한 수요적합도 높은 제품의 공급이 필요하다. 그러나 사회적경제기업은 교재 및 인쇄물 등과 같은 저부가가치 물품을 중심으로 공급하고 있고, 사회적

경제기업 제품에 대한 품질 및 성능에 대한 만족도(10 만점에 평균 6점)도 높지 않아 사회적경제기업 제품의 구매를 확대하는 데 한계가 있는 상황이다(정선희 2020).

제7장

임팩트 투자 정책

1. 임팩트 경제와 정부정책

1) 정부의 임팩트 투자 정책

'임팩트 투자'란 사회적 가치에 대한 투자라고 정의할 수 있다. 사회적 가치 실현을 위한 투자가 임팩트 투자이다. 또는 사회적경제 조직 등 사회적 목적 조직(social purpose organization)에 대한 투자를 말한다. 정부는 임팩트 투자 생태계 조성 등의 법과 제도 마련으로 임팩트 투자를 뒷받침해주는 역할을 한다.

(1) 임팩트 투자 산업의 동향

'사회적 임팩트 투자'(social impact investment)는 "사회적 영역에서 도움이 필요한 수혜층을 대상으로 하는 투자자와 투자처 사이의 거래"로 정의된다(OECD 2015a: 55). 대상이 되는 수혜층은 취약인구이며 제공되는 재화는 공적, 사적 재화의 특성이 혼합된 것이어야 하며, 이 거래는 일반적으로 중간지원조직을 활용해 이뤄진다. 거래의 투자처는 최소한 정관에 사회적 활동의 의무적 리포팅 규정을 두고, 공식적인 사회적 임팩트 평가를 제공해야 한다.

임팩트 투자는 넓게는 하나의 산업이자 하나의 운동이다(GIIN 2018: 19). 임팩트 투자는 사람들과 금융시장 사이의 관계를 근본적으로 바꿔놓고 있는 변혁을 촉매하고 있다. '운동'으로서 임팩트 투자는 광범한 행태적 변화를 조장한다. 사람들이 금전의 목적과 사회에서의 비즈니스를 보는 시각을 재구성하고 있다. 사람들은 어떻게 경제적 선택을 하고, 기업은 어떻게 비즈니스를 하며, 투자자들이 어떻게 임팩트의 기회를 평가하고 가치를 두고 있는지를 잘 보여주는 운동이다. 임팩트 투자 운동은 어떻게 투자로 사회에 긍정적인 임팩트를 생산할 수 있는지에 목표를 설정한다. 모든 개인이 어떻게 수익을 얻고 저축하고 소비하며 투자할 것인지를 자기 스스로 결정함으로써 긍정적인 임팩트를 생산할 수 있다는 신념을 갖게 될 때 임팩트 투자 운동은 성공적일 수 있다.

'산업'으로서 임팩트 투자는 투자자, 서비스 제공자 등 자신의 긍정적 임팩트를 최적화하는 사람들로 구성된다. 광대한 금융시장의 일부에 지나지 않는다. 임팩트 투자 산업은 자체의 생동력을 발휘해, 새로운 시장 진출자들에게 수단과 기회를 개발하며 임팩트 투자 운동을 가속화할 수 있다. 가까운 미래에는 모든 투자자들이 자신의 투자가 낳는 긍정적, 부정적 임팩트를 이해하게 될 것이다. 투자자들이 자신들의 투자결정 과정에 수익과 리스크뿐 아니라 임팩트도 고려할 수 있는 임팩트 관련 데이터를 갖게 될 것이다.

사회적 임팩트에 대한 투자, 즉 임팩트 투자는 사회적, 환경적 임팩트를 창출하면서 재정적 수익도 생산하는 새로운 투자방식이다. 바꿔 얘기하면 사회문제 해결에 기여하는 기업, 조직, 펀드 매니저에 투자하는 것을 의미한다.

임팩트 투자처가 되는 '사회목적 비즈니스'는 경제에도 상당한 기여를 하고 있다. 그 기여도는 점차 증가세를 보여준다. 영국의 경우 약 12만 개의 사회목적 비즈니스가 활동하며 140만 명을 고용해 연간 1,550억 파운드 수익을 내고 있다(UK NAB 2018: 12). 또 모든 스타트업의 25%, 특히 모든 밀레니어 기업가의 절반 이상이 재정수익뿐 아니라 사회적 임팩트에 동기부여를 가진 비즈니스를 한다. 영국인의 50~75%가 자신의 투자가 재정수익뿐 아니라 사회적 기여를 하기를 희망한다. 또 글로벌 차원에서는 연금기금과 보험사의 21%가 임팩트 투자 전략을 적극 개발하고 있으며, 44%는 고려중인 것으로 알려지고 있다.

그럼에도 여전히 많은 사람들은 재정수익을 우선시해서 임팩트 투자가 재정수익의 손실을 의미하는 것으로 오해하고 있다. 그런데 최근 조사에서는 임팩트 투자가 실제로 시장수익 수준을 타깃으로 한 임팩트 펀드들이 그 이상의 성과를 낸 것으로 나타나고 있다(UK NAB 2018: 13-14). 일본은 연간 5억 달러 규모의 휴면계좌 등의 미청구 자산(unclaimed assets)으로 영국형 빅소사이어티 캐피털(BSC)과 같은 사회임팩트 도매시장을 개시했다. 브라질 정부는 사회적금융 국가정책을 수립해 시행하고 있다. 글로벌 자산관리사들을 대표하는 BlackRock, Goldman Sachs, TPG, Morgan Stanley 등은 임팩트 투자 플랫폼을 개설해 다양한 금융 서비스를 개시했다. 이제 임팩트 투자는 유명한 비즈니스 스쿨에서 새로운 전공으로 강의되고 있다.

이런 변화에 대해 영국 국가자문위원회(UK NAB 2018: 14)는 "자본시장 사고방식에 임팩트 주류화의 티핑 포인트에 근접하고 있다"고 평가한다. 대형 연금기금, 보험사 및 FTSE 100대 기업들은 이제 전통적인 2차원(수익과 리스크)에 임팩트를 추가해 3차원(PRI: profit, risk, impact) 기준으로 투자 의사 결정을 하고 있다는 것이다. 새로운 투자 '패러다임 전환'이 이뤄질 것으로 전망한다.

(2) 시장과 정부의 임팩트 투자 진흥

글로벌 임팩트 투자 시장은 시장과 정부의 합작으로 생태계가 조성되며 성장의 발판을 마련해왔다. 시장은 임팩트 경제의 선도적 역할을 해왔고, 정부는 시장의 흐름에 발 맞춰 적절한 생태계와 인프라 조성의 역할을 해왔다. 임팩트 투자를 선도하는 유럽임팩트투자자는 결과지불 투자를 혁신적 금융방식으로 삼고 있다는 것을 알 수 있다. 유럽벤처필랜스로피협회(EVPA 2020)가 2020년에 EU 회원국의 임팩트 투자기관을 대상으로 조사한 결과를 보면 다음과 같다.

- 임팩트 투자자 56%가 SIB 또는 DIB 방식에 투자하고,
- 임팩트 투자자 41%는 또 다른 결과지불제에 투자하며,
- 임팩트 투자자 81%는 투자처의 임팩트 진전을 정기적으로 사정하며,
- 임팩트 투자자 81%는 산출(outputs), 81%는 결과(outcomes), 50%는 임팩트(impact)를 측정한다.

지난 10여년 기간에 시장과 정부는 어떤 활동으로 역할을 해왔는지를 정리하면 〈표 7-1〉과 같다. 영국과 미국의 시장과 정부가 선도적인 역할을 하면서, 프랑스와 OECD 주요국 또한 선두그룹에 포함되어 있다.

표 7-1 시장과 정부의 임팩트 경제

시장: 임팩트 측정과 관리	정부: 임팩트 투자 정책
2009년 IRIS and GIIRS가 모니터 인스티투트(Monitor Institute)의 〈사회적, 환경적 임팩트〉 보고서에 기초해 제안됨.	2008년 프랑스의 "90/10" 사회임팩트기금법의 도입으로 전국의 고용인들이 자발적으로 사회적, 환경적 프로젝트에 자신의 저축금의 10%까지 투자할 수 있도록 함.
2011년 지속가능성 회계표준협회(SASB: Sustainability Accounting Standards Board)가 독립적, 민간 표준설정 조직으로 창설, 투자자 요구에 호응하는 소재 지속가능성 정보의 공개를 촉진.	2011년 남아공 정부는 연금기금 규정에 투자결정에서 ESG 요인을 적극 고려하는 수정안을 추가했고, 책임있는 투자규정 개시.
2013년 B Lab이 임팩트 벤치마킹, 측정, 리포팅 플랫폼 B-Analytics를 개설. IRIS 메트릭스와 경쟁적 플랫폼 역할. PwC는 종합임팩트 측정과 관리(Total Impact Measurement & Management) 프레임워크 개설, 임팩트 데이터 활용의 의사결정 가이드 제공.	2013년 G8 리더들과 정부가 임팩트 투자 시장 촉진을 위해 사회임팩트투자 TF (Social Impact Investment Taskforce: SIIT) 설치. 2013년 인도기업법은 기업 수익의 2%를 사회적 이슈 해결에 의무적 기부하도록 하는 기업 사회적 책임(CSR) 가이드라인 시행.
2014년 DCED Standard for Results Measurement 개설, 임팩트 결과 측정의 프레임워크, 도구 및 인센티브를 제공.	2014년 영국 정부는 사회목적조직에 대한 투자 가치의 30% 범위에서 면세가 되는 사회적 투자 면세(Social Investment Tax Relief) 프로그램을 도입.
2015년 OECD의 〈임팩트 증거 구축〉 보고서 출간, 임팩트 정의, 자료수집과 측정의 글로벌 표준안을 제시. UN은 지속가능개발목표(SDGs) 발표.	2015년 193개국이 유엔의 17개 SDGs와 169개 글로벌 개발 목표에 서명. 2015년 196개국이 글로벌 기후변화 완화를 목표로 하는 파리 기후협정(Paris Climate Agreement)에 서명. 2015년 글로벌 사회임팩트투자 추진위원회(Global Social Impact Investment Steering Group: GSG)는 사회임팩트 투자 TF를 조직해, 글로벌 임팩트 투자 생태계와 플랫폼 조성 착수. 2015년 미국 재무부는 면세혜택을 가진 재단들이 과세 벌과금이 없는 미션관련 투자(mission-related investments: MRI) 허용. 2015년 프랑스는 기관 투자자들의 기후변화 관련 보고 의무를 최초로 규정.

2016년 Bridges Impact+는 임팩트관리 프로젝트 개시, 임팩트에 대한 기대 설정, 소통 및 측정과 관리 방안. 2016년 캠브리지 대학의 지속가능성 리더십연구소는 6대 임팩트 분야별로 17개 SDGs 매핑을 제시. 2016년 세계경제포럼은 〈임팩트 측정과 관리 액설레이팅〉 방안 제시, 투자자들의 임팩트 투자 의사결정 지원.	2016년 미국 노동부는 연금기금이 동등한 리스크와 수익을 가진 투자 결정에서 사회적, 환경적 목표를 고려하는 규정을 개정. 2016년 영국 연금규정기관(Pensions Regulator)은 연금기금의 투자 결정에 환경/사회/거버넌스(ESG)를 고려하는 새 규정을 발표. 네덜란드 중앙은행(Dutch Central Bank: DNB)은 지속가능한 투자를 장려하는 지속가능금융 플랫폼(Sustainable Finance Platform)을 개시.
2017년 GIIN은 유사한 임팩트 기대를 가진 투자자를 위한 핵심 메트릭스의 활용을 지원하는 〈Navigating Impact〉 개설. 2017년 유럽벤처필랜스로피협회(European Venture Philanthropy Association)와 사회적가치인터내셔날(Social Value Int'l) 공동으로 투자자들의 임팩트 측정과 관리를 위한 절차를 포함한 〈임팩트 관리 원칙〉(Impact Management Principles) 제시.	2018년 미국은 사회적 임팩트를 생산하는 결과지불 파트너십법(Social Impact Partnerships to Pay for Results Act)을 시행해, 모든 연방 및 지방정부 기관들이 증거기반의 사회문제 해결에 사회적 임팩트를 생산하는 사회임팩트 기관들과의 파트너십을 시행하도록 규제. 2019년 영국국가자문위원회(UK NAB)와 사회임팩트투자 TF(SIIT)가 협력해 새로운 통합조직인 임팩트 투자기관(Impact Investing Institute)을 창설.

자료 GIIN(2018b: 34–35). 2018년과 2019년은 저자가 추가.

---

1 임팩트 투자 펀드의 사회적 환경 임팩트의 종합 등급을 결정하는데 사용되는 등급으로, GIIRS(Global Impact Investment Rating System) 등급제는 IRIS(Impact Reporting & Investment Standards), 즉 임팩트 투자의 사회적, 환경적 성과 보고에 기초한다(자료: https://iris.thegiin.org/document/iris-and-giirs/).

2 https://b-analytics.net/

3 https://www.pwc.com/gx/en/services/sustainability/total-impact-measurement-management.html

4 https://www.enterprise-development.org/measuring-results-the-dced-standard/

2) 사회적 가치 임팩트 투자

(1) 사회적 가치와 사회적 임팩트

공공 정책의 사회적 임팩트를 달성하려는 정부는 사회적 임팩트 투자의 핵심 이해관계자가 된다. 공공 정책의 사회적 임팩트는 일반적으로 다음 네 가지 대상에 대한 임팩트로 구분해 볼 수 있다(GOL 2018c: 8).

- 코호트(cohort) 멤버 – 결과의 달성으로 이들에게 어떤 변화가 있는가? 그 변화가 당장 있는지, 아니면 장래에 어디에 임팩트가 있을 것인지? 이들에 대한 임팩트는 얼마나 지속될 것인가?
- 위탁기관(정부) – 결과 달성으로 위탁기관에 대해서는 어떤 임팩트가 있는가? 당장의 관련 비용지출을 늘리거나 줄이는가? 아니면 장차 그런 영향을 미칠 것인가?
- 공공부문 – 결과 달성은 공공부문 전반(중앙정부, 지자체 등)에 임팩트가 발생하는가? 서비스 공급이나 지출에 어떤 임팩트가 있는가?
- 사회적 임팩트 – 코호트가 아닌 다른 개인들에 미치는 임팩트가 있는가? 공공부문 이외의 기업, 시민사회조직이 결과 달성으로 혜택을 받는가? 지역사회에 광범한 임팩트는 있는가?

이상의 네 가지 유형의 임팩트 구분에 따라 〈그림 7-1〉과 같이 복합적인 가치생산을 구분해볼 수 있다. 사업이나 프로그램을 시행하는 정부기관의 입장에서는 단순한 1) 대상층(코호트)이 직접적인 수혜자가 되는 특정 사업에 대한 지출을 넘어, 2) 위탁기관(정부기관)에 대한 가치도 포함되며, 3)

공공부문(중앙 지방 등) 전체, 4) 사회 전체에 대한 가치생산이 포함된 것으로 분석된다(GOL 2018c: 7-8).

이같은 임팩트는 재정적, 경제적, 사회적 임팩트로 구분될 수 있다. 재정적 혜택은 공공부문의 재정에 대한 임팩트로 현금가능한(cashable) 것과 현금불가능한(non-cashable) 것으로 구분될 수 있다. 현금가능한 지출은 결과의 변화로 발생하는 지출이 다른 용도로 이용될 수 있는 현금을 의미하고, 현금불가능한 지출은 공공지출의 변화는 없지만 시민에게 혜택이 되는 지출을 의미한다(GOL 2018c: 8).

그림 7-1 사회적 가치: 단일 사업 → 위탁기관 → 공공부문 → 사회 전체 가치

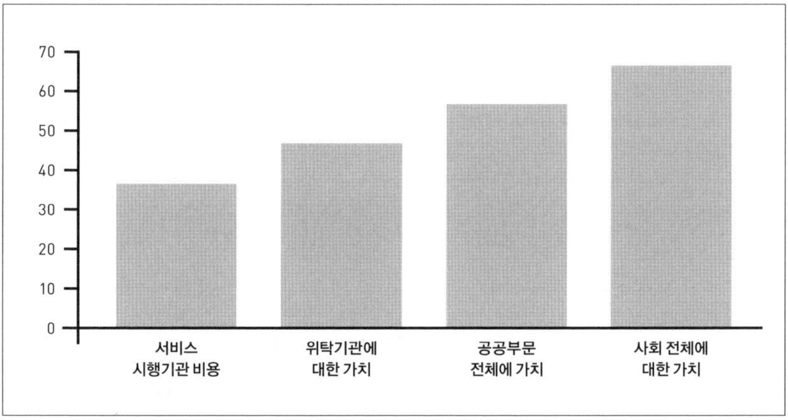

자료 GOL(2018c: 7). "An introductory guide to pricing outcomes."

이상 네 가지로 구분된 가치생산의 사례로 '약물중독 치료'의 금전적 가치를 참고해볼 수 있다. 관련 정부기관은 국립의료원(NHS), 법무부, 지방정부 등이며, 금전적 가치의 추산은 약물중독 치료 참여자를 연구한 약물치료결과 연구, 비용효과분석 등이다(GOL 2018c: 9).

① 재정적 혜택: NHS (£ 2,136), 법무부(£ 1,495)

② 공공(재정적, 경제적, 사회적) 혜택: £ 16,399

- 서비스 비용 £ 3,631 (NHS £ 2,136 + 법무부 £ 1,495)
- 약물 구매 중단의 혜택 £ 8,954
- 약물 중독으로 인한 건강피해 감소 £ 3,814

(2) 사회적 가치 비용과 혜택의 분류

사회적 가치의 비용과 혜택을 계산하는 일은 중요하면서도 복잡하다. 영국은 〈그린 북: 중앙정부의 사정과 평가 가이던스〉에서 아래와 같이 사회적 가치 계산법 가이던스를 제시한다.

표 7-2 사회적 가치 비용과 혜택의 분류

1. 사회적 가치 사정에서의 비용
   1) 총 직접적 공공 비용(해당 기관에 대한): 자본 수입
   2) 총 간접적 공공 비용(다른 공공기관에 대한): 자본 수입
   3) 사회에 대한 광범위한 비용: 현금 비용 등의 금전적 비용
      - 계량적이지만 금전화가 어려운 비용
      - 질적, 계량화가 어려운 비용
   4) 총 리스크 비용(리스크 완화 또는 관리 비용)
      낙관주의 바이어스(optimism bias)**5** (리스크 비용 추가로 바이어스 감소)
      - 추정되는 또는 측정된 리스크 비용

5 낙관주의 바이어스(optimism bias)는 자신은 부정적 일을 경험할 가능성이 적다고 믿도록 만드는 바이어스로 인지적(cognitive) 바이어스, 비현실주의적 낙관주의(unrealistic optimism)로도 알려져 있다(참고 https://en.wikipedia.org/wiki/Optimism_bias).

2. 사회적 가치 사정에서의 혜택
   1) 직접적인 공공부문 혜택(해당 기관에 대한): 현금 혜택
      • 금전화 가능한 비현금 혜택
      • 계량화 가능하지만 금전화가 어려운 혜택
      • 질적, 계량화가 어려운 혜택
   2) 간접적인 공공부문 혜택(다른 행정기관에 대한): 현금 혜택
      • 금전화 가능한 비현금성 혜택
      • 계량화 가능하지만 금전화가 어려운 혜택
      • 질적, 계량화가 어려운 혜택
   3) 사회에 대한 광범위한 혜택(가계, 개인, 비즈니스 등): 현금 혜택 등 금전화 혜택
      • 계량화 가능하지만 금전화가 어려운 혜택
      • 질적, 계량화가 어려운 혜택

자료 HM Treasury(2018: 23). "The Green Book."

(3) 사회임팩트 '결과의 가치'

2018년에 제정되어 시행되고 있는 미국의 〈결과지불 사회임팩트 파트너십법〉(Social Impact Partnerships to Pay for Results Act: SIPPRA)[6] 은 사회적 가치 실현에 소용되는 비용에 대해 법적 규정을 제시한다. 법의 시행은 재무부가 주무기관으로,[7] 여러 프로젝트 유형에 공모를 실시해 보조금을 지원하는 시행 절차는 다음과 같다.

연방정부에 대한 가치는 프로그램 시행의 결과로 생산되는 (연방정부의 지출 절감에 따른) 공공부문 저축과 (잠정적 세수입 증가에 따른) 연방 세수입의 증

6 https://www.congress.gov/bill/115th-congress/senate-bill/963/text

7 https://home.treasury.gov/services/social-impact-partnerships/sippra-pay-for-results

가를 합친 총액으로 추산된다.

2. 정부의 임팩트 투자 지원정책

정부는 임팩트 투자 생태계 창출에 결정적인 역할을 한다. 영국 정부는 임팩트 투자 도매시장 빅소사이어티 캐피털(Big Society Capital) 창출과 세제 지원 등으로 임팩트 투자 시장 인프라 구축에서 핵심적인 역할을 수행했다. 미국은 사회혁신기금(SIF)과 결과지불 사회임팩트 법(SIPPRA)으로 임팩트 투자 활성화에 밑거름을 제공하였다. 한국정부도 최근 한국형 빅소아이어티 캐피털이 되는 한국사회연대기금 개설 등 사회적 금융 활성화에 이니셔티브를 발휘하였다.

1) 임팩트 투자 지원정책

(1) 영국정부의 임팩트 투자 육성 이니셔티브

세계적으로 선도적인 영국 정부는 빅소사이어티 캐피털(Big Society Capital) 창출과 세제 지원 등으로 임팩트 투자 시장 인프라 구축에서 핵심적인 역할을 수행해왔다. 이 전략에서는 초당적인 공조가 이뤄지고 있는 특징이 있다. 영국 총리실의 사회적 투자금융(Social Investment and Finance) 팀이 중요한 역할을 하는데, 주로 임팩트 투자 생태계의 핵심관계자들의 얘기를 경험하고 이들과의 공조를 추진한다. 그 결과 임팩트 투자 시장 개발을 위한 광범위한 이니셔티브들을 개발과 지원으로 나타나고 있다. 2014년 예산에는 새로운 사회적 투자 면세가 발표되었다. 사회적 임팩트 기관들에 투자하는 개인들이 당해년의 소득세에서 투자의 30% 감면 혜택을 받는다.

영국은 일찍이 2002년에 지역사회투자면세(Community Investment Tax Relief) 제도로 지역사회개발 금융사에 대한 민간 투자를 장려해왔다. 또 몇 가지 다른 면세 제도를 통해 높은 리스크의 벤처에 대한 투자를 진흥시켜 왔다. 기업투자제(Enterprise Investment Scheme), 씨앗기업투자제(Seed Enterprise Investment Scheme), 벤처캐피털트러스트(Venture Capital Trust) 등이 대표적인 면세제도다.

최근에는 규모는 작지만 전략적인 펀드인 '투자계약과 준비'(Investment Contract and Readiness) 기금이 개설되어 사회적기업들의 자본 확보를 지원한다. 이 기금은 소셜벤처들이 새로운 형태의 투자에 접근하고 공공서비스 용역 경쟁력을 갖추도록 지원한다. 50만 파운드 이상의 투자유치를 하거나 100만 파운드 정부용역 투찰을 하는 소셜벤처에게 5~15만 파운드의 증여를 제공한다.

영국의 '사회적 임팩트 투자' 국가자문위원회에 따르면, 지금의 세계적인 사회적 임팩트 투자 활성화는 2000년 이래 영국의 수십여 이니셔티브의 지속적인 시행이 선도적인 역할을 했다. 2000년 정부의 사회적 투자 TF의 사회적기업가 양성 이니셔티브 이래로 다음과 같은 이니셔티브들이 지속되어 오늘에 이르렀다(앞글: 13-25; UK HM Government 2016).

표 7-3 영국 정부의 임팩트 투자 육성 이니셔티브

- 2001년 비영리조직 UnLtd의 사회적기업가 육성 활동,
- 2002년 지역사회개발 벤처펀드 Bridges Ventures 개시와 Charity Bank 창설,
- 2004년 사회적기업을 육성하기 위한 지역사회이해회사(Community Interest Company: CIC) 창설,
- 2007년 민관의 공조적 투자로 창설된 중간지원조직 Social Finance,
- 2010년 Social Finance가 추진한 세계 최초의 사회임팩트채권(SIB) 시행,
- 2011년 정부 최초의 사회적 임팩트 투자 사업인 노동연금부의 혁신기금(Innovation Fund) 시행,
- 2012년 사회적 투자은행 빅소사이어티 캐피털(Big Society Capital) 창설,
- 2012년 공공서비스(사회적 가치) 법 시행,
- 2014년 금융수익과 사회수익의 균형을 진흥시키는 사회채권기금(Social Bond Fund) 시행,
- 2015년 정부 기금을 활용해 민간자본을 유치하는 전략으로 치매발견펀드와 예술임팩트펀드 조성 등.

자료 HM Government(2013c, 2016); NAB(2018).

(2) 미국의 국가임팩트 이니셔티브

2013년에는 오바마 정부가 국가임팩트 이니셔티브(National Impact Initiative)를 시행해, 임팩트 투자를 경제성장과 글로벌 개발의 국가적 전략으로 활용하는 혁신적 변화를 추진하였다. 글로벌 개발혁신벤처(Development Innovation Ventures: DIV)의 개설로, 사회적기업, NGO, 기업, 대학 등 다양한 주체들이 비용효과적인 개발혁신 프로그램을 제안하면 이를 지원하는 프로그램을 시행하였다. 다음으로 소기업청(Small Business Administration)의 임팩트 투자 펀드를 확대해 농촌지역 공동체까지 포함시키는 내용도 포함되었다. 또 10억 달러 규모의 임팩트투자펀드(Impact Investment Fund)는 고성

장 스타트업의 자본 접근성 확대와 기업가정신 교육 및 멘토링 프로그램 활성화, 연방기관의 연구개발기금의 상업성 강화 등을 추구한다.

동시에 세제혜택 제도가 새로 도입되었다. 지분투자 전체가 저소득 지역사회에 투자되거나 융자로 제공되는 지분투자를 하는 납세자들에게 연방 소득세 감면 크레딧을 제공하는 새로운 제도가 시행되고 있다. 영국식의 사회임팩트채권(SIB) 또는 결과지불(Pay for Success: PFS) 모델의 확대를 위해 백악관은 3억 달러 규모의 PFS 기금을 만들었다. 대표적으로 노동부는 1억 9,500만 달러 예산으로 주정부들이 직업훈련, 법무, 주택과 장애 서비스 등에 초점을 맞춰 PFS 프로젝트를 시행하도록 증여를 지원하는 공모제를 시행했다.

한편 사회혁신기금(SIF) 또한 대표적인 추진전략이다. 백악관의 사회혁신과 시민참여실(SICP)과 국가봉사단(Corporation for National and Community Service: CNCS)은 서비스와 자원봉사를 진흥시키고 성과와 임팩트를 내는 새로운 해법에 대한 투자를 증대시키고 혁신적인 파트너십 모델들을 진흥시키는 역할을 했다. 2009년부터 2016년까지 시행된 SIF는 지역사회의 문제해결 방안을 찾아내 성과의 증거로써 확장시키는 민간 자원의 임팩트 동원에 연방 정부가 촉매자 역할을 하는 강력한 접근법이다. 2009년 에드워드 케네디 상원의원의 '미국 자원봉사법'(Serve America Act)이 도입되면서 시행된 SIF는 국가봉사단(CNCS)의 혁신적 프로그램으로, 지역사회의 변화를 이끈 두드러진 임팩트 성과를 내고 있는 지속가능한 해결방안들을 비영리기관들이 지정해 지원하도록 권한을 부여하는 프로그램이다. SIF는 시행 6년간 지속적으로 확대되며 사회적 임팩트를 확장시켰다.

(3) 한국의 사회적 금융 육성 정책

정부는 2018년 2월 〈사회적 금융 활성화 방안〉에서, 향후 5년간 3,000억 원 수준의 '사회가치기금'을 조성하겠다고 발표하였다. 실제로 '한국사회가치연대기금'이 2019년 설립되어 한국형 사회적 금융 활성화를 개시하였다.

투자자를 선순위, 후순위로 구분해, (1) 선순위(우선참여권)에 상회신용기관과 시중은행, (2) 제2 선순위에 기관투자자, 연기금, 민간투자자, (3) 중순위에 지자체기금, 그리고 (4) 후순위에 기부금 출연자를 구분한다.

투융자 대상에는 사회적경제조직에 인내자본 제공이 일차적인 목적이며, 사회적 목적 프로젝트 테마로는 사회적부동산, 사회혁신을 위한 기술혁신, 환경과 에너지, 불평등과 양극화 완화, 고령화 케어를 제시한다. 투융자는 투자원금과 재무적 수익뿐 아니라 사회적 가치를 고려한 투자결정이 이뤄지는 구조이다. 수익과 리스크에 사회적 임팩트, 3차원 투자결정이다.

한국형 사회가치연대기금은 영국에서 2012년 설립된 빅소사이어티 캐피털(BSC)을 모델로 하고 있다. BSC는 휴면 예금(4억 파운드)과 4대 은행의 출자(2억 파운드)를 기반으로 6억 파운드(약 1조 원) 정도의 자금을 조성해 사회적 기업들을 지원하고 있다. BSC는 사회임팩트 투자도매은행으로, 중간지원기관들에 자금을 공급하면 이들이 투자금을 사회적기업이나 프로젝트에 지원하는 방식이다.

한국형 사회가치연대기금 역시 민간의 자발적 기부와 출연을 중심으로 재원을 마련하고 기금 운용 또한 정부로부터 독립적이다. 기금의 독립성 확보를 위해 정부의 출연·출자는 민간재원 이내의 범위로 한정했다. 민간의 투자를 독려하기 위해 세제혜택 등 인센티브를 제공한다.

이와 함께 임팩트 금융을 확산시키기 위한 정부와 공공 재원도 대폭 확대했다. 신용보증기금과 지역신용보증재단의 사회적경제기업 특례 보증을 550억 원으로 확대하고 신보에 2022년까지 5,000억 원의 보증 공급이 가능한 별도의 사회적경제기업 계정을 신설한다.

'모태펀드'를 운용 중인 중소벤처기업부 산하 한국벤처투자는 연내 1,000억 원 규모의 임팩트투자펀드를 조성한다. 모태펀드는 정부 기금을 벤처기업에 직접 투자하는 것이 아니라 벤처캐피털에 출자하는 펀드다. 임팩트투자펀드는 벤처기업 중에서도 사회적 목적을 가진 소셜벤처 등에 집중 투자된다.

'성장사다리펀드'를 운용 중인 한국성장투자금융운용은 300억 원 규모의 사회투자펀드(사회적 기업 투자 분야 100억 원, 임팩트 투자분야 200억 원)를 조성할 계획이다. 금융위원회 소관의 성장사다리펀드는 KDB산업은행·IBK기업은행 등 은행권이 주요 출자 기관이고 삼성전자·SK하이닉스 등 민간도 돈을 낸다. 모태펀드가 창업 단계의 기업에 투자를 많이 하는 반면 성장사다리펀드는 성장·회수 단계의 기업에 주로 투자한다는 점에서 차이가 있다.

2) 임팩트 투자 정책결정

임팩트 투자를 진흥하는 정부의 정책 동향은 어떠한가? 글로벌 임팩트 투자 플랫폼(GSG)은 19개 주요국의 정부 정책결정의 발전 경로를 1,2,3단계로 구분해 제시한다(GSG 2018b: 2).

(1) 1단계: 기반조성 정책

대부분 국가들이 임팩트 비즈니스 관련 교육과 활동하기 좋은 환경조성 정책으로 임팩트 생태계 기반조성을 우선적으로 추진한다. 19개국 대부분이 임팩트 산업에 대한 이해교육 차원에서 대학과정, 연구센터 교육 프로그램을 개설해 운영하고 있다. 마찬가지로 대부분의 국가들이 임팩트 인큐베이팅 형태의 역량구축 프로그램을 갖고 있으며 자본접근 프로그램, 그리고 이 둘의 연계 과정을 갖추고 있다.

(2) 2단계: 핵심강화 정책

기반조성이 어느 정도 갖춰지면 다음으로 생태계 핵심을 강화하는 정책에 초점을 맞춘다. 대상이 되는 19개국 모두가 공공 사업이나 서비스의 결과를 생산하는 '결과위탁'(outcomes commissioning)을 시행하고 있거나 시행 준비를 하고 있다. 또 대부분의 국가들이 공공조달 결정에서 임팩트 가치의 시행을 준비하고 있다. 임팩트 가치 시행은 민관 파트너십을 강화시켜 정부지출을 새롭게 구조화하는 혁신방안이다. 임팩트 투자 생태계의 수요측면을 강화하는 정책이다.

임팩트 비즈니스를 지원하는 특수한 법제는 일부 국가들이 시행하는 수요측 생태계 강화 정책이다. 법제 정책은 재정 인센티브를 비롯한 목표달성 정책 추진에 기반이 된다. 임팩트 리포팅 표준화 또한 생태계 핵심 강화 정책에 해당된다. 대부분 국가들이 사회적, 환경적 등 비금융적 요인들에 대한 리포팅 표준화를 준비하고 있다.

또 중간지원기관의 역량 강화를 위해 정부는 임팩트 투자 도매시장 창출을 준비하고 있다. 19개국 중 3개국이 도매시장을 갖고 있고, 다른 4개국이 준비하고 있다. 다른 국가들도 시행준비를 하고 있지만 재정지원 문제에 부딪혀 있다. 임팩트 신의성실 의무(fiduciary duty)는 공급측 역량강화를 위한 정책으로 대부분의 국가에서 추진되고 있다.

(3) 3단계: 성장확장 정책

제2단계까지 성숙한 임팩트 생태계를 갖춘 국가들은 시장확장 그리고 스케일링 확대 정책을 준비하고 있다. 임팩트 투자 산업의 규모를 확장하는 국가들의 공통점은 소매시장 투자자에게 시장을 확장하는 정책이다. 사회적 목적의 연금 창출과 임팩트 주식거래소 개설이 소매시장 투자자 유치를 위한 주요 정책이다.

또 임팩트 자본 수요측과 공급측에 제공하는 금융 인센티브도 시행 초기 단계에 있다. 임팩트 비즈니스의 특수 법제를 갖춘 국가들에서 금융 인센티브제가 시행되는 특징이 있다. 마지막으로 국가전략은 임팩트 투자 산업의 지속적인 개발에 대한 일관된, 합의된 국가전략을 갖추는 핵심 방안이 되고 있다.

표 7-4 임팩트 투자생태계: 정부와 민간의 역할

시장 구축 (정부 역할)	시장 진흥자	**전담의 중앙 행정기관**			
		국가 전략			
			임팩트 증권거래		교육 프로그램
		역량 구축	도매시장		정부 NAB 동참
	시장 참여자/구매자	결과지불 위탁			
				자본 접근	
		조달의 임팩트			
	시장 규제자/입법자	재정 인센티브		재정적 인센티브	
				임팩트 상품	
				임팩트 성실의무	
		임팩트 리포팅 표준			
		〈수요〉	〈중개〉	〈공급〉	〈생태계 조성〉
		시장 참여자			

자료 GSG(2018b: 4). "Catalysing an Impact Investment Ecosystem."

3) 시장 진흥자, 참여자, 규제자 역할

지난 십여년 기간 정부의 촉매 역할은 19개국 사례에서 확인되고 있다. OECD(2019)는 임팩트 투자생태계 조성에서 정부의 3대 역할 프레임워크를 다음과 같이 제시한다.

a) 시장 진흥자(facilitator): 임팩트 활동이 가능하게 진흥하고 교육하는 조직들과 시스템의 창출.

b) 시장 참여자(participant): 임팩트 재화와 서비스의 위탁과 조달을 통해 임팩트 투자생태계 지원.

c) 시장 규제자(regulator): 임팩트 생태계의 지원과 인식 구축을 위한 법률의 시행.

정부는 시장진흥자로서 역량 구축을 비롯해 전담 중앙기관의 설치, 교육 프로그램 제공, 국가전략과 도매시장 전략 추진, 임팩트증권거래소 개설 등이 포함된다. 각각의 역할에서 대표적인 국가 사례를 〈표 7-6〉에서 참고해볼 수 있다.

시장참여자로 정부는 직접 투자자가 되어 자본에 대한 접근, 결과위탁, 임팩트 조달 역할을 한다. 한국의 공공기관 전체의 사회적 가치 실현과 조달 사례를 참고할 만하다.

시장규제자로서 정부는 법제의 마련과 재정요인(수요)와 재정요인(공급) 등이 주요 정책도구로 포함된다.

표 7-5 임팩트 투자 생태계의 정부의 역할=시장 진흥자, 참여자, 규제자

	정책 도구	설명	대표 사례
	민간 국가자문위원회(NAB)에 정부대표 참여	정부대표가 NAB 참여해 정부, 민간, 비영리부문의 공조 협의	핀란드, 칠레
	1. 역량구축	임팩트 기업에 비즈니스 지원과 성장 도구 제공해 진흥(인큐베이팅, 가속화)	아르헨티나, 우루과이
	2. 전담 중앙기관	임팩트 투자 정책 개발과 감독을 하는 정부내 중앙 전문조직 구축	프랑스
	3. 교육 프로그램	현행 및 미래 시장참여자의 임팩트 투자교육 프로그램 실시	이탈리아
정부 = 시장 진흥자	4. 국가 전략	국가차원의 임팩트 투자 생태계 개선을 위한 정책 기획과 시행	포르투갈
	5. 도매시장	임팩트 주도 투자펀드에 촉매자본을 제공하는 모태펀드 도매시장 창출	영국
	6. 임팩트증권거래소	투자자와 임팩트 기업을 중개하는 중앙 DB와 크라우드펀딩 플랫폼 개설	캐나다
	7. 자본에 접근	금융프로그램과 정부소유의 펀드를 통해 임팩트 기업이나 펀드에 자본 제공	호주
정부 = 시장 참여자	8. 결과 위탁	결과지불제 조달 시스템 시행에 필요한 결과펀드 조성 및 결과지불 조달 시행	영국
	9. 임팩트 조달	임팩트 기업에 사회적 가치 반영 조달, 조달에 사회/환경 메트릭스 통합	한국
	10. 임팩트 성실의무	자산소유자에게 임팩트를 고객의 투자결정에 의무화 하는 도매시장 규제	미국
	11. 임팩트리포팅표준	임팩트 기업의 임팩트 이해를 돕는 표준화된 임팩트 리포팅 구축	브라질
정부 = 시장 규제자	12. 특별법제	임팩트 투자의 수익 이외에 사회/환경적 기여를 규정하는 법제 마련	한국
	13. 재정유인(수요)	임팩트 기업의 세부담 경감, 기타 재정 인센티브 제공	프랑스

정부 = 시장 규제자	14. 재정유인(공급)	임팩트 투자자의 세부담 경감, 기타 재정 인센티브 제공	미국
	15. 소매임팩트상품	임팩트 투자에 투자가능한 솔루션을 창출하도록 자본 공급측 촉진	프랑스

자료 GSG(2018b: 5). "Catalysing an Impact Investment Ecosystem."

4) 한국과 주요국 정부의 역할

(1) G20 각국 정부의 역할 비교

이상의 시장 진흥자. 참여자, 규제자 역할을 수행하는 15개 정책 도구에 따라 G20 각국의 현황을 비교해볼 만하다. 프랑스와 영국이 전반적으로 광범위하게 정부의 역할이 두드러지게 나타나 있다.

표 7-6 임팩트 투자생태계의 정부의 역할: GSG 19개국 비교 ○ 시행중 준비중

		시장 진흥자				시장 참여자					시장 규제자					
	정부 NAB 대표	1. 역량 구축	2. 중앙 기관	3. 교육 훈련	4. 국가 전략	5. 도매 시장	6. 임팩트 거래소	7. 자본 접근	8. 임팩트 위탁	9. 임팩트 조달	10. 신의 성실 의무	11. 임팩트 리포팅	12. 특별 법제	13. 수요 유인	14. 공급 유인	15. 소매 상품
호주		○	준비중	○		준비중		○	○	준비중	준비중	준비중				
인도		○		○		준비중		○					○	준비중	준비중	
일본		○		○		준비중		○	○		준비중	준비중				
한국		○	○	○		준비중		○	준비중	○	준비중	준비중	○	준비중		
핀란드	○	○		준비중				○	○			준비중				
프랑스	○	○	○	○	○			○	준비중		○	준비중	○	○	○	○

독일	○			○				○							
이탈리아		○		○		○									
포르투갈		○	○	○	○	○		○							○
영국		○	○	○		○	○	○		○					○
이스라엘		○													
남아공		○		○				○		○	○	○			
AR UR	○	○		○				○		○		○	○		
브라질		○	○	○	○			○				○			
캐나다		○	○	○			○								
칠레		○						○							
멕시코															
미국								○	○		○		○		○

자료 GSG(2018b: 8). "Catalysing an Impact Investment Ecosystem."

(2) 한국 임팩트 투자의 성장

이상에서 한국 정부는 GSG가 제시하는 임팩트 투자생태계 조성에서 이미 상당한 역할을 하고 있거나 계획을 발표해 준비하고 있는 것으로 나타난다(GSG 2018b).

먼저 시장진흥자 5대 기능 중 4개에서, 시장참여자 기능 3개 중 2개, 시장규제자 6개 기능 중 4개에 해당된다. 발전단계에서는 초보 형성기에 해당되지만, 발전가능성에서는 G20 중 강력한 후발강국에 해당된다.

한국은 아직 민간주도의 국가자문위원회(NAB)를 구성하지 못하고 있지만, 정부가 강력한 '시장진흥자' 역할을 하는 것으로 평가받고 있다. 문제인 정부의 출범과 함께 청와대 사회혁신수석실과 사회정책실이 신설되면서 핵심적인 중앙기관이 강력한 리더십을 발휘하는 것으로 평가받고 있다. 실제로 사회정책실을 통해 정부부처 합동회의에서 〈사회적경제 활성화〉(2017.10.) 종합계획과 〈사회적금융 활성화〉(2018.2) 계획이 제시되었다. 또 '한국사회가치연대기금'이 영국식 BSC와 같은 민간 주도로 설립되어 한국형 사회적금융 도매 기금으로 제도화되어 혁신적 사업들이 시행되고 있다.[8]

한편 '사회적금융 활성화 정책시행 3년 평가와 과제 토론회'에서는 "공공 넘어 민간 활성화로" 이슈가 부각되었다.[9] 금융위원회는 현재 사회적금융에 대해 협의로는 '사회적경제기업 등에 자금을 지원하는 금융활동'으로 보지만, 광의로는 '보조금 자선행위와 ESG 우수기업에 투자하는 사회책임투자'까지 포괄하고 있다. 금융위는 우수 사회적경제기업에 대한 지원 강화, 전용상품 다양화를 추진하면서 아울러 사회적경제기업 정보 축적공유 및 사회적성과 심사평가 전달체계 등 인프라 고도화도 추진한다.

또 다른 발제자 박종현 경제학과 교수는 사회적금융 생태계 조성을 위한 노력이 필요하다고 강조했다. 그는 "3년간 한국사회가치연대기금을 중심으로 촉매자본을 제공하고 금융중개기관의 협업을 통해 자금조달 및 지원이 구체화되는 등 생태계의 토대 확립"에는 성공적인 것으로 평가했다.[10] 그럼에도 "중앙정부 주도로 민간 사회적경제 금융기관의 자율성 및 주

---

8 한국사회가치연대기금 https://svsfund.org/

9 이로운넷(https://www.eroun.net) https://www.eroun.net/news/articleView.html?idxno=23049

10 이로운넷(https://www.eroun.net) https://www.eroun.net/news/articleView.html?idxno=23049

도성이 약화되고 역량 구축 기회가 줄어들었다"며 우려하며, "목적과 목표는 중앙정부에서 설정하되, 목표를 설정하는 과정에는 현장 및 관련전문가를 보다 적극적으로 참여시키는 노력이 필요하다. 현장의 권한강화 및 시민 참여 확대는 대단히 중요하다"고 주장했다. 이어서 "사회적금융 생태계에는 서민의 긴급생계자금을 지원하는 '미소금융', 사회적경제기업의 일상적 자금조달을 지원하는 '소상공인 대출', 사회적문제 해결 대규모 프로젝트를 지원하는 '임팩트 투자'가 있다"며 "별개의 원리들에 기초한 지원·관리·평가가 필요하다"고 주장했다.

둘째, '시장참여자'로서의 정부의 역할은 정부 관계부처의 다양한 기금 마련으로 자본접근이 활성화한 것으로 평가받고 있다. 또 임팩트기업인 사회적기업, 소셜벤처 등이 생산하는 사회적 가치를 인정하는 정부조달의 상당한 진전 또한 긍정적 평가를 받고 있다.

또한 '시장규제자' 역할도 상당한 것으로 나타난다. 사회적기업육성법(2007) 도입을 비롯한 협동조합법(2015) 시행, 그리고 사회적경제기본법과 사회적가치법의 입법 계획 등 특별 법제를 통한 정부의 '시장규제자' 역할도 GSG의 긍정적인 평가를 받는 부분이다.

사회적기업이나 소셜벤처에 투자되는 사회적 금융에 대한 수요측 인센티브는 비교적 강하다. 반면에 자본 공급측 인센티브는 미미하거나 불확실한 것으로 평가되고 있다(GSG 2018b). 또 고액자산가나 일반 소비자의 임팩트 투자참여를 이끄는 소매상품의 개발도 불확실한 상태로 국가적 과제로 남아 있다.

3. COVID-19 위기극복의 임팩트 투자 정책

코로나 팬데믹은 세계적으로 성장과 투자를 급감시켜, 취약층의 생계를 심각하게 위협하고 있다. 팬데믹으로 생계지원이 절실하지만 민간 주도의 임팩트 투자는 여러 한계가 있어 정부 주도의 사회안전망 지원과 민간 임팩트 투자 유인정책이 필요하다.

1) 정부의 코로나 팬데믹 대응전략

대응전략의 핵심은 팬데믹으로 가장 심한 피해를 당한 취약층에 대한 생계지원이다. 취약층은 팬데믹 감염 취약성뿐 아니라 실업, 식량불안의 취약성에 처해 있다(GIIN 2020: 8). 임팩트 투자자의 역할은 팬데믹 위기 극복에 핵심이 되는 보건뿐 아니라 식량과 농업, 금융 서비스 등 핵심 분야에 대한 기존의 투자 유지 또는 확대에 있다. 특히 개발도상국의 신흥 시장들은 심각한 자본의 부족으로 생필품 등의 공급의 어려움에 있기 때문에 임팩트 투자가 절실하다.

코로나 팬데믹이 단기간에 글로벌 경제에 미치는 영향이 막대하기 때문에 정책당국과 투자기관들은 이 위기가 전통과는 '다른 방식의 투자' 즉 임팩트 투자에 주목하라는 '긴급 요청'으로 보고 있다. 제이피 모건(J.P.Morgan 2020)의 글로벌 50대 투자기관 서베이에 따르면, 코로나 팬데믹 위기가 향후 3년 기간에 걸쳐 ESG 투자의 모우멘텀에 미치는 영향은 긍정적인 것으로(매우 긍정 7%, 긍정적 16%, 다소 긍정적 32%) 조사되었다. 부정적 응답은 27%, 중립적 18%로 나타났다.

정부 또한 팬데믹 위기 극복의 임팩트 투자에서 핵심 이해관계자이다. 단기적으로는 우선 '시장 규제자' 역할을 강화하는 것이다. 취약층의 생계 지원이 정부예산으로만 감당하기에 벅차기 때문에 민간(기관투자자, 기업, 재단, 개인 등)의 자본 활용으로 더 많은 취약층에게 더 많은 혜택이 스케일링 되도록 하는 전략적 기획과 기금 조성 등이 필요하다. 또 정부기관들과 공기업들이 지역과 프로그램 단위별로 임팩트 위탁과 임팩트 조달의 결과지불제 시행을 확장할 수 있다. 또 민관 공조의 사회임팩트투자의 공동 투자자 역할도 중요하다. 보다 중장기적으로 '시장진흥자'가 되어 임팩트 투자 생태계 조성에 우선 초점을 맞출 수 있다. 투자시장 대상층의 역량구축과 교육훈련, 도매시장과 임팩트거래소 활성화 등이 그것이다.

2) 코로나 팬데믹 대응 임팩트 투자

코로나 팬데믹에 대한 글로벌 대응전략은 무엇인가? 세계경제포럼(World Economic Forum)의 2021년 다보스 어젠다("결과기반 금융")는 코로나 팬데믹 극복에서 정부의 강력한 '결과지불' 정책을 다음과 같이 주문한다(Prior 2021). 정부는 대량실업의 위기를 극복하기 위해 먼저 전통적인 지불의 특징인 소규모, 비효과적인 투입기반의 지불제를 폐기하고, 결과기반의 용역으로 혁신해야 한다. 결과지불의 기대되는 결과에 초점을 맞추는 책무성이 핵심이 된다는 것이다. 단기적으로는 보다 공정하고 보다 신속한 위기수습, 그리고 중기적으로는 보다 지속가능한 경제를 구축해 민간부문과의 강력한 연대로 보건, 교육, 일자리 창출 정책의 스케일링이 필요하다는 것이다.

또한 G20의 글로벌 임팩트 투자 핵심그룹(Global Steering Group for Impact Investment)은 코로나 팬데믹 상황을 극복하기 위한 정부와 임팩트 투자 지도자들의 〈정의롭고 지속가능한 미래를 위한 지도자 선언문〉을 발표하였다.[11]

첫째, 실업에 맞서 불평등을 해소하고 환경을 보전하기 위해 임팩트 투자를 스케일링 한다. 지속가능한 일자리를 창출하고 교육의 진전과 건강 개선, 그리고 극심 취약층을 지원하는 비영리조직들의 확장 지원을 하는 임팩트 투자를 엑셀레이팅 하기 위한 인센티브를 도입한다. 개발국과 개발도상국의 임팩트 추구적인 중소기업들과 고성장 임팩트 벤처들에 투자를 집중해 수백만 개의 새로운 일자리를 창출한다. 많은 대기업들이 자신들의 사업운영을 능률화하며 일자리를 없애는데 반해, 임팩트 성장 벤처들과 중소기업들은 새로운 일자리를 창출하는데 최상의 경로를 제공하고 있다.

둘째, 기업들의 임팩트 투명성(impact transparency)을 의무화해야 한다. 기업들이 사회적, 환경적 임팩트를 반영하는 회계감사를 거친 재정상태를 공표할 것을 의무로 해서 임팩트 투명성을 정착시킨다. 그럼으로써 기업들이 야기하는 피해에 대해 책무성을 갖고, 또 긍정적인 임팩트를 창출하면 보상을 하는 투명성을 ESG 투자자와 소비자들에게 제시해준다.

마지막으로, 기업들과 투자자들이 임팩트를 추구하는 자치역량 강화의 입법을 개시한다. 경제를 이윤만이 아니라 이윤과 임팩트를 같이 추구하도록 전환시킨다. 관련법과 규제정책을 수정해서 기업들, 연금기금과 자선법인들이 수익과 임팩트에 기반하는 의사결정을 하도록 지원한다.

---

11 Global Steering Group for Impact Investment
https://gsgii.org/leaders-declaration-for-a-just-and-sustainable-future/

3) 한국 정부의 증거기반, 결과지불의 임팩트 투자

증거기반과 결과지불에 기초하는 임팩트 투자는 정부의 강력한 역할을 주문한다. G20의 일원인 한국은 최근 임팩트 투자 정책 추진에 상당한 정책의지를 보여주고 있지만 관련 생태계 투자 정책에는 정체되어 있다. 임팩트 투자가 민간의 영역이라 정부 주도적인 역할은 제한적이지만, 공공 정책을 통한 정부의 강력한 역할은 임팩트 투자 생태계 조성에 필수적이다.

한국은 디지털기반 행정에서 선진사회의 모범적인 정책실천을 보여주고 있다. 코로나 팬데믹 대응 과정에서 정부는 민간과의 확고한 파트너십으로 과학적 증거와 데이터기반의 전략을 수립하고 정책을 결정해 시행하는 혁신성과 정책 효과성을 보여주었다. 이런 팬데믹 대응의 전략을 정책자산으로 삼아 공공 정책 전반에 걸쳐 데이터기반의 디지털 대전환을 이끌 수 있는 시의적절한 정책결정과 시행이 필요하다.

그렇다면 어떤 방향으로 정부혁신 또는 사회혁신을 추구할 것인가? 첫째는 정책의 사회문제 해결의 효과성과 효율성을 높이기 위한 '증거기반'의 정책결정이다. 단순한 재정투입, 시설확장, 서비스 제공 등의 '산출'을 넘어 의미있는 정책 '결과'를 지향하는 정책결정이다. 〈데이터기반의 행정법〉의 시행을 공공 정책 전반에 확대해서 디지털 전환을 지속적으로 추진해야 할 것이다. 데이터기반의 정책 수립과 결정이 시행과 평가까지 일관되게 확대되어야 할 것이다.

둘째는 결과와 사회적 임팩트 생산의 혁신적 처방으로 '결과지불'의 정책을 추진하는 혁신이다. 산출 수준을 넘어 계획된 결과를 생산하는 프로그램이나 용역에 대해 지불하는 실험이 필요하다. 미국이나 영국 등의 '결과지불' 성과를 참고해, 사회서비스, 고용, 보건, 고령사회 등 일부 정책에서 결과지불의 실험을 중앙이나 지방 정부 모두에서 시행해볼 만하다.

셋째는 시민사회와의 사회서비스 파트너십, 그리고 고용 등 일부 정책에서는 기업과의 파트너십이다. 앞서 소개한 영국의 TFP와 같은 가족서비스 프로그램이 코로나 위기에 몰린 가정의 회복력을 강화시키기 위해서도 민관 파트너십으로 추진될 필요가 있다. 한국은 지역사회 시민사회조직들이 마을공동체, 주민자치조직 등의 지자체 조직들과 결합되어 서비스 효과성을 높일 수 있는 든든한 인프라를 구축해두고 있다. TFP의 '결과지불'을 적용해 지방정부가 한국형 가정서비스 프로그램을 개발, 운영해볼 만한 시기를 맞고 있다.

마지막으로, 증거기반과 결과지불을 바탕으로 하는 임팩트 투자 정책을 G20의 수준에 걸맞는 정책을 추진하는 것이다. 이미 국내에서 시행중인 '사회적금융' 정책과 '사회적기업' 정책 등을 임팩트 투자 정책으로 확대 적용하는 국가적 전략이 필요하다. 국가 차원의 코로나 대응을 위해서도 정부와 민간의 '임팩트 투자' 파트너십 전략이 요청되고 있다.

참고
문헌

공공기관사회적가치 협의체, (2019) "공공기관 사회적가치 안내서."

관계부처 합동, (2018) "사회적 금융 활성화 방안."

교육부 (2021) "2020년 자체평가 보고서."

국회입법조사처, (2019)"사회적 경제 기업 우선구매제도 현황과 개선방안."

기획재정부 (2020) "2019년 자체평가 보고서."

김승연 외, (2019) "과학적 정책실험 설계로청년기본소득 효과 검증." 서울연구원.

김정남 외, (2018) "KOICA 임팩트 투자 및 혼합재원 활용 가이드라인 수립 연구." KOICA.

민준기, (2016) "혁신적 금융수단의 무상ODA사업 적용방안 및 사례분석." 국제개발협력 2016년 3호.

박영호 외, (2015) "아프리카 민간부문개발(PSD) 현황 및 한국의 지원방안."대외경제정책연구원 연구보고서.

오세영 외, (2017) "증거기반정책을 위한 정부의 통계 구축 및 활용에 대한 현황 조사." 한국행정연구원.

오영민, 박노욱, 강희우, (2015) "재정사업 사전검증체계 강화를 위한 연구." 한국조세재정연구원.

일자리위원회, (2017) "사회적경제 활성화 계획."

정선희, (2020) "사회적 경제기업 우선구매제도 현황과 개선방안." 국회입법조사처

주성수, (2017) 『사회적경제와 사회적 임팩트』. 한양대 출판부.

주성수, (2020a) 『글로벌 개발 임팩트 투자』. 한양대 출판부.

주성수, (2020b) 『사회적 가치 임팩트 투자』. 한양대 출판부.

주성수, 남영숙, 김성규, (2016) "사회적 경제 접근법을 활용한 민관협력사업 혁신방안 연구." KOICA.

최영준 외, (2020) "정책실험의 개념과 필요성: 청년 기본소득 지급 실험 모델 제안." LAB2050 보고서 온라인 버전(https://medium.com/lab2050/solution20500504-61c38b-b9346c.)

한국사회적기업진흥원, (2017) "2017년 사회적 기업 실태조사."

American Evaluation Association (AEA), (2013) "An Evaluation Roadmap for a More Effective Government." (Washington, D.C.)

Ashley, C. (2009) "Harnessing core business for development impact: evolving ideas and issues for action." ODI Background Note. Overseas Development Institute.

Banerjee, A. et al. (2015) "A Multi-faceted Program Causes Lasting Progress for the Very Poor: Evidence from Six Countries." *Science*. May 2015.

Banerjee, A. and Duflo, E. (2012) *Poor Economics*. N.Y.: Public Affairs.

Barder, O. and Talbot, T. (2015) "Guarantees, Subsidies, or Paying for Success? Choosing the Right Instrument to Catalyze Private Investment in Developing Countries." Washington, DC: Center for Global Development.

Baron, J. (2018) "A Brief History of Evidence-Based Policy." ANNALS, AAPSS, 678, July 2018, 40-50.

Behn, Robert D. (2006) "The Varieties of CitiStat." *Public Administration Review 66 (3): 332-340.*

Belinsky et al. (2014) "Social impact bonds and universal health care." *WHO South-East Asia Journal of Public Health*. July-December 2014.

Berlin, G. (2017) "Learn from Experience : A Guide to Social Impact Bond Investing." MDRC.

BETA, (2019a) "Impact Report."

______, (2019b) "Applying behavioural insights to a cash transfer program."

Birchall, J. and Ketilson. L. (2009) "Resilience of the Cooperative Business Model in Times of Crisis." ILO.

Birdsall, N. and Kuczynski, P. (2015) "Look to the Forests: How performance payments can slow climate change." Center for Global Development.

BIT(Behavioural Insights Team), (2018) "Annual Update Report 2017-18."

Bridges Venture, (2015a) "Better Outcomes, Better Value: The evolution of social impact bonds in the UK."

_____, (2015b) "Bridges Spectrum of Capital."

British Council. (2014) "What will Social Enterprise look like in Europe by 2020"

Canada National Advisory Board, (2014) "Mobilizing Private Capital for Public Good: Priorities for Canada."

CCA, DIDI. (2012) "Canadian Co-operatives in International Development."

CEP(Commission on Evidence-Based Policymaking), (2017) "The Promise of Evidence-Based Policymaking."

CGD(Center for Global Development). (2017) "Foreign Assistance Agency Brief: Overseas Private Investment Corporation (OPIC)."

City of New York, (2014) "Bringing Social Impact Bonds to New York City."

CNCS, (2016) "The Social Innovation Fund's Economic Opportunity Grantees: Building the Bridge from Training into Employment."

CNCS, (2018) "Levels of Intervention Evidence Quick Guide."

Congdon, W. and Shankar, M. (2018) "The Role of Behavioral Economics in Evidence-Based Policymaking." ANNALS, AAPSS, 678, July 2018, pp.81-90.

Copenhagen Business School, (2018) "Pay for Success Literature Review: A PreCare Report."

Day, Laurie et. al. (2016) "National Evaluation of the Troubled Families Programme: Final Synthesis Report." Department for Communities and Local Government, October

DFID, (2015a) "The Impact Programme Annual Report 2014."

_____, (2015b) "DFID's Evaluation Framework for Payment by Results."

_____, (2017) "Economic Development Strategy."

DCLG(Department for Communities and Local Government), (2015) "Financial Framework for the Expanded Troubled Families Programme."

Drew, R. and Clist, P. (2015) "Evaluating Development Impact Bonds: A Study for DFID." DFID.

Duke University Fuqua School of Business. (2014) "Fundraising for Global Health Social Enterprises."

ECORYS, (2019) "A Study into Challenges and Benefits of Commissioning Social Impact Bonds in the UK."

European Commission, (2014a) "Proposed Approaches to Social Impact Measurement in the European Commission legislation and practice."

______, (2014b) "Social Innovation : A Decade of Changes."

______, (2015a) "A Map of Social Enterprises and their Eco-systems in Europe."

______, (2015b) "Proposed Approaches to Social Impact Measurement."

______, (2016a) "The Social Business Initiative."

______, (2016b) "A Recipe Book for Social Finance."

______, (2016c) "Strategic use of public procurement in promoting green, social and innovation policies."

European Venture Philanthropy Association(EVPA), (2020). "The 2020 Investing for Impact Survey"

Executive Office of the President, (2017) "Building and Using Evidence to Improve Government Effectiveness," in Analytical Perspectives: Budget of the United States for Fiscal Year 2018.

France National Advisory Board on Impact Investing, (2015) "The Hows and Whys of Social Impact Investing: Financial innovation driving social innovation."

Haskins, R. (2018) "Evidence-Based Policy: The Movement, the Goals, the Issues, the Promise." ANNALS, AAPSS, 678, July 2018, 8-37.

HM Government, UK, (2011) "Open Public Services White Paper."

______, (2013) "G8 Social Impact Investment Forum: Outputs and Agreed Actions", UK Cabinet Office, London.

Gavin, E. and Wilson, R. (2016) "*The challenge: Can blended finance increase the scale and sustainability of finance for development?*"

German National Advisory Board, (2015) "Social Impact Investing: Financing Social Change."

Global Entrepreneurship Monitor(GEM), (2009) "2009 Global Report."

Global Impact Investing Network(GIIN), (2016a) "2016 Annual Impact Investor Survey."

______, (2016b) "Achieving the Sustaniable Development Goals: The Role of Impact Investing."

______, (2018) "Annual Impact Investment Survey."

______, (2020) "The Impact Investing Market in the COVID-19 Context: An Overview."

Government Performance Lab(GPL), (2017) “UK Troubled Families Programme: Lessons from Local Authorities.” Harvard Kennedy School.

______, (2017) “Denver Permanent Supportive Housing Pay for Success Project

______, (2018) “Implementation of California’’s AB1837 Pay for Success Initiative and Opportunities for Expanded Impact.“ Harvard Kennedy School.

Government Oucome Lab(GOL), (2018) “Building the tools for public services to secure better outcomes: Collaboration, Prevention, Innovation.” Oxford University.

Government Social Research, (2014) “Innovation Fund pilots qualitative evaluation: Early implementation findings.”

Granger, R. (2018) “The Roles Foundations Are Playing in the Evidence-Based Policy Movement.” ANNALS, AAPSS, 678, July 2018, 145-54.

GSG, (2014a) “Impact Investment: The Inivisible Heart of Markets.”

______, (2014b) “International Development.”

______, (2014c) “Measuring Impact.”

______, (2014d) “Impact Measurement Guidelines in Practice: Five Case Studies.”

______, (2018a) “Investing for A Better World: Strengthening the Financial Services Value Chain to Meet the Sustainable Development Goals.”

______, (2018b) “Catalysing an Impact Investment Ecosystem: A Policymaker’’s Toolkit.”

Gustafsson-Wright, E., Gardiner, S. and Putcha, V. (2015) “The Potential and Limitations of Impact Bonds: Lessons from the First Five Years of Experience Worldwide.” Brookings Institute.

Gustafsson-Wright, E. and Gardiner, S. (2016) “Using Impact Bonds to Achieve Early Childhood Development Outcomes in Low- and Middle-Income Countries.” Brookings Institute.

Haskins, R. (2018) “Evidence-Based Policy: The Movement, the Goals, the Issues, the Promise.” ANNALS, AAPSS, 678, July 2018 8-37.

HM Government, (2011). “Open Public Services White Paper.”

HUD, (2016) “The 2016 Annual Homeless Assessment Report (AHAR) to Congress; Part I: Point-in-Time Estimates of Homelessness.”

ICRC(International Committee of the Red Cross), (2018) “The ICRC Humanitarian Impact Bond (HIB).” Geneva.

IIX(Impact Investment Exchange), (2017) "IIX Women's Livelihood Bond." Singapore.

_____, (2018) "Women's Livelihood Bond: Innovation in Fundraising Strategies for Impact Enterprises." Singapore.

Impact Investment Forum, (2018) "Social Innovation & Social Finance: Case Studies in Canada."

Instiglio, (2018) "The Village Enterprise Development Impact Bond for Poverty Alleviation."

Japan National Advisory Board, (2014) "The Social Impact Investment Landscape in Japan."

_____, (2016) "Current State of Social Impact Investment in Japan (2016."

J.P. Morgan, Global Social Finance. (2015) "Eyes on the Horizon: The Impact Investor Survey."

Knowledge@Wharton, (2016) "Innovative Finance: Mobilizing Capital for Maximum Impact."

KPMG, (2018) "The Impact of Impact Investment."

Landrum, N. (2007) "Advancing the base of the pyramid." *Strategic Management Review*, 1/1.

Lester, P. (2018) "Managing toward Evidence: State-Level Evidence-Based Policymaking and the Results First Initiative." ANNALS 678/1, July 2018.

Liebman, J. (2013) "Building on Recent Advances in Evidence-Based Policymaking." Brookings Institute.

Liebman, J. and Sellman, A. (2013) "Social Impact Bonds: A Guide for State and Local Governments." Harvard Kennedy School.

Martin, M. (2013) "Status of the Social Impact Investing Market: A Primer." UK Cabinet Office.

Maynard, R. (2018) "The Role of Federal Agencies in Creating and Administering Evidence-Based Policies." ANNALS, AAPSS, 678, July 2018, 134-44.

MGI(Mayors for a Guaranteed Income). (2021) "Year In Review: June 2020-June 2021."

Ministry of Housing, Communities and Local Government, (2019) "Evaluation of the Fair Chance Fund."

_____, (2021) "Improving families' lives: annual report of the Troubled Families Programme 2020 to 2021."

Monitor Institute, (2009) "Investing for Social & Environmental Impact"

Morgan, J.P. (2020). "Tracking the ESG implications of the COVID-19 Crisis"

NatWest SE100, (2017) "The NatWest SE100 report." London.

NCVO(National Council for Voluntary Organisations), (2013) "Payment by Results Implementation 'Seriously Flawed' - New Report."

_____, (2014) "Payment by Results Hampering Public Service Innovation – New Report."

National Audit Office, (2015) Outcome-based payment schemes: government's use of payment by results.

Nonprofit Finance Fund, (2016) "Pay for Success: The First Generation."

OECD, (2015a) *Social Impact Investment : Building the Evidence Base*. Paris.

_____, (2015c) "Social Impact Bonds: Promises & Pitfalls." Paris.

_____, (2015e) "A How-To Guide for Blended Finance." Paris.

_____, (2015f) "OECD Social Impact Investment Project." Paris.

_____, (2015g) "Social Impact Bonds-Promises and Pitfalls."Paris,

_____, (2016a) "2016 Development Cooperation Report." Paris.

_____, (2016b) "Understanding Social Impact Bonds." Paris.

_____, (2016c) "Social Impact Bonds : State of Plat and Lessons Learnt." Paris.

_____, (2016d) "Development Co-operation Report 2016: The Sustainable Development Goals as Business Opportunities." Paris.

_____, (2018a) "Development aid stable in 2017 with more sent to poorest countries." Paris.

_____, (2018b) *Global Outlook on Financing for Sustainable Development 2019*. Paris.

_____, (2018c) "Making Blended Finance Work for Sustainable Development." Paris.

_____, (2019a) *Social Impact Investment 2019*, Paris.

_____, (2019b) "The Path to Becoming a Data Driven Public Sector."

_____, (2020) *Building capacity for evidence-informed policy-making*.

_____, (2021a) "Enhancing public trust in COVID-19 vaccination: The role of governments."

_____, (2021b) *Government at a Glance*.

OECD netFWD, (2014) "Venture Philanthropy in Development: Dynamics, Challenges and Lessons in the Search for Greater Impact"Paris.

Office of Management and Budget (OMB), (2016) "Using Administrative and Survey

Data to Build Evidence," white paper for the Commission on Evidence-Based Policymaking, (Washington, D.C.).

OPRE(Office of Planning, Research & Evaluation), (2016) "Overview of Federal Evidence-Building Efforts."

Overholser, G. (2018) "Pay for Success Is Quietly Undergoing a Radical Simplification." ANNALS, AAPSS, 678, 103-110.

Oxfam, (2013) "The Enterprise Development Programme Annual Review." Paris.

Pew-MacArthur, (2014) "Evidence-based Policymaking." Results First Initiative.

_____, (2019) "Key Elements of Evidence-based Policymaking." Results First Initiative.

Porter, M. and Kramer, M. (1999) "Philanthropy' New Agenda: Creating Value", *Harvard Business Review.*

_____, (2011a) "Creating shared value: how to reinvent capitalism." *Harvard Business Review.*

_____, (2011b) "Strategy and society: the link between competitive advantage and corporate social responsibility." *Harvard Business Review.*

_____, (2011c) "The competitive advantage of corporate philanthropy." *Harvard Business Review.*

Prahalad, C. (2010) *The Fortune At The Bottom Of The Pyramid: Educating Poverty Through Profits* (New Jersey: Pierce Education).

Prior, C. (2021) "How results-based financing can help improve education, health and employment." World Economic Forum

Rand Europe, (2016) "Determining, monitoring and evaluating the outcomes of Social Impact Bonds."

Rangan, Kasturi V., S. Appleby, and L. Moon. (2011) "The Promise of Impact Investing." Harvard Business School.

Rockefeller Foundation, (2017) "Social Success Note." New York.

Ron, and Jon Baron. (2011) "Building the Connection Between Policy and Evidence: The Obama Evidence-Based Initiatives." In *Using Evidence to Improve Social Policy and Practice, edited by Ruth Puttick. London: Nesta Trust.*

Roy, M. et al., (2018) "A Critical Reflection on Social Impact Bonds." *Stanford Social Innovation Review*

Salamon, L. (2014) "Leverage for Good: The New World of Social-Purpose Finance." *World Financial Review* November – December 2014.

Savedoff, W. and Madan, J. (2015) "A Social Impact Bond without the Impact? Critics Question Success of Early Childhood Development Program."

Schwab Foundation, (2011) "Social Investment Manual."

Shujog ACTS, (2015) "Improving Livelihoods through Fair Trade." Singapore.

Seymour, F. (2017) "Five Key Findings from Why Forests? Why Now? The Science,
Economics, and Politics of Tropical Forests and Climate Change."Center for Global Development.

SIIT(Social Impact Investment Taskforce), (2011) "Social Investment Manual : An Introduction for Social Entrepreneurs."

Silverman, R., Over, M. and Bauhoff, S. (2015) "Aligning Incentives, Accelerating Impact: Next Generation Financing Models for Global Health."

Skloot, E. (2000) "Evolution or Extinction: AStrategy for Nonprofits in the Marketplace." *Nonprofit and Voluntary Sector Quarterly*, 29/2, pp.315-324.

Social Finance, (2011) "A Technical Guide to Developing Social Impact Bonds",

Sullivan, J. (2018) "The Role of Nonprofits in Designing and Implementing Evidence-Based Programs." pp.155-63

Triodos Bank, (2014) "Impact Investment for Everyone."

UKAID, (2015a) "The Impact Programme."

______, (2015b) "DFID Impact Fund: Fund Snapshot."

______, (2015c) "Results Framework of the DFID Impact Programme."

______, (2015d) "Tracking reach to the Base of the Pyramid through impact investing."

______, (2017) "The Impact Programmme Annual Report 2016."

UK Cabinet Office (2019) "Social Value in Government Procurement."

UK Department for Communities and Local Government, (2015) *Financial Framework for the Expanded Troubled Families Programme.*

UK Department for Work & Pensions, (2014) "Youth Unemployment Innovation Fund Pilot."

UK Ministry of Justice. (2015) "The payment by results Social Impact Bond Pilot at HMP Peterborough: final process evaluation report."

U.K. National Advisory Board. (2014) "Building a social impact investment market: The UK experience."

UN, (2013a) "Development Financing for Tangible Results: A Paradigm Shift to Impact Investing and Outcome Models."

_____, (2013b) "From corporate social responsibility to corporate sustainability: Moving the agenda forward in Asia and the Pacific."

UNDP, (2012a) "Innovative Financing For Development: A New Model For Development Finance?"

_____, (2012b) "The Women and Wealth Project: Empowering positive women through social enterprises."

_____, (2014) *Impact Investment in Africa*.

_____, (2016) "Financing the SDGs in the Least Developed Countries (LDCs): Diversifying the Financing Tool-Box and Managing Vulnerability."

_____, (2017) "How Development is Funded through UNDP."

UNGC, (2015) "Impact : Transforming Business, Changing the World."

Urban Institute, (2015) "Pay for Success and Social Impact Bonds Funding the Infrastructure for Evidence-Based Change."

_____, (2017) "Starting with Stability: How Denver Is Breaking the Homelessness-Jail Cycle."

USAID, (2017) "Investing for Impact." Washington, D.C.

_____, (2018) "Development Innovation Ventures." Washington, D.C.

US DOE(Department of Education), (2017) *Pay for Success Feasibility Tool Kit*, Washington, D.C.

US DOF(Department of Finance), (2013) "Strategies To Accelerate the Testing and Adoption of Pay for Success (PFS) Financing Models."

U.S. DOL(Department of Labor), (2012) "Notice of Availability of Funds and Solicitation for Grant Applications for Pay for Success Pilot Projects."

U.S. Department of Education, (2017) *Pay for Success Feasibility Tool Kit*, Washington, D.C.

U.S. GAO(Government Accountability Office), (2015) "PAY FOR SUCCESS: Collaboration among Federal Agencies Would Be Helpful as Governments Explore New Financing Mechanisms."

US HUD, (2016) "The 2016 Annual Homeless Assessment Report (AHAR) to Congress; Part I: Point-in-Time Estimates of Homelessness." Washington, D.C.

U.S. National Advisory Board, (2014) "Private Capital, Public Good."

Walsh, J., J. Kress and K. Beyerchen. (2005) "Book review essay: promises and perils at the bottom of the pyramid." *Administrative Science Quarterly*, pp. 473-482.

West et al. (2021) "Preliminary Analysis: SEED's First Year.

World Economic Forum, (2009) "The Next Billions: Business Strategies to Enhance Food Value Chains and Empower the Poor."

_____, (2013) "From the Margins to the Mainstream Assessment of the Impact Investment Sector and Opportunities to Engage Mainstream Investors."

_____, (2014) *Paying for Zero: Global Development Finance and the post-2015 Agenda*.

찾아보기

【ㅈ】

주성수 한양대학교 공공정책대학원 교수(1989~2019)로 재직한 이후 지금은 명예교수로, 학술지 〈시민사회와 NGO〉 편집위원장으로 있다. 시민사회에서는 1992년 경실련 사회복지위원회와 강동송파 경실련 공동대표, 1995년 한국자원봉사포럼 총무, 1996년 한국대학사회봉사협의회 전문위원, 1998년 공동모금회(사랑의열매) 기획위원, 1999년 KOPION 자문위원, 2007년 아시안프렌즈 이사로 활동을 이어오고 있다. 2013년에는 서울시NPO지원센터 운영위원장, 2018년 국무총리실 시민사회발전위원회 법제도 분과위원장으로 일했다. 지금은 국가자원봉사진흥위원회 위원, 복지대타협(전국시장군수구청장협의회) 자문위원장, 성동구 사회적경제위원회와 지역사회보장협의체 위원장으로 활동하고 있다. 대학에서는 1997년에 제3섹터연구소를 창설해 2019년까지 열두 명의 연구교수들과 함께 국내외 시민사회와 사회적경제 연구에 집중하는 20여 년의 시간을 가졌다. 또한 1차(2004~2006)와 2차(2008~2010)에 걸쳐 글로벌 시민사회연대 네트워크 CIVICUS의 48개국 글로벌 시민사회지표 조사분석에 한국 대표로 연구활동을 진행했다. 주요 저서로는 『민주주의 대 민주주의』(2005), 『아래로부터의 시민사회』(2008), 『사회적경제와 사회적 임팩트』(2017), 『사회적경제 : 이론, 제도, 정책』(2010, 2019 개정), 『사회적경제 접근법을 활용한 민간협력』(2016, KOICA), 『한국 시민사회사: 민주화기(1987-2017)』(2017), 『글로벌 개발 임팩트 투자』(2020) 등이 있다.

HANYANG UNIVERSITY PRESS

공공 정책의 사회적 임팩트

: 증거기반, 결과지불, 임팩트 투자

펴낸날 2022년 3월 30일 초판 1쇄

지은이 주성수 ● **펴낸이** 김우승

펴낸곳 한양대학교출판부 ● **출판등록** 제4-7호(1972.2.29)

주소 서울 성동구 왕십리로 222 ● **전화** 02.2220.1432-4 ● **팩스** 02.2220.1435

홈페이지 press.hanyang.ac.kr ● **이메일** presshy@hanyang.ac.kr

본문디자인·편집 김민지 ● **표지** 안광일 ● **인쇄** 네오프린텍

© 2022 주성수

이 책은 저작권법에 따라 한국 내에서 보호를 받는 저작물이므로 무단전재와 무단복제를 금합니다.

정가는 뒤표지에 있습니다. 잘못된 책은 구입하신 곳에서 교환해드립니다.

ISBN 978.89.7218.741.7 (93330)